MALI SLOVENSKO−JAPONSKI SLOVAR

スロヴェニア語日本語小辞典

金指久美子 著

東京 **大学書林** 発行

はじめに

　2001 年に出版した『スロヴェニア語入門』（大学書林）の目的は，この言語の文法構造を日本人学習者に提示し，さらに方言と語史を簡単に紹介することだった．この目的のために，新出単語は一つの課に平均 16 語と制限した．5 課ごとの「まとめと応用」や「文法補遺」で用いた語をあわせても，上記の教科書に出てくる語は全部で 800 語ていどである．当然，スロヴェニア語テキストの講読に充分な数ではない．

　そこでこの辞書は，テキストを実際に講読する学習者の助けとなるべく編纂した．見出し語はおよそ 10000 語だが，動詞に関しては不定法の形から類推が困難な現在 1 人称単数形や L 分詞形（男性単数）も見出し語として挙げてある．従って，実質は 9000 語ほどとなる．また，スラヴ系の言語の対訳辞書によくあるように，意味はほぼ同じだが体だけが異なる動詞をまとめることもしなかった．どちらも見出し語として独立させることによって，どのような変化形式をとるのか明確に示したかったからである．

　以下に主要参考文献を挙げる．このうち，見出し語および変化形のアクセントの位置と種類は Slovenski pravopis に従った．

Bajec, Anton et al. *Slovar slovenskega književnega jezika*. Ljubljana : DZS, 1995.

Derbyshire, William W. *A Learner's Dictionary of Slovene*. Bloomington : Slavica Publishers, 2002.

Frebežar, Ina et al. *Sporazumevalni prag za slovenščino*. Ljubljana : Center za slovenščino FF, 2004

Lečič, Rada. *Slovenski glagol–Slovene Verb*. Ljubljana: založba ZRC, 2004.

Toporišič, Jože et al. *Slovenski pravopis*. Ljubljana : založba ZRC, 2001.

記号・略号一覧

1．品詞およびそれに準ずるもの
［男］　男性名詞
［女］　女性名詞
［中］　中性名詞
［男複］　男性複数形名詞
［女複］　女性複数形名詞
［中複］　中性複数形名詞
［形］　形容詞
［代］　代名詞
［数］　数詞
［完］　完了体動詞
［不完］　不完了体動詞
［完・不完］　両体動詞，完了体のほうが頻度が高い
［不完・完］　両体動詞，不完了体のほうが頻度が高い
［副］　副詞
［接］　接続詞
［間］　間投詞
［助］　助詞
［前］　前置詞
［挿］　挿入語，挨拶として用いる語

2．通常どのように用いられるのか示すもの
【単】　通常単数形で用いる
【複】　通常複数形で用いる

記号・略号一覧　　　　　iv

【否定】　通常否定形で用いる
【無人称】　通常無人称文で用いる
【3人称】　通常主語が3人称のときに用いる
【条件法】　通常条件法で用いる
【＋形容詞】　通常形容詞とともに用いる
【＋不定法】　通常不定法とともに用いる

3．その語のもつニュアンスなどを示すもの
口　口語
文　文語
強　強調
古　古語
卑　卑語
婉　婉曲
集　集合名詞
皮肉　皮肉をこめたニュアンス
不変　不変化語

4．格支配や結合する形式を示すもの
＋生　　生格と結びつく
＋与　　与格と結びつく
＋対　　対格と結びつく
＋前　　前置格と結びつく
＋造　　造格と結びつく
＋不定法　不定法と結びつく
＋比較級　比較級と結びつく
＋従属文　従属文と結びつく

5. 出没母音，アクセントの移動や種類の変化，特殊な形態などを示すもの

単生　注意すべき単数生格形
複主　注意すべき複数主格形
複生　注意すべき複数生格形
複前　注意すべき複数前置格形
生　複数形名詞の注意すべき生格形
女単主　形容詞女性単数主格形
比　比較級の形態
現1単　現在時制1人称単数形
現3単　現在時制3人称単数形
L分詞　注意すべきL分詞形

6. アクセント記号

´：長いアクセント．eとoにつくときは狭めをともなう．

^：長いアクセント．eとoにしかつかない．広母音として発音する．

`：短いアクセント．

見出し語の右上についている数字は，巻末の語形変化表の数字と対応する．

アルファベット

A	a	M	m
B	b	N	n
C	c	O	o
Č	č	P	p
D	d	R	r
E	e	S	s
F	f	Š	š
G	g	T	t
H	h	U	u
I	i	V	v
J	j	Z	z
K	k	Ž	ž
L	l		

A

á[10] [男] 文字 a, 音 a

a [助] 口 ~ かどうか(疑問文の前につける)A si ga videl? 彼に会ったの.

a [接] 文 1. しかし To so besede, a ne dejanja. それは口だけで行動するわけではない. 2. ただし Bral je, a samo kriminalke. 彼は読書をすることはしたが,ただし読むのは犯罪小説ばかりだった. 3. さて A vrnimo se k stvari! さて,本題に戻ろう.

abecéda[14] [女] 1. アルファベット urediti po ~i：アルファベット順に並べる 2. 強 初歩, 基本

abituriènt[1] [男] 単生：-ênta 中等教育機関(高校)の卒業生(男)

abituriêntka[14] [女] 中等教育機関(高校)の卒業生(女)

abonènt[1] [男] 単生：-ênta 予約者, 予約購読者(男)

abonêntka[14] [女] 予約者, 予約購読者(女)

abonmá[10] [男] 予約購読料, 定期入場料

abórtus[1] [男] 妊娠中絶

absolúten[38] [形] 女単主：-tna 1. 完全な 2. 絶対的な ~i posluh：絶対音感

absolutízem[1] [男] 単生：-zma 絶対主義

absolvènt[1] [男] 単生：-ênta 卒業生(男) ~ fakultete：学部卒業生

absolvêntka[14] [女] 卒業生(女)

abstinénca[14] [女] 1. 節制, 禁欲 ~ od alkoholnih pijač：禁酒 2. 不参加 ~ pri glasovanju：棄権

abstrákten[38] [形] 女単主：-tna, 比：-ejši 1. 抽象的

な ~o slikarstvo：抽象絵画 2.不明瞭な，あいまいな Govornikovo izražanje je preveč abstraktno. 発言者のいいまわしはあいまいすぎる．

absúrd[1] ［男］不条理 drama ~a：不条理劇

absúrden[38] ［形］女単主：-dna, 比：bolj ~ / -ejši 不条理な，道理に合わない

adíjo ［挿］［口］じゃあね，バイバイ

administrácija[14] ［女］1.行政，管理 ameriška ~：アメリカ政府 2.事務，事務局

adút[1] ［男］切り札 imeti vse ~e v rokah：切り札をすべて握っている

advokát[1] ［男］弁護士（男）

advokátka[14] ［女］弁護士（女）

aeróbika[14] ［女］エアロビクス

áfna[14] ［女］［口］アットマーク＠

Áfrika[14] ［女］アフリカ

áfriški[38] ［形］アフリカの ~a celina：アフリカ大陸

agéncija / agencíja[14] ［女］1.代理店，事務所 potovalna ~：旅行代理店 2.通信社 časopisna ~：新聞社

agènt[1] ［男］単生：-ênta 1.代理人（男）2.仲買人（男）trgovski ~：セールスマン 3.手先（男）policijski ~：私服刑事

agêntka[14] ［女］1.代理人（女）2.仲買人（女）3.手先（女）

àh ［間］ああ（落胆や感動を表す）

ahà ［間］ははあ（何かがわかったときの満足を表す）

ájda[14] ［女］蕎麦

ájdov[38] ［形］蕎麦の ~a moka：そば粉

akademíja[14] ［女］アカデミー，学士院

akademíjski[38] ［形］アカデミーの，学士院の

akadémski[38] ［形］アカデミックな，学問的な，最高学府の Razprava ni akademska. 研究は学問的でない．

ákcija[14] ［女］1.活動，行動 2.軍事行動

ákcija[14] [女] 株券 lastnik ~e：株主

ákcijski / akcíjski[38] [形] 活動の，行動の，軍事行動の ~i radij razstreliva：射程距離

akrobácija[14] [女] アクロバット letalska ～：アクロバット飛行

aksióm[1] [男] 文 原理，自明の理

áktiven[38] [形] 女単主：-vna 能動の，能動態の ~a volilna pravica：選挙権；~i način：能動態

aktíven[38] [形] 女単主：-vna, 比：-ejši 活動的な，積極的な

aktivírati[47] [不完・完] 活性化する

áktovka[14] [女] かばん，ブリーフケース

aktuálen[38] [形] 女単主：-lna, 比：-ejši 現在の，焦眉の Zadeva je postala aktualna. 事態は深刻になった．

akústičen[38] [形] 女単主 -čna, 比：bolj ～ 1. 音響の，音響のいい 2. 聴覚の

akvarél[1] [男] 水彩，水彩画 razstava ~ov：水彩画の展覧会

akvarélen[38] [形] 女単主：-lna 水彩の，水彩画の ~o slikarstvo：水彩画

akvárij[2] [男] 1. 水槽 2. 水族館

alárm[1] [男] 1. 警報，アラーム dati ～ proti požaru：火災警報を発令する 2. 空襲警報 3. 口・強 大騒動

Albánec[2] [男] 単生：-nca アルバニア人（男）

Albánija[14] [女] アルバニア v ~i：アルバニアで

Albánka[14] [女] アルバニア人（女）

albánski[38] [形] アルバニアの，アルバニア語の，アルバニア人の

albánščina[14] [女] アルバニア語

álbum[1] [男] アルバム filatelistični ～：切手アルバム

alêrgičen[38] [形] 女単主：-čna アレルギーの biti ～ na cvetni prah：花粉アレルギーだ

alergíja

alergíja[14] ［女］アレルギー 〜 na cvetni prah / 〜 za cvetni prah：花粉アレルギー

álga[14] ［女］【複】藻, 海草

ali ［助］文 〜かどうか（疑問文の前につける）Ali ga ne poznate？彼を知らないのですか.

àli / ali ［接］1. あるいは, または Vrne se čez dve uri ali še prej. その人は2時間後かもう少し前に帰ってくるだろう. 2. 〜かどうか（疑問の従属文と）Povej mi, ali je to res ali ne. それが本当かどうか言いなさい. Ne vem, ali je še živ. 彼がまだ生きているのかどうか私は知らない.

alkohól[1] ［男］アルコール, アルコール飲料 etilni 〜：エチルアルコール；razstopiti v 〜u：アルコール（酒）におぼれる

alkohólen[38] ［形］女単主：-lna アルコールの 〜e pijače：アルコール飲料

Álpe[14] ［女複］アルプス v 〜ah：アルプスで

álpski[38] ［形］アルプスの 〜o smučanje：アルペンスキー

ált[1] ［男］アルト peti 〜：アルトで歌う

alternatíven[38] ［形］女単主：-vna 二者択一の

altístka[14] ［女］アルト歌手

alumínij[2] ［男］アルミニウム

amatêr[3] ［男］アマチュア, 素人（男）igralec 〜：素人役者

amatêrka[14] ［女］アマチュア, 素人（女）

ambasáda[14] ［女］大使館 na 〜i：大使館で

ambasádor[3] ［男］大使（男）

ambasádorka[14] ［女］大使（女）

ambicióizen[38] ［形］女単主：-zna, 比：bolj 〜 / -ejši 野心的な 〜 načrt：壮大な計画

ambulánta[14] ［女］外来病院

ambulánten[38] ［形］女単主：-tna 1. 外来病院の 〜i

bolnik：外来患者 2.移動用の ~a knjižnica：移動図書館

Američán[1] ［男］アメリカ人（男）
Američánka[14] ［女］アメリカ人（女）
Amêrika[14] ［女］アメリカ
amêriški[38] ［形］アメリカの，アメリカ人の
amfiteáter[1] ［男］単生：-tra 1.円形劇場 2.すり鉢状の地形
amnestíja[14] ［女］大赦，特赦
amónijak[1] ［男］アンモニア
àmpak / ampak ［接］しかし，〜ではなく Ne piše za mladino, ampak za odrasle. その人は若者向けではなく大人向けに書いている. Ni le svetoval, ampak tudi pomagal. 彼はアドヴァイスするのみならず助けてもいた.
amulét[1] ［男］お守り
análi[1] ［男複］年代記，年表，年譜
analizírati[47] ［不完・完］分析する
ánanas[1] ［男］パイナップル
anarhíja[14] ［女］無秩序，無政府状態
anekdóta[14] ［女］逸話
aneksíja[14] ［女］併合，合併 izvesti ~o：併合する
anemíja[14] ［女］貧血
anestezíja[14] ［女］麻酔 splošna 〜：全身麻酔；dati ~o：麻酔をかける
ángel[1] ［男］天使 Moja mati je bila angel. 母は天使のような人だった.
angína[14] ［女］扁桃腺炎
angléščina[14] ［女］英語 ameriška 〜：アメリカ英語
angléški[38] ［形］イギリスの，イングランドの，英語の，イギリス人の，イングランド人の ~i palec / ~a cola：インチ
Angléž[2] ［男］イギリス人，イングランド人（男）

Angléžinja[14] ［女］イギリス人，イングランド人（女）

Ánglija[14] ［女］イギリス，イングランド v ~i：イギリスで，イングランドで

ankéta[14] ［女］1. アンケート，調査 2. アンケート用紙 izpolniti ~o：アンケート用紙に記入する

anorgánski[38] ［形］無機の ~a kemija：無機化学

ansámbel[1] ［男］単生：-bla アンサンブル

anténa[14] ［女］アンテナ televizijska ~：テレビアンテナ

antibiótik[1] ［男］抗生物質

antíka[14] ［女］1. 古代ギリシア，古代ローマ時代 2. 骨董品 zbirati ~e：骨董品を収集する

antikvariát[1] ［男］骨董屋，古本屋 kupiti knjigo v ~u：古本屋で本を買う

antipátičen[38] ［形］女単主：-čna，比：bolj ~ / -ejši 1. ひどい，ぞっとするような 2. 不快な 3. 好みに合わない

antologíja[14] ［女］アンソロジー

aparát[1] ［男］1. 器械 2. 器官

apartmá[10] ［男］1. ホテルのスイートルーム 2. 皮肉 小さな住居

aperitív[1] ［男］食前酒，アペリティフ

aplávz[1] ［男］拍手

apnén[38] ［形］1. 石灰の，炭酸カルシウムの 2. しっくいの

ápno[20] ［中］1. 石灰，炭酸カルシウム 2. しっくい beliti z ~om：しっくいを塗って白くする

apóstol[1] ［男］使徒 dvanajst ~ov：12 使徒

apostólski[38] ［形］使徒の A~a dela：使徒行伝

apríl[1] ［男］4 月 Danes je prvi april. 今日はエイプリルフールだ．

aprílski[38] ［形］4 月の ~o vreme：4 月特有の変わりやすい天気，移り気

aranžmá[10] [男] アレンジメント, 整理整頓, 取り決め

arašíd[1] [男] 【複】ピーナツ

arborétum[1] [男] 研究用の樹木園

aréna[14] [女] アリーナ, 競技館

aretácija[14] [女] 逮捕

aretírati[47] [完・不完] 逮捕する ~ osumljenca：容疑者を逮捕する

Argentína[14] [女] アルゼンチン v ~i：アルゼンチンで

Argentínec[2] [男] 単生：-nca アルゼンチン人（男）

Argentínka[14] [女] アルゼンチン人（女）

argentínski[38] [形] アルゼンチンの, アルゼンチン人の

arháičen[38] [形] 女単主：-čna, 比：bolj ~ 古風な, 古代の, アルカイックな

arheológ[1] [男] 考古学者（男）

arheologíja[14] [女] 考古学

arheológinja[14] [女] 考古学者（女）

arheolóški[38] [形] 考古学の ~i muzej：考古学博物館

arhitékt[1] [男] 建築家（男）

arhitéktka[14] [女] 建築家（女）

arhitektúra[14] [女] 建築, 建築学 sodobna ~：現代建築；predavati ~o：建築学の講義をする

arhitektúren[38] [形] 女単主：-rna 建築の, 建築学の

arhív[1] [男] 1. 保存記録, 公文書 2. 記録保管所

armáda[14] [女] 1.【単】軍, 軍隊 stopiti v ~o：軍隊に入る 2. 強 大量 ~ brezposelnih：大量の失業者

artêrija[14] [女] 動脈 pljučna ~：肺動脈

artileríja[14] [女] 1. 大砲 2. 砲兵隊

arzenál[1] [男] 1. 兵器庫, 武器庫 2. 軍需工場 3. 強 大量

ás[1] [男] エース pikov ~：スペードのエース；smučarski ~：スキー界のエース

asistènt[1] ［男］単生：-ênta 助手, アシスタント（男） zobni ~：歯科助手

asistêntka[14] ［女］助手, アシスタント（女）

aspirín[1] ［男］アスピリン jemati ~ proti glovobolu：頭痛止めのアスピリンを服用する

ástma[14] ［女］ぜんそく

astronóm[1] ［男］天文学者（男）

astronómka[14] ［女］天文学者（女）

astronómski[38] ［形］天文学の ~i daljnogled：天体望遠鏡

atašé[10] ［男］単生：-êja 大使館員, 外交官補（男）

atašêjka[14] ［女］大使館員, 外交官補（女）

ateíst[1] ［男］無神論者（男）

ateístka[14] ［女］無神論者（女）

ateljé[10] ［男］単生：-êja アトリエ

Atlántik[1] ［男］大西洋

átlas[1] ［男］地図帳

átlas[1] ［男］サテン

atlét[1] ［男］陸上選手（男）

atlétika[14] ［女］陸上競技, 運動競技

atlétinja[14] ［女］陸上選手（女）

atlétka[14] ［女］陸上選手（女）

atlétski[38] ［形］1. 陸上競技の 2. 筋肉質の

atmosfêra[14] ［女］1. 大気圏 2. 雰囲気

atómski[38] ［形］1. 原子の ~a fizika：原子物理学 2. 原子力の, 核の ~a bomba：核爆弾；~a energija：原子エネルギー

avdícija[14] ［女］オーディション izbrati pevce na ~i：歌手をオーディションで選ぶ

avditórij[2] ［男］1. 講堂, 公会堂 2. 観衆, 聴衆 Avditorij je navdušeno ploskal. 聴衆は熱狂的に拍手した.

avgúst[1] ［男］8月

avgústovski[38] ［形］8月の ~a vročina：8月の暑さ
Avstrálec[2] ［男］単生：-lca オーストラリア人（男）
Avstrálija[14] ［女］オーストラリア v ~i：オーストラリアで
Avstrálka[14] ［女］オーストラリア人（女）
avstrálski[38] ［形］オーストラリアの，オーストラリア人の
Ávstrija[14] ［女］オーストリア v ~i：オーストリアで
Avstríjec[2] ［男］単生：-jca オーストリア人（男）
Avstríjka[14] ［女］オーストリア人（女）
avstríjski[38] ［形］オーストリアの，オーストリア人の
avtarkíja[14] ［女］自給自足，自立 gospodarska ~：経済的自立
ávto[7] ［男］車，自動車 rešilni ~：救急車
ávtobus[1] ［男］バス šolski ~：スクールバス
ávtobusen[38] ［形］女単主：-sna バスの ~a postaja：バスターミナル
avtocésta[14] ［女］高速道路，ハイウェイ
ávtokámp[1] ［男］車でやってくる人のためのキャンプ場
avtomát[1] ［男］1. 自動販売機 ~ za vozovnice：切符の自動販売機 2. 自動小銃
avtomátski[38] ［形］自動の，自動化した
ávtomehánčarka[14] ［女］自動車修理工（女）
ávtomehánik[1] ［男］自動車修理工（男）
avtomobíl[1] ［男］車，自動車 osebni ~：自家用車；policijski ~ パトカー
ávtoportrét[1] ［男］自画像
ávtor[3] ［男］著者，作者（男）
ávtorica[14] ［女］著者，作者（女）
avtoritéta[14] ［女］権威，権威者 On je največja avtoriteta v atomski fiziki. 彼は原子物理の最大の権威者だ.
ávtorski[38] ［形］著者の，作者の ~e pravice：著作権

ávtostòp[1] ［男］単生：-ópa ヒッチハイク potovati z ~om：ヒッチハイクで旅行する

ávtostráda[14] ［女］高速道路，ハイウェイ

Ázija[14] ［女］アジア v ~i：アジアで

Ázijec[2] ［男］単生：-jca アジア人（男）

Ázijka[14] ［女］アジア人（女）

ázijski[38] ［形］アジアの，アジア人の

ažúren[38] ［形］女単主：-rna, 比：-ejši 最新情報をのせた ~i podatki：最新情報のもりこまれたデータ

ažúren[38] ［形］女単主：-rna ふち飾りの，ひだ飾りの

B

bábica[14] ［女］1. 祖母 = stára máti 2. 産婆

bajè ［助］思うに，〜らしい Baje so zelo bogati. あの人たちはとても裕福らしい．

bájen[38] ［形］女単主：-jna, 比：-ejši 図 すばらしい，この世のものとは思えない

bájka[14] ［女］1. 神話 2. 民話 3.【複】強 作り話，夢物語

bájta[14] ［女］1. 丸太小屋，コテージ 2. 避難小屋

báker[1] ［男］単生：-kra 銅

bákla[14] ［女］複生：bákel たいまつ

bakrén[38] ［形］1. 銅製の ~i kovanec：銅貨 2. 銅のような色の

bakroréz[1] ［男］銅版画 razstava ~ov：銅版画展

baláda[14] ［女］バラード

balét[1] ［男］1. バレエ plesati 〜：バレエを踊る 2. バレエ団

balétka[14] [女] 1. バレリーナ 2.【複】トウシューズ
balétnica[14] [女] バレリーナ
balétnik[1] [男] バレエダンサー
Balkán[1] [男] バルカン山脈，バルカン半島
balkánski[38] [形] バルカンの ~e države：バルカン諸国
balkón[1] [男] バルコニー sončiti se na ~u：バルコニーで日光浴をする
balón[1] [男] 気球，風船 meteorolóški ~：観測気球；napihniti ~：風船をふくらます
bámbus[1] [男] 竹
banálen[38] [形] 女単主：-lna, 比：-ejši 陳腐な，平凡な，普段の ~i pogovor：日常会話
banána[14] [女] バナナ
bánčen[38] [形] 女単主：-čna 銀行の ~a knjižica：銀行通帳；~i avtomat：現金自動預払機，ATM；~i račun：銀行口座
bánčnica[14] [女] 銀行家，銀行経営者（女）
bánčnik[1] [男] 銀行家，銀行経営者（男）
bánja[14] [女] 浴槽，バスタブ
bánka[14] [女] 銀行，バンク vložiti denar v ~o：銀行にお金を預ける；~ krvi：血液バンク
bankét[1] [男] 晩餐会
bankomát[1] [男] 現金自動預払機，ATM
bánkovec[2] [男] 単生：-vca 紙幣 šop ~ev：札束
bankrót[1] [男] 倒産，破産
bár[1] [男] 酒場，バー
barétka[14] [女] ベレー帽
báriton[1] [男] バリトン peti ~：バリトンで歌う
baritoníst[1] [男] バリトン歌手
bárje[21] [中] 複生：bárij 湿地，沼地 na ~u：湿地で，沼地で
baróčen[38] [形] 女単主：-čna バロックの ~a glasba：

barók バロック音楽；~i slog：バロック様式

barók[1] ［男］バロック pozni ~：後期バロック

bárva[14] ［女］1. 色, 色彩 hladne ~e：寒色；tople ~e：暖色 2. 顔色 Ima zdravo barvo. その人は健康そうな顔色をしている. 3. 絵の具 4. 強 考え, 意見 5. 音色

bárvast[38] ［形］1. 色の, 色彩の, 色のついた 2. 染められた

bárvati[47] ［不完］色をぬる, 彩色する ~ steno z zeleno barvo：壁を緑でぬる

bárven[38] ［形］女単主：-vna 色の, 色彩の, 色のついた ~a fotografija：カラー写真；~i svinčnik：色鉛筆

bárvica[14] ［女］【複】絵の具

bárvnik[1] ［男］口 色鉛筆, クレヨン

bás[1] ［男］バス peti ~：バスで歌う

básen[16] ［女］単生：-sni 寓話

basíst[1] ［男］バス歌手

bateríja[14] ［女］電池, バッテリー

báti se[48] ［不完］現1単：bojím se 1. ＋生 恐れる, こわがる ~ sovražnika：敵をこわがる 2. za＋対 心配する, 心にかける ~ za otroka：子どものことを心配する

báza[14] ［女］1. 基礎, ベース 2. 基地

bazén[1] ［男］プール plavalni ~：スィミングプール；odprti ~：屋外プール

bazílika[14] ［女］聖堂

béda[14] ［女］貧困, 困窮 živeti v ~i：貧困のうちに暮らす

bedák[1] ［男］強 馬鹿, 馬鹿者（男）

bedákinja[14] ［女］強 馬鹿, 馬鹿者（女）

bêdast[38] ［形］比：bolj ~ 強 1. 愚かな, 馬鹿な 2. ひどい, 惨めな

bedéti[48] ［不完］起きている ~ vso noč：一晩中起きている, 徹夜する

bêdro[20/24] ［中］もも，大腿

begúnec[2] ［男］単生：-nca 難民，亡命者（男）

begúnka[14] ［女］難民，亡命者（女）

begúnski[38] ［形］難民の，亡命者の ~i tabor：難民キャンプ

beige → béž

bél[38] ［形］比：bolj ~ / -ejši 白い sivo ~：オフホワイトの；B~a hiša：ホワイトハウス；plesati do ~ega dne：朝まで踊る

beléžiti[48] ［不完］メモを取る，記録を取る

beléžka[14] ［女］1. メモ，注 delati si ~e：メモを取る 2. メモ帳

beléžnica[14] ［女］メモ帳 zapisati naslov v ~o：メモ帳に住所を書く

Bélgija[14] ［女］ベルギー v ~i：ベルギーで

Bélgijec[2] ［男］単生：-jca ベルギー人（男）

Bélgijka[14] ［女］ベルギー人（女）

bélgijski[38] ［形］ベルギーの，ベルギー人の

belílo[20] ［中］1. 白い色素 2. 漂白剤 beliti perilo z ~om：漂白剤で洗濯物を漂白する

belíti / béliti[48] ［不完］現 1 単：-im, L 分詞：bélil, -íla 白く塗る，漂白する

beljàk[1] ［男］卵白

beljakovína[14] ［女］たんぱく質

bélkast[38] ［形］白っぽい

belóčnica[14] ［女］角膜

belúš[2] ［男］アスパラガス

bencín[1] ［男］ガソリン navadni ~：レギュラーガソリン

bencínski[38] ［形］ガソリンの ~a črpalka：ガソリンスタンド

Benétke[14] ［女複］ヴェネツィア v ~ah：ヴェネツィアで

beráč[2] [男] 物乞い，乞食（男）
beračíca[14] [女] 物乞い，乞食（女）
bêrem → bráti
berílo[20] [中] 読本
bés[1] [男] 悪霊 bati se ~ov：悪霊を恐れる
bès[1] [男] 単生：bêsa/bésa 激怒
beséda[14] [女] 複生：beséd/besedí 語，単語，ことば z drugimi ~ami：言い換えれば
beséden[38] [形] 女単主：-dna 語の，単語の，ことばの ~i prepir：口喧嘩；~i zaklad：語彙，語彙総数
besedílo[20] [中] 1. 書かれたもの，テキスト 2. 歌詞
besedíšče[21] [中] 語彙，語彙総数
besednják[1] [男] 語彙集
besedoslôvje[21] [中] 語彙論，語源学
bêsen/bésen[38] [形] 女単主：-sna, 比：-ejši 1. 激怒した 2. 強 ものすごく速い
besnéti[48] [不完] 1. 激怒する ~ na otroke：子どもたちに対してひどく怒る 2. ものすごい速さで近づく
betéžen[38] [形] 女単主：-žna, 比：-ejši 虚弱な，衰えた
betón[1] [男] コンクリート
betónski[38] [形] コンクリートの，コンクリート製の ~i mešalnik：コンクリートミキサー
bezèg[1] [男] 単生：-zgà ニワトコ
bezgávka[14] [女]【複】リンパ腺
béž [形] 不変 比：bolj ~ ベージュ
bežáti[48] [不完] L 分詞：béžal, -ála 1. 逃げる，逃れる 2. 文 走る 3. 強 早く過ぎる，あっというまに過ぎ去る
béžen[38] [形] 女単主：-žna, 比：-ejši 文 一瞬の，つかの間の，はかない
bi [助]（条件法を表すために用いる）1. ~ かもしれない To bi bilo krivično. それはフェアではないかもしれ

ない. 2. ～するように Bi bili tako prijazni in mi knjigo posodili？恐れ入りますが, 本を貸していただけませんか.

bíbavica[14] ［女］潮, 潮流
bíblija[14] ［女］聖書
bibliografíja[14] ［女］1. 図書目録, 文献目録 sestavljati ~o：図書目録を作成する 2. 書誌学
bíč/bìč[2] ［男］単生：bíča 鞭 udariti z ~em：鞭で打つ
bifé[10] ［男］単生：-êja 1. ビュッフェ, 簡易食堂 2. 軽食や飲み物を置く台 3. 飲み物とグラスなどをしまっておく棚
bíjem → bíti
bìk[1] ［男］単生：bíka 雄牛 B~：おうし座
bilánca[14] ［女］収支, 決算 sestavljati ~o：決算する
bilánčen[38] ［形］女単主：-čna 収支の, 決算の ~i obračun：収支報告書
biljárd[1] ［男］1. ビリヤード igrati ~：ビリヤードをする 2. ビリヤード台
bílka[14] ［女］茎, 軸
bínkošti[16] ［女複］聖霊降臨祭（復活祭の 50 日後）ob ~ih：聖霊降臨祭に
bilológ[1] ［男］生物学者（男）
biologíja[14] ［女］生物学
biológinja[14] ［女］生物学者（女）
bilolóški[38] ［形］生物学の, 生物の ~a vojna：細菌戦, 生物戦
bírma[14] ［女］堅信礼 iti k ~i：堅信礼に行く
birokracíja[14] ［女］官僚制度
bís ［副］もう一度, アンコール
bíser[1] ［男］真珠 ogrlica iz ~ov：真珠の首飾り
bíseren[38] ［形］女単生：-rna 1. 真珠の, 真珠でできた ~i uhani：真珠のイヤリング 2. 真珠のように輝く
bíster[38] ［形］女単生：-tra, 比：-ejši/-êjši 1. 澄ん

だ 2. 聡明な 3. すばやい，生き生きした

bistroúmen[38] ［形］女単生：-mna, 比：-ejši 頭の回転の速い，鋭い ~a opomba：鋭い指摘

bístven[38] ［形］女単生：-vna, 比：-ejši 本質的な，根幹の ~i problem：本質的問題

bístvo[20] ［中］複生：bístev 本質，根幹

bíti[50] ［不完］現1単：bíjem, L分詞：bìl, bíla 1. 打つ，叩く Dež bije ob okna. 雨が窓を叩くように降っている．~ po glavi：頭をぶつ 2. 時を打つ

bíti[51, 56] ［不完］L分詞：bíl, bilà ある，いる，~ である

bítka[14] ［女］戦闘

biválen[38] ［形］女単主：-lna 生活の，居住の ~i prostor：居住空間

bivalíšče[21] ［中］居住地

bívanje[21] ［中］1. 滞在 podaljšati svoje ~ v Ljubljani：リュブリャーナの滞在を延ばす 2. 存在

bívati[47] ［不完］1. 暮らす，滞在する 2. 存在する

bívši[38] ［形］かつての，以前の ~a francoska kolonija：かつてのフランス植民地

bižuteríja[14] ［女］貴金属，宝飾品

blág[38] ［形］比：blážji 図 1. 善意あふれる 2. 優しい，穏やかな

blagájna[14] ［女］1. 金庫 spraviti denar v ~o：お金を金庫にしまう 2. レジ，会計 plačati pri ~i：レジで支払う

blagájničarka[14] ［女］会計係，レジ係（女）

blagájnik[1] ［男］会計係，レジ係（男）

blagó[20] ［中］【単】1. 商品 2. 布，生地

blagodêjen[38] ［形］女単主：-jna, 比：-ejši 図 ためになる ~ dež：恵みの雨

blagoglásen[38] ［形］女単主：-sna, 比：-ejši 耳に快い，旋律的な

blagohôten[38] ［形］女単主：-tna, 比：-ejši 慈悲深い, 慈善のための

blágor[1] ［男］単生：-gra 福利 javni ～：公共の利益

blagoslovíti[48] ［完］L 分詞：blagoslôvil, -íla 祝福を与える

blagôven[38] ［形］女単生：-vna 商品の, 布の, 生地の ~i seznam：商品リスト

bláten[38] ［形］女単主：-tna, 比：-ejši 泥に覆われた, 泥だらけの ~a cesta：ぬかるんだ道

bláto[20] ［中］泥

blázen[38] ［形］女単主：-zna, 比：-ejši 正気でない, 狂気の voziti z ~o hitrostjo：ものすごい速度で運転する

blazína[14] ［女］枕, クッション prevleka za ~o：枕カヴァー

blážen[38] ［形］比：bolj ～ 強 至福の

blažílnik[1] ［男］緩衝器, 緩衝装置

blážji → blág

bléd[38] ［形］比：bolj ～ /-êjši 1. 青ざめた biti ~ih lic：顔面蒼白だ 2. ぼんやりとともる ~a luč：ぼんやりとした明かり

blêdel → blêsti

blêdem → blêsti

blèsk / blésk[1] ［男］単生：bléska 輝き, きらめき

blêsti[49] ［不完］現1単：blêdem, L 分詞：blêdel, -dla うわごとをいう

bleščáti se[48] ［不完］L 分詞：bléščal se, -ála se 1. きらめく, ひかる 2. 白く輝く

blísk[1] ［男］フラッシュ, 稲光

blískati se[47] ［不完］【無人称】稲光がする, ぴかっと光る

blízek[38] ［形］女単主：-zka, 比：blížji 文 近い, 親しい

blízu [副] 近くに Tu blizu ni nikogar. この辺りには誰もいない. Pomlad je blizu. 春が近づいている. Mati mu je bolj blizu kot oče. 彼にとって母親は父親よりも近い存在だった. tehta ~ dve kili：2キロぐらいの重さ

blízu [前] +生 ~ の近くに delati blizu doma：家の近くで働く Načrt je blizu uresničenja. 計画は実現間近だ.

blížati se[47] [不完] +与 ~ に近づく Nekdo se bliža hiši. 誰かが家に近づいてくる. Bliža se božič. クリスマスが近づく.

bližína[14] [女] 近所, 周辺, 近く

blížji[38] [形] 1. より近い Slovaščina je češčini najbližji jezik. スロヴァキア語はチェコ語に最も近い言語だ. 2. 親しい

blížnji[38] [形] 1. 近い B~i vzhod：近東 2. つい最近の

blódnja[14] [女] 複生：blódenj うわごと v ~i govoriti：うわごとをいう

blók[1] [男] 1. 大きな集合住宅, 一棟 2. 紙が一枚ずつはがせるタイプのメモ帳 3. 大きな塊 4. 境界を区切るための障害物

blokáda[14] [女] 封鎖, バリケード

blokírati[47] [完・不完] 封鎖する ~ mejo：国境を封鎖する

blónd [形] 比：bolj ~ 不変・口 ブロンドの

blondínec[2] [男] 単生 -nca ブロンドの人 (男)

blondínka[14] [女] ブロンドの人 (女)

blúza[14] [女] ブラウス

bòb[1] [男] 単生：bôba そらまめ Reci bobu bob in popu pop. ありのままにいいなさい.

bóben[1] [男] 単生：-bna 1. 太鼓, ドラム igrati / tolči / udarjati ~：太鼓 (ドラム) を叩く・演奏する 2. 強

priti na ~：破産する

bóbnar[3] ［男］ドラマー（男）

bóbnarka[14] ［女］ドラマー（女）

bóbnič[2] ［男］1. 鼓膜 2. 小さな太鼓

bodálo[20] ［中］短剣

bôdel → bôsti

bôdem → bôsti

bódisi ［接］図 1. ~ か あるいは ~ か Prebivalci so se bodisi pokrili bodisi razbežali. 住民は隠れたり逃げたりした. 2. たとえ ~ であろうと Bodisi pozimi ali poleti, nikoli ni nosil suknje. 冬であろうが夏であろうが, 彼は決してコートを着なかった.

bodóči[38] ［形］未来の, 将来の v ~e：将来は

bodóčnost[16] ［女］未来, 将来

bóg[5] ［男］単生：-á 神 verovati v ~a：神を信じる

bogástvo[20] ［中］複生：bogástev 1. 裕福な状態 živeti v ~u：何不自由なく暮す 2. 富

bogàt[38] ［形］女単生：-áta, 比：-êjši 豊かな, 裕福な, 金持ちの ~ z izkušnjami：経験豊富な

bogatáš[2] ［男］大金持ち（男）

bogatášinja[14] ［女］大金持ち（女）

bogatéti[48] ［不完］豊かになる On hitro bogati. 彼はすごい勢いで金持ちになっていく. Njegova knjižnica vidno bogati. 彼の蔵書は明らかに増えている.

bogínja[14] ［女］女神

bogoslôven[38] ［形］女単生：-vna 神学の, 神学上の

bógve ［助］神のみぞ知る, いったいぜんたい Bogve ali še živi？ いったいあの人は生きているのだろうか.

bòj[2] ［男］単生：bôja 戦い, 闘争 ~ na življenje in smrt：生死をかけた戦い；iti v ~：戦いに赴く

bojázen[16] ［女］単生：-zni 不安, 恐れ ~ pred prihodnostjo：将来に対する不安

bojazljív[38] ［形］比：-ejši 臆病な ~ kakor zajec：う

さぎのように臆病な
bojèč[38] ［形］女単主：-éča, 比：bolj ～ 恐れをなす，こわがっている
bôjen[38] ［形］女単主：-jna 戦いの，闘争の ~a ladja：戦艦
bojeváti se[50] ［不完］L 分詞：-àl se, -ála se 戦う ～ proti bolezni：病気と闘う；～ s sovražnikom：敵と戦う；～ za svobodo：自由を求めて戦う
bojevít[38] ［形］比：-ejši 好戦的な
bojím se → báti se
bojíšče[21] ［中］戦場 iti na ～：戦場へ向かう
bók/bòk[1] ［男］単生：bôka 1. 脇，わき腹 2. 側面
bòks[1] ［男］単生：bôksa ボクシング vaje v ~u：ボクシングのトレーニング
bolán[38] ［形］女単主：bôlna, 比：bolj ～ 病気の，病んだ ～ na pljučih：肺を病んでいる；～ za rakom：癌にかかっている
bolèč[38] ［形］女単主：-éča, 比：bolj ～ 痛い，痛みを伴う
bolečína[14] ［女］1. 痛み zdravilo proti ~am：痛み止めの薬 2. 精神的なつらさ・痛み
boléti[48] ［不完］L 分詞：bôlel, -éla 【3 人称】痛い Glava me boli. 頭が痛い.
bolézen[16] ［女］単生：-zni 病気 gorska ～：高山病；morska ～：船酔い
Bolgár[1] ［男］ブルガリア人（男）
Bolgárija[14] ［女］ブルガリア v ~i：ブルガリアで
Bolgárka[14] ［女］ブルガリア人（女）
bolgárski[38] ［形］ブルガリアの，ブルガリア語の，ブルガリア人の
bolgárščina[14] ［女］ブルガリア語
bôlha[14] ［女］1. 蚤 2. 口 ポーランド製フィアット
bòlj ［副］もっと ～ goreč：もっと熱い，より熱い

bóljši[38] [形] よりよい，より上質の
bólnica[14] [女] 病院 ležati v ~i：入院している；~ za duševne bolezni：精神病院
bolníca[14] [女] 病人（女）
bólničar[3] [男] 看護師，救急救命士（男），衛生兵
bólničarka[14] [女] 看護師，救急救命士（女）
bolník[1] [男] 病人（男）
bolníški[38] [形] 病気の，病人用の ~a soba：病室
bolníšnica[14] [女] 病院
bómba[14] [女] 1. 爆弾 metati ~e：爆弾を投下する 2. ボンベ
bombáž[2] [男] 木綿
bombážen[38] [形] 女単主：-žna 木綿の
bómben[38] [形] 女単主：-bna 爆弾の ~i napad：爆撃
bombón[1] [男] キャンディー
bón[1] [男] 債権，クーポン
bonbón[1] [男] キャンディー želatinasti ~：ゼリービーンズ
bontón[1] [男] 行儀のよさ，マナー držati se ~a：マナーを守る
bòr[1] [女] 単生：bôra 松
bórba[14] [女] 戦い，闘争 ~ na življenje in smrt：生死をかけた戦い；politična ~：政治闘争；volilna ~：選挙戦
bórben[38] [形] 比：-ejši 戦いの，闘争の
bórec[2] [男] 単生：-rca 兵士，戦士（男）
borílen[38] [形] 女単主：-lna ~i šport：格闘技
boríšče[21] [中] ボクシングやレスリングなどのリング
boríti se[48] [不完] 1. 戦う ~ s sovražnikom：敵と戦う 2. 争う ~ za prvo mesto：1位を争う
bórka[14] [女] 兵士，戦士（女）
bôrov / boròv[38] [形] 女単主：-ôva 松の ~ storž：松かさ，松ぼっくり

borovníca[14] ［女］【複】ブルーベリー

borovníčev[38] ［形］ブルーベリーの ～ sok：ブルーベリージュース

bórza[14] ［女］株式取引所，証券取引所，株式市場

bós[38] ［形］女単主：bôsa はだしの hoditi ～：はだしで歩き回る Ta trditev je bosa. その主張には根拠がない.

Bosánec[2] ［男］単生：-nca ボスニア人（男）

Bosánka[14] ［女］ボスニア人（女）

bosánski[38] ［形］ボスニアの，ボスニア語の，ボスニア人の

Bósenc[2] ［男］ボスニア人（男）

Bósenka[14] ［女］ボスニア人（女）

bósenski[38] ［形］ボスニアの，ボスニア語の，ボスニア人の

Bósna[14] ［女］ボスニア v ～i：ボスニアで

bôsti[49] ［不完］現1単：bôdem, L分詞：bôdel, -dla 刺す ～ z iglo v tkanino：針で布を刺す

bòt/bót ［副］ 口 貸し借りなしで

botánika[14] ［女］植物学

bóter[1] ［男］単生：-tra 名付け親（男）

bótra[14] ［女］複生：bóter 名付け親（女）

botrováti[50] ［不完］L分詞：-àl, -ála ＋与 名付け親である，主因となっている ～ otroku：子どもの名付け親となっている Mnogim prometnim nesrečam botruje alkohol. 交通事故の原因は多くがアルコールである.

božánski[38] ［形］神のような，人間を超越した，並外れて優れた

bôžič[2] ［男］単生：-íča クリスマス darilo za ～：クリスマスプレゼント

Božíček[1] ［男］単生：-čka サンタクロース

božíčen[38] ［形］女単主：-čna クリスマスの ～a pesem：クリスマスキャロル；~a voščilnica：クリスマスカード；~i večer：クリスマスイヴ；~o drevo：クリスマスツリー

božjást[16]［女］てんかん

bôžji[38]［形］神の iti na ~o pot：巡礼に出る

bráda[14]［女］1. あご 2. あごひげ

bradavíca[14]［女］いぼ，こぶ

brálec[2]［男］単生：-lca 読者（男）

brálen[38]［形］女単主：-lna 読書の ~a stran časopisa：新聞の読書欄

brálka[14]［女］読者（女）

braník[1]［男］砦，要塞

braníti/brániti[48]［不完］現1単 -im 守る，防ぐ ~ letališče pred napadom：攻撃から飛行場を守る

braníti se/brániti se[48]［不完］現1単：-im se ＋生 断る，嫌う Otrok se brani zdravila. 子どもは薬を嫌う．

bránjevec[2]［男］単生：-vca 八百屋，青果商（男）

bránjevka[14]［女］八百屋，青果商（女）

bràt[1]［男］単生：bráta，複主：brátje/bráti 兄，弟

bráti[49]［不完］現1単：bêrem 読む ~ na glas：声に出して読む；~ misli：考えを読む

brátovski[38]［形］兄弟の，兄弟のような

brátranec/bratránec[2]［男］単生：-nca いとこ（男）~ po materi：母方のいとこ

brázda[14]［女］溝，畝

brazgotína[14]［女］傷跡

Brazílec[2]［男］単生：-lca ブラジル人（男）

Brazílija[14]［女］ブラジル v ~i：ブラジルで

Brazílka[14]［女］ブラジル人（女）

brazílski[38]［形］ブラジルの，ブラジル人の

brég[5]［男］単主：-a, 複主：-ôvi/-i 岸 desni ~ reke：川の右岸

brême[22]［中］1. 重荷 2. 精神的な負担

bréskev[15] ［女］桃，桃の木

bréskov[38] ［形］桃の ～ liker：ピーチリキュール

brést / brèst[1] ［男］単生：brésta 楡

brevír[3] ［男］日々の祈祷，祈祷書

brez ［前］+生 ～ なしで izginiti brez sledu：跡形もなく消えうせる

bréza[14] ［女］白樺

brezalkohólen[38] ［形］女単主：-lna ノンアルコールの ~a pijača：ソフトドリンク

brezbárven[38] ［形］女単主：-vna 1. 色のない，無色の 2. 文 特徴のない

brezbóštvo[20] ［中］無神論，不信心

brezbóžen[38] ［形］女単主：-žna, 比：bolj ～ 1. 無神論の，不信心の 2. 強 恥知らずの

brezbrížen[38] ［形］女単主：-žna, 比：-ejši 冷淡な，無関心な

brezčúten[38] ［形］女単主：-tna, 比：bolj ～ / -ejši 無感覚な，無感動な

brezdélen[38] ［形］女単主：-lna 働いていない，仕事用・労働用でない

brezdómec[2] ［男］単生：-mca 浮浪者，ホームレス（男）

brezdómka[14] ［女］浮浪者，ホームレス（女）

brezhíben[38] ［形］女単主：-bna 誤りのない，申し分のない

brezímen[38] ［形］女単主：-mna 無名の，匿名の，作者不詳の ~a pisma：匿名の手紙

brezkônčen[38] ［形］女単主：-čna 文 果てしない

brezmádežen[38] ［形］女単主：-žna 強 罪のない，穢れのない

brezmêjen[38] ［形］女単主：-jna 限りない，際限のない

brêzno[20] ［中］複生：brêzen 深い裂け目，深淵 pasti v

～：深淵に落ちる

brezobzíren[38] [形] 女単主：-rna, 比：-ejši 無鉄砲な

brezosében[38] [形] 女単主：-bna, 比：bolj ～ 1. 個人的な感情のない 2. 個性のない 3. 無人称の

brezpláčen[38] [形] 女単主：-čna 無料の，ただの

brezpogójen[38] [形] 女単主：-jna 無条件の，絶対的な，例外のない

brezpomémben[38] [形] 女単主：-bna, 比：bolj ～ 重要でない，取るに足らない

brezpôselna[38] [女] 失業者（女）

brezpôselni[38] [男] 失業者（男）

brezpôselnost[16] [女] 失業，失業率 Brezposelnost v svetu narašča. 世界の失業率は上昇している.

brezrokávnik[1] [男] ベスト obleči se ～：ベストを着る

brezskŕben[38] [形] 女単主：-bna, 比：-ejši 心配事のない，のんびりした，屈託のない

brezsmíseln[38] [形] 意味のない，成功の見込みのない ～ boj：勝ち目のない戦い

brezúpen[38] [形] 女単主：-pna, 比：-ejši 絶望的な，望みのない

brezuspéšen[38] [形] 女単主：-šna 不成功の

brezvérec[2] [男] 単生：-rca 無神論者（男）

brezvérka[14] [女] 無神論者（女）

brezvétrje[21] [中] 無風状態 ～ pred nevihto：嵐の前の静けさ

brezvládje[21] [中] 無政府状態

brezzráčen[38] [形] 女単主：-čna 空気のない，真空の

brídek[38] [形] 女単主：-dka, 比：-êjši / -ejši 強 つらい，悲痛な

brígati se[47] [不完] 口 1. 世話を焼く，心配する 2. 関心がある

bríjem → bríti

brínjevec[2] [男] 単生：-vca ジン
brínovec[2] [男] 単生：-vca ジン
brisáča[14] [女] タオル kopalna ～：バスタオル
brisálka[14] [女] 布巾 kuhinjske ~e：台所用の布巾
brísati[49] [不完] 現1単：bríšem 1. 拭く ～ posodo：食器を拭く 2. 見えづらくする，あいまいにする
bríšem → brísati
Británija[14] [女] ブリテン，イギリス
británski[38] [形] ブリテンの，イギリスの
brítev[15] [女] かみそり，かみそりの刃 briti se z ~ijo：かみそりでひげを剃る；oster kakor ～：かみそりの刃のように鋭い
bríti[50] [不完] 現1単：bríjem 1. 剃る ～ si brado：あごのひげを剃る 2. 切りつけるように吹く
brívec[2] [男] 単生：-vca 理髪師，理容師（男）
brívka[14] [女] 理髪師，理容師（女）
brívnica[14] [女] 理髪店，理容店，床屋
brívnik[1] [男] 電気ひげそり
brk[1] [男] 【複】 くちひげ briti ~e：ひげを剃る
brlòg[1] [男] 単生：-óga 1. 獣の巣穴，ねぐら 2. 強 ぼろぼろの住居，あばらや
brodolòm[1] [男] 単生：-ôma 1. 難破 2. 文 破綻 zakonski ～：結婚生活の破綻
brókoli[10] [男] ブロッコリー
bròn[1] [男] 単生：brôna 1. 青銅 spomenik v ~u：銅像 2. 銅メダル dobiti ～：銅メダルを獲得する
brônast[38] [形] 青銅の ~a kolajna：銅メダル
bronhítis[1] [男] 気管支炎
bróša[14] [女] ブローチ pripeti si ~o：ブローチをつける
brošíran[38] [形] 綴じられた ~a knjiga：ペーパーバック
bróška[14] [女] ブローチ

brošúra[14] [女] パンフレット
brózga[14] [女] 1. どろ，ぬかるみ 2. 半分融けた雪
bŕskati[47] [不完] 1. つつき返す 2. po + 前 くまなく探す ～ po žepih：ポケットというポケットをさぐる
bršlján[1] [男] つた
brúhati[47] [不完] 1. 吐く，吐き出す 2.（火などを）噴き出す
brúhniti[49] [完] 1. 吐く，吐き出す 2. いきなり・突然ある動作をする ～ v solze：いきなり泣き出す
brús[1] [男] 砥石 jezikovni ～：正しい用法などが書かれていることばの手引書
brúsiti / brúsiti[48] [不完] 現1単：-im, L分詞：brúsil, brusíla 1. 研ぐ，鋭利にする 2. 磨き上げる
brúsnica[14] [女]【複】クランベリー
brúsničen[38] [形] 女単主：-čna クランベリーの ～a marmelada：クランベリージャム
brúto [副] 全体として，総体として（名詞の主格と組み合わせることも可）～ produkt：総生産量
brzína[14] [女] 口 速さ，時速 pri 80 kilometrih ～e：時速80キロメートルで；zmanjšati ～o：減速する
brzojávka[14] [女] 電報 sožalna ～：弔電
brzostrélka[14] [女] 小型機関銃
bŕzovlák[1] [男] 急行列車
bŕž [副] すぐに，すばやく ～ ko：～するとすぐに Brž ko bo mogoče, se vrni. 可能になればすぐに戻ってくるだろう.
bŕžkone [助] きっと
búba[14] [女] さなぎ
búcika[14] [女] ピン
búča[14] [女] かぼちゃ
búden[38] [形] 女単主：-dna, 比：-ejši 1. 起きている Vso noč je bil buden. 彼は一晩中起きていた. 2. 強 注意深い

budílka[14] [女] 目覚まし時計 naviti ~o na šesto uro：目覚まし時計を6時にセットする

Budimpéšta[14] [女] ブダペスト

budístičen[38] [形] 女単主：-čna 仏教の，仏教徒の ~i tempelj：寺，寺院

budízem[1] [男] 単生：-zma 仏教

búhtelj[4/2] [男] 単生：-na/-tlja 中にジャムの入ったお菓子

bújen[38] [形] 女単主：-jna, 比：-ejši 1. ふさふさとした 2. 強 たっぷりとした，豊かな

búkev[15] [女] ぶな

búnda[14] [女] ダウンジャケット smučarska ~：スキージャケット

búnka[14] [女] 打撲傷，こぶ

búren[38] [形] 女単主：-rna, 比：-ejši 1. うるさい 2. 荒れた，荒れ狂った

búrja[14] [女] 1. 北東から強く吹き付ける風 2. 強 嵐

búrka[14] [女] 1.【複】ジョーク 2. 道化芝居，笑劇

butík[1] [男] ブティック kupovati v ~u：ブティックで買い物をする

C

cámp[1] [男] キャンプ地（発音は kámp あるいは kémp）

cár[3] [男] ツァーリ，皇帝 ~ višin：太陽

caríca[14] [女] 女帝

carína[14] [女] 1. 関税 oproščen ~e：免税，デューティーフリー 2. 税関 pregled prtljage na ~i：税関の手荷物検査

carinárna[14] [女] 税関 delati v ~i：税関で働く
carinárnica[14] [女] 税関
carínica[14] [女] 税関役人（女）
carínik[1] [男] 税関役人（男）
cárinja[14] [女] 固 女帝
carínski[38] [形] 関税の，税関の ~a deklaracija：税関申告；~i pregled：税関検査
cedílo[20] [中] ざる ~ za čaj：茶漉し；precediti skozi ~：ざるで漉す；ostati na ~u：孤立無援となる
cédra[14] [女] 杉 libanonska ~：レバノン杉
cékar[3] [男] 買い物カゴ
cél[38] [形] 全体の，全部の v ~em：全体として
célica[14] [女] 1. 狭く閉ざされた場所 telefonska ~：電話ボックス 2. 細胞
celína[14] [女] 大陸 ameriška ~：アメリカ大陸
celínski[38] [形] 大陸の ~o podnebje：大陸性気候
celó [助] 1. さらに，ますます 2. 強 全然，決して~ない
celodnéven[38] [形] 女単主 -vna 終日の，一日中の narediti ~i izlet：日帰り旅行をする
celofán[1] [男] セロファン
celôta[14] [女] 全体，完全 v ~i：完全に
celôten[38] [形] 女単主 -tna, 比：-ejši 全体の，全部の，完全な
celovečéren[38] [形] 女単主 -rna ~i film：長編映画
celovít[38] [形] 比：-ejši 文 全体の，全部の，完全な
Célzij[2] [男] 摂氏 Temperatura zraka je 40 stopinj Celzija. 気温は摂氏40度だ．
cemènt[1] [男] 単生：-ênta セメント
céna[14] [女] 1. 価格，値段 znižati ~o：値段を下げる 2. 価値 za vsako ~o：何としても 3. 賞
cenêj(š)e → pocéni
cenén[38] [形] 比：bolj ~ 安い

ceník[1] [男] 値段表, 価格表 ～ jedi in pijač：メニュー

céniti / ceníti[48] [不完] 現1単：-im 1. 値をつける 2. およその量を見積もる 3. 評価する

cénter / cênter[1] [男] 単生：-tra 中央, 真ん中, 中心 stanovati v ～u mesta：町の中心に住む；kulturni ～：文化の中心地, 文化センター

centiméter[1] [男] 単生：-tra センチメートル kubični ～：立方センチメートル；kvadratni ～：平方センチメートル

centrála[14] [女] 1. 本部, 本社 2. 電話交換局

centrálen[38] [形] 女単主：-lna 中央の, 真ん中の, 中心の ～a Afrika：中央アフリカ；～a kurjava：セントラルヒーティング

centralízem[1] [男] 単生：-zma 中央集権主義

centrifúga[14] [女] 1. 遠心分離器 2. 脱水機

cénzor[3] [男] 検閲官（男）

cénzorka[14] [女] 検閲官（女）

cenzúra[14] [女] 検閲 ～ tiska：出版の検閲

cepíti / cépiti[48] [不完] 現1単：-im, L分詞：cépil, -íla 1. 割る, 裂く ～ drva：薪を割る 2. 分ける

cepíti / cépiti[48] [不完・完] 現1単：-im, L分詞：cépil, -íla 1. 接木する 2. 予防接種する

cérkev[15] [女] 教会 ločitev ～e od države：政教分離

cerkvén[38] [形] 教会の ～o izobčenje：破門

cêsar[3] [男] 単生：-árja 皇帝

cesaríca[14] [女] 女帝

cesárski[38] [形] 皇帝の, 帝国の

cesárstvo[20] [中] 複生：cesárstev 帝国 rimsko ～：ローマ帝国

césta[14] [女] 道 biti na ～i：路上生活を送る

césten[38] [形] 女単主：-tna 道の ～a svetilka：街灯；～i zemljevid：ロードマップ

cestnína[14] [女] 道路通行料

cév[17] [女] 管，パイプ plinska ~：ガス管；~ za zrak：シュノーケル

cévka[14] [女] 細い管

cevovòd[1] [男] 単生：-óda パイプライン

cezúra[14] [女] 韻律上の区切, 休止

Cigàn[1] [男] 単生：-ána ジプシー（男）

Cigánka[14] [女] ジプシー（女）

cigára[14] [女] 葉巻

cigaréta[14] [女] タバコ prižgati si ~o：タバコに火をつける

cikcák[1] [男] ジグザグ，ジグザグ形 v ~u：ジグザグに

cílj[2] [男] 1. ゴール，目的地 priti na ~：ゴールインする；brez ~a：あてもなく 2. 目標，目的

címbale[14] [女複] シンバル

címet[1] [男] シナモン

cín[1] [男] 錫

cíničen[38] [形] 女単主：-čna, 比：bolj ~ / -ejši 皮肉な

cínik[1] [男] 皮肉屋（男）

cínikinja[14] [女] 皮肉屋（女）

cínk[1] [男] 亜鉛

Cíper[1] [男] 生：-pra キプロス na ~u：キプロスで

ciprésa[14] [女] 糸杉（墓場に多い）

církus[1] [男] サーカス iti v ~：サーカスに行く

cistêrna[14] [女] タンカー

citát[1] [男] 引用

citírati[47] [完・不完] 引用する

cítre[14] [女複] 生：cíter ツィター igrati na ~：ツィターをひく

citróna[14] [女] レモン čaj s ~o：レモンティー

civilizácija[14] [女] 文明, 洗練

cíza[14] [女] 手押し車, カート

cmòk[1] [男] 単生：-ôka【複】ダンプリング, クネー

デル

cóna[14] [女] 区域，ゾーン industrijska ~：工業地帯

copát[1] [男]【複】スリッパ

copáta[14] [女]【複】スリッパ imeti moža pod ~o：亭主を尻にしく

cúnja[14] [女] ぼろきれ

cúrek[1] [男] 単生：-rka 噴出 Dež lije s curkom. 雨が激しく降っている．

cvét[5] [男] 単生：-a 1. 花 2. 強 最上の部分 biti v ~u mladosti：若い盛りだ

cvetáča[14] [女] カリフラワー

cvéten[38] [形] 女単生：-tna 花の ~i prah：花粉

cvetéti[48] [不完] 1. 花が咲いている 2. 強 はつらつとしている 3. 強 発展している

cvétje[21] [中] 集 花 v ~u：満開で

cvetličár[3] [男] 花屋（男・花卉を栽培する人も販売する人も指す）

cvetličárka[14] [女] 花屋（女・花卉を栽培する人も販売する人も指す）

cvetličárna[14] [女] 花屋（店）

cvetlíčen[38] [形] 女単生：-čna 花の ~i lonček：植木鉢

cvilíti[48] [不完] 1. 金切り声をあげる，キーキーという音や声を出す 2. 泣く，泣き喚く

cvrèm → cvréti

cvréti[49] [不完] 現1単：cvrèm, L分詞：cvŕl, -a 揚げる，フライにする

cvŕl → cvréti

Č

čáj² [男] 1. お茶 kuhati ~：お茶を沸かす；~ brez：ストレートティー 2. ティーパーティー povabiti na ~：ティーパーティーに招く

čajánka¹⁴ [女] ティーパーティー，茶話会

čájen³⁸ [形] 女単主：-jna お茶の ~a žlička：ティースプーン

čájnica¹⁴ [女] 1. お茶専門の喫茶店 2. 茶葉を保存する容器

čájnik¹ [男] 急須，ティーポット

čakálnica¹⁴ [女] 待合室 ~ na železniški postaji：駅の待合室

čákati⁴⁷ [不完] 待つ Čakal te ne bom, pohiti. 君を待つつもりはない，急げ．Težko čakam na počitnice. 休暇が待ち遠しい．

čáplja¹⁴ [女] 複生：čápelj 鷺

čár¹ [男] 図 魅力，魅惑

čaróven³⁸ [形] 女単主：-vna 魔法の ~e besede：呪文；~i obeski：お守り，魔よけ

čaróvnica¹⁴ [女] 魔女，魔法使い（女）

čaróvnik¹ [男] 魔法使い（男）

čárterski³⁸ [形] チャーターの ~i polet：チャーター便

čàs¹ [男] 単生：čása 1. 時，時間 od ~a do ~a：時折 Svoje čase je bil bogat. 彼はかつて金持ちだった．2. 時制 pretekli ~：過去時制；prihodnji ~：未来時制；sedanji ~：現在時制

časopís[1] [男] 新聞 raznašalec ~ov：新聞配達人

časopísen[38] [形] 女単主：-sna 新聞の ~a reklama：新聞広告；~a agencija / ~o podjetje：新聞社

časôven[38] [形] 女単生：-vna 時の，時間の ~a razlika：時差

část[17] [女] 1. 名誉，光栄 2. 尊厳 3. 評判

části̇en[38] [形] 女単主：-tna, 比：-ejši 名誉ある ~i član：名誉会員

častílec[2] [男] 単生：-lca 崇拝者（男）

častílka[14] [女] 崇拝者（女）

častíti[48] [不完] 尊敬する，崇拝する

částnica[14] [女] 将校（女）

částnik[1] [男] 将校（男）

če [接] 1. もし，～の場合は Če si lačen, ti dam kruha. おなかが空いているのなら，パンをあげよう． 2.～かどうか Vprašal sem ga, če je res. 私は彼に本当かどうか尋ねた．

čebéla[14] [女] ミツバチ pridna kot ~：蜂のように勤勉だ Pičila me je čebela. 蜂に刺された．

čebelárstvo[20] [中] 養蜂，養蜂業，養蜂学

čebèr[1] [男] 単生：-brà 左右に持ち手のある木桶

čebúla[14] [女] たまねぎ

čedálje [副] ＋比較級 ますます

čéden[38] [形] 女単主：-dna, 比：-ejši とても美しい

Čéh[1] [男] チェコ人（男）

Čéhinja[14] [女] チェコ人（女）

čék[1] [男] 小切手 potovalni ~：トラヴェラーズチェック；plačati s ~i：小切手で支払う

čekôven[38] [形] 女単主：-vna 小切手の ~a knjižica：小切手帳

čeláda[14] [女] 1. ヘルメット 2. 強頭

čeljúst[16] [女]【複】あご spodna ~：下あご

čélo[7] [男] チェロ

čêlo[20] ［中］1. ひたい　2. 先頭 hoditi na ～：先頭に立って歩く　3. 前面

čeméren[38] ［形］女単主：-rna, 比：-ejši 不機嫌な

čemú ［副］なんのために，どうして Čemu ste prišli sem? どうしてここへ来たのですか.

čénča[14] ［女］【複】強 噂話，無駄話

čenčàv[38] ［形］女単主：-áva, 比：bolj ～ 強 噂好きな，ゴシップ好きな

čèp[1] ［男］単生：čêpa 栓

čepéti[48] ［不完］1. しゃがんでいる，うずくまっている　2. 強 じっと座っている

čépica[14] ［女］縁なしの帽子（通常やわらかい）

čepràv ［接］にもかかわらず Večerja nama ni teknila, čeprav je bila izvrstna. 夕食はすばらしかったにもかかわらず，私たち二人は食が進まなかった.

čèr[17] ［女］【複】断崖，がけ

česáti[49] ［不完］現 1 単：čéšem, L 分詞：čêsal, -ála 梳かす ～ lase：髪を梳かす

čêsen[1] ［男］単生：-sna にんにく glavica / strok ~a：にんにくひとかけ

čestítati[47] ［完・不完］祝う ～ očetu za rojstni dan：父に誕生日のお祝いをいう；～ k diplomi：卒業を祝う；Čestitam! おめでとう.

čestítka[14] ［女］【複】祝辞，お祝いのことば

čèš ［助］まるで〜のように

čéščina[14] ［女］チェコ語

čéšem → česáti

Čéška[14] ［女］チェコ na ~em：チェコで

čéški[38] ［形］チェコの，チェコ語の，チェコ人の

čéšnja[14] ［女］複生：čéšenj 桜，さくらんぼ

čéšnjevec[2] ［男］単生：-vca チェリーブランデー

četŕt[16] ［女］1. 4分の1　2. 地区 industrijska ～：工業地区

četŕt [副] 4分の1に ～ do petih：5時15分前に Kupil je tri četrt metra blaga. 彼は4分の3メートルの布地を買った.

četŕtek¹ [男] 単生：-tka 木曜日 v ～：木曜日に；ob ～ih：木曜日ごとに

četŕti³⁸ [数] 4番目の

četrtína¹⁴ [女] 4分の1

četúdi [接] ～ではあるが，たとえ～でも Pridemo, četudi bo deževalo. たとえ雨が降っても行こう.

četvéro [数] 不変 4 ～ vrat：4つのドア；～ otrok：4人の子ども；～ vin：4種類のワイン

četverokótnik¹ [男] 四角形

čévelj² [男] 単生：-vlja 1.【複】靴 ～ z visoko peto：ハイヒール 2. フィート

čevljár³ [男] 靴職人（男）

čevljaríca¹⁴ [女] 靴職人（女）

čez [前] ＋対 1.～を越えて skočiti čez jarek：溝を跳び越える 2.～の向こう側に iti čez most：橋を渡る 3. 経由で potovati v Zagreb čez Novo mesto：ザグレブへノヴォ・メスト経由で旅行する 4.～後に Vrnem se čez deset minut. 10分後に戻ります.

čezmérn³⁸ [形] 女単主：-rna 極端な，度を越えた

čigáv³⁸ [代] 誰の Čigave so te besede？そのことばは誰のだ.

čimpréj [副] できるだけ早く Cesto je treba čimprej popraviti. 道はできるだけ早く直す必要がある.

čín¹ [男] vojaški ～：軍の階級

činéla¹⁴ [女]【複】シンバル

čípka¹⁴ [女]【複】レース，レース編み

číŕ¹ [男] 潰瘍 želodčni ～ / ～ na želodcu：胃潰瘍；～ na dvanajstniku：十二指腸潰瘍

číst³⁸ [形] 比：-êjši 1. きれいな，清潔な 2. 純粋な ～o zlato：純金 3. 澄んだ ～a juha：ブイヨン 4. 潔癖な

čistílec² [男] 単生：-lca 掃除夫，清掃人（男）
čistílka¹⁴ [女] 掃除婦，清掃人（女）
čistílnica¹⁴ [女] クリーニング店 kemična ～：ドライクリーニング店；odnesti obleko v ~o：クリーニング屋に服を持っていく
čistílo²⁰ [中] クレンザー
čístiti⁴⁸ [不完] 1. きれいにする，掃除する ～ si zobe：歯を磨く 2. 純化する，不純物を取り除く
čístka¹⁴ [女] 粛清
čísto [副] 1. すっかり，まったく 2. とても ～ mlad：とても若い
čitálnica¹⁴ [女] 閲覧室，読書室
člán¹ [男] メンバー，一員（男）
članarína¹⁴ [女] 会費 letna ～：年会費
člának¹ [男] 単生：-nka 記事
člán ica¹⁴ [女] メンバー，一員（女）
člén¹ [男] 1. 要素 ～ verige：鎖の輪 2. 条項
člének¹ [男] 単生：-nka 1. 関節，くるぶし 2. 助詞
clôvek¹³ [男] 単生：-éka 人，人間
clovéški³⁸ [形] 比：bolj ～ 1. 人の，人間の 2. 人間的な
čméren³⁸ [形] 女単主：-rna, 比：-ejši 不機嫌な
čokàt³⁸ [形] 女単主：-áta, 比：bolj ～/-ejši ずんぐりした，がっしりした
čokoláda¹⁴ [女] チョコレート tablica ～e：板チョコ
čokoláden³⁸ [形] 女単主：-dna チョコレートの，チョコレート色の
čôln¹ [男] ボート
čolnárna¹⁴ [女] ボートハウス
čôp¹ [男] 単生：čôpa 1. 房 povezati lase v ～：髪をまとめる 2. 房飾り ~i na zavesi：カーテンの房飾り
čópič/čôpič² [男] ブラシ，刷毛 nanašati lak s ~em：刷毛でニスを塗る
čréda¹⁴ [女] 家畜の群れ ～ krav：牛の群れ

črevó[24] [中] 複主：čréva / črevésa 腸 debelo ～：大腸；slepo ～：盲腸；tanko ～：小腸

críček[1] [男] 単生：-čka こおろぎ

čŕka[14] [女] 文字 razumeti po ~i：文字通りに理解する；~e za slepe：点字

čŕn[38] [形] 比：bolj ～ 1. 黒い 2. 強 腹黒い 3. 闇の na ~o：非合法に，闇で

Čŕna gôra[38][14] [女] ツルナゴーラ（モンテネグロ）v ~i ~i：ツルナゴーラで

črnílo[20] [中] インク

črnoborzijánstvo[20] [中] 闇取引

črnogléd[38] [形] 比：bolj ～ 悲観主義的な

Črnogórec[2] [男] 単生：-rca ツルナゴーラ人（モンテネグロ人）（男）

Črnogórka[14] [女] ツルナゴーラ人（モンテネグロ人）（女）

črnogórski[38] [形] ツルナゴーラの（モンテネグロの），ツルナゴーラ人の（モンテネグロ人の）

črnolás / črnolàs[38] [形] 単生：-ása 黒髪の ~o dekle：黒髪の女の人

črnolásec[2] [男] 単生：-sca 黒髪の人（男）

črnoláska[14] [女] 黒髪の人（女）

črpálka[14] [女] 1. ポンプ 2. bencinska ～：ガソリンスタンド delati na bencinski ~i：ガソリンスタンドで働く

čŕpati[47] [不完] 1. ポンプで汲みだす 2. 図 得る ～ podatke iz statističnega gradiva：統計資料からデータを得る

čŕta[14] [女] 線，ライン narediti / potegniti ~o：線を引く；obrambna ～：ディフェンスライン

čŕtalo[20] [中] 1. 鋤の先につけた刃 2. 鉛筆に似た形の化粧品 zasenčiti veke s ~om：アイラインを入れる；～ za ustnice：リップスティック

čŕtast[38] [形] 1. 縞模様の 2. 罫線入りの
čŕtati[47] 1. [不完] 線を引く 2. [完・不完] 線を引いて消す Učitelj je črtal nepotrebno besedo. 先生は不必要な語に線を引いて消した.
čŕv[1] [男] 1. みみず 2. 強 くだらない人, とるに足らない人
čúd[16] [女] 文 気性
čudák[1] [男] 奇人, 変人 (男)
čudákinja[14] [女] 奇人, 変人 (女)
čudáški[38] [形] 比：bolj ~ 風変わりな, 変な
čúden[38] [形] 女単主：-dna, 比：bolj ~ 1. 変な, 変わった 2. 不思議な nič ~ega, da...：~ だとしても驚くにあたらない 3. 強 いかがわしい, あやしい
čúdež[2] [男] 奇跡 storiti ~ ：奇跡を起こす；verovati v ~e：奇跡を信じる
čúdežen[38] [形] 女単主：-žna, 比：bolj ~ 奇跡の, 奇跡的な
čudíti se / čúditi se[48] [不完] 現1単：-im se, L分詞：čudil se, -íla se +与 驚く, 不思議に思う
čúdo[20/24] [中] 1. 奇跡 2. 驚くべきこと, 不思議なこと
čudovít[38] [形] 比：-ejši すばらしい
čústven[38] [形] 比：bolj ~ 1. 感情の 2. 感情的な
čústvo[20] [中] 複生：čústev 感情, 気持ち brez čustev：冷淡な
čút[1] [男] 感覚, センス tipni ~ ：触覚；~ okusa：味覚；~ za barve：色彩感覚
čúten[38] [形] 女単主：-tna, 比：bolj ~ 感覚の, センスの ~i organ：感覚器官
čúti[50] [不完・完] 聞く, 聞いてわかる
čutíti / čútiti[48] [不完] 現1単：-im, L分詞：čutil, -íla 感じる Vsi so čutili potres. みんなが揺れを感じた.
čuváj[2] [男] ガード, 護衛 (男) nočni ~ ：夜警 2. 番犬
čuvájka[14] [女] ガード, 護衛 (女)

čuvár[3] [男] ガード,護衛(男)
čuvárka[14] [女] ガード,護衛(女)
čúvati[47] [不完] ガードする,護衛する,見張る ~ gozd pred požarom：火事から森を守る
čvŕst[38] [形] 比：-êjši/-ejši 1.生命力にあふれた,元気な 2.丈夫な,頑丈な

D

dà [挿] 図 はい
da [接] ～ということ Bojim se, da je prepozno. 遅すぎるのではないかと危惧しています.
dág → dekagrám
dàh / dáh[1] [男] 単生：dáha 1.呼吸 2.息
dajálec[2] [男] 単生：-lca 与える人,ドナー(男) ~ krvi：献血者
dajálka[14] [女] 与える人,ドナー(女)
dajálnik[1] [男] 与格
dajáti[50] [不完] 1.与える,あげる 2.～させる Otroke so dajali študirat. 子どもたちを学校にやった. 3.入れる,置く,しまう
dáleč [副] 1.遠くへ・で iti ~：遠くに行く 2.ずっと先,ずっと前 3.はるかに
dàlj [副] 1.より遠くに 2.より長い時間で teden dni in še ~：1週間以上
daljáva[14] [女] 1.遠い場所 v ~i：遠くで 2.距離
dáljen[38] [形] 女単主：-jna, 比：-ejši 遠い,遠くの
daljínec[2] [男] 単生：-nca 口 リモコン
daljínski[38] [形] 遠くの,距離のある ~i upravljavec：

リモートコントロール機

daljnoglèd[1] [男] 単生：-éda 望遠鏡 astronomski ~：天体望遠鏡；viden le z ~om：望遠鏡でのみ見える

daljnovíden[38] [形] 女単主：-dna, 比：-ejši 1. 遠視の 2. 先見の明のある，洞察力のある

dáljši → dólg

dáma[14] [女] 1. 淑女，レディー prva ~：ファーストレディー；~e in gospodje：皆様 2. トランプのクィーン 3. チェスのクィーン

dán[11] [男] 1. 日，一日 ~ na ~：しょっちゅう 2. 昼間 beli ~：白昼

dán → dnò

današnji[38] [形] 今日の，現代の napisati ~i datum：今日の日付を書く

Dánec[2] [男] 単生：-nca デンマーク人（男）

dánes [副] 今日，現代

daníca[14] [女] 明けの明星

Dánka[14] [女] デンマーク人（女）

dánka[14] [女] 直腸

Dánska[14] [女] デンマーク na ~em：デンマークで

dánski[38] [形] デンマークの，デンマーク語の，デンマーク人の

dánščina[14] [女] デンマーク語

dár[5] [男] 単生：-ú / -a 1. 贈り物 2. 才能 Ima poseben dar za glasbo. その人には特別の音楽の才能がある．

darílo[20] [中] 贈り物，プレゼント

darováti[50] [完・不完] L 分詞：-àl, -ála 贈る，プレゼントする ~ knjigo za rojstni dan：誕生日に本を贈る

dátelj[4/2] [男] 単生：-na / -tlja ナツメヤシ

dáti[52] [完] 1. 与える，あげる 2. ~させる ~ čevlje v popravilo：靴を修理に出す 3. もたらす 4. 入れる，置く，しまう

dátum[1] [男] 日付，年月日 ~ rojstva：生年月日

dávčen[38][形]女単主：-čna 税金の ~i urad：税務署

dávek[1][男]単生：-vka 税金 ~ od dohodka：所得税；~ na dediščino：相続税

dáven[38][形]女単生：-vna, 比：-ejši 1.古代の 2.昔からの

dávica[14][女]ジフテリア

dáviti[48][不完]窒息させる，絞め殺す

davnína[14][女]古代 v ~i izumrle živali：古生物

dávno[副]1.以前に 2.長い間

dcl → decilíter

debáta[14][女]討論，ディベート

dêbel[38][形]女単主：-éla, 比：-êjši 1.厚い 2.太った 3.たっぷりとした

dêblo[20][中]複生：dêbel 1.幹 2.語幹

decêmber[1][男]単生：-bra 12月 v ~u：12月に

decêmbrski[38][形]12月の

déci[男]不変・口 デシリットル

decilíter[1][男]単生：-tra デシリットル kozarec za dva ~a：2デシリットル入りのグラス

decimálen[38][形]女単主：-lna 小数の ~a pika：小数点

déček[1][男]単生：-čka 男の子

déd / dèd[1][男]複主：dédje / dédi 1.祖父 = stári ôče 2.おじいさん 3.【複】先祖

dédek[1][男]単生：-dka おじいちゃん

déden[38][形]女単主：-dna 1.遺伝の 2.相続の，先祖代々の

dédič[2][男]相続人（男）

dédinja[14][女]相続人（女）

dédiščina[14][女]遺産 kulturna ~：文化遺産；~ po materi：母の遺産；zapustiti ~o：遺産を遺す

dedováti / dédovati[50][完・不完]現1単：-újem / -ujem, L分詞：-àl, -ála 相続する，受け継ぐ

deficít[1][男]赤字，不足額

definírati[47] ［完・不完］定義する，規定する

dejánje[21] ［中］1. 行動, 行為 pri ~u：現行犯で 2. 出来事

dejánski[38] ［形］事実の，事実上の

dejáti[50/49] 現 1 単：dêjem / dém 1. ［完］話す，語る Dejal je, da pride jutri. 彼は明日来ると話した．2. ［不完・完］思う，考える Dejal bi, da to ni res. それは本当ではないと思うのだが．

dejáven[38] ［形］女単主：-vna, 比：-ejši 活動的な，敏腕な

dejávnost[16] ［女］活動 področje ~i：活動範囲

dêjem → dejáti

déjstvo[20] ［中］複生：déjstev 事実

déka[14] ［女］口 10 グラム

déka[14] ［女］口 毛布

dekagrám[1] ［男］10 グラム

dekàn / dekán[1] ［男］単生：-ána 学部長

deklarácija[14] ［女］申告

deklè[23] ［中］単生：-éta 1. 未婚の若い女 2. ガールフレンド

déklica[14] ［女］女の子，少女

deklíški[38] ［形］女の子の，少女の，未婚の女の ~i priimek：旧姓

dél[1] ［男］1. 部分 2. 部品

délati[47] ［不完］1. 働く 2. 作る 3. する

délati se[47] ［不完］1. ある，できている Led se dela. 氷ができている．2. ＋生 ふりをする Dela se bolnega. 仮病を使っている，病気のふりをしている．

délavec[2] ［男］単生：-vca 労働者（男）

délaven[38] ［形］女単主：-vna, 比：-ejši よく働く，活動的な ~ kot mravlja：蟻のようによく働く

délavka[14] ［女］労働者（女）

delávnica[14] ［女］作業場，仕事場，工房

délavnik[1] ［男］1. 平日 Na delavnik nima nihče časa. 平日は誰も時間がとれない．2. 1日の労働時間 osemurni ～：8時間労働

délavski[38] ［形］労働者の ~a izkaznica：職員証

delegácija[14] ［女］代表団

délen[38] ［形］女単主：-lna 部分的な

deléžnik[1] ［男］分詞

delfín[1] ［男］1. イルカ 2. 平泳ぎ plavati ~a：平泳ぎで泳ぐ

delikáten[38] ［形］女単主：-tna, 比：-ejši 1. 微妙な，デリケートな 2. 繊細な

delikatésa[14] ［女］1. ごちそう 2. 惣菜店

delíkt[1] ［男］違反，反則 mednarodnopravni ～：国際法違反

delítev[15] ［女］割り当て，分割

delíti[48] ［不完］1. 分ける，分割する Zid deli vrt od ceste. 壁は道と庭を分けている．2. 共有する ～ sobo s prijateljem：友人と部屋を共有する 3. 割る，割り算をする ～ dvajset s pet：5で20を割る

deljênje[21] ［中］1. 分割，分けること 2. 割り算

deljív[38] ［形］分割できる，割り切れる

délo[20] ［中］1. 仕事，労働 ročno ～：手仕事；iskati ～：仕事を探す 2. 活動 3. 作品

delodajálec[2] ［男］単生：-lca 雇い主（男）

delodajálka[14] ［女］雇い主（女）

delojemálec[2] ［男］単生：-lca 雇われて働く者（男）

delojemálka[14] ［女］雇われて働く者（女）

delokróg[1] ［男］活動範囲

déloma ［副］部分的に

delováti[50] ［不完］L 分詞：-àl, -ála 1. 効果がある，作用する Zdravilo deluje proti mrzlici. 薬は悪寒に効く．2. 機能する，作動する Srce pravilno deluje. 心臓は正常に機能している．

déloven[38] ［形］女単主：-vna 仕事の，活動の ~i čas：営業時間；~i dan：平日；~i prostor：職場；~o pravo：労働法

deložácija[14] ［女］立ち退き，追いたて

dém → dejáti

demokracíja[14] ［女］民主主義 parlamentarna ～：議会制民主主義

demokrátičen[38] ［形］女単主：-čna, 比：-ejši 民主主義の，民主主義的な

demonstrácija[14] ［女］1. デモンストレーション，示威行動 ~e proti vojni：反戦デモ 2. 立証，例証

denár[3] ［男］お金，金額 predal za ～：現金入れ，レジの引き出し

denáren[38] ［形］女単主：-rna, 比：-ejši 1. お金の ~a sredstva：金銭 2. 強 豊かな

denárnica[14] ［女］さいふ

dénem → déti

denunciácija[14] ［女］密告，告発

depandánsa[14] ［女］ホテルの別館，離れ

depilácija[14] ［女］脱毛，除毛

depó[10] ［男］貯蔵所，貯蔵されるもの bančni ～：銀行預金；muzejski ～：博物館の倉庫

dêrem → dréti

desêrt[1] ［男］デザート

desét[42] ［数］生：desêtih 1. 10 knjiga v ~ih zvezkih：10 巻本；priti ob ~ih：10 時に来る 2. 強 たくさん

desêti[38] ［数］10 番目の ob ~i uri：10 時に

desetína[14] ［女］10 分の 1

desetlétje[21] ［中］複生：desetlétij 10 年間 pred dvema ~ema：20 年前

deskà / dèska[14] ［女］複生：dèsk / desák 1. 板 likarna ～：アイロン台；šahovska ～：チェス盤；～ za sekanje：まな板 2. 舞台

dèskanje[21][中]ウィンドサーフィン
désni[38][形] 1. 右の 2. 右翼の
desníca[14][女] 1. 右手 2. 右翼
desníčar[3][男] 1. 右利きの人（男）2. 右翼政党の党員（男）
desníčarka[14][女] 1. 右利きの人（女）2. 右翼政党の党員（女）
désno[副]右へ= na désno
destilíran[38][形]蒸留された ~a voda：蒸留水
déški[38][形]少年の，男の子の
detájl[1][男]詳細，ディテール
detéktor[3][男]探知機
dételja[14][女]クローバー
detergènt[1][男]単生：-ênta 洗剤
déti[49][完]現1単：dénem 1. 置く ~ puško na ramo：鉄砲を肩にかつぐ 2. いう
devét[42][数]生：devêtih 1. 9 2. 國 たくさん
devétdeset[42][数]90
devêti[38][数]9番目の ~a dežela：おとぎの国；biti v ~ih nebesih：とても幸せだ
devetnájst[42][数]19
devétsto[43][数]900
devíca[14][女]乙女，処女 D~：おとめ座；~ Marija：聖母マリア
devíze[14][女複]外貨，外国為替
dèž[3][男]単生：-jà/-ja 雨 na ~ju/v ~ju delati：雨の中働く
dežêla[14][女]複生：dežêl/deželá 1. 国，地方 ~ tisočerih jezer：フィンランド（数千もの湖の国）；~ vzhajajočega sonca：日本（日出る国）2. 田舎，郊外 živeti na ~i：田舎で暮らす
dežêlen[38][形]女単主：-lna 1. 国の，地方の ~a meja：国境 2. 田舎の，地方の

deževáti[50] [不完] L 分詞：-àl, -ála【3 人称】1. 雨が降る Zunaj dežuje. 外は雨が降っている． 2. 強 大量に降る・落ちる

deževen[38] [形] 女単主：-vna, 比：bolj ～ 雨降りの, 雨の

deževnik[1] [男] 1. みみず 2.【複】千鳥

dežník[1] [男] 傘, 雨傘 odpreti / razpreti ～：傘を開く；stojalo za ~e：傘立て

dežúren[38] [形] 女単主：-rna 宿直の, 当直の ~i zdravnik：当直医

diabétes[1] [男] 糖尿病

diagnóza[14] [女] 診断

dialektologíja[14] [女] 方言学

dialóg[1] [男] 1. 会話 2. 意見交換

diamánt[1] [男] ダイヤモンド črni ～：黒いダイヤ, 石炭

diapozitív[1] [男] スライド predavanje z ~i：スライドを使った講義

diéta[14] [女] 食餌療法, ダイエット

diéten[38] [形] 女単主：-tna 食餌療法の, ダイエットの ~a hrana：ダイエット食

díh[1] [男] 呼吸, 息

dihálen[38] [形] 女単主：-lna 呼吸の, 息の ~i organi：呼吸器官

díhati[47] [不完] 1. 呼吸する, 息をする 2. 強 生きる 3. 強 広まる

diják[1] [男] 生徒（男）

dijákinja[14] [女] 生徒（女）

dijáški[38] [形] 生徒の ~i dom：学校の寮, 学生寮

diktát[1] [男] 1. 口述 pisati po ~u：口述筆記をする 2. 書き取り, ディクテーション

diktatúra[14] [女] 独裁政権

diléma[14] [女] 板ばさみ, ジレンマ

dìm¹ [男] 単生：díma 煙 dati meso v ～：肉を燻製にする Dim se vzdiguje proti nebu. 煙が空へ立ち上っていく.

dímnik¹ [男] 煙突

dímnikar³ [男] 煙突掃除人（男）

dímnikarica¹⁴ [女] 煙突掃除人（女）

dinámičen³⁸ [形] 女単主：-čna, 比：bolj ～ / -ejši 1. 活動的な 2. 動的な, ダイナミックな

dínja¹⁴ [女] メロン

diplóma¹⁴ [女] 1. 卒業証書 slovesna podelitev diplom：卒業証書授与式 2. 卒業試験 3. 学位

diplomacíja¹⁴ [女] 外交, 外交能力

diplománt¹ [男] 卒業生（男）

diplomántka¹⁴ [女] 卒業生（女）

diplomát¹ [男] 外交官（男）

diplomátka¹⁴ [女] 外交官（女）

diplomírati⁴⁷ [完・不完] 学位をとる, 卒業する ～ na medicinski fakulteti：医学部を卒業する

diplómski³⁸ [形] 卒業証書の, 学位の ~a naloga：卒業論文, 学位論文；~i izpit：卒業試験

dirékten³⁸ [形] 女単主：-tna, 比：-ejši 直接の, はっきりとした

diréktor³ [男] 管理者, 社長, 工場長（男）

diréktorica¹⁴ [女] 管理者, 社長, 工場長（女）

dirigènt¹ [男] 単生：-ênta 指揮者（男）

dirigêntka¹⁴ [女] 指揮者（女）

dírka¹⁴ [女] 馬や自動車などのレース kolesarska ～：競輪

dirkálen³⁸ [形] 女単主：-lna レースの ~i avtomobil：レーシングカー；~i konj：競走馬

dirkalíšče²¹ [中] レース場 konjsko ～：競馬場

disciplína¹⁴ [女] 1. 訓練, 修養 2. 分野

disertácija¹⁴ [女] 博士論文

disquéta[14] [女] ディスク vstaviti ~o v računalnik：コンピュータにディスクを入れる

distribúcija[14] [女] 配分，分配

dišáti[48] [不完] L 分詞：díšal, -ála 香る Diši po vrtnicah. バラの香りがする．

dívan[1] [男] ソファ ležati na ~u：ソファに横たわる

divjáčina / divjačína[14] [女] 狩猟の対象となる動物，またはその肉，ジビエ

divjád[16] [女] 狩猟の対象となる動物

divjáti[47] [不完] L 分詞：divjàl, -ála 1. 駆け回る 2. 押し寄せる 3. 怒る

dívji[38] [形] 比：bolj ~ 野生の ~e živali：野獣

dizertácija[14] [女] 博士論文

dlán[17] [女] 手のひら ležati na ~i：明白だ

dlésen[16] [女] 単生：-sni 歯茎

dlêsna[14] [女] 複生：dlésen 歯茎

dléto[20] [中] のみ，たがね

dljè [副] 1. より遠く 2. より長く

dnéh → dán

dnéh → dnò

dnéven[38] [形] 女単主：-vna 1. 昼間の ~a soba：居間 2. 一日の 3. 毎日の，定期的な ~i red：日課 4. 今日の

dnévnica[14] [女] 日当

dnévnik[1] [男] 1. 日記 2. 日誌 3. 日刊紙

dnò[20] [中] 複生：dnòv, dnôv / dán, 複前：dnìh / dnéh 底，底面

do [前] +生 ～まで Do pred kratkim je delal v tovarni. 彼はほんの少し前まで工場で働いていた．

dôba[14] [女] 1. 期間 delovna ~：営業時間 2. 時代 baročna ~：バロック期

dóber[38][形] 女単主：dôbra, 比：bóljši 1. よい，善良な，良質の 2. 効く ~ glas：名声，信望 3. ある分量より多めの，～強 ~a polovica：半分強

dóber dán [挿] こんにちは

dóber ték [挿] 召し上がれ

dóber večér [挿] こんばんは

dobeséden[38] [形] 女単主：-dna 文字通りの ~i prevod：直訳, 逐語訳

dobíček[1] [男] 単生：-čka 利益, 収益 biti na ~u：得だ

dobíti[48] [完] 1. 得る, 手に入れる 2. 受け取る ~ bolezen：病気に罹る

dobíti se[48] [完] 回 会う ~ s prijateljem：友人と会う

dobívati[47] [不完] 1. 得る, 手に入れる 2. 受け取る

dobívati se[47] [不完] 回 会う

dobrína[14] [女] 【複】望ましいこと, よいこと

dobrodôšli [挿] ようこそいらっしゃいました

dobrodôšlica / dobrodóšlica[14] [女] 歓迎の挨拶

dobrodúšen[38] [形] 女単主：-šna, 比：-ejši 気立てのよい, 温厚な

dôbro jútro [挿] おはようございます

dobrosŕčnost[16] [女] 親切心, 情け深さ

dobróta[14] [女] 1. 親切心, 情け深さ 2.【複】ごちそう

docènt[1] [男] 単生：-ênta 助教授（男）

docêntka[14] [女] 助教授（女）

dočákati[47] [完] 1. ~まで待つ, 待ちおおせる ~ vlak：列車が来るまで待つ 2. 歓待する ~ goste s kavo：客人たちをコーヒーで歓待する

dodájati[47] [不完] 加える ~ hrani začimbe：食べ物にスパイスを加える

dodátek[1] [男] 単生：-tka 1. 補足, つけたし 2. 通常の給料につけ加えられるお金, 手当 otroški ~：扶養手当

dodáti[52] [完] 加える

dodelítev[15] [女] 割り当て, 配分

dodelíti[48] [完] L 分詞：dodélil, -íla 割り当てる, 配分

する ～ delavcu stanovanje：労働者に住居を割り当てる

dogájanje[21]［中］活動，行動

dogájati se[47]［不完］【3人称】起こる Ne vem, kaj se dogaja v tej hiši. この家で何が起きているのかわからない．To se pogosto dogaja. それはよくあることだ．

dognáti[49]［完］現1単：dožênem, L分詞：dognàl, -ála 確定する，つきとめる ～ resnico：真実をつきとめる

dogódek[1]［男］単生：-dka 出来事，事件

dogodíti se[48]［完］L分詞：dogódil se, -íla se【3人称】起こる Dogodilo se mu je nekaj hudega. 彼に何か悪いことが起こった．

dogodívščina[14]［女］冒険

dogovárjati se[47]［不完］話し合う，合意に達すべく話し合う ～ o ceni：値段について話し合う

dogôvor[1]［男］取り決め，合意

dogovoríti se[48]［完］L分詞：dogovóril se, -íla se 取り決める，合意に達する ～ s sosedom o odškodnini：隣人と弁償金について取り決める

dohódek[1]［男］単生：-dka 1.【複】収入，所得 davek od ~ov：所得税 2.【単】収益

dohodnína[14]［女］所得税

dojámem → dojéti

dojênček[1]［男］単生：-čka 赤ちゃん(1歳まで)

dojéti[49]［完］現1単：dojámem 悟る，気づく

dojíti[48]［不完］1. 母乳で育てる 2. 授乳する

dókaj / dokàj［副］文 かなり

dokàz[1]［男］単生：-áza 証拠 nasprotni ～：反証

dokázati / dokazáti[49]［完］現1単：dokážem, L分詞：dokázal, -ála 証明する ～ svoj alibi：自分のアリバイを証明する；～ nasprotniku svojo moč：敵対者に自分の力を見せつける

dokazljív[38]［形］比：-ejši 証明可能な，立証可能な

dokazováti[50]［不完］L 分詞：-ál, -ála 証明する

dokážem → dokázati / dokáti

doklèr / dókler［接］1. ＋不完了体・肯定 〜する間 Revež bo, dokler bo živ. 彼は生きている限りずっと貧乏なことだろう．2. ＋完了体・否定 〜するまで Varuj otroka, dokler se ne vrne mati. お母さんが帰ってくるまで，子どもの世話をしなさい．

dokolénka[14]［女］1.【複】ハイソックス 2. 膝丈の服

dokončáti[47]［完］L 分詞：dokončàl, -ála 終える，完成させる

dokônčen[38]［形］女単主：-čna 最終的な，最後の

dóktor[3]［男］1. 博士（男） 2. 口 医者（男）

doktorát[1]［男］1. 博士号 2. 博士号取得試験

dóktorica[14]［女］1. 博士（女） 2. 口 医者（女）

dokumènt[1]［男］単生：-ênta 書類，文書，法律文書 zaupen 〜：機密文書

dokumentárec[2]［男］単生：-rca 口 ドキュメンタリー，ドキュメンタリー映画

dokumentáren[38]［形］女単主：-rna ドキュメンタリーの

dôl［副］下へ

dólar[3]［男］ドル ameriški 〜：米ドル

doletéti[48]［完］L 分詞：dolêtel, -éla【3人称】ある状態になる，陥る Doletela ga je nesreča. 彼は事故にあった．

dôlg[5]［男］単生：-á 借金，借り biti v 〜ih：借りがある

dôlg[38]［形］比：dáljši 長い imeti 〜 jezik：おしゃべりだ

dôlgčas[1]［男］退屈 Dolgčas mi je. 私は退屈だ．

dolgočásen[38]［形］女単主：-sna, 比：-ejši 退屈な

dolgoróčen[38]［形］女単主：-čna, 比：-ejši 長期にわ

たる
dolgováti[50] [不完] L 分詞：-àl, -ála 借金がある, 借りがある Dolguješ mi 50 evrov. 君は私に 50 ユーロの借りがある.
dôli [副] 下で
dolína[14] [女] 谷
dolóčati[47] [不完] 定める, 規定する
dolóčen[38] [形] 女単主：-čna 一定の, 特定の
dolóčilo[20] [中] 定義
dolóčiti/dolóčiti[48] [完] 現 1 単：-im, L 分詞：dolóčil, -íla 定める, 規定する ~ rok plačila：支払期限を定める；~ sina za dediča：息子を相続人と定める；~ bolniku krvno skupino：病人の血液型を特定する
dólžen[38] [形] 女単主：-žna 借金がある, 借りがある Dolžen mi je veliko vsoto. 彼は私に多額の借金をしている.
dolžína[14] [女] 長さ izmeriti ~o ceste：道の長さを計る；določiti ~o pogovora：会談の時間を決める
dolžnóst[16] [女] 1. 義務 2. 職務, 職責
dóm[1/5] [男] 1. 家 2. 家庭 3. ある目的のために建てられた建物 dijaški ~：学生寮 4. 故郷
domá [副] 1. 家で・に 2. 故郷で・に, 祖国で・に
domàč[38] [形] 女単主：-áča, 比：bolj ~ 1. 家の, 家庭の ~a naloga：宿題 2. 故郷の, 祖国の ~i govorec：ネイティヴスピーカー
domála [副] 文 ほとんど
domíslek[1] [男] 考え, 意見
domísliti se[48] [完] +生 1. 思い出す ~ pravega imena：本名を思い出す 2. 思いつく
domišljàv[38] [形] 女単主：-áva, 比：bolj ~ 高慢な
domišljíja[14] [女] 根拠のない考え, 幻想
domnéva[14] [女] 推量, 推測
domnévati[47] [不完] 推量する, 推測する

domotóžje[21] ［中］郷愁，ホームシック

domôv［副］家へ iti ~：帰宅する

domovína[14] ［女］故郷，故国

donòs[1] ［男］単生：-ôsa 1.生産高 ~ pšenice：小麦の生産高 2.【単】収入

dopís[1] ［男］1.公文書，ビジネスレター 2.新聞のための通信文

dopísati / dopisáti[49] ［完］現1単：dopíšem, L分詞：dopísal, -ála 1.書き終える 2.書き加える

dopísnica[14] ［女］1.はがき Sporočil mi je na dopisnici. 彼は私にはがきを書いて知らせてきた．2.特派員，文通相手（女）

dopísnik[1] ［男］特派員，文通相手（男）

dopisováti[50] ［不完］L分詞：-àl, -ála 1.通信文を送る，手紙を出す 2.書き加える

dopisováti si[50] ［不完］L分詞：-àl si, -ála si 文通する

dopíšem → dopísati / dopisáti

doplačílo[20] ［中］不足分の支払い，その金額 ~ za vozovnico：乗り越し料金

dopoldánski / dopôldanski[38] ［形］午前の ~i pouk：午前の授業

dopôldne［副］午前，午前に Nesreča se je zgodila včeraj dopoldne. 事故は昨日の午前に起こった．

dopolnílen[38] ［形］女単主：-lna 補足の，補充の ~i pouk：補習授業

dopolníti / dopôlniti[48] ［完］現1単：-im, L分詞：dopôlnil, -íla 1.補充する，補足する 2.一定の期間を過ごす，生きる

dopolnjeváti[50] ［不完］L分詞：-àl, -ála 補充する，補足する

dopúst[1]［男］職場の休暇，休み vzeti ~：休みを取る；porodniški ~：産休；biti na ~u：休暇中だ

dopustíti[48] ［完］L分詞：dopústil, -íla 許す，許可す

dopuščáti[47] [不完] 許す，許可する ～ izjeme：例外を許す

doséči[49] [完] 現 1 単：doséžem, L 分詞：doségel, -gla 1. 届く Ne morem doseči na omaro. 棚の上に手が届かない. 2. 達する Reka je dosegla kritično točko. 川が危険な水位に達した. 3. 達成する

dosedánji[38] [形] 今までの，これまでの

doseg[1] [男] 単生：-éga 1. 手の届く範囲，距離 2. 影響の及ぶ範囲，距離 priti v ～ strelov：射程距離に入る 3. 達成，到達

doségati[47] [不完] 1. 達する，達成する ～ cilje：目標に達する 2. 匹敵する

doségel → doséči

dosegljív[38] [形] 達成可能な，到達可能な

dosežek[1] [男] 単生：-žka 達成，成就

doséžem → doséči

dosléden[38] [形] 女単主：-dna, 比：-ejši 首尾一貫した，論理的な

doslêjšnji[38] [形] 今までの，これまでの

dospèm → dospéti

dospéti[49] [完] 現 1 単：dospèm 1. 文 到着する 2. 支払期限が来る

dostáva[14] [女] 配達，デリヴァリー

dostáviti[48] [完] 届ける，渡す

dôsti [副] 1. たっぷり Do odhoda je še dosti časa. 出発まで時間はたっぷりある. 2. かなり Zdaj je dosti boljši. 今はかなりよくなっている. 3. 充分に Dosti si star, da lahko razumeš. おまえは理解できるくらいに大きい.

dostójen[38] [形] 女単主：-jna, 比：-ejši 1. 行儀のいい，きちんとした 2. 強 妥当な，適正な

dostòp[1] [男] 単生：-ópa 1. 入場，通路 2. 入場許可

dostópen / dostôpen[38] ［形］女単主：-pna, 比：-ejši
1. 入りやすい 2. 分かりやすい 3. 図 気のおけない

dotácija[14] ［女］寄付金，基金 ~e športnim društvom：
スポーツ団体への寄付金

dotakníti se / dotákniti se[49] ［完］現1単：-em se,
L 分詞：dotáknil se, -íla se ＋生 1. 触れる，さわる ~
tal z rokami：両手で床に触れる 2. 言及する V svoji
razpravi se je dotaknil problema izseljencev. 彼は論考
の中で移民問題に触れた．3. 強 軽く打つ

dotíkati se[47] ［不完］＋生 1. 触れる，さわる Z glavo
se je dotikal stropa. 彼は頭が天井についていた．2.
言及する ~ različnih problemov：さまざまな問題に
言及する To se me ne dotika. それは私には関係ない．

dotlèj / dotlèj ［副］そのときまで

doumétí[49] ［完］現1単：doúmem 把握する，理解す
る ~ bistvo：本質をつかむ

dovódnica[14] ［女］静脈

dovolíti[48] ［完］現1単：dovólim, L 分詞：dovôlil, -íla
許す，許可する ~ otroku oditi：子どもが出て行くの
を許す

dovòlj ［副］充分

dovoljênje[21] ［中］許可 dati ~ za ＋対：~の許可を出
す

dovoljeváti[50] ［不完］L 分詞：-àl, -ála 許す，許可する

dovŕšen[38] ［形］女単主：-šna 完了体の ~i glagol：完
了体動詞

dovzéten[38] ［形］女単主：-tna, 比：-ejši za ＋対 感じ
やすい，繊細な，影響されやすい ~ za lepoto：美的
センスがある

dóza[14] ［女］ケース cigaretna ~：シガレットケース

dóza[14] ［女］分量，一回の服用量 smrtna ~：致死量

dozoréti[48] ［完］1. 熟れる，熟す 2. 成長する

dožênem → dognáti

doživéti[48] [完] 経験する Veliko je doživela na potovanju. 彼女は旅行で多くのことを経験した.

doživétje[21] [中] 複生：doživétij 経験 osebno ~：個人的な経験

doživljati[47] [不完] 経験する

drág[38] [形] 比：drážji 1. 高い, 値の張る 2. 感じのいい, いとしい

dragocén[38] [形] 比：-ejši 価値のある, 高価な, 貴重な ~ podatek：貴重な情報

dragúlj[2] [男] 宝石

dráma[14] [女] 1. 戯曲 2. 劇, ドラマ ~ absurda：不条理劇 3. 劇場

dramátičen[38] [形] 女単主：-čna, 比：-ejši 劇的な, ドラマチックな

drámski[38] [形] 1. 戯曲の 2. 劇の, 演劇の, ドラマの ~i krožek：演劇サークル

drážba[14] [女] 競売, オークション prodati na ~i：競売にかける

dražé[10] [男] 単生：-éja 糖衣錠

dražílo[20] [中] 刺激物, 興奮剤 uživati kavo kot ~：コーヒーを眠気覚ましに使う

drážji → drág

dŕča[14] [女] (ダスト) シュート, すべること

drémati[50/47] [不完] 現1単：drémljem / -am まどろむ, うとうとする

drémljem → drémati

dréti[49] [不完] 現1単：dêrem / drèm, L 分詞：dŕl, -la 1. 疾走する 2. 殺到する

drévje[21] [中] 木 (総称)

drevó[24] [中] 木 spominsko ~：記念樹

drevoréd / drevorèd[1] [男] 単生：-éda 並木道 sprehajati se po ~u：並木道を散歩する

dríska[14] [女] 下痢 imeti ~o：下痢だ

dŕl → dréti

dróbec² [男] 単生：-bca 1. かけら，破片 2. 瑣末なもの，こと 3. 強 少量

drôben³⁸ [形] 女単主：-bna, 比：-êjši 1. 小さい，こまかい 2. 些細な，瑣末な 3. 零細な

drobíti⁴⁸ [不完] 1. 砕く，こまかくする 2. 歩幅を小さくして歩く 3. 短い声を上げる 4. 強 少しずつ食べる

drobíž² [男] 1. 小銭，おつり plačati z ~em：小銭で払う 2. 強 小さな子，小さなもの

drobnoglèd¹ [男] 単生：-éda 顕微鏡 opazovati celice pod ~om：細胞を顕微鏡で観察する

drobtína¹⁴ [女] 1. パンくず 2. 強 ごく少量, 些細なこと 3.【複】パン粉

dróg¹/⁵ [男] 単生：-a 棒，バー，てすり spustiti zastavo na pol ~a：半旗を掲げる

dróga¹⁴ [女] 麻薬

drogeríja¹⁴ [女] ドラッグストア kupiti v ~i：ドラッグストアで買う

drózg¹ [男] つぐみ

drsalíšče²¹ [中] スケート場 Vsak dan se hodim drsat na drsališče. 私は毎日スケートをしにスケート場へ通う．

dŕsanje²¹ [中] スケート

dŕsati se⁴⁷ [不完] スケートをする

drséti⁴⁸ [不完] すべる Smuči dobro drsijo. スキー板はよくすべる．V teh čevljih mi drsi. この靴をはいているとすべる．

drúg³⁸ [形] 1. 他の，別の 2. 口 よその

drugáče [副] 別に，別の方法で

drugáčen³⁸ [形] 女単主：-čna 異なった，違う poskusiti na ~ način：違うやり方で試す

drugàm [副] 別の場所へ obrniti pogovor ~：話をそらす

drúgi[38] [数] 1. 2番目の v ~i polovici leta：年の後半 2. もう一方の veslati na ~i breg：向こう岸へ漕ぐ

drúgič [副] 2度目に，別のときに Pogovorila se bova kdaj drugič. いつか日を改めてお話しましょう．

drúgikrat [副] 別のときに

drugjé [副] 別の場所で

drugód [副] 別の場所で

drugôten[38] [形] 女単主：-tna 二次的な，副次的な imeti ~ pomen：副次的な意味がある

drúščina[14] [女] 交際，親交

drúštvo[20] [中] 複生：drúštev 協会，クラブ

družáben[38] [形] 女単主：-bna, 比：-ejši 1. 楽しい ~a igra：ボードゲーム（チェスなど）2. 親しみやすい

drúžba[14] [女] 1. 社会 2. 仲間

drúžben[38] [形] 社会の，社会的な，仲間の ~i pojav：社会現象

družboslôvec[2] [男] 単生：-vca 社会学者（男）

družboslôvje[21] [中] 社会学

družboslôvka[14] [女] 社会学者（女）

družína[14] [女] 家族 štiričlanska ~：4人家族；praznovati v krogu ~e：内輪で祝う

družínski[38] [形] 家族の

drúžiti se / družíti se[48] [不完] 現1単：-im se, L分詞：drúžil se, -íla / -il se, -ila se 親しくつきあう

drva / drvà[27] [中複] 薪

dŕzen[38] [形] 女単主：-zna, 比：-ejši 1. 大胆な 2. あつかましい，ずうずうしい 3. 派手な，目につく

dŕzniti se / dŕzniti si[49] [完] +不定法 あえてする，大胆にもする Oprostite, da si vas drznem vprašati. 質問させていただくことをお許しください．

držáj[2] [男] 1. 握り，柄 2. てすり

držáti[48] [不完] L分詞：dŕžal, -ála 1. 握る ~ za klju-

držáva 60

ko：ノブを握る 2. 支える Balkon držita dva stebla. バルコニーを2本の柱が支えている．3. 保持している，手元においておく ～ jezik：黙っている

držáva[14] ［女］1. 国，国家 zvezna ～：連邦国家 2. 政府 ločitev cerkve od ～e：政教分離

držáven[38] ［形］女単主：-vna 1. 国の，国家の ～a himna：国歌；～a meja：国境 2. 政府の

državljàn / državlján[1] ［男］単生：-ána 国民，市民，公民（男）

državljánka[14] ［女］国民，市民，公民（女）

državljánski[38] ［形］国民の，市民の，公民の ～a vojna：内戦；～e pravice：市民権

državljánstvo[20] ［中］複生：državljánstev 市民権，公民権

dúcat[1] ［男］ダース

dúh[5] ［男］単生：-á 精神，精神状態

duhôven[38] ［形］女単主：-vna 1. 精神の 2. 宗教の，信仰の ～a glasba：宗教音楽

duhovít[38] ［形］比：-ejši 機知に富んだ，才気ある

duhôvnica[14] ［女］聖職者（女）

duhôvnik[1] ［男］聖職者（男）

Dúnaj[2] ［男］ウィーン na ～u：ウィーンで

dúnajski[38] ［形］ウィーンの，ウィーンの ～i valček：ウィーンワルツ

dúša[14] ［女］魂，精神，心

dúšen[38] ［形］女単主：-šna 魂の ～i mir：魂の平安

duševen[38] ［形］女単主：-vna 心の，精神の

dušíti[48] ［不完］1. 息苦しくさせる Jok jo je dušil. 泣いていたせいで彼女は息が苦しかった．2. 蒸す

dvá[39] ［数］女主：dvé, 中主：dvé 2 Ena in ena je dve. 1たす1は2．

dvájset[42] ［数］20

dvákrat ［副］二度，二回，二倍 ～ na teden：週に二

度 Dvakrat dve je štiri. 2かける2は4.

dvanájst[42][数] 12 ob ~ih：12時に

dvanájstnik[1][男] 十二指腸 imeti čir na ~u：十二指腸潰瘍だ

dvésto[43][数] 200

dvíg[1][男] 1. 上げること，上昇 2.（預金の）引き出し

dvigálo[20][中] エレベーター peljati se z ~om：エレベーターに乗っていく

dvígati[47][不完] 持ち上げる，上げる ~ cene：値段を上げていく

dvígati se[47][不完] 上がる，上昇する Raketa se dviga. ロケットが上昇していく.

dvígniti[49][完] 1. 持ち上げる，上げる ~ roko：手を上げる 2.（預金を）引き出す ~ denar：お金を引き出す

dvígniti se[49][完] 上がる，上昇する Letalo se je hitro dvignilo. 飛行機がすばやく上昇した.

dvigováti[50][不完] L分詞：-àl, -ála 持ち上げる，上げる

dvójček[1][男] 単生：-čka 双子（のうちの一人・男）D~a：ふたご座

dvójčica[14][女] 双子（のうちの一人・女）

dvóje[46][数] 2 ~ čevljev：2足の靴

dvójen[38][形] 女単主：-jna 1. 2倍の，2重の ~a postelja：ダブルベッド；~o okno：二重窓 2. 2種類の

dvojíca[14][女] 二人組，ペア，カップル

dvojína[14][女] 両数，双数

dvójka[14][女] 口 2，成績の可（合格の中ではもっとも低い評価）

dvójnica[14][女] 1. よく似た人（女）2. 代役（女）

dvójnik[1][男] 1. よく似た人（男）2. 代役（男）3. 複製

dvóm / dvòm[1][男] 単生：-a / dvôma 疑い，疑惑

dvómiti / dvomíti[48][不完] 現1単：-im, L分詞：

dvomljív

-il, -ila 疑う ～ o uspehu：成功を危ぶむ

dvomljív[38] ［形］比：-ejši 疑わしい

dvópíčje[21] ［中］複生：dvópíčij コロン（引用や説明のためにもちいる）

dvópósteljen[38] ［形］女単主：-jna ツインの ~a soba：ツインルーム

dvór / dvòr[1] ［男］単生：-a / dvôra 宮廷 iti na ～：宮廷へ行く

dvorána[14] ［女］ホール，広間 koncertna ～：コンサートホール；sodna ～：法廷

dvórec[2] ［男］単生：-rca 貴族や富豪の邸宅，館

dvóren[38] ［形］女単主：-rna 宮廷の

dvoríšče[21] ［中］庭，中庭 na ~u：中庭で

dvoúmen[38] ［形］女単主：-mna, 比：-ejši あいまいな，二つ以上の意味に取れる

dvožívka[14] ［女］両生類

džéz[1] ［男］ジャズ

džézva[14] ［女］トルココーヒーのためのポット

džúngla[14] ［女］ジャングル

E

êden[38] ［数］一人，一つ（次に男性名詞を伴わずに用いる）

edícija[14] ［女］版

edínec[2] ［男］単生：-nca 一人っ子（男） sin ～：一人息子

edíni[38] ［形］1. 唯一の 2. ～だけの

edínka[14] ［女］一人っ子（女）

ednína[14] ［女］単数
efékt[1] ［男］1. 成功，効率 2. 効果
efektíven[38] ［形］女単主：-vna, 比：-ejši 1. 効果的な 2. 実際の ~i stroški：実費
ekcém[1] ［男］湿疹
ekípa[14] ［女］特定の目的のために編成された集団 Na kraj nesreče so poslali opremljene reševalne ekipe. 事故現場へ装備された救助隊がいくつか派遣された．
eklekticízem[1] ［男］単生：-zma 折衷主義，折衷方式
ekologíja[14] ［女］生態学，エコロジー
ekolóški[38] ［形］生態学の，エコロジーの
ekonóm[1] ［男］1. 会計担当者（男）2. 経済学者（男）
ekonómičen[38] ［形］女単主：-čna, 比：-ejši 経済的な，節約の，つましい
ekonomíja[14] ［女］1. 経済学 2. 節約
ekonómika[14] ［女］1. 経済，経済状態 2. 経済学
ekonómka[14] ［女］1. 会計担当者（女）2. 経済学者（女）
ekonómski[38] ［形］1. 経済の ~i položaj：経済状態 2. 経済学の ~a fakulteta：経済学部
ekrán[1] ［男］画面，スクリーン televizijski ~：テレビ画面
eksekúcija[14] ［女］1. 判決などの執行 2. 死刑執行
eksemplár[3] ［男］見本，実例 muzejski ~：博物館の展示品
ekskluzíven[38] ［形］女単主：-vna, 比：-ejši 排他的な，限定された ~ klub：会員制クラブ；~a novica：独占ニュース
ekskúrzija[14] ［女］見学旅行 iti na ~o：見学旅行に行く
ekspedícija[14] ［女］1. 探検，調査旅行 2. 遠征
eksplodírati[47] ［完・不完］1. 爆発する，破裂する 2. 強 激怒する
eksplozíja／eksplózija[14] ［女］爆発
ekspozitúra[14] ［女］支店，出張所

eksprésen[38] ［形］女単主：-sna とても速い，急行の，速達の

ekstenzíven[38] ［形］女単主：-vna, 比：-ejši 広大な，広範な

ekvátor[3] ［男］赤道

elán[1] ［男］気力，生気

elástičen[38] ［形］女単主：-čna, 比：-ejši 伸縮性の，しなやかな

elegánten[38] ［形］女単主：-tna, 比：-ejši 洗練された，エレガントな

elektrárna[14] ［女］発電所 vodna ～：水力発電所

eléctričen[38] ［形］女単主：-čna 電気の ~i tok：電流

eléktrika[14] ［女］電気，電力

eléktroindustrija[14] ［女］エレクトロニクス産業

eléktromagnéten[38] ［形］女単主：-tna 電磁の ~i valovi：電磁波

elektrónika[14] ［女］電子工学

elektrónski[38] ［形］電子の，電子工学の ~a pošta：電子メール = e -pošta

elemènt[1] ［男］単生：-ênta 1. 要素 2. 基礎，本質 3. 元素

elementáren[38] ［形］女単主：-rna, 比：-ejši 1. 基礎的な，本質的な ~o znanje：基礎知識 2. 元素の

elíta[14] ［女］エリート

elíten[38] ［形］女単主：-tna, 比：bolj ～ / -ejši エリートの，選ばれた

emájl[1] ［男］1. エナメル 2. 歯のエナメル質

embaláža[14] ［女］1. 包装 2. 荷造り

emisíja[14] ［女］1. 通貨や切手の発行 2. 光線などの放出，放射 3. 区 放送 televizijska ～：テレビ放送

èn[38] ［数］1. ひとつの，一人の， 1 Ena in ena je dve. 1 たす 1 は 2. slep na eno oko：片目の見えない 2. 一方の Na enem koncu vasi so hiše že obnovljene, na drugem pa še ne. 村の一方の端にある家々は建て直されたが，もう一方の端はまだだ． 3. 口 ある，とある en dan：ある日 4. 強 同じ Midva sva enih misli. 私たちは同じ考えだ．

enačáj[2] ［男］等号，イコール

enáčba[14] ［女］複生：-čeb 方程式，等式 ～ z eno neznanko：一次方程式

enájst[42] ［数］11 ob ~ih dopoldne：午前 11 時

enájsti[38] ［数］11 番目の

enák[38] ［形］1. 等しい razdeliti na ~e dele：等分に分ける 2. 同等の，平等の 3. 同じ

enáko ［副］同様に

enakoméren[38] ［形］女単主：-rna, 比：-ejši 一様な，むらのない

enakonóčje[21] ［中］複生：enakonóčij 昼と夜の長さが同じ日 jesensko ～：秋分；spomladansko ～：春分

enakopráven[38] ［形］女単主：-vna, 比：-ejši 同権の，同等の権利をもつ Ženske so enakopravne z moškimi. 女性は男性と同等の権利を持つ．

enakostráničen[38] ［形］女単主：-čna 等辺の ~i trikotnik：正三角形

éncijan / encijan[1] ［男］りんどう

enciklopedíja[14] ［女］百科事典 ～ v petnajstih knjigah：15 巻本の百科事典；živa ～：生き字引

enêrgičen[38] ［形］女単主：-čna, 比：-ejši 精力的な，活動的な

energíja[14] ［女］1. エネルギー 2. 活力

eníca[14] ［女］口 番号の 1，成績の 1（落第点）

ênka[14] ［女］口 番号の 1，成績の 1（落第点）

ênkrat ［副］1. 一度，一回 za ～：今のところ 2. 一倍

enkràt / ênkrat ［副］1. あるとき 2. いったん

enkráten / ênkraten[38] ［形］女単主：-tna, 比：-ejši 強 唯一の，ユニークな

ênobárven[38] ［形］女単主：-vna 一色の，モノトーンの

ênodejánka[14] ［女］一幕劇

enójen[38] ［数］女単主：-jna 単式の，一人用の ~i tir：単線

ênoléten[38] ［形］女単主：-tna 1. 1歳の ~ otrok：1歳の子ども 2. 1年の ~a praksa：1年の実習

enolônčnica[14] ［女］シチュー

ênopósteljen[38] ［形］女単主：-jna ベッドが1つの ~a soba：シングルルーム

ênosméren[38] ［形］女単主：-rna 一方通行の，一方向の ~a cesta：一方通行の道；~a vozovnica：片道切符

enostáven[38] ［形］女単主：-vna, 比：-ejši 1. 簡単な 2. 単純な ~o delo：単純労働

ênostránski[38] ［形］一方の面の ~i tisk：片面印刷

enostránski[38] ［形］比：bolj ~ 一方的な，偏った

enôta[14] ［女］単位，ユニット

enôten[38] ［形］女単主：-tna, 比：-ejši 統一された，まとまった，単一の Mnenja o tem niso enotna. これについての意見はまとまっていない.

ênozlóžen[38] ［形］女単主：-žna 一音節の ~a beseda：一音節語

ép[1] ［男］叙事詩

epizóda[14] ［女］1. ちょっとした話 2. 挿話

epruvéta[14] ［女］試験管

êra[14] ［女］時代 ~ tehnike：技術の時代

eskalátor[3] ［男］エスカレーター

estétika[14] ［女］美学

etápa[14] ［女］段階

etáža[14] ［女］階 Stavba ima dve etaži pod zemljo in deset nad zemljo. 建物は地下2階，地上10階建てだ.

étika[14] ［女］倫理学，倫理

etílen[38] ［形］女単主：-lna エチル基の ~i alkohol：エ

チルアルコール
etnologíja[14] ［女］民族学
evakuácija[14] ［女］避難，退避
evangélij[2] ［男］1. 福音書 2. 強 指針 življenski ～：人生の指針
evidénca[14] ［女］証拠
évro[7] ［男］ユーロ（通貨単位）
Evrópa[14] ［女］ヨーロッパ Unija ~e：ヨーロッパ連合；v ~i：ヨーロッパで
Evropêjec[2] ［男］単生：-jca ヨーロッパ人（男）
Evropêjka[14] ［女］ヨーロッパ人（女）
evrópski[38] ［形］ヨーロッパの，ヨーロッパ人の E~a unija：ヨーロッパ連合＝ Unija Evrope；~e države：ヨーロッパ諸国

F

fáks[1] ［男］口 1. 学部 2. ファックス
fáktor / faktór[3] ［男］1. 活動家，行為者 2. 係数
fakultatíven[38] ［形］女単主：-vna 任意の ~i predmet：選択科目
fakultéta[14] ［女］学部 profesor na ekonomski ~i：経済学部の教授
fakultéten[38] ［形］女単主：-tna 学部の
falót[1] ［男］複主：falóti / falótje 口・強 ならず者
fànt[1] ［男］単生：fánta, 複主：fántje / fánti 1. 独身の若者 2. 少年，男の子 3. 恋人（男）4. トランプのジャック
fantástičen[38] ［形］女単主：-čna, 比：-ejši 1. 幻想的な，夢のような 2. 強 すばらしい

fantástika[14] ［女］フィクション znanstvena ～：SF
fantìč[2] ［男］単生：-íča 男の子(特に学校へ上がる前の)
fára[14] ［女］複生：fár / fará 教区
fárma[14] ［女］農場 delati na ~i：農場で働く
farmacévt[1] ［男］薬剤師，薬学部の学生（男）
farmacévtka[14] ［女］薬剤師，薬学部の学生（女）
farmacíja[14] ［女］薬学，薬学部
fašízem[1] ［男］単生：-zma ファシズム
fatálen[38] ［形］女単主：-lna, 比：-ejši 運命の，宿命の ～a ženska：宿命の女，ファム・ファタル
fáza[14] ［女］1.局面，段階 zadnja ～：最終段階 2.位相
fazán[1] ［男］雉
fébruar[3] ［男］2月 v ~ju：2月に
fébruarski[38] ［形］2月の
federácija[14] ［女］1.連邦，連邦政府 2.連盟，連合 mednarodna športna ～：国際スポーツ連盟
fêjst ［形］比：bolj ～ 不変・口 1.すばらしい 2.きれいな，美しい
fén[1] ［男］1.熱風，フェーン 2.ヘアドライヤー sušiti lase s ~om：髪をドライヤーで乾かす
fést ［形］比：bolj ～ 不変・口 1.すばらしい 2.きれいな，美しい
festivál[1] ［男］祭礼，フェスティヴァル filmski ～：映画祭
fevdalízem[1] ［男］単生：-zma 封建制
fiásko[7] ［男］文 1.大失敗，大失態 2.完敗
fíga[14] ［女］1.いちじく 2.口 拒否や否定を表す，親指を人差し指と中指の間に入れて握るこぶし 3.口・強 とるにたらないもの，くだらないこと Joka za vsako figo. いちいちくだらないことで泣く．
figúra[14] ［女］1.姿 ženska z lepo ~o：スタイルのいい女の人 2.像 bronasta ～：ブロンズ像 3.図形 4.(形容詞と共に) 人物 simpatična ～：感じのいい人 5.チェ

スの駒

fíksen[38] ［形］女単主：-sna 1. 決定した Datum odhoda še ni fiksen. 出発の日取りはまだ決まっていない. 2. 固定した ~a ideja：固定観念

filatelíja[14] ［女］切手収集

filatelístičen[38] ［形］女単主：-čna 切手収集の ~i album：切手アルバム

filharmoníja[14] ［女］1. 交響楽団 2. 交響楽団のホール

fílm[1] ［男］1. フィルム vložiti ~ v kamero：カメラにフィルムを入れる 2. 映画 celovečerni ~：長編映画；nemi ~：サイレント映画

fílmski[38] ［形］1. フィルムの 2. 映画の ~i igralec：映画俳優

filológ[1] ［男］文献学者，言語学者（男）

filologíja[14] ［女］文献学，言語学

filológinja[14] ［女］文献学者，言語学者（女）

filozóf[1] ［男］1. 哲学者（男）2. 思想家 3. 賢者 4. 口 哲学部の学生

filozofíja[14] ［女］哲学，思想

filozófinja[14] ［女］哲学者（女）

filozofírati[47] ［不完］1. 思索する，深く考える 2. 強 くだらないことをだらだらと話す

filozófski[38] ［形］哲学・思想の，哲学者の・思想家の ~a fakulteta：哲学部，人文学部

fílter[1] ［男］単生：-tra フィルター

fín[38] ［形］比：-êjši 1. 品のいい 2. 繊細な，精緻な

finále[7] ［男］1. 決勝戦 priti v ~：決勝戦に進出する 2. 文 終わり，フィナーレ

financírati[47] ［不完・完］融資する，資金を調達する

finánčen[38] ［形］女単主：-čna 財務の，財政上の

Fínec[2] ［男］単生：-nca フィンランド人（男）

Fínka[14] ［女］フィンランド人（女）

Fínska[14] ［女］フィンランド na ~em：フィンランド

で

fínski[38]［形］フィンランドの，フィンランド語の，フィンランド人の

fínščina[14]［女］フィンランド語

fínta[14]［女］1. 囗 変装，見せかけ 2. フェイント

fírma[14]［女］1. 会社 2. 社名 spremeniti ~o：社名を変更する

fízičarka[14]［女］物理学者（女）

fízičen[38]［形］女単主：-čna 1. 肉体の，肉体的な ~o delo：肉体労働 2. 物質の

fízik[1]［男］物理学者（男）

fízika[14]［女］物理，物理学 atomska ~：原子物理学；teoretska ~：理論物理

fizikálen[38]［形］女単主：-lna 物理の，物理学の ~i poskus：物理実験

fiziognomíja[14]［女］人相

fižôl[1]［男］単生：-óla インゲン豆

flagránten[38]［形］女単主：-tna, 比：-ejši 囗・強 きわめて明白な

flanéla[14]［女］フランネル

flávta[14]［女］フルート solo za ~o：フルート独奏曲

flomáster[1]［男］単生：-tra フェルトペン

fónd[1]［男］基金 dati denar v ~ za begunce：難民基金に寄付する

foném[1]［男］音素

fórma[14]［女］1. 形 biti v dobri ~i：上出来だ 2. 形式 3. フォーム

formácija[14]［女］隊，隊形

formálen[38]［形］女単主：-lna, 比：bolj ~ 1. 形の 2. 形式の Pozdravljanje je lahko samo formalno. 挨拶は単に形式的になることもありうる. 3. 公式の ~ obisk：公式訪問

formát[1]［男］判，フォーマット ~ A4：A4判；žepni

～：ポケットサイズ

fórmula[14] [女] 1. 方式, 公式 matematična ～：数式 2. 文例

formulár[3] [男] 用紙 izpolniti ～：用紙に記入する

fósfor[3] [男] リン, 燐光体

fosíl[1] [男] 化石

fotélj[2] [男] 肘掛け椅子, アームチェア

fótoaparát[1] [男] カメラ, 写真機

fotográf[1] [男] 写真家（男）

fotografíja[14] [女] 写真, 写真術

fotográfinja[14] [女] 写真家（女）

fotografírati[47] [完・不完] 写真を撮る, 撮影する ～ pokrajino：風景の写真を撮る

fotográfka[14] [女] 写真家（女）

Fráncija[14] [女] フランス v ～i：フランスで

francóski[38] [形] フランスの, フランス語の, フランス人の

francóščina[14] [女] フランス語

Francóz[1] [男] フランス人（男）

francóz[1] [男] スパナ

Francózinja[14] [女] フランス人（女）

fránk[1] [男] フラン（通貨単位）

fráza[14] [女] いいまわし, フレーズ

frekvénca[14] [女] 頻度

fréska[14] [女] フレスコ画

frizêr[3] [男] 美容師, 理容師（男）

frizêrka[14] [女] 美容師, 理髪師（女）

frizêrski[38] [形] 美容師の, 理容師の ～i salon：美容院, ヘアサロン

frizúra[14] [女] 髪型, ヘアスタイル spremeniti si ～o：髪型を変える

frníkola[14] [女] ビー玉

fúnkcija[14] [女] 1. 職務, 役割 2. 機能 3. 関数 slika ～e：

関数表

funkcionálen[38] ［形］女単主：-lna, 比：-ejši 機能の，機能面の，機能的な Ta prostor ni funkcionalen. この空間は使いづらい．

funkcionírati[47] ［不完］機能する

fúnt[1] ［男］ポンド

G

gábiti se[48] ［不完］げんなりする，胸やけする Ta jed se mi gabi. この食べ物は胸やけする．

gáj[2] ［男］木立，林 brezov ～：白樺の木立

galánten[38] ［形］女単主：-tna, 比：-ejši 慇懃な

galanteríja[14] ［女］1. 小間物，雑貨 2. 小間物屋，雑貨店

galéb[1] ［男］かもめ

galeríja[14] ［女］1. 美術館 2. 強 大群，多数

gálica[14] ［女］硫酸

ganíti/gániti[49] ［完］現1単：-em, L分詞：gánil, ganíla 感銘を与える，印象づける Pismo ga je ganilo do solz. 手紙を読んで彼は感動のあまり涙を流した．

garáža[14] ［女］車庫，ガレージ spraviti avto v ～o：車をガレージに入れる

gárda[14] ［女］1. 護衛兵 2. ボディーガード

garderóba[14] ［女］1. クローク oddati plašč v ～o：コートをクロークに預ける 2. 個人の持っている衣装全体 Ima bogato garderobo. その人は衣装もちだ．

gárje[14] ［女複］生：gárij 疥癬

garnitúra[14] ［女］装飾品

garsonjêra[14]［女］ワンルームマンション vseliti se v ~o：ワンルームマンションに引っ越す

gasílec[2]［男］単生：-lca 消防士（男）

gasílen[38]［形］女単主：-lna 消防の ~i aparat：消火器；~i avto：消防車

gasílka[14]［女］消防士（女）

gasílski[38]［形］消防士の ~a uniforma：消防服

gasíti[48]［不完］火を消す，消火する

gáza[14]［女］ガーゼ pokriti rano s sterilno ~o：傷を消毒ガーゼで覆う

gazíran[38]［形］炭酸入りの，発泡の ~o vino：スパークリングワイン

generácija[14]［女］世代

generál[1]［男］将軍（男）

generálen[38]［形］女単主：-lna 1. 広範な責任・権限をもつ ~i sekretar：事務総長，事務局長 2. 全般的な ~a stavka：ゼネスト

geniálen[38]［形］女単主：-lna，比：-ejši 天才的な

génij[2]［男］1. 天才 2. 天賦の才

geografíja[14]［女］地理，地理学

geográfski[38]［形］地理の，地理学の ~a dolžina：経線；~a širina：緯線

geometríja[14]［女］幾何学

gêslo[20]［中］複生：gêsel 1. スローガン，標語 2.【単】合言葉 3. 辞書の見出し語 4. パスワード vtipkati ~：パスワードを入れる

gésta[14]［女］ジェスチャー

gibánica/gíbanica[14]［女］ギバニツァ（スロヴェニア東部・南東部名産のお菓子）

gíbanje[21]［中］動き，運動 v ~u：動いて，進行中で；~ proti fašizmu：反ファシズム運動

gíbati se[50/47]［不完］単1現：-ljem se / -am se 1. 動く，運動する 2. いる，ある

gíbčen[38][形] 女単主：-čna, 比：-ejši 柔軟な, しなやかな biti ~ega jezika：おしゃべりだ

gíbljem se → gíbati se

gibljív[38][形] 比：-ejši 不安定な, 動きやすい, ぐらぐらした ~i akcent：自由アクセント

gimnástika[14][女] 体育, 体操

gimnázija[14][女] 中学・高校（中等教育機関）hoditi v ~o：中学に通う・高校に通う；učiti na ~i：中学で教える・高校で教える

ginekológ[1][男] 婦人科医（男）

ginekológinja[14][女] 婦人科医（女）

glád[5][男] 単生：-ú / -a 飢え

gládek[38][形] 女単主：-dka, 比：-êjši / glájši 滑らかな

gladijóla[14][女] グラジオラス

gladína[14][女] 水面 nad morsko ~o：海抜

gladióla[14][女] グラジオラス

gladôven[38][形] 女単主：-vna, 比：bolj ~ 飢えの, 空腹の ~a stavka：ハンガーストライキ

glágol[1][男] 動詞 neprehodni ~：自動詞；prehodni ~：他動詞

glágolnik[1][男] 動名詞

glágolski[38][形] 1.動詞の 2.グラゴール文字の

glájši → gládek

glás[5][男] 単生：-ú / -a 1.声 na ~：声に出して 2.音 3.噂, 風評 Glas o tem je šel po vsem mestu. それに関する噂は町中を駆け巡った. 4.票 zmagati z enim ~om：1票差で勝利する

glásba[14][女] 音楽, 楽曲 komorna ~：室内楽；pop ~：ポップミュージック；rock ~：ロックミュージック

glásben[38][形] 音楽の, 楽曲の ~a dvorana：ミュージックホール

glázbenica[14] ［女］音楽家（女）
glásbenik[1] ［男］音楽家（男）
glásen[38] ［形］女単主：-sna, 比：-êjši 1. よく聞こえる 2. 大声の，声高の
glasílo[20] ［中］機関紙
glasíti se[48] ［不完］囲 1. 以下のごとし 2. 聞こえる
glasoslôvje[21] ［中］音韻論
glasováti[50] ［完・不完］L 分詞：-àl, -ála 投票する ~ proti predlogu：提案に反対票を投ずる；~ za predlog：提案に賛成票を投ずる
glasôvnica[14] ［女］投票用紙
gláva[14] ［女］1. 頭 Glava me boli. 私は頭が痛い．2. 章，タイトルページ
gláven[38] ［形］女単主：-vna 主な，主要な ~a jed：メインディッシュ；~i natakar：給仕長；~i števnik：基数詞
glavník[1] ［男］櫛 česati se z ~om：櫛で梳かす
glavobòl / glavoból[1] ［男］頭痛 prašek proti ~u：頭痛薬
gledálec[2] ［男］単生：-lca 観客，視聴者（男）televizijski ~：テレビの視聴者
gledalíšče[21] ［中］1. 劇場 2. 演劇
gledalíški[38] ［形］1. 劇場の ~i igralec：舞台俳優 2. 演劇の
gledálka[14] ［女］観客，視聴者（女）
glédati[47] ［不完］1. 見る ~ film：映画を見る 2. 強 na + 対 ~を重視する Gleda bolj na zdravo kot na korist. 利益よりも健康を重視している．
gledé ［副］na + 対 ~に関しては，~をかんがみて Glede na to, da je cesta slaba, vozi počasi. 道が悪いことを考慮して，その人はゆっくりと運転している．
gledíšče[21] ［中］観点，視点
gléženj[2] ［男］単生：-žnja【複】くるぶし

glína[14]［女］粘土

glôba / glóba[14]［女］罰金 naložiti mu ~o：彼に罰金を科す

globálen[38]［形］女単主：-lna 1. 全面的な，全体の 2. 地球上の，全世界の

globél[16]［女］峡谷

globína[14]［女］1. 深さ，奥行き 2. 深いところ，深み

glóblji → globòk

globòk[38]［形］女単主：-ôka，比：glóblji 深い，深みのある ~o dihanje：深呼吸

glóbus[1]［男］地球儀 vrteti ~：地球儀を回す

glòg / glóg[1]［男］サンザシ

glúh[38]［形］比：glúšji 1. 耳の聞こえない ~ na levo uho：左の耳が聞こえない 2.強 za + 対 ~に耳をかさない，無関心な ~ za nasvete：忠告に耳をかさない 3.強 物音のしない，静まり返った

glúšji → glúh

gnáti[49]［不完］現1単：žênem，L分詞：-ál, -ála 1. 動かす，起動させる 2. 追う，追い立てる

gnéča[14]［女］混雑，雑踏 Prevelika gneča je. ひどく混雑している．

gnêsti[49]［不完］現1単：gnêtem，L分詞：gnêtel, -tla こねる，練る

gnêtel → gnêsti

gnêtem → gnêsti

gnév / gnèv[1]［男］文 憤怒，激怒

gnézdo[20]［中］巣 lastovičje ~：ツバメの巣

gníjem → gníti

gníl[38]［形］比：bolj ~ 腐った，腐敗した

gníti[50]［不完］現1単：gníjem 1. 腐る，腐敗する 2. 一所にじっとしている

gnojílo[20]［中］肥料，肥やし

gnúsen[38]［形］女単主：-sna，比：-ejši げんなりする，

いやでたまらない

góba[14] ［女］1. きのこ 2. きのこ状のもの atomska ～： きのこ雲 3. スポンジ morska ～：海綿；brisati tabloz ~o：ボードを黒板消しで消す 4. 強 大酒のみ

góbec[2] ［男］単生：-bca 1. 動物の鼻や口 2. 卑 顔

góbov[38] ［形］きのこの，きのこでできた ~a juha：マッシュルームスープ

gód[5] ［男］単生：-ú/-a 名の日，名の祝い

godálo[20] ［中］【複】弦楽器

gódba[14] ［女］バンド，ブラスバンド

godíti se[48] ［不完］【3人称】起こる

gojítev[15] ［女］1. 飼育 ～ rib：魚の飼育 2. 栽培 3. スポーツや芸術をたしなむこと

gojíti[48] ［不完］1. 飼育する 2. 栽培する 3. スポーツなどや芸術をたしなむ ～ smučanje：スキーをする

gòl[38] ［形］女単主：gôla 1. 禿げている，むきだしの 2. 裸の

gólaž[2] ［男］グラーシュ goveji ～：ビーフ・グラーシュ

goleníca[14] ［女］1.【複】ブーツの上部 2. むこうずね

golób[1] ［男］複主：golóbi/golóbje 鳩

gôltati[47] ［不完］強 ごくごく飲む，一気に食べる

gôr ［副］上へ

gôra[14] ［女］複生：gôr/gorá 山

goràt[38] ［形］女単主：-áta, 比：bolj ～/-ejši 山がちの，山岳性の，山のような

gorčíca/górčica[14] ［女］からし

gorèč[38] ［形］女単主：-éča, 比：bolj ～ 1. 燃えている，燃えるように赤い ~a hiša：燃えている家 2. 強 ほてっている 3. 強 熱狂している

gôrek[38] ［形］女単主：-rka, 比：-êjši 熱い，かっかとする

goréti[48] ［不完］L分詞：gôrel, -éla 1. 燃える Suha drva dobro gorijo. 乾いた薪はよく燃える． 2. 熱を帯びる

gôri [副] 上に，上で

gorílla[14] [女] ゴリラ

gorílnik[1] [男] バーナー plinski ~：ガスバーナー

gorívo[20] [中] 燃料

gorjé[21] [中] 複生：górij 悲嘆，悲痛

gorljív[38] [形] 比：bolj ~ / -ejši 可燃性の，燃えやすい ~ plin：可燃性ガス

górnji[38] [形] 上の，上方の

gôrski[38] [形] 山の，山岳の ~a bolezen：高山病

gós[17] [女] 鵞鳥

gosénica[14] [女] 毛虫，青虫

gospá[19] [女] 1.~さん（既婚女性に）2.婦人，奥さん

gospód[1] [男] 複主：gospódje / gospódi 1.~さん（男性に）2.男の人 gospe in ~je！：皆様！3. G~：主，神

gospodár[3] [男] 主人，家主（男）

gospodáren[38] [形] 女単主：-rna, 比：-ejši 経営の上手な，経済的な

gospodaríca[14] [女] 主人，家主（女）

gospodárski[38] [形] 経済の ~i položaj：景気

gospodárstvo[20] [中] 経済

gospodíčna[14] [女] 複生：gospodíčen 1.~さん（未婚女性に）2.未婚女性 Ne vem, ali ste gospodična ali že gospa. あなたが独身でいらっしゃるのかそれとも既に結婚していらっしゃるのか知りません．

gospodínja[14] [女] 主婦

gospodínjski[38] [形] 比：bolj ~ 1.家事の ~a dela：家事；~i stroški：家計 2.家庭的な

gospodínjstvo[20] [中] 複生：gospodínjstev 1.家事 2.世帯

Gospódov[38] [形] 主の ~ dan：日曜日；v letu ~em：紀元後

gospodoválen[38] [形] 女単主：-lna, 比：bolj ~ 支配的な Ima gospodovalen odnos do drugih. 他人に対し

て支配的な態度を取る.

gòst[1] [男] 単生：gôsta, 複主：gôstje / gôsti 客, 客人 (男) priti v ~e：訪問する

góst[38] [形] 比：-êjši 1. 濃い, 濃密な ~ gozd：密林 2. 頻繁な

gostílna[14] [女] 食堂, 居酒屋

gostíšče[21] [中] 1. 宿 2. 居酒屋

gostítelj[2] [男] 客を招いてもてなす人 (男)

gostíteljica[14] [女] 客を招いてもてなす人 (女) država ~：主催国, ホスト国

gôstja[14] [女] 複生：gôstij 客, 客人 (女)

gostoljúben[38] [形] 女単主：-bna, 比：-ejši 客好きな, もてなしのよい

gostováti[50] [不完] L 分詞：-àl, -ála 客演する, 本拠地以外で公演・プレイする

gótika[14] [女] ゴティック様式, ゴティック期

gotòv[38] [形] 女単主：-ôva, 比：bolj ~ 1. 既製の ~a obleka：既製服 2. 確実な, 確かな biti ~ zmage：勝利を確信している 3. 現金の 4. なんらかの, とある

gotovína[14] [女] 現金 plačati v ~i：現金で払う

gótski[38] [形] 1. ゴティックの bazilika v ~em slogu：ゴティック様式の聖堂 2. ゴシック体の ~e črke：ゴシック体の文字 3. ゴートの ~i jezik：ゴート語

govédina[14] [女] 牛肉, ビーフ

govêji[38] [形] 牛の ~a kuga：狂牛病；~e meso：牛肉

gôvor[1] [男] 1. 話, 話す能力 2. 会話 3. 演説

govórec[2] [男] 単生：-rca 話し手, スピーカー (男)

govoríca[14] [女] 1. 噂 razširjati ~e：噂を広める 2. 口語 3. 話し方, 話しぶり

govorílnica[14] [女] 談話室, 客間

govoríti[48] [不完] L 分詞：govóril, -íla 話す ~ resnico：本当のことを話す；~ šest jezikov：6言語を話す

govórka[14] [女] 話し手, スピーカー (女)

gòzd[5] [男] 単生:gôzda 森, 林 tropski ~:熱帯林

gózden / gôzden[38] [形] 女単主:-dna 森の, 林の ~i park:森林公園

gózdnat[38] [形] 比:bolj ~ 森林のある ~a področja:森林地帯

grabíti / grábiti[48] [不完] 現1単:-im, L分詞:grábil, -íla / -il, -íla 1. 熊手でかきあつめる 2. かきあつめる 3. しっかりつかむ

gráblje[14] [女複] 生:grábelj 熊手

grád[5] [男] 単生:-ú / -a 城, 館

grádben[38] [形] 建設の, 建築の ~o dovoljenje:建築許可;~o podjetje:建設会社

gradbíšče[21] [中] 建設現場 delati na ~u:建設現場で働く

gradíti[48] [不完] 建設する, 建てる

gradívo[20] [中] 1. 資材, 材料 2. 資料 zgodovinsko ~:史料;zbrati ~ za referat:レポートのための資料を収集する

grádnja[14] [女] 複生:grádenj 1. 建設, 建設すること v ~i:建設中 2. 構成

gráfičen[38] [形] 女単主:-čna 1. グラフィックアートの 2. 印刷の 3. 線描きの

gráfika[14] [女] グラフィックアート

gráfikon / grafikón[1] [男] 図表, グラフ

gràh[1] [男] 単生:-áha えんどう豆

grájski[38] [形] 城の, 館の

grám[1] [男] グラム

gramátika[14] [女] 文法

gramofón[1] [男] レコードプレーヤー, 蓄音機

granáten[38] [形] 女単主:-tna ガーネットの ~o jabolko:ざくろ

gŕb[1] [男] 紋章

gŕba[14] [女] 背中のこぶ, 隆起 velblodova ~：らくだ のこぶ

Gŕčija[14] [女] ギリシア v~i：ギリシアで

gŕd[38] [形] 比：gŕši / gŕji 醜い, 嫌悪感をもよおす

grebén[1] [男] 1. 尾根 2. とさか

gréd[17] [女] 1. 軸, シャフト 2. 止まり木

grêda[14] [女] 畑, 花壇 vrtna ~：花壇

gréh[1] [男] 道徳上の罪, 誤り opustiti ~e：罪を許す

grêjem → gréti

grélec[2] [男] 単生：-lca ヒーター ～ za vodo：湯沸か し器

grém / grèm → íti

grênek[38] [形] 女単主：-nka, 比：-êjši 苦い

greníti[48] [不完] 感情を害する ～ mu življenje：彼の 人生にとって災いのもととなっている

grenívka[14] [女] グレープフルーツ

grešíti[48] [完・不完] 罪を犯す

gréšnica[14] [女] つみびと（女）

gréšnik[1] [男] つみびと（男）

gréti[50] [不完] 現1単：grêjem 暖める, 温かくする

gréz[17] [女] 泥

gríč[2] [男] 丘 hiša na ~u：丘の上の家

gričévnat / gríčevnat[38] [形] 比：bolj ～ 丘の多い

grípa[14] [女] インフルエンザ zboleti za ~o：インフル エンザに罹る

grísti[49] [不完] 現1単：grízem, L 分詞：grízel, -zla 噛む, かじる

gríva[14] [女] たてがみ konjska ～：馬のたてがみ

grízel → grísti

grízem → grísti

gríža[14] [女] 赤痢 dobiti ~o：赤痢に罹る

gŕji → gŕd

Gŕk[1] [男] ギリシア人（男）

Gŕkinja[14] ［女］ギリシア人（女）

gŕlo[20] ［中］1. 喉 vnetje ~a：喉の炎症；imeti suho ~：喉が渇いている 2. 物の一番細い部分 3. 強 iz vsega ~a / na vse ~：声を限りに

gŕm[1/5] ［男］低木，灌木 V tem grmu tiči zajec. ここに問題の核心がある．

grméti[48] ［不完］【3人称】雷がなる，雷のような音をたてる

grmôvje[21] ［中］複生：grmôvij 低木・灌木の茂み

gròb[5] ［男］単生：grôba / grobú 墓 položiti ga v ~：彼を埋葬する；nesti rože na ~：墓前に花を供える

grób[38] ［形］比：bolj ~ 1. 粗い 2. 粗野な 3. おおよその，大体の

gròf[1] ［男］単生：grôfa，複主：grôfi / grôfje 伯爵（男）

grofíca[14] ［女］伯爵（女），伯爵夫人

gròm[1] ［男］単生：grôma 雷鳴，とどろき

grôza[14] ［女］1. 恐怖 2. 強 多数，大量

grózdje[21] ［中］（単数形のみ）ぶどう

grôzen[38] ［形］女単主：-zna，比：-ejši 1. 恐ろしい，怖い 2. 強 ひどい 3. 強 すごい，ものすごい

grozíti[48] ［不完］＋与 脅す，おびやかす ~ nasprotniku s pestjo：こぶしで相手を脅す；Grozi mu nevarnost. 彼は危険にさらされている．

grozljív[38] ［形］比：-ejši ひどい，恐ろしい

grozljívka[14] ［女］ホラー映画，ホラー小説

gŕščina[14] ［女］ギリシア語

gŕši → gŕd

gŕški[38] ［形］ギリシアの，ギリシア語の，ギリシア人の ~o -rimska civilizacija：ギリシア・ローマ文明

grúča[14] ［女］大量 ~ ljudi：人の群れ，ひとごみ

GSM[1] ［男］携帯電話（発音は geesèm. 不変化のときもある．）

gúba[14] ［女］複主：gubé 1. 折り目，たたみ目 2. プリー

gúgati[47/50] [不完] 現1単：-am / -ljem 揺らす Valovi gugajo čolne. 波がボートを揺らしている.

gúgljem → gúgati

gúma[14] [女] 1. ゴム 2. タイヤ

gúmast[38] [形] ゴム製の ~i škornji：ゴム長靴

gúmb[1] [男] ボタン zapestni ~：カフスボタン；prišiti nove ~e k suknjiču：ジャケットに新しいボタンを縫いつける；pritisniti na ~ dvigala：エレベーターのボタンを押す

gúmbnica[14] [女] ボタンホール

gúmi[10] [男] 1. ゴム rokavice iz ~ja：ゴム手袋 2. ガム žvečilni ~：チューインガム

gúmijast[38] [形] ゴムの, ゴム製の ~a cev：ホース

H

h [前] +与 = k (次の語が k または g で始まるとき)

hála[14] [女] ホール

hálja[14] [女] 複生：hálij ガウン

haló [挿] 1. もしもし 2. さあ Halo, otroci, domov. さあ, 子どもたち, 帰りなさい.

halucinácija[14] [女] 幻覚, 幻影 slušna ~：幻聴

hárfa[14] [女] ハープ igrati (na) ~o：ハープを演奏する

harmóničen[38] [形] 女単主：-čna, 比：-ejši 調和の取れた ~a lestvica：音階

harmoníja[14] [女] 調和, ハーモニー barvna ~：色彩の調和

harmónika[14][女] アコーディオン
hčérka[14][女] 娘
hčí[18][女] 娘 ~ edinka：一人娘
hécen[38][形] 女単主：-cna, 比：-ejši 囗 おかしい
hektár[3/1][男] ヘクタール deset ~jev gozda：10 ヘクタールの森林
helikópter[3][男] ヘリコプター
hemoroídi[1][男複] 痔
herbárij[2][男] 植物標本集
Hercegôvec[2][男] 単生：-vca ヘルツェゴヴィナ人（男）
Hercegovína[14][女] ヘルツェゴヴィナ v ~i：ヘルツェゴヴィナで
Hercegôvka[14][女] ヘルツェゴヴィナ人（女）
hercegôvski[38][形] ヘルツェゴヴィナの，ヘルツェゴヴィナ人の
hidránt[1][男] 消火栓
hídrocentrála[14][女] 水力発電所
hídroelektrárna[14][女] 水力発電所
higiéna[14][女] 衛生，衛生学 duševna ~：精神衛生
hijacínta[14][女] ヒヤシンス
hímna[14][女] 1. 国歌 2. 讃歌
hinávec[2][男] 単生：-vca 偽善者（男）
hinávka[14][女] 偽善者（女）
hinávski[38][形] 比：bolj ~ 偽善的な
híp[1][男] 瞬間 v ~u：すぐに，ただちに
hípec[2][男] 単生：-pca 瞬間，一瞬
hípermárket[1][男] 郊外の大型マーケット
hipnóza[14][女] 催眠状態，催眠術 buditi iz ~e：催眠状態から目覚める
hipodróm[1][男] 競馬場
hipotéka[14][女] 抵当
hipotétičen[38][形] 女単主：-čna 仮説の，仮定の

hipotéza[14] [女] 仮説，仮定 postaviti ~o：仮説を立てる

históričen[38] [形] 女単主：-čna 歴史の，歴史的な

híša[14] [女] 1.家 graditi ~o：家を建てる 2.家庭 Pri hiši je pet otrok. うちには子どもが5人いる．3.会社・機関 založniška ~：出版社

híšen[38] [形] 女単主：-šna 1.家の ~i lastnik：家主；~o čelo：破風，切妻 2.家庭の ~i zdravnik：ホームドクター

híšica[14] [女] 小さな家

híšnica[14] [女] アパートなどの管理人（女）

híšnik[1] [男] アパートなどの管理人（男）

híter[38] [形] 女単主：-tra, 比：-êjši 速い，すばやい ~ kot blisk：稲妻のように速い

hitéti[48] [不完] L分詞：hítel, -éla 急ぐ ~ domov：急いで帰宅する；~ na vlak：列車に間に合うよう急ぐ

hitróst[16] [女] 速度，速さ z vso ~jo：全速力で；~ sto kilometrov na uro：時速100キロ

hkráti [副] 同時に

hláče[14] [女複] ズボン ~ na zvonec：ベルボトム；spodnje ~：パンツ（下着）

hláčen[38] [形] 女単主：-čna ズボンの，パンツの ~e nogavice：タイツ

hláčke[14] [女複] ショートパンツ kopalne ~：水泳パンツ

hláden[38] [形] 女単主：-dna, 比：-êjši 1.冷たい，寒い 2.冷淡な biti ~ do gostov：客人たちに対して冷淡だ

hladílen[38] [形] 女単主：-lna, 比：bolj ~ 冷やすための，冷却用の ~a naprava：エアコンディショナー，クーラー

hladílnik[1] [男] 冷蔵庫 dati meso v ~：冷蔵庫に肉を入れる

hladíti[48] [不完] 冷やす，冷却する ~ vino：ワインを

冷やす；~ bolniku čelo：病人の額を冷やす

hláp[1/5] ［男］【複】蒸気 vodni ~i：水蒸気

hlápec[2] ［男］単生：-pca 農場労働者，作男

hlébec[2] ［男］単生：-bca パンやケーキの一塊 ~ kruha：パン一斤・ひとつ

hlév[1] ［男］家畜小屋 konjski ~：馬小屋

hmélj / hmèlj[2] ［男］単生：hmélja ホップ

hóbby[10] ［男］趣味

hóbi[10] ［男］趣味 Njegov hobi je zbiranje znamk. 彼の趣味は切手収集だ.

hobótnica[14] ［女］【複】蛸

hóčem → **hotéti**

hodíti[48] ［不完］現1単：hódim, L 分詞：hôdil, -íla 1. 歩く 2. 通う

hodník[1] ［男］廊下 prehodni ~：渡り廊下；pogovarjati se na ~u：廊下で話す

hója[14] ［女］歩き，通い dvonožna ~：二足歩行；~ na delo：通勤

hókej[2] ［男］ホッケー ~ na ledu：アイスホッケー；igrati ~：ホッケーをする

honorár[3] ［男］報酬，謝礼

horizónt[1] ［男］地平線，水平線

hoté ［副］［文］意図して，故意に

hotél[1] ［男］ホテル najeti sobo v ~u：ホテルの部屋をかりる

hotélski[38] ［形］ホテルの ~a soba：ホテルの部屋

hotéti[49,57] ［不完］現1単：hóčem, L 分詞：hôtel, -éla 1. ~したい Otrok se noče učiti. 子どもは勉強したがらない. 2. 欲しい Hočete še malo vina？もう少しワインをいかがですか. kakor hočete：お好きなように

hráber[38] ［形］女単主：-bra, 比：-ejši / -êjši 勇敢な

hrána[14] ［女］食料，食物 dietna ~：ダイエット食；duševna ~：精神の糧

hranílen[38] [形] 女単主：-lna 貯金の，貯蓄の ~a knjižica：貯金通帳

hranílen[38] [形] 女単主：-lna, 比：bolj ~ /-ejši 滋養のある，栄養のある ~e snovi：栄養素

hranílnik[1] [男] 貯金箱 dajati denar v ~：貯金箱にお金を入れる

hraníti/hrániti[48] [不完] 現1単：-im, L分詞：hránil, -íla 貯蔵する，保存する

hraníti/hrániti[48] [不完] 現1単：-im, L分詞：hránil, -íla 食べ物を与える，食事をさせる ~ bolnika：病人に食事をさせる

hrápav[38] [形] 比：bolj ~ ざらざらした

hrást[1] [男] 樫 biti velik, močen kot ~：樫のように（とても）大きい，強い

hŕbet/hrbèt[5] [男] 単生：-bta/-btà/-btù 1. 背，背中 2. 裏，裏側 3. 背表紙

hŕbten[38] [形] 女単主：-tna 1. 背中の ~o plavanje：背泳ぎ 2. 裏の ~a strana fotografije：写真の裏側

hrbteníca[14] [女] 1. 背骨 2. 根幹，中心部

hŕček[1] [男] 単生：-čka ハムスター gojiti ~e：ハムスターを飼う

hrèn[1] [男] 単生：-éna/-êna 西洋わさび，ホースラディッシュ

hrénovka[14] [女] フランクフルトソーセージ

hríb[1] [男] 丘 hoditi v ~e：山歩きをする

hribovít[38] [形] 比：-ejši 丘のある

hrípav[38] [形] 比：bolj ~ かすれ声の，ハスキーな

hròšč[2] [男] 単生：hrôšča 1. カブトムシ 2. 口 フォルクスワーゲン

hrúp[1] [男] 騒音 povzročati ~：騒音を立てる

hrúpen[38] [形] 女単主：-pna, 比：-ejši うるさい，騒々しい

hrúška[14] [女] 梨

hrúškov[38] [形] 梨の ~ liker:梨のリキュール
hrváščina[14] [女] クロアチア語
Hrváška[14] [女] クロアチア na ~em:クロアチアで
hrváški[38] [形] クロアチアの,クロアチア語の,クロアチア人の
Hrvàt[1] [男] 単生:-áta クロアチア人(男)
Hrvatíca[14] [女] クロアチア人(女)
húd[38] [形] 比:hújši 1. ひどい ~o vreme:ひどい天気 2. 悪い,邪悪な
hudíč[2] [男] 1. 悪魔 2. 強 悪魔のような人
hudóben[38] [形] 女単主:-bna, 比:-ejši 悪意ある,邪悪な
hújši[38] [形] より悪い
humanístičen[38] [形] 女単主:-čna 1. 人道主義の 2. 人文の ~e vede:人文科学
humór[3] [男] ユーモア imeti smisel za ~:ユーモアのセンスがある
húpa[14] [女] クラクション dati znak s ~o:クラクションで合図する
hurá [間] 万歳
hvála[14] [女] 賛辞
hvála [挿] ありがとう ~ lepa:どうもありがとう
hvaléžen[38] [形] 女単主:-žna, 比:-ejši 1. 感謝している biti ~ za pomoč:援助に感謝している;~ staršim:両親に感謝している 2. 有益な
hvalísanje[21] [中] 形ばかりの賛辞
hvalíti/hváliti[48] [不完] 現1単:-im, L分詞:hválil, -íla 褒める,賞賛する

I

ideál[1] ［男］理想，模範 imeti ~e：模範となっている

ideálen[38] ［形］女単主：-lna, 比：-ejši 理想の，最上の Vreme je za izlet idealno. 遠足日和の天気だ.

idêja[14] ［女］思想，観念，アイディア fiksna ~：固定観念

idêjen[38] ［形］女単主：-jna 思想の，観念の，アイディアの

idéntičen[38] ［形］女単主：-čna 同一の besedilo, ~o z izvirnikom：オリジナルと同一のテキスト

identificírati[47] ［不完・完］1. 同一であると見なす ~ privatne koristi in družbene interese：個人の利益と社会の利益を同じと考える 2. 身元確認する ~ truplo：死体の身元を確認する

identitéta[14] ［女］身元，同一人物であること

idíla[14] ［女］1. 田園詩，牧歌 2. 田園風景，田園生活

ígla[14] ［女］針，縫い針，編み針 injekcijska ~：注射針

íglavec[2] ［男］単生：-vca【複】針葉樹 gozd ~ev：針葉樹林

ígra[14] ［女］1. 遊び，ゲーム družabna ~：ボードゲーム（チェスなど）2. 演奏 ~ na violino：ヴァイオリンの演奏 3. スポーツのプレイ

igráča[14] ［女］おもちゃ

igrálec[2] ［男］単生：-lca 1. 俳優 filmski ~：映画俳優 2. 選手，プレーヤー（男）nogometni ~：サッカー選手 3. 演奏家（男）~ na orgle：オルガン奏者

igrálen[38] ［形］女単主：-lna 遊びの，ゲームの ~a palica:テレビゲームの操作レバー

igrálka[14] [女] 1.女優 2.選手,プレーヤー(女) 3.演奏家(女)

igrálnica[14] [女] 1.娯楽室 2.カジノ

igrálski[38] [形] 俳優の,演技の ~o ime:芸名

igráti[47] [不完] L分詞:-àl, -ála 1.演じる ~ Hamleta:ハムレットを演じる 2.演奏する ~ (na) klavir:ピアノを演奏する 3.スポーツをする ~ košarko:バスケットボールをする 4.賭ける,賭け事をする ~ za denar:お金を賭ける

igráti se[47] [不完] L分詞:-àl se, -ála se 1.遊ぶ 2.いじる,もてあそぶ

ígrica[14] [女] (小さな igra) 1.遊び,ゲーム 2.演奏 3.スポーツのプレイ

igríšče[21] [中] 1.運動場,スポーツ会場 ~ za golf:ゴルフ場;~ za tenis:テニスコート 2.otroško ~:遊び場

íhta[14] [女] 1.かっとすること 2.急ぎ v veliki ~i:大急ぎで 3.わっと泣くこと

ilegála[14] [女] 反政府的な地下活動

ilustrácija[14] [女] 挿絵,イラスト

ilustrírati[47] [完・不完] 1.挿絵を入れる,イラストを描く ~ knjigo:本に挿絵を入れる 2.例証する

iluzíja[14] [女] 幻想,幻覚

imám → iméti

imé[22] [中] 名,名前 v ~nu +生:~を代表して,~に代わって;na ~ +生:~の名義で

imeník[1] [男] 名簿 sestaviti ~:名簿を作成する;telefonski ~:電話帳

imeníten[38] [形] 女単主:-tna, 比:-ejši 1.強 裕福な 2.強 ものすごい,著名な 3.強 もうかる 4.文 貴族の

imenoválnik[1] [男] 主格

imenováti[50] [完] L分詞:-àl, -ála 1.名づける,命名

informatíven

する Ladjo so imenovali po njem. 船は彼にちなんで命名された. 2. 任命する

imenováti se[50] ［不完］L 分詞：-àl se, -ála se ～という名である Otrok se imenuje Tomaž. 子どもの名前はトマージュという.

iméti[47,58] ［不完］現1単：imám 1. もっている ～ v posesti：所有している 2. ～ prav：正しい, その通りだ 3. ～ rad：好きだ

impêrij[2] ［男］帝国

impozánten[38] ［形］女単主：-tna, 比：-ejši 人目を引く, 印象的な

impúlz[1] ［男］図 衝動, 衝撃

imún[38] ［形］免疫の, 免疫力のある

in ［接］そして, ～と Popil je in vstal. 彼は飲み終わると立ち上がった. Prinesi kruha in sira. パンとチーズをもってきて. Ena in tri je štiri. 1たす3は4.

ináčica[14] ［女］ヴァリアント

Índija[14] ［女］インド v ~i：インドで

Índijec[2] ［男］単生：-jca インド人（男）

Índijka[14] ［女］インド人（女）

índijski[38] ［形］インドの, インド人の

individuálen[38] ［形］女単主：-lna 個人の, 個々の ～ kapital：個人資本；~i turizem：個人旅行

industrializíran[38] ［形］比：bolj ～ 工業化した

industríja[14] ［女］工業, 産業 domača ～：家内工業

industríjski[38] ［形］工業の, 産業の ~o mesto：工業都市；~a revolucija：産業革命

infárkt[1] ［男］梗塞 srčni ～：心筋梗塞

infékcija[14] ［女］感染, 伝染病

informácija[14] ［女］情報 vir informacij：情報源

informátika[14] ［女］情報科学

informatíven[38] ［形］女単主：-vna 情報の, 情報を提供する ~e televizijske oddaje：テレビの情報番組；~i

urad：案内所
íngver³ [男] しょうが
injékcija¹⁴ [女] 注射 dobiti ~o：注射をしてもらう
injekcíjski/injékcijski³⁸ [形] 注射の ~a igla：注射針
inozémstvo²⁰ [中] 外国 študirati v ~u：外国で学ぶ，留学する
instínkt¹ [男] 本能，勘
institút¹ [男] 研究所
instrúkcija¹⁴ [女] プライヴェートレッスン
instrumènt¹ [男] 単生：-ênta 1. 器具，道具 kirurški ~：外科手術用の器具 2. 楽器
inšpékcija¹⁴ [女] 綿密な調査・監査
inštalatêr³ [男] 機械の取り付け工，配管工（男）
inštalatêrka¹⁴ [女] 機械の取り付け工，配管工（女）
inštitút¹ [男] 研究所
inštrúkcija¹⁴ [女] プライヴェートレッスン
inštrumènt¹ [男] 単生：-ênta 1. 器具，道具 2. 楽器
intelektuálen³⁸ [形] 女単主：-lna 知的な ~i poklic：知的職業
inteligénca¹⁴ [女] 1. 知性 2. 知識層
intenzíven³⁸ [形] 女単主：-vna，比：-ejši 集中的な ~i tečaj：集中講座
intêren³⁸ [形] 女単主：-rna 1. 内部の，内輪の ~a (telefonska) številka：内線番号 2. 内臓の，内科の iti na ~i pregled：内科検診に行く
interès/interés¹ [男] 単生：-ésa 1. 利益，得 v ~u：～のために 2. 興味 kazati ~ za gledališče：演劇に興味を示す
intêrna³⁸ [女] 1. 内科 2. 内線
internét¹ [男] インターネット
interpretácija¹⁴ [女] 1. 解釈 2. 演技，演奏
interpretírati⁴⁷ [不完・完] 1. 解釈する 2. 演技する，演奏する

intervéncija[14] ［女］1. 介在，仲裁 2. 介入

intímen[38] ［形］女単主：-mna, 比：-ejši 1. 親密な 2. 心の中の

invalíd[1] ［男］障害者（男）

invalídka[14] ［女］障害者（女）

invalídski[38] ［形］障害者の，障害者用の ~i voziček：車椅子

invazíja[14] ［女］侵略，侵攻

invéncija[14] ［女］考案，発案

inventár[3] ［男］目録，品目一覧 narediti ~：目録を作成する

inventúra[14] ［女］店卸し，在庫調べ delati ~o：店卸しをする

investícija[14] ［女］投資 ~e v turizem：観光業への投資

inženír[3] ［男］技師，エンジニア（男）diplomirani ~：工学士

inženírka[14] ［女］技師，エンジニア（女）

Írec[2] ［男］単生：-rca アイルランド人（男）

Írka[14] ［女］アイルランド人（女）

iróničen[38] ［形］女単主：-čna, 比：bolj ~ 皮肉の，あてこすりの

ironíja[14] ［女］皮肉，あてこすり

Írska[14] ［女］アイルランド na ~em：アイルランドで

írski[38] ［形］アイルランドの，アイルランド語の，アイルランド人の

iskálnik[1] ［男］カメラのファインダー

iskáti[49] ［不完］現1単：íščem, L分詞：iskàl, -ála 1. 探す ~ drobiž po žepih：ポケットをあちこちさぐって小銭を探す 2. 検索する

iskrén[38] ［形］比：-ejši 誠実な，心からの

iskríti se[48] ［不完］1. 硬いものが当たって火花が飛ぶ 2. 輝く，きらめく

íslam[1] ［男］イスラム教

ísti[38] [形] 同じ, いっしょの ~i jezik govoreči ljudje：同一の言語を話す人々

íščem → iskáti

Itálija[14] [女] イタリア v ~i：イタリアで

Italijàn / Italiján[1] [男] 単生：-ána イタリア人 (男)

Italijánka[14] [女] イタリア人 (女)

italijánski[38] [形] イタリアの, イタリア語の, イタリア人の

italijánščina[14] [女] イタリア語

íti[53] [不完・完] 現1単：grém/grèm, L分詞：šèl, šlà 行く, 移動する ~ na predavanje：講義に行く Kri gre od srca po vsem telesu. 血液は心臓から体中に流れる. Ključ ne gre v ključavnico. 鍵は鍵穴に合わない(入っていかない).

ívje[21] [中] 霜 Po grmovju se dela ivje. 潅木に霜が降りている.

iz [前] +生 1.～の中から stopiti iz hiše：家の中から出てくる 2.～出身の・～産の izhajati iz kmečkega rodu：農家の出身だ；kava iz Brazilije：ブラジル産のコーヒー 3.～から(変化するとき) Kaj boš naredila iz tega? これから何を作るのか. prevajati iz nemščine v slovenščino：ドイツ語からスロヴェニア語に訳す 4.～からはずれて Ta obleka je že iz mode. この服はもう流行おくれだ. 5.～のときから・～以来 Poznam ga iz šolskih let. 彼を学校に通っていたころから知っている. 6.～から(原料・材料) kip iz brona：ブロンズ像 7.～が原因で vprašati iz radovednosti：好奇心から尋ねる

izbêrem → izbráti

izbíra[14] [女] 選択, 選択の幅 ~ poklica：職業の選択 Vse ti je na izbiro, kar vzemi si. 何でも好きに取りなさい.

izbírati[47] [不完] 選ぶ, 選び出す

izbírčen[38] ［形］女単主：-čna, 比：-ejši 選り好みする ～ v hrani / pri hrani：食べ物の好き嫌いが激しい

izbóljšati[47] ［完］1. 改善する，良くする 2. 増やす

izbòr[1] ［男］単生：-ôra 1. 選出 ～ kandidatov：候補者の選出 2. 選択，選択の幅 povečati ～ izdelkov：製品の選択の幅を増やす 3. 選び出されたもの ～ iz sodobne poezije：現代詩集

izbráti[49] ［完］現1単：izbêrem 選ぶ，選び出す ～ ga za predsednika：彼を議長に選ぶ

izbrísati[49] ［完］現1単：izbríšem 消し去る，ふき取る ～ pomožne črte z radirko：消しゴムで補助線を消す

izbríšem → izbrísati

izbrúh[1] ［男］噴出，突発

izbrúhniti[49] ［完］吐き出す，噴出する ～ hrano：食べ物を吐き出す；～ v jok：突然泣き出す

izčŕpan[38] ［形］比：bolj ～ 疲れきった，へとへとの

izdája[14] ［女］版，出版 prva ～：初版

izdajálski[38] ［形］比：bolj ～ 背信的な，不誠実な

izdájati[47] ［不完］1. 裏切る 2. 出版する，発行する

izdátek[1] ［男］単生：-tka【複】支出，出費 ~i za hrano：食費

izdáten[38] ［形］女単主：-tna, 比：-ejši 豊富な，ありあまる

izdáti[52] ［完］1. 裏切る 2. 出版する，発行する

izdélati[47] ［完］1. 作り上げる，製造する 2. 試験に通る，卒業する ～ pri izpitu：合格する

izdélek[1] ［男］単生：-lka 製品，作品 mlečni ~i：乳製品；literarni ~i：文学作品

izdelováti[50] ［不完］L分詞：-àl, -ála 1. 作り上げる，製造する 2. 学校の成績がよい

izdêrem → izdréti

izdrèm → izdréti

izdréti[49] ［完］現1単：izdêrem / -drèm, L分詞：izdŕl,

izdŕl 96

-a 抜く, 引き抜く ～ dva zoba：歯を2本抜く；～ sabljo iz nožnice：サーベルを鞘から引き抜く

izdŕl → izdréti

izenáčiti[48] ［完］同じにする，平等にする，同点に追いつく ～ notranji pritisk z zunanjim：内圧と外圧を同じにする

izgíniti[49] ［完］消える，消滅する，見えなくなる

izglasováti[50] ［完］L 分詞：-àl, -ála 投票で採決する

izglédati[47] ［不完］回 ～のように見える slabo ～：具合が悪そうに見える Cesta izgleda ožja kot v resnici. 道は実際よりも狭く見える.

izgnánec[2] ［男］単生：-nca 強 亡命者，難民（男）

izgnánka[14] ［女］強 亡命者，難民（女）

izgovárjati[47] ［不完］1. 弁解する 2. 発音する 3. となえる

izgôvor[1] ［男］1. 言い訳, 口実, 弁解 izmisliti si ～：言い訳を思いつく 2. 発音

izgovoríti[48] ［完］L 分詞：izgovóril, -íla 1. 発音する 2. 文 述べる 3. 弁解する

izgúba[14] ［女］損失，損害

izgubíti[48] ［完］L 分詞：izgúbil, -íla 失う，なくす

izgúbljati[47] ［不完］失う，なくす

izhájati[47] ［不完］1. 出版される Časopis izhaja vsak dan. 新聞は毎日出る. 2. ～がもとである・原因だ Te napake izhajajo iz njegove lenobe. これらの誤りは彼の怠慢が原因だ. 3. 出身だ

izhòd[1] ［男］単生：-óda 出口 zasilni ～：非常口；položaj brez ~a：出口のない状態，大変に込み入った状態

izhodíšče[21] ［中］出発点，起点

izíd[1] ［男］1. 出版 kraj ~a：出版地 2. 結果 ～ glasovanja：投票結果

izídem → izíti

izíti[49] ［完］現1単：izídem, L 分詞：izšèl, -šlà 1. 出版

される 2.根拠がある，基になる 3.輩出する Iz te družine je izšlo precej dobrih igralcev. この一族からは多くの優れた俳優が輩出した．

izjáva[14] ［女］声明，発表

izjáven[38] ［形］女単主：-vna 声明の，発表の ~i stavek：平叙文

izjáviti[48] ［完］発表する，声明を出す，宣言する

izjéma[14] ［女］例外 brez ~e：例外なしに

izjémen[38] ［形］女単主：-mna 1.例外的な，特別な ~e stanje：非常事態 2.すばらしい

izkázati / izkazáti[49] ［完］現1単：izkážem，L分詞：izkázal, -ála 証明する，証拠を提示する，届け出る

izkázati se / izkazáti se[49] ［完］現1単：izkážem se，L分詞：izkázal se, -ála se 1.能力を発揮する Učenci so se izkazali na tekmovanju. 生徒たちはコンテストで力を出し切った．2.身分を証明する ~ s potnim listom：パスポートを出して身分を証明する 3.【3人称】はっきりする，明白になる Resnica se je kmalu izkazala. 真実がまもなく明らかになった．

izkáznica[14] ［女］証明書 delavska ~：職員証；vozniška ~：運転免許証；zdravstvena ~：保険証

izkazováti[50] ［不完］L分詞：-àl, -ála 証明する，提示する

izkážem → izkázati / izkazáti

izkážem se → izkázati se / izkazáti se

izključen[38] ［形］女単主：-čna 唯一の，排他的な

izključeváti[50] ［不完］L分詞：-àl, -ála 1.スイッチを切る 2.締め出す，追放する Tega ne izključujem. こういうこともあるだろう．

izključiti[48] ［完］1.スイッチを切る ~ radio：ラジオを切る 2.締め出す，追放する ~ ga iz šole：彼を放校にする

izklòp[1] ［男］単生：-ópa / -ôpa 電源を落とすこと，ス

イッチを切ること

izklopíti / izklópiti[48] [完] 現1単：-im, L 分詞：izklópil, -íla スイッチを切る ～ radio：ラジオを切る

izkopáti[50/47] [完] 現1単：izkópljem / izkopám 掘る，掘って収穫する ～ jamo：穴を掘る；～ krompir：じゃがいもを収穫する

izkópljem → izkopáti

izkorístiti[48] [完] 利用する Lepo vreme so izkoristili za izlet. 好天を遠足に利用した．

izkoríščati[47] [不完] 利用する ～ prosti čas：暇な時間を利用する

izkupíček[1] [男] 単生：-čka 収入

izkúšen[38] [形] 比：-ejši 経験のある，経験豊かな ～ zdravnik：経験豊かな医者

izkúšnja[14] [女] 複生：izkúšenj 経験

izlèt[1] [男] 単生：-éta 遠足，小旅行 avtobusni ～：バス旅行；～ v naravo：ハイキング

izlétnica[14] [女] 遠足の参加者（女）

izlétnik[1] [男] 遠足の参加者（男）

izlíjem → izlíti

izlíti[50] [完] 現1単：izlíjem 注ぐ ～ juho na krožnik：皿にスープを注ぐ

izlóčati[47] [不完] 1. 離す 2. 分ける，分離する

izločíti / izlóčiti[48] [完] L分詞：izlóčil, -íla 1. 離す 2. 分ける，分離する 3. 強 追放する

izlóžba[14] [女] ショーウィンドー

izmed [前] +生 1.～の間から Luna posije izmed oblakov. 月が雲の間から照っている．2.～のうちで eden izmed največjih skladateljev：とても偉大な作曲家のうちの一人

izména[14] [女] 交換，交替 nočna ～：夜勤

izménjati / izmenjáti[47] [完] 現1単：-am, L分詞：izménjal, -ála / -al, -ala 交換する ～ informacije：情

報を交換する

izmériti[48]［完］計る，測定する ～ z metrom：メートルで計測する

izmísliti si[48]［完］考え出す，思いつく

izmíšljati si[47]［不完］考え出す，思いつく

iznad［前］+生 ～の上から vzdigniti glavo iznad knjige：本の上から頭をあげる

izóbčenje[21]［中］（教会の）破門

izoblikováti[50]［完］L 分詞：-àl, -ála 1. 成形する，作り上げる ～ načrt：計画する 2. 発達させる 3. 人格を形成する

izobrázba[14]［女］1. 教育，教養 pravica do ~e：教育を受ける権利 2. 学歴

izobráziti[48]［完］教育する

izobráženec[2]［男］単生：-nca 知識人（男）

izobráženka[14]［女］知識人（女）

izobraževálen[38]［形］女単主：-lna 教育の，教養の

izobraževáti[50]［不完］L 分詞：-àl, -ála 教育する ～ mladino：若者を教育する

izogíbati se[47/50]［不完］現 1 単：-am se / -bljem se +生・与 避ける ～ pešcem：歩行者をよける；～ odgovorom：回答を避ける

izogíbljem se → izogíbati se

izogníti se[49]［完］現 1 単：izógnem se / -ôgnem se, L 分詞：izôgnil se, -íla se +生・与 避ける，逃避する ～ pešca：歩行者をよける

izolácija[14]［女］孤立，隔離 ～ bolnika：病人の隔離

izostánek[1]［男］単生：-nka 不在 ～ od pouka：授業の欠席

izpádel → izpásti

izpádem → izpásti

izpàh[1]［男］単生：-áha 捻挫

izpásti[49]［完］現 1 単：izpádem, L 分詞：izpádel, -dla

izpeljáti

1. 落ちる 2.（スポーツで）敗退する，脱落する 3. 現れない，印刷されない Izpadla je uvodna beseda. まえがきが抜け落ちてしまった. 4.〜という結果になる Stvar je slabo izpadla. ことは悪い結果になった.

izpeljáti[50/47] ［完］現 1 単：izpéljem / -ám, L 分詞：izpêljal, -ála 1. 実現する，実行する 〜 načrt：計画を実行する 2. 立ち退かせる，追い立てる Lastovka je izpeljala mladiče. つばめは雛を巣立ちさせた. 3. 結論に達する

izpísati se / izpisáti se[49] ［完］現 1 単：izpíšem se, L 分詞：izpísal se, -ála se 1. 退会する 〜 iz šole：退学する 2. 作品に書きつくす，表現しつくす

izpíšem se → izpísati se / izpisáti se

izpít[1] ［男］試験 〜 iz angleščine：英語の試験；sprejemni 〜：入学試験

izpláčati / izplačáti[47] ［完］現 1 単：-am, L 分詞：izplával, -ála 払う，支払う

izpláčati se / izplačáti se[47] ［不完・完］現 1 単：-am se, L 分詞：izplával se, -ála se 利益をもたらす

izplačeváti[50] ［不完］L 分詞：-àl, -ála 払う，支払う

izplačílen[38] ［形］-lna 支払いの 〜i dan：給料日

izpod ［前］＋生 1.〜の下から potegniti pismo izpod knjige：手紙を本の下から引き出す 2.〜未満の（＝ pod）Mladini izpod osemnajstih let vstop prepovedan. 18歳未満の入場禁止.

izpolníti / izpôlniti[48] ［完］現 1 単：-im, L 分詞：izpôlnil, -íla 1. 果たす，実現する 〜 obljubo：約束を果たす 2. 記入する 〜 prijavnico：申込書に記入する 3. 満たす，いっぱいにする Prazno steno je izpolnil s knjižnimi policami. がらんとした壁を彼は本棚でいっぱいにした.

izpolnjeváti[50] ［不完］L 分詞：-àl, -ála 1. 果たす，実現する 2. 記入する 3. 満たす，いっぱいにする

izpopolníti / izpopôlniti[48] ［完］現1単：-im, L分詞：izpopôlnil, -íla 1.改善する，改良する 2.不足分を埋める 3.知識を補って専門性を高める

izposodíti / izposóditi[48] ［完］現1単：-im, L分詞：izposódil, -íla 貸す ～ knjigo：本を貸す

izposodíti si / izposóditi si[48] ［完］現1単：-im si, L分詞：izposódil si, -íla si 借りる，借用する Kolo si je izposodil od prijatelja. 彼は自転車を友人から借りた．

izposójati[47] ［不完］貸す

izposójati si[47] ［不完］借りる，借用する ～ besede iz drugih jezikov：他の言語から語を借用する

izposojeválnica[14] ［女］貸し出し所，レンタルショップ ～ koles：レンタサイクルの店

izpostáviti[48] ［完］1.攻撃や寒気などにさらす ～ otroka mrazu：子どもを寒気にさらす；～ ga javni kritiki：彼を公の非難にさらす 2.危ないめにあわせる

izpovédati[55] ［完］現1単：izpovém 1.（芸術作品の中で）伝える，表現する 2.宣言する 3.告白する

izpovedováti[50] ［不完］L分詞：-àl, -ála 1.（芸術作品の中で）伝える，表現する 2.宣言する 3.告白する

izpovém → izpovédati

izprášati / izprašáti[47] ［完］現1単：-am, L分詞：izprášal, -ála 1.問いただす 2.試験する，試験で受験者に質問する 3.尋問する

izpraševáti[50] ［不完］L分詞：-àl, -ála 1.問いただす 2.試験する，試験で受験者に質問する 3.尋問する

izpraševáti[50] ［不完］L分詞：-àl, -ála ほこりを払う ～ obleko：服のほこりを払う

izprazníti / izprázniti[48] ［完］現1単：-im, L分詞：izpráznil, -íla 空にする，あける ～ poštni nabiralnik：郵便ポストに入っているものを出す

izpred ［前］＋生 1.～の前から opazovati izpred vrat：ドアの前から見張る 2.～の前に（= pred）Avto stoji izpred garaže. 車が車庫の前にとめてある.

izpúh[1][男] 1. 排気 2. 口 排気管

izpustíti[48][完] L分詞：izpústil, -íla 1. 放す 2. 放出する, 出す 3. 解放する, 解き放つ 4. うっかり抜かす, 落とす Pri prepisovanju je izpustil cel stavek. 書き写しているときについワンセンテンス全体を抜かしてしまった.

izpuščáj[2][男] 湿疹

izpúšen[38][形] 女単主：-šna 排出の, 排気の

izračún[1][男] 1. 計算すること ～ davka：税金の計算 2.【複】決算, 算出

izračúnati[47][完] 計算する, 算出する ～ matematično nalogo：数学の問題を解く

izràz[1][男] 単生：-áza 1. 表現 2. 表情

izrazít[38][形] 比：-ejši 1. 表現力に富む 2. 目立つ, 特色のある

izráziti[48][完] 1. 表現する, 表す ～ soglasje z gibom glave：うなずいて賛成を表す 2. 表明する

izrážati[47][不完] 1. 表現する, 表す 2. 表明する ～ upanje v zmago：勝利への希望を表明する

izrêči[49][完] 現1単：izrêčem, L分詞：izrékel, -rêkla 1. いう, 言明する ～ napitnico：乾杯の音頭をとる 2. 公に意見を発表する ～ svoje mnenje o knjigi：本に対する自分の意見を述べる 3. 発音する

izréden[38][形] 女単主：-dna 1. 特殊な ~a izdaja časopisa：号外 2. 傑出した, 顕著な

izrékati[47][不完] 1. いう, 言明する 2. 公に意見を発表する 3. 発音する Otrok še ne zna izrekati vseh glasov. 子どもはすべての音はまだ発音できない.

izrékel → izrêči

izrèz[1][男] 単生：-éza 1. 切れ目 ～ v obliki črke V：Vネック 2. 切断, 裁断

izrézati[49][完] 現1単：izréžem 1. 切り取る, 切り離

す 2. 切り開く

izréžem → izrézati

izročílo[20] ［中］伝統，慣習

izročíti[48] ［完］L 分詞：izróčil, -íla 渡す，授与する ~ diplome：卒業証書を授与する；~ prijatelju denar：友人にお金を渡す

izselíti se[48] ［完］現 1 単：izsélim se, L 分詞：izsêlil se, -íla se 引越し・移住などのために出て行く，転出する

izsíliti[48] ［完］1. 恐喝する，強要する 2. 文 引き起こす

izsiljeválec[2] ［男］単生：-lca 恐喝者（男）

izsiljeválka[14] ［女］恐喝者（女）

izstópati[47] ［不完］1. 降りる Potniki izstopajo iz vlaka. 旅客が電車から降りているところだ．2. 出てくる 3. 退会する，メンバーをやめる 4. 目立ってくる

izstopíti / izstópiti[48] ［完］現 1 単：-im 1. 降りる 2. 出てくる，現れる 3. 退会する，メンバーをやめる 4. 目立つ

izstrelíti[48] ［完］L 分詞：izstrélil, -íla 撃つ，発砲する，打ち出す

izšèl → izíti

iztêči se[49] ［完］現 1 単：iztêčem se, L 分詞：iztékel se, -têkla se 終わる，~ という結果になる Pogovor se je iztekel. 会談は終了した．

iztékel se → iztêči se

iztŕgati[47] ［完］1. むしる，むしりとる 2. 引き離す，ひきはがす

iztŕžiti[48] ［完］収入を得る ~ denar s prodajo rož：花を売ってお金を手に入れる

izúm[1] ［男］発明，発明品 ~ tiska：印刷術の発明

izúmiti[48] ［完］1. 発明する 2. 強 創作する

izumŕl[38] ［形］強 1. 絶滅した，死滅した 2. 人の住まない，さびれはてた

izúrjen[38][形] 比：bolj ~ 熟練した

izvájati[47][不完] 実施する，実現する，施行する ~ načrte：計画を実現する

izvážati[47][不完] 輸出する

izvêdel → izvêsti

izvêdem → izvêsti

izvédeti[55][完] 現1単：izvém 聞いたり読んだりして知る O vzrokih letalske nesreče je izvedel iz časopisa. 飛行機事故の原因について彼は新聞で知った．

izvém → izvédeti

ízven / izven[前] +生 ～の外に，外側に Stanuje izven Ljubljane. その人はリュブリャーナ郊外に住んでいる．

ízvenzakónski[38][形] 婚外の ~a skupnost：同棲

izvêsti[49][完] 現1単：izvêdem L分詞：izvêdel, -dla 実施する，実現する，施行する ~ poskus：実験をおこなう

izvijáč[2][男] ドライバー（工具）

izvír[1][男] 1. 泉，水源 2. 源 ~ svetlobe：光源

izvírati[47][不完] 1. 湧き出る 2. 原因である，由来する Ta beseda izvira iz nemščine. この語はドイツ語に由来する．

izvíren[38][形] 女単主：-rna, 比：-ejši 1. オリジナルの，独自の 2. 本来の，もともとの

izvírnik[1][男] 原典，オリジナル brati v ~u：原典で読む

izvléček[1][男] 単生：-čka 1. 抽出物，エッセンス 2. 抜粋

izvléči[49][完] 現1単：izvléčem, L分詞：izvlékel, -kla 1. 引き抜く ~ žebelj iz deske：板から釘を引き抜く 2. 引き上げる

izvlékel → izvléči

izvòd[1][男] 単生：-óda 出版物の部数 Roman je izšel

v tisoč izvodov. 小説は 1000 部出版された.

izvolíti[48] ［完］現 1 単：izvólim, L 分詞：izvôlil, -íla 選出する

izvolíti[48] ［完・不完］現 1 単：izvólim, L 分詞：izvôlil, -íla（命令法で）どうぞ，お願いします Izvolite sesti. どうぞおかけになってください.

izvòr[1] ［男］単生：-ôra 由来，出発点

izvòz[1] ［男］単生：-ôza 輸出 Večina izdelkov gre v izvoz. 製品のほとんどが輸出される.

izvozíti[48] ［完］現 1 単：izvózim, L 分詞：izvôzil, -íla 輸出する

izvŕsten[38] ［形］女単主：-tna, 比：-ejši すばらしい，すぐれた

izvršíti[48] ［完］L 分詞：izvŕšil, -íla 実行する，果たす ~ svojo dolžnost：義務を果たす

izza ［前］＋生 ～の後ろから Luna vzhaja izza gore. 月が山の向こうから昇っていく.

izzôvem → izzváti

izzváti[49] ［完］現 1 単：izzôvem 誘発する，引き起こす

J

já ［挿］口 はい，うん

jáblana[14] ［女］りんごの木 plezati na ~o：りんごの木に登る

jábolčen[38] ［形］女単主：-čna りんごの ~i kis：りんご酢；~i zavitek：アップルパイ

jábolčnik[1] ［男］シードル

jábolko[20] ［中］りんご，りんごの実 olupiti ~：りんご

jadrálen[38] ［形］女単主：-lna 帆の，セーリングの ~a deska：サーフボード；~o letalo：グライダー

jádranje[21] ［中］帆走，セーリング

jadránski[38] ［形］アドリアの J~o morje：アドリア海

jádrati[47] ［不完］航行する，舵を取る ~ po jezeru：湖を航行する

jádrnica[14] ［女］帆船，ヨット

jádro[20] ［中］帆

jágnje[23] ［中］1. 子羊，ラム肉 2. 強 おとなしい人

jágnjetina/jagnjetína[14] ［女］ラム肉

jágoda[14] ［女］1. イチゴ 2. 小さくて丸い実

jáhati[47] ［不完］1. 動物の背に乗って移動する ~ konja：馬に乗って行く 2. 馬乗りになって座る

jáhta[14] ［女］ヨット voziti se z ~o：ヨットで行く

jájce[21] ［中］卵，卵形のもの Kolumbovo ~：コロンブスの卵；kurje ~：鶏卵；v mehko kuhano ~：半熟卵；v trdo kuhano ~：固ゆで卵

jájčen[38] ［形］女単主：-čna 卵の ~a lupina：卵の殻；~i beljak：卵白

jájčevec[2] ［男］単生：-vca なす

jájčnik[1] ［男］1.【複】卵巣 2. オムレツ 3. エッグスタンド

jákna[14] ［女］複生：jáken 口 女性用ジャケット，カーディガン

jákost[16] ［女］強さ，強度 ugotavljati ~ potresa：地震の強度を確定する

jálov[38] ［形］比：bolj ~ 不妊の，実を結ばない

jáma[14] ［女］穴，洞穴 kopati ~o：穴を掘る

jámčiti[48] ［完・不完］保証する，請合う Jamčim ti, da bomo uspeli. 私たちは成功すると君に請合うよ．

jámica[14] ［女］1. 小さな穴 2. えくぼ Ob smehu se ji delajo v licih jamice. 笑うと彼女の頬にえくぼができ

る.

jámski[38] [形] 穴の, 洞穴の

jámstven[38] [形] 保証の ~a listina：保証書

jámstvo[20] [中] 複生：jámstev 保証 izdelek z enoletnim ~om：1年の保証つきの製品

jántar[3] [男] 琥珀 ogrlica iz ~ja：琥珀のネックレス

jánuar[3] [男] 1月

jánuarski[38] [形] 1月の

Japónec[2] [男] 単生：-nca 1.日本人（男）2. 口 j~：日本車

Japónka[14] [女] 1.日本人（女）2.【複】j~：ぞうり

Japónska[14] [女] 日本 na ~em：日本で

japónski[38] [形] 日本の, 日本語の, 日本人の ~i papir：和紙

japónščina[14] [女] 日本語

járek[1] [男] 単生：-rka 1.溝 2.塹壕

járem[1] [男] 単生：-rma くびき

jásen[38] [形] 女単主：-sna, 比：-ejši/-êjši 1.快晴の 2.はっきりとした, 見やすい, 聞き取りやすい 3.明確な

jásli[16] [女複] 1.飼い葉桶 2. otroške ~：保育園 3.ベビーベッド

jáslice[14] [女複] 1.小さな飼い葉桶 2.ベビーベッド 3.キリストの降誕を表した絵画や影像

jástog[1] [男] ロブスター

jástreb[1] [男] はげたか

játa[14] [女] 魚や鳥の群れ ribje ~e：魚群；leteti v ~ah：群れをなして飛ぶ

jáven[38] [形] 女単主：-vna 公の, 公開の, 公共の ~o mnenje：世論；~o predavanje：公開講義

jáviti[48] [完] 公にする, 知らせる ~ reševalcem položaj ladje：救援者たちに船の位置を知らせる

jáviti se[48] [完] 1.現れる, 出頭する 2.連絡を取る（特

に手紙で)

jávnost[16] [女] 公衆 govoriti pred ~jo：公衆の前で話す；v ~i：公式に

jávor[3/1] [男] 楓

jàz[28] [代] 私 To se ne tiče mene. それは私には関係のないことだ.

jázbec[2] [男] あなぐま

jázbečar[3] [男] ダックスフント

jazz[1] [男] ジャズ (発音は džéz と同じ)

jecljáti[47] [不完] L 分詞：-àl, -ála 1. どもる 2. 強 口ごもる

jêčmen[1] [男] 単生：-éna 1. 大麦 2. ものもらい Dela se mu ječmen. 彼はものもらいができている.

jéd[17] [女] 食事, 料理

jédel → jésti

jedílen[38] [形] 女単主：-lna 1. 食事の ~i list：メニュー；~i pribor：テーブルセット；~i vagon：食堂車 2. 食用の, 料理用の ~i krompir：食用のじゃがいも；~a čokolada：料理用のチョコレート

jedílnica[14] [女] 1. 食堂, ダイニングルーム zbrati se v ~i h kosilu：昼食のためにダイニングルームに集まる 2. ダイニングルームのための家具

jedílnik[1] [男] 1. 献立表 2. メニュー 3. 食堂車 iti v ~ na zajtrk：朝食を取りに食堂車へ行く

jédkanica[14] [女] エッチング

jedrnàt[38] [形] 女単主：-áta, 比：-ejši 簡潔な, 的を射た ~ članek：簡潔な記事

jêdro[20] [中] 1. 核 atomsko ~：原子核 2. 核心, 本質 ~ problema：問題の本質；do ~a：完全に

jêdrski[38] [形] 核の, 原子力の ~a bomba：原子爆弾；~a elektrarna：原子力発電所；~a vojna：核戦争

jegúlja[14] [女] うなぎ

jeklén[38] [形] 鋼鉄の, スティールの

jêklo[20] ［中］複生：jêkel 鋼鉄，スティール
jêlen[1] ［男］単生：-éna 鹿 lov na ~e：鹿狩り
jélka[14] ［女］樅（もみ）
jém → jésti
jemáti[50] ［不完］現1単：jêmljem, L分詞：-àl, -ála 1. 取る，手に取る ～ na posodo：借りる 2. 服用する
jêmljem → jemáti
jêrmen[1] ［男］単生：-éna ベルト，ひも
jêsen[1] ［男］単生：-éna トネリコ
jesén[16] ［女］秋
jeséni ［副］秋に
jesénski[38] ［形］秋の ~o enakonočje：秋分
jésti[54] ［不完］現1単：jém, L分詞：jédel, -dla 食べる，食事を取る Kaj bi jedla? Bi sendvič. 何にしようかな．サンドイッチにしよう．
jétra[20] ［中複］生：jéter 肝臓，レバー imeti raka na ~ih：肝臓がんにかかっている；pražena ～：レバーソテー
jéz[5] ［男］単生：-a/-ú ダム，堤防
jéza[14] ［女］怒り ～ na sosedo：隣人に対する怒り
jézen[38] ［形］女単主：-zna, 比：bolj ～/-ejši 怒っている Že dolgo je jezen name in ne govoriva. 彼はもう長いこと私に対して怒っているので，口をきいていない．
jézero[20] ［中］湖 plavati v ~u：湖で泳ぐ
jézerski[38] ［形］湖の，淡水の ~o dno：湖の底；~e ribe：淡水魚
jêzik[1] ［男］単生：-íka 1. 舌，タン 2. 言語
jezikoslôvec[2] ［男］単生：-vca 言語学者，文献学者（男）
jezikoslôven[38] ［形］女単主：-vna 言語学の
jezikoslôvje[21] ［中］言語学，文献学 primerjalno ～：比較言語学

jezikoslôvka[14] [女] 言語学者，文献学者（女）

jezikôven[38] [形] 女単主：-vna 言語の ~i sistem：言語体系

jezíti se[48] [不完] 怒っている Jezi se sam nase. 彼は自分自身に腹を立てている．Jezi se za prazen nič. その人はなんでもないことで怒っている．

jéž[2] [男] 1. はりねずみ 2. morski ~：うに

jóčem → jókati / jokáti

jógurt[1] [男] ヨーグルト sadni ~：フルーツヨーグルト

jòj / jój [間] ああ，おお（心配や悲しみ，つらさを表す）

jók[1] [男] 泣くこと，泣き声

jókati / jokáti[47/49] [不完] 現1単：jókam / jóčem, L分詞：jókal, -ála 泣く，泣き声を挙げる

jóker[3] [男] トランプのジョーカー

jópica[14] [女] セーター，カーディガン

jópič[2] [男] ジャケット，上着 rešilni ~：ライフジャケット，救命胴衣

jóta[14] [女] ヨタ（プリモーリェ地方の伝統的な料理）

jubilêj[2] [男] 記念日，記念祭

Júd[1] [男] 複主：Júdje / Júdi ユダヤ人（男）

Júdinja[14] [女] ユダヤ人（女）

júdovski[38] [形] ユダヤの，ユダヤ教の，ユダヤ人の

júg[1] [男] 南 na ~u：南で・に

júha[14] [女] スープ čista ~：コンソメ

júlij[2] [男] 7月

júlijski[38] [形] 7月の vroči ~i dnevi：7月の暑い日々

junák[1] [男] 1. 英雄（男）2. 主人公（男）

junákinja[14] [女] 1. 英雄（女）2. 主人公（女）

junáški[38] [形] 比：bolj ~ 英雄の，英雄的な ~o dejanje：英雄的な行為

júnij[2] [男] 6月

júnijski[38] [形] 6月の

júšnik[1] [男] スープを入れる蓋と柄のついたつぼ

jútranji[38][形] 朝の ~e sonce：朝日；~i sprehod：朝の散歩

jútri[副] 1. 明日 Jutri bo praznik. 明日は祝日だ. 2. 強 将来，未来

jútrišnji[38][形] 1. 明日の ~i dan：明日 2. 強 将来の，未来の

jútro[20][中] 複生：júter zaspati proti ~u：朝方寝入る

júžen[38][形] 女単主：-žna, 比：-ejši 1. 南の ~i veter：南風 2. 南国の，暖かい 3. 南半球の

južnják[1][男] 南国人（男）

južnjákinja[14][女] 南国人（女）

K

k[前] ＋与 1. ~の方へ iti k oknu：窓のほうへ行く 2. ~に加えて，~への pripombe k osnutku：草案に加えられた但し書き 3. ~へ，~に寄せて（理由） čestitati k diplomi：卒業を祝う

kábel[1][男] 単生：-bla 電線，コード，ケーブル

kábelski[38][形] 電線の，コードの，ケーブルの ~a televizija：ケーブルテレビ

kabína[14][女] 仕切り板などで区切られた小部屋，試着室 pilotska ~：操縦室

káča[14][女] 蛇 strupena ~：毒蛇

kàd[17][女] たらい，桶 kopalna ~：浴槽

kàdar[接] ~するときはいつでも Kadar je treba cementa, ga ni. セメントが必要なときに限って，それがない.

kàdarkóli [副] いつでも Ker so bili sosedje, je k njim lahko prišel kadarkoli. 彼らはお隣さんだったので，彼はどんなときでも訊ねて行けた．

káder[1] [男] 単生：-dra [集] メンバー，スタッフ

kadílec[2] [男] 単生：-lca 喫煙者（男）

kadílka[14] [女] 喫煙者（女）

kadílnica[14] [女] 喫煙室 kaditi v ~i：喫煙室でタバコを吸う

kadíti[48] [不完] 1. タバコを吸う Prižgal si je cigareto in kadil. 彼はタバコに火をつけて吸っていた．2. 煙を出す，いぶす，香を焚く 3. 燻製にする ～ meso：肉を燻製にする

kádrovski[38] [形] メンバーの，スタッフの ~i referent：スタッフマネージャー

káj[34] [代] 何 Kaj je to? これは何ですか．S čim nisi zadovoljen? 君は何に不満なのか．

kàj[34] [代] 何か Če se bo kaj spremenilo, me sporoči. 何か変わったことが起きたら，知らせるように．

káj [副] なぜ，どうして Kaj si pa tako pozen? どうしてそんなに遅刻したのか．

kàj/kaj [副] 少々 Gotovo ima kaj dolga. その人には多少の借金があるに違いない．

kajênje[21] [中] 1. 喫煙 odvaditi se ~a：喫煙の習慣を断つ 2. いぶすこと，香を焚くこと 3. 燻製にすること

kajnè [助]（疑問文の中で）〜でしょ Saj pojdeš z manoj, kajne? 私と一緒に行くでしょ．Kajne, da ga imaš rada? 彼のこと好きなんでしょ．

kájpak [助] [強] もちろん，当然

kájti/kajti [接] だから，〜のために

kàk[38] [代] 1. なんらかの Verjetno se je zgodila kaka nesreča. きっとなにか事故が起きたのだろう．2. おおよその，大体の Pridem kako uro pozneje. 1時間ほど後にまいります．

kakáv[1] [男] カカオ，ココア

kakó [副] いかに，どのように Kako naj ti pomagam？どのように君を手伝ったらいいの．Kako ste？お元気ですか．

kàkor [接] 1. ～と同じくらい Toplo je kakor poleti. 夏のように暑い． 2. +比較級 ～より Sin je že večji kakor oče. 息子はもう父親より大きい．

kàkorkóli [副] 1. とにかく，なんとか 2. にもかかわらず

kakôvost[16] [女] 質，品質

kakôvosten[38] [形] 女単主：-tna, 比：bolj ～／-ejši 1. 品質の 2. 良質な

kákršen[38] [代] 女単主：-šna 1. ～のような Dobila je takšnega moža, kakršnega si je želela. 彼女は望んでいたような夫を手に入れた． 2. どんな～でも

kákšen[38] [代] 女単主：-šna 1. どのような，どんな Kakšno bo vreme jutri？明日はどんな天気だろうか． 2. どの

kàkšen[38] [代] 女単主：-šna 1. いくつかの，なんらかの Zmeraj ima kakšne težave. なんらかの厄介ごとをいつもかかえている． 2. おおよその Prišel bom ob kakšne štirih. 4時ごろまいります．

kaktêja[14] [女] サボテン

káktus[1] [男] サボテン

kál[17] [女] 1. 芽 ～ krompirja：じゃがいもの芽 2.【複】ばい菌，病原菌

kalamár[1] [男]【複】いか

kálcij[2] [男] カルシウム

kálen[38] [形] 女単主：-lna, 比：bolj ～／-ejši 濁った，見通しの悪い

kaligrafíja[14] [女] カリグラフィー，書道

kám [副] どこへ Kam greš？どこへ行くの．

kàm [副] どこかへ Pojdi v Ljubljano ali kam drugam.

リュブリャーナかどこか他のところへ行きなさい．

kaméla[14] ［女］らくだ karavana kamel：らくだの隊商

kámen[1] ［男］単生：-mna 石 dragi ~ / žlahtni ~：宝石

kamenít[38] ［形］石造りの，石でできた

kámera[14] ［女］カメラ televizijska ~：テレビカメラ

kamílica[14] ［女］1.【複】カミツレ，カモミール 2. カモミールティー

kamín[1] ［男］暖炉

kamnít[38] ［形］比：bolj ~ 石造りの，石でできた ~ steber：石柱

kámor ［副］どこへなりとも Kamor greš ti, grem tudi jaz. 君がどこへ行こうと，私もそこへ行く．

kámor ［接］～の方へ Šla sva, kamor je kazal kažipot. 私たちは標識の示すほうへ行った．

kámorkóli ［副］どこへなりとも Kamorkoli gledaš, povsod sama ravnina. どこへ目をやろうと，平原ばかりだ．

kámp[1] ［男］キャンプ地 preživeti počitnice v ~u：キャンプ地で休暇を過ごす

kampánja[14] ［女］キャンペーン volilna ~：選挙キャンペーン

Kánada[14] ［女］カナダ v ~i：カナダで

Kánadčan[1] ［男］カナダ人（男）

Kánadčanka[14] ［女］カナダ人（女）

kánadski[38] ［形］カナダの

kanál[1]［男］1. 排水溝 2. 運河，地下水道 3. チャンネル

kanárček[1] ［男］単生：-čka カナリア

kandidát[1] ［男］1. 候補者，応募者（男）predsedniški ~：大統領候補 2. 受験者（男）

kandidátinja[14] ［女］1. 候補者，応募者（女）2. 受験者（女）

kandidátka[14] ［女］1. 候補者，応募者（女）2. 受験者（女）

kandidírati[47] ［不完・完］立候補者を立てる，立候補する ～ strokovnjaka za predsednika：専門家を議長の候補者とする；～ za poslanca：議員に立候補する

kánon[1] ［男］1. 文 規範，原理 2. カノン

kanú[10] ［男］カヌー

káp[5] ［男］1. 軒，屋根の水切り 2. 屋根や梢から落ちる水滴

káp[17] ［女］卒中の発作 umreti za ~jo：卒中で死ぬ

kápa[14] ［女］縁のない柔らかい帽子

kapéla[14] ［女］礼拝堂

kapétan[1] ［男］1. 大佐 2. 船長 3. スポーツ・チームのキャプテン

kapitál[1] ［男］資本，資金

káplja[14] ［女］複生：kápelj 水滴，しずく deževne ~e：雨粒；po ~ah / v ~ah：ぽたぽたと，次から次へと

kápljica[14] ［女］小さな水滴，小さなしずく očesne ~e：目薬

kápnik[1] ［男］鍾乳石

kápsula[14] ［女］カプセル zdravila v ~ah：カプセルに入った薬

kapúca[14] ［女］フード potegniti si ~o čez glavo / na glavo：フードをかぶる；plašč s ~o：フードつきコート

kàr[36] ［代］～というもの Naredi, kar hočeš. したいことをおやりなさい.

kàr ［副］強 1. ちょうど，まさに 2. さあ Kar naprej, prosim. さあ，どうぞお入りください.

karakterístika[14] ［女］特徴づけ，評価 Smeh je njena karakteristika. 彼女は笑い方に特徴がある. napisati ~o o kandidatu：応募者の評価書を書く

karamél[1] ［男］タフィー，キャラメル

karanténa[14] ［女］隔離 biti v ~i：隔離中だ

karírast[38] ［形］チェックの，格子柄の ~o krilo：チェックのスカート

kàrkóli[36][代] 何でも Karkoli sem rekel, vse je res. 私が何を言おうとすべて本当だ.

káro[7][男] 1. チェック,格子柄 2. トランプのダイヤ

kárta[14][女] 1. 地図 obesiti ~o na steno：壁に地図を掛ける 2. 口 入場券,切符,チケット kupiti ~e za koncert：コンサートのチケットを買う Dve karti do Maribora, prosim. マリボルまで2枚ください. 3. 口 カード,はがき

kárta[14][女] カード,トランプ mešati ~e：トランプをきる

kartotéka[14][女] カード索引,ファイルキャビネット

kaséta[14][女] 1. 小さなケース ～ za nakit：アクセサリーケース 2. カセット（テープ）

kasetofón[1][男] テープレコーダー vključiti ～：テープレコーダーのスイッチを入れる

kaskadêr[3][男] スタントマン（男）

kaskadêrka[14][女] スタントマン（女）

kasnêj(š)e[副] もっと後で,もっと遅く Prišel je uro kasneje, kot je obljubil. 彼は約束したよりも1時間遅くやってきた.

kásno / kasnó[副] 比：-êj(š)e 遅い時間に,後に

káša[14][女] 粥 kuhati ~o：お粥を炊く

kášelj[2][男] 単生：-šlja 咳

kášljati[47][不完] 咳をする,咳に似た音を立てる

katalóg[1][男] カタログ,目録

katastrófa[14][女] 大惨事,カタストロフ naravne ~e：自然災害

katedrála[14][女] 大聖堂,カテドラル

kategoríja[14][女] 範疇,カテゴリー

katéri[38][代] 1. どの Kateri ključ je pravi？どの鍵が合うのだろう. Katerega smo dánes？今日は何日ですか. 2. なんらかの

katéri[38][代] 前置詞を伴う関係代名詞,生格の関係代

名詞として To je čas, o katerem govorimo. これは私たちが話している時代のことだ.

katoličàn / katoličán[1] ［男］単生：-ána カトリック教徒（男）

katoličánka[14] ［女］カトリック教徒（女）

katóliški[38] ［形］カトリックの

káva[14] ［女］コーヒー

kavárna[14] ［女］喫茶店 iti v ~o：喫茶店へ行く；spletna ~：インターネットカフェ

kávbojke[14] ［女複］□ ジーンズ

kávč[2] ［男］ソファ sedeti na ~u：ソファに座っている

kávelj[1] ［男］単生：-vlja フック sneti hlače s ~a：フックからズボンを取る

káven[38] ［形］女単主：-vna コーヒーの ~i mlinček：コーヒーミル

kávin[38] ［形］コーヒーの

kazálec[2] ［男］単生：-lca 1. 人差し指 2. 時計や秤の針 sekundni ~：秒針

kazálen[38] ［形］女単主：-lna 指示の ~i zaimek：指示代名詞

kazálo[20] ［中］目次

kázati / kazáti[49] ［不完］現1単：kážem, L分詞：kázal, -ála 1. 見せる，指示する ~ policistu dokumente：警官に書類を見せる 2. 示す Brzinomer je kazal že 180 kilometrov na uro. 速度計はもう時速180キロを示していた.

kázen[16] ［女］単生：-zni 罰，刑罰 denarna ~：罰金刑；dati ~：罰を与える；dobiti ~：罰を受ける

kázenski[38] ［形］罰の，刑罰の

káznjenec[2] ［男］-nca 受刑者（男）

káznjenka[14] ［女］受刑者（女）

kaznováti[50] ［完・不完］L分詞：-àl, -ála 罰する，罰を与える ~ otroka：子どもを罰する

kážem → kázati / kazáti

kážipót[1] [男] 1. 道路標識 2. 強 指導者

kdáj [副] 1. いつ Kdaj pridete？いついらっしゃいますか. 2. 強 že と共に：はるか昔に，いつの日か Kdaj že bi se to moralo zgoditi. これははるか昔に起きたはずではないか.

kdàj [副] いつか，いつでも Pridi še kdaj. またいつかいらっしゃい.

kdó[33] [代] 1. 誰 Kdo od vas ga pozna？あなたがたのうち誰が彼をご存知ですか. 2. 誰か O tem se moram s kom pogovarjati. この件について誰かと話さなくてはならない.

kdór[35] [代] 1. ～という人 Ni nikogar, s komer bi lahko govoril. 彼が話せそうな相手は一人もいない. 2. 誰でも Kogar je srečal, z vsakim se je pogovarjal. 彼は会うと誰とでもことばをかわしていた.

kdórkóli / kdòrkóli[35] [代] 誰でも，誰であろうと Kdorkoli to trdi, laže. 誰であろうとそれを主張するものは，嘘をついている.

kegljánje[21] [中] ボーリング

kéks[1] [男] クラッカー，クッキー

kémičarka[14] [女] 化学者（女）

kémičen[38] [形] 女単主：-čna 化学の ~a čistilnica：ドライクリーニング店；~i svinčnik：ボールペン

kemíja[14] [女] 化学 anorganska ～：無機化学；organska ～：有機化学

kémik[1] [男] 化学者（男）

kengurú[10] [男] カンガルー

képa[14] [女] 1. 雪の玉 2. 塊

ker [接] なぜなら Ker resnice ni smel povedati, je rajši molčal. 彼は真実を話すわけにはいかなかったので，黙っているほうを選んだ.

kerámika[14] [女] 陶器

kesánje[21] [中] 残念 čutiti ～: 残念に思う

ki [代] ～というもの，～という人 Govoriš o stvareh, ki jih ne poznaš. 君は自分でもわかっていないことについて話しているんだよ.

kíhati[47] [不完] くしゃみをする

kíla[14] [女] 囗 キロ, キログラム Kilo za zrezke, prosim. カツレツ用に（肉を）1キロください.

kilográm[1] [男] キログラム

kilométer[1] [男] 単生: -tra キロメートル hitrost sto ～ov na uro: 時速100キロの速度

kinematografíja[14] [女] 映画産業

kíno[7] [男] 1. 映画館 iti v ～: 映画に行く 2. 囗 映画の上映，映画

kiósk / kíosk[1] [男] キオスク, ニューススタンド kupiti časopis v ～u: キオスクで新聞を買う

kíp[1] [男] 像 bronast ～: ブロンズ像; ～ iz marmorja: 大理石像

kipár[3] [男] 彫刻家（男）

kipárka[14] [女] 彫刻家（女）

kipárstvo[20] [中] 彫刻

kipéti[48] [不完] 沸騰する

kirúrg[1] [男] 外科医（男）

kirúrginja[14] [女] 外科医（女）

kirúrški[38] [形] 外科の，外科医の

kís[1] [男] 酢, ヴィネガー vložiti v ～: 酢漬けにする; jabolčni ～: りんご酢

kísel[38] [形] 女単主: -sla, 比 bolj ～ すっぱい ～o zelje: ザワークラウト

kisík[1] [男] 酸素

kislína[14] [女] 1. 酸 želodčina ～: 胃酸 2. 酸味の強い飲み物

kít[1] [男] 鯨

kít[1] [男] パテ（隙間をうめるもの）

Kitájec[2] ［男］単生：-jca 中国人（男）

Kitájka[14] ［女］中国人（女）

Kitájska[14] ［女］中国　na ~em：中国で

kitájski[38] ［形］中国の，中国語の，中国人の K~i zid：万里の長城

kitájščina[14] ［女］中国語

kitára[14] ［女］ギター　igrati (na) ~o：ギターを弾く；peti ob spremljavi ~e：ギターの伴奏で歌う

kitaríst[1] ［男］ギタリスト（男）

kitarístka[14] ［女］ギタリスト（女）

kítica[14] ［女］1.（詩の）節，連　pesem v treh ~ah：3連詩　2. 小さな束　splesti ~o：小さな束に束ねる

kjé ［副］1. どこに，どこで　2. 強 遥か前に，遥か先に　Kje so časi, ko sem hodil na lov. 私が狩りに出ていたころからずいぶん経った．3. 強 neki, pa と共に：決して〜ない　Mislite, da so počakali? Kje pa. 彼らは待ったと思いますか．まさか．4. どこかに，どこかで　Bi se kje ustavili? どこかで止まりましょうか．

kjèr / kjér ［接］〜という場所で　Napisal je članek, kjer govori o prometu. 彼は記事を書いたが，そこでは交通について述べている．

kládivo / kladívo[20] ［中］金づち，ハンマー　udariti s ~om：ハンマーで叩く

klánec[2] ［男］単生：-nca 傾斜，坂，坂道　iti po ~u：坂道を行く

klánjati se[47] ［不完］1. おじぎをする　2. 強 敬意を表する

klás[1] ［男］麦などの穂　Pšenica gre v klas. 小麦が実ってきている．

klásičen[38] ［形］女単主：-čna 古典の，古典的な，クラシックな　~i jezik：古典語

kláti[50] ［不完］現 1 単：kóljem, L 分詞：klàl, klála 屠殺する

klavír[3] [男] ピアノ

klavírski[38] [形] ピアノの

klávrn[38] [形] 比：-ejši 強 1. かわいそうな，あわれな 2. 悪い，一定のレヴェルに達していない Govoril je v klavrni francoščini. 彼は下手なフランス語で話していた．

klepéčem → klepetáti

klepèt[1] [男] 単生：-éta/-êta 強 おしゃべり priti na ～：おしゃべりを始める

klepetáti[47/49] [不完] 現1単 -ám/-éčem, L分詞：-ál, -ála 強 おしゃべりをする

klepetàv[38] [形] 女単主：-áva, 比：bolj ～ 強 おしゃべりな，おしゃべり好きな

kléšče[14] [女複] ペンチ s ~ami potegniti žebelj iz deske：ペンチで板から釘を引き抜く；biti v ~ah：にっちもさっちもいかない

klét[17] [女] 貯蔵室，地下室 vinska ～：ワインセラー

kletár[3] [男] ソムリエ

kletárka[14] [女] ソムリエール

klétka[14] [女] 檻 ～ za tigre：虎の檻；ptičja ～：鳥かご

klíc[2] [男] 1. 呼び声，叫び声 2. 通話 mednarodni ～：国際通話

klicáj[2] [男] 感嘆符

klícati[49] [不完] 現1単：klíčem 呼ぶ，呼びかける Zjutraj ga kliče mama. 朝彼を起こすのはおかあさんだ．Takoj ga grem klicat. すぐに彼を呼びに行きます．

klícen[38] [形] 呼びかけの ~a številka：コールナンバー

klíčem → klícati

klíkniti[49] [完] 1. 文 呼ぶ，呼びかける 2. クリックする

klíma[14] [女] 1. 気候 2. 雰囲気 3. 口 エアコンディショナー

klimatizácija[14] ［女］エアコンディショナー

klimátski[38] ［形］1. 気候の ~i pogoji：気候条件 2. 雰囲気の

klìn[1] ［男］単生：klína 楔，ピン obesiti študij na ~：退学する

klíničen[38] ［形］女単主：-čna 臨床の

kljúb ［前］+与 ~にもかかわらず uspeti kljub vsem težavam：あらゆる困難にもかかわらず成功する

kljúč[2] ［男］1. 鍵，キー zakleniti s ~em：鍵をかける 2. 缶切り 3. ト音記号

ključávnica[14] ［女］錠，錠前，鍵穴 vtakniti ključ v ~o：鍵穴に鍵を差し込む

ključen[38] ［形］女単主：-čna 鍵の，キーとなる ~a beseda：キーワード

kljúka[14] ［女］1. 把手，ノブ 2. フック 3. 傘や杖の持ち手

kljún[1] ［男］1. くちばし 2. 船首

klobása[14] ［女］1. ソーセージ 2. 強 杖や鞭などで打ち据えられてできるあざ

klôbčič / klobčìč[2] ［男］単生：-a / -íča 1. 毛糸や糸の玉 2. 難題，こみいった状態

klobučár[3] ［男］帽子屋，帽子を作る人（男）

klobučárka[14] ［女］帽子屋，帽子を作る人（女）

klobučnják[1] ［男］【複】くらげ

klobúk[1] ［男］1. 縁のある帽子 nositi ~：帽子をかぶっている 2. きのこのかさ

klóp[17] ［女］ベンチ

klór[1] ［男］塩素

klôvn[1] ［男］ピエロ

klúb[1] ［男］クラブ

kmálu ［副］1. まもなく，すぐに 2. 強 すぐそばに 3. 強（条件法と共に）あやうく，もう少しで~するところだ Kmalu bi bil umrel. もう少しで死ぬところだった．

kméčki[38] [形] 1. 農民の, 農家の 2. いなかの
kmèt[1] [男] 単生：kméta, 複主：kmétje / kméti 1. 農民, 農夫 2. チェスのポーン 3.【複】いなか iti na ~e：いなかへ行く
kmetíca[14] [女] 農民, 農婦
kmetíja[14] [女] 農場 delati na ~i：農場で働く
kmetíjski[38] [形] 農民の, 農業の srednja ~a šola：農業高校
kmetíjstvo[20] [中] 農業 živeti od ~a：農業をして暮す
knjíga[14] [女] 本, 書籍 žepna ~：文庫本；listati po ~i：本のページをめくる
knjigárna[14] [女] 本屋, 書店
knjigovódja[9] [男] 会計士（男）
knjigovódkinja[14] [女] 会計士（女）
knjížen[38] [形] 女単主：-žna 1. 本の ~a polica：本棚；~i znak：しおり 2. 標準語の
knjíževen[38] [形] 女単主：-vna 文学の ~a kritika：文学批評
knjižévnica[14] [女] 著者（女）
knjižévnik[1] [男] 著者（男）
knjižévnost[16] [女] 文学
knjížica[14] [女] 小冊子 bančna ~：預金通帳；čekovna ~：小切手帳
knjížnica[14] [女] 1. 図書館 študirati v ~i：図書館で勉強する 2. 蔵書 imeti bogato ~o：本をたくさん持っている 3. 書斎
knjížničar[3] [男] 司書（男）
knjížničarka[14] [女] 司書（女）
ko [接] 1. 〜のとき Ko sem se bližal domu, me je oče čakal pred vrati. 私が家に近づいてきてみると, 父がドアの前で待っていた. 2. 〜したら Ko prideš domov, napiši pismo. 家に着いたら手紙を書きなさい. 3. 文 もし, 〜の場合は

koalícija[14] ［女］連立，提携

kobílica[14] ［女］1. バッタ 2.強 メスの仔馬

kòc[2] ［男］単生：kôca 囗 織りの粗い毛布

kócka[14] ［女］1. 立方体 sladkor v ~ah：角砂糖 2. 積み木 3. さいころ

kóckast[38] ［形］立方体の

kóča[14] ［女］山小屋，コテージ

kód ［副］どこを通って Kod se gre na grad？城へはどの道を通っていくのだろうか．

kóda[14] ［女］暗号，コード

kódrast[38] ［形］比：bolj ~ 巻き毛の ~i lasje：カーリーヘア

koeficiènt[1] ［男］単生：-ênta 係数

kókos[1] ［男］ココナッツ

kokóš[16] ［女］雌鳥

kòl[1] ［男］単生：kôla 杭 obesiti študij na ~：退学する

koláč[2] ［男］焼き菓子，ケーキ

kolájna[14] ［女］メダル srebrna ~：銀メダル

kôlcanje[21] ［中］しゃっくり

koledár[3] ［男］カレンダー，暦 zapisati podatek na ~：カレンダーにデータを書きつける

koledárček[1] ［男］単生：-čka 小さなカレンダー，手帳

koledárski[38] ［形］カレンダーの，暦の上の ~a zima：暦の上の冬(12月21日から3月20日まで)

koléga[9] ［男］1. 同僚（男） ~ iz službe：仕事の同僚 2. 囗 仲間（男）

kolégica[14] ［女］1.同僚（女）2. 囗 仲間（女）

koléno[20] ［中］ひざ

kolerába[14] ［女］コールラビ

kolesár[3] ［男］サイクリスト（男）

kolesáriti[48] ［不完］サイクリングする

kolesárka[14] ［女］サイクリスト（女）

kolesárski[38] ［形］サイクリングの ~a dirka：競輪；~a steza：サイクリングロード；~a tekma：自転車競技

kolésce[21] ［中］小さな輪

kolíba[14] ［女］掘っ立て小屋，あばらや

količína[14] ［女］量 v velikih ~ah：大量に

kóličkaj ［副］強 少し，少しでも Če jo ima količkaj rad, ji bo pomagal. もし，彼女に少しでも好意があれば，彼は手伝ってあげるだろう．

kóliko ［副］1. いくつ，いくら Koliko je ena in ena？1たす1はいくつですか．Koliko stane kilogram moke？小麦粉1キログラムはいくらしますか．2. 強 どれほど多く Bogve koliko težav te še čaka. きみの行く手にどれほど多くの困難が待ち受けていることか．

kólikokrat ［副］何度，何回

kólikor ［接］1. ～ほどの数・量の Delam, kolikor morem. できるだけ私は働く．2. ～する限り kolikor vem, ...：私の知る限り

kólikšen[38] ［代］女単主：-šna どれほど大きな Kolikšen bo dobiček？収入はどれくらいになるだろうか．

kóljem → klati

kôlk[1] ［男］腰 bolečine v ~u：腰の痛み

koló[24] ［中］1. 輪，車輪 mlinsko ~：水車の輪 2. 自転車 voziti se na ~esu / s ~esom：自転車に乗っていく

kolodvór / kolodvòr[1] ［男］単生：-óra 鉄道駅 biti v službi na ~u：駅に勤めている

kolóna[14] ［女］1. 列，縦列 2. 段落

kolonija[14] ［女］植民地，コロニー

kolôvrat[1] ［男］糸車

kómaj ［副］強 やっとのことで，かろうじて star ~ deset let：10歳になったばかり

kománda[14] ［女］号令，指令

komár[3] ［男］蚊 biti popikan od ~jev：蚊にさされる

komárček[1] ［男］単生：-čka フェンネル

kómbi[10][男]有蓋トラック，バン
kombinéža[14][女]スリップ
kombinírati[47][不完・完]組み合わせる
komédija[14][女]喜劇，コメディー
komentár[3][男]論評，コメント 〜 h glasbeni oddaji：音楽番組に対する論評
komentírati[47][不完・完]論評する，コメントする
komerciálen[38][形]女単主：-lna, 比：bolj 〜 1. 商業の 2. 営利の
komét[1][男]彗星 Taka slava je kot komet. そのような名声は彗星のようなものだ(一時的には目立つがすぐに消え去ってしまう).
kómičen[38][形]女単主：-čna, 比：bolj 〜 / -ejši 喜劇的な，おかしい
komisíja[14][女]委員会
komité[10][男]単生：-êja 委員会，委員（全体）centralni 〜：中央委員会
komólec[2][男]単生：-ôlca 肘
kompákten[38][形]女単主：-tna, 比：-ejši 1. コンパクトな，密な 2. 単一の要素で成り立っている，一様な
komplicíran[38][形]比：bolj 〜 / -ejši 複雑な，こみいった
kompót[1][男]コンポート，シロップ煮 jabolčni 〜：りんごのコンポート
kompozícija[14][女]1. 仕組み，構成 〜 drame：ドラマの構成 2. 曲，作品 klavirska 〜：ピアノ曲；oljna 〜：油絵
kompromís[1][男]妥協，歩み寄り doseči 〜：妥協する，歩み寄る
komunicírati[47][不完]伝達する，意思疎通をはかる 〜 v slovenščini：スロヴェニア語で伝達する Ta film slabo komunicira z gledalci. この映画は観客に分かりづらい．

komunikácija[14][女] 1. 輸送手段 2. 伝達, コミュニケーション

komunístičen[38][形] 女単主:-čna 共産主義の, 共産主義者の

komunízem[男] 単生:-zma 共産主義

koncêrt[1][男] 1. コンサート, 演奏会 iti na ~ : コンサートに行く 2. コンチェルト, 協奏曲 violinski ~ : ヴァイオリン協奏曲

koncêrten[38][形] 女単主:-tna コンサートの, 演奏会の ~a dvorana : コンサートホール

koncesíja[14][女] 1.【複】譲歩 2. 認可 dati ~o : 認可を与える; dobiti ~o : 認可を得る

končáti[47][完] L分詞:-àl, -ála 終える

končáti se[47][完] L分詞:-àl se, -ála se 終わる Stavek se konča s piko. 文はピリオドで終わる.

kônčen[38][形] 女単主:-čna 最後の, 最終的な ~a postaja : 終点

končeváti[50][不完] L分詞:-àl, -ála 終える, 終えようとする

končeváti se[50][不完] L分詞:-àl se, -ála se 終わる, 終わりつつある

končníca[14][女] 1. ベッドの頭にある板 2. 語尾 sklanjatvena ~ : 格変化語尾

kôncno[副] 最後に, ついに, とうとう

kônec[2][男] 単生:-nca 終わり, 最後 iziti ~ januarja : 1月末に出版する

konfékcija[14][女] 既製服

konfékcijski / konfekcíjski[38][形] 既製服の ~i oddelek veleblagovnice : デパートの既製服売り場

konferénca[14][女] 会議 biti na ~i : 会議に出る

konflíkt[1][男] 1. 緊張, ストレス 2. 衝突

kongrés[1][男] 国際会議, 最高会議

koníca[14][女] 1. 先端 ošiliti topo ~o svinčnika : 丸く

なった鉛筆の先をけずる 2. ピーク時, ラッシュアワー

kònj[2][男] 単生：kônja, 複生：kónj/kônjev 1. 馬 2. 木馬 3. チェスのナイト 4. 不器用な人 Ti si pa res konj. ただ大きいだけで本当に不器用な奴だ.

kónjak[1][男] コニャック

konjíček[1][男] 単生：-čka 1. 小さな馬 2. 趣味 Skoraj vsak človek ima svojega konjička. ほとんどの人がそれぞれ自分なりの趣味を持っている.

kónjski[38][形] 馬の ~a dirka：競馬；~a moč：馬力

konjunktúra[14][女] 好景気

konkréten[38][形] 女単主：-tna, 比：-ejši 具体的な v ~em primeru：具体例で

konkurénca[14][女] 1. 競争 ~ med izdelovalci avtomobilov：自動車業界の競争 2. コンクール zmagati v ~i za naslov prvaka：1 位争いに勝つ

konkurènt[1][男] 単生：-ênta 競争相手，コンクールの参加者（男）

konkurêntka[14][女] 競争相手，コンクールの参加者（女）

konôplja[14][女] 複生：konôpelj 麻

konservatíven[38][形] 女単主：-vna, 比：-ejši 強 保守的な

konsúm[1][男] 文 消費

kónto[7][男] 口座 bančni ~：銀行口座

kontrolírati[47][不完・完] 1. 監督する，チェックする 2. 制御する

konverzácija[14][女] 会話 učiti se v angleški ~i：英会話のレッスンを受ける

konzêrva[14][女] 缶詰 ~ z grahom：グリーンピースの缶詰；ključ za ~e：缶切り

kónzul[1][男] 領事（男）

konzulát[1][男] 領事館 na ~u：領事館で

kónzulka[14][女] 領事（女）

konzúm[1] [男] 文 消費

kooperácija[14] [女] 協力，協同 delati v ~i：共同作業をする

kôpa[14] [女] 1. 干草などを積み重ねた大きな山 2. 強 多数，大量 ~ otrok：子どもの群れ

kopálen[38] [形] -lna 1. 入浴の ~a brisača：バスタオル；~i plašč：バスローブ 2. 水泳の ~e hlačke：水泳パンツ

kopalíšče[21] [中] スイミングプール

kopálke[14] [女複] 水着

kopálnica[14] [女] 浴室，バスルーム

kópati / kopáti[47/50] [不完] 現1単：-am / -ljem, L分詞：kópal, -ála 入浴させる Mati kopa otroka. 母親が子どもをお風呂に入れている．

kopáti[50/47] [不完] 現1単：kópljem / -ám, L分詞：kôpal, -ála 掘る，採掘する

kópija[14] [女] コピー，写し delati ~e：写しをとる

kopírati[47] [不完・完] 1. コピーする，写しをとる 2. 現像する

kopíto[20] [中] 1. ひづめ 2. 靴型

kópje[21] [中] 槍 lomiti ~a za pravico：正義を求めて努力する

kópljem → kopáti

kôpno / kópno[38] [中] 陸地

kór[1] [男] 教会内部のオルガン・聖歌隊席のある2階

korák[1] [男] 1. 歩み，ステップ napraviti dva ~a naprej：2歩前に出る 2. ペース upočasniti ~：ペースをゆるめる

korákati[47] [不完] 1. 行進する 2. 強 歩く，歩む

Korêja[14] [女] 韓国，朝鮮 na ~i：韓国で，朝鮮で

Korêjec[2] [男] 単生：-jca 韓国人，朝鮮人（男）

Korêjka[14] [女] 韓国人，朝鮮人（女）

korêjski[38] [形] 韓国の，朝鮮の，韓国語の，朝鮮語の，

韓国人の，朝鮮人の
korén[1][男]1. 根 2.強 根幹 3. 語根 4. 平方根，ルート
korenína[14][女]1. 根 2.強 根幹，基盤
korênje/korénje[21][中] にんじん
koreográf[1][男] 振付師（男）
koreográfinja[14][女] 振付師（女）
korespondénca[14][女] 1. 文通，手紙のやりとり 2. 書簡集
korigíranje[21][中] 校正
koríst[16][女] 利益，得
korísten[38][形] 女単主：-tna, 比：-ejši 有用な，得な
korístiti[48][不完] 1. 好ましい結果をもたらす，得になる To nikomur ne koristi. それは誰の得にもならない。 2. 役立つ
koríto[20][中] 飼い葉桶
korúpcija[14][女] 汚職，買収
korúza[14][女] とうもろこし 口 živeti na ~i：同棲する
kós[1][男] 一切れ，1個 odrezati ~ salame：サラミを一切れ切る
kós[1][男] つぐみ
kós[副]強 biti ~：ふさわしい，匹敵する
kosílnica[14][女] 草刈機，芝刈機
kosílo[20][中] 昼食 pakirano ~：弁当
kósiti[48][不完] 昼食をとる
kosíti[48][不完] 1. 草刈をする 2.強 大量殺戮をする
kosmàt[38][形] 女単主：-áta, 比：bolj ~ /-ejši 毛深い，毛で覆われた ~a laž：真っ赤な嘘
kosmìč[2][男] 単生：-íča 1. 薄片，断片 2.【複】ovseni ~i：オートミール
kosmúlja[14][女] グースベリー
kóst[17][女] 骨 do ~i：すっかり Mraz je rezal do kosti. 寒さが身にしみる
kôstanj[2][男] 単生：-ánja 栗

kostím[1] ［男］女性用のスーツ

kòš[2]［男］単生：kôša 1. 背負いかご 2. くずかご 3. ゆりかご

košára[14]［女］かご，バスケット，買い物かご

košárka[14]［女］バスケットボール igrati ~o：バスケットボールをする

košàt[38]［形］女単主：-áta, 比：bolj ~/-ejši 1. 茂った 2. 強 よく成長した

kóšček[1]［男］単生：-čka 小片，かけら ~ kruha：パンのかけら

koščíca[14]［女］1. 小骨 2. さくらんぼや桃などの種

kót[1]［男］1. 隅，コーナー postaviti mizo v ~：机を隅に置く 2. 角，角度 pravi ~：直角

kot［接］1. ~と同等に，同じくらい Prav tako pridna kot njena mati. 彼女は母親と同じくらいよく働く． 2. +比較級 ~より Njegov avto je dražji kot sosedov. 彼の車は隣の人の車よりも高い． 3. ~のように bel kot sneg：雪のように白い 4.（否定文で drug, drugače とともに）~以外 Tega mi ni povedel nihče drug kot direktor. それを私に話したのは，社長以外は誰もいなかった．

kotálka[14]［女］【複】ローラースケート voziti si na ~ah / s ~ami：ローラースケートですべる

kotálkanje[21]［中］ローラースケーティング

kôtel[1]［男］単生：-tla 大釜，湯沸し

kotizácija[14]［女］登録料

kotlét[1]［男］骨つき肉

kotlína[14]［女］盆地 Mesto leži v kotlini. 町は盆地にある．

kotomér[1]［男］分度器

kovánec[2]［男］単生：-nca 貨幣，コイン

kôvček[1]［男］単生：-čka スーツケース

kovína[14]［女］金属，メタル težke ~e：重金属

kovínski[38]［形］金属の，メタルの ~i izdelki：金属製品

kôza[14]［女］山羊

kozárček[1]［男］単生：-čka 小さなコップ，グラス

kozárec[2]［男］単生：-rca 1. コップ，グラス povabiti ga na ~：彼を飲みに誘う 2. 保存用のガラスの器

kôze[14]［女複］天然痘

kôzel[1]［男］単生：-zla 1. 山羊，雄山羊 2. 囲 いやなやつ

kozmétičarka[14]［女］メークアップアーティスト（女）

kozmétik[1]［男］メークアップアーティスト（男）

kozmétika[14]［女］化粧，化粧法

kózmičen[38]［形］女単主：-čna 1. 宇宙の ~a ladja：宇宙船；~i poleti：宇宙飛行 2. 強 宇宙的規模の，莫大な

kozmopolitízem[1]［男］単生：-zma コスモポリタニズム

kózmos[1]［男］1. 宇宙 2. 文・強 精神世界

kozólec[2]［男］単生：-ôlca 木製の干草かけ

kozoróg[1]［男］1. アルプスアイベックス（野生の山羊の一種）2. K~：山羊座

kóža[14]［女］皮，皮膚

kôžuh[1]［男］単生：-úha 1. 毛皮 2. 毛皮のコート

krádel → krásti

krádem → krásti

krádoma［副］文 密かに

kragúlj[2]［男］鷹

kràj[2]［男］単生：krája 1. 場所 2. 地方 3. 強 端 do ~a：完全に；od ~a：最初から

krajéven / krájeven[38]［形］女単主：-vna 地方の，ローカルな ~a skupnost：地方議会

krajína / krájina[14]［女］1. 文 風景，景色 varovanje ~e：景観保護 2. 風景画

krájšati[47]［不完］短くする，短縮する ~ krilo：スカートのすそ上げをする

krájši → **krátek**

králj[2][男]1. 王 2. トランプのキング 3. チェスのキング

kraljéstvo[20][中]複生：kraljéstev 王国

králjevič[2][男]王子

kraljevína[14][女]王国

kraljíca[14][女]1. 女王 2. チェスのクィーン

kraljíčna[14][女]複生：kraljíčen 王女

krámp[1][男]単生：krámpa つるはし

kràp[1][男]単生：krápa 鯉

krás[1][男]囡 美

krás/kràs[1][男]単生：krása カルスト

krásen[38][形]女単主：-sna, 比：-ejši/-êjši 1. とても美しい 2. すばらしい

krasíti[48][不完]美しくする，飾る

krásti[49][不完]現1単：krádem, L分詞：krádel, -dla 盗む

kráški[38][形]カルストの ~a jama：鍾乳洞

krat[副]1. 倍，かける Dva krat dve je štiri. 2 かける2は4. 2. ~回 Srce udari približno 70 -krat na minuto. 心臓は1分間におよそ70回鼓動する.

krátek[38][形]女単主：-tka, 比：krájši 短い v ~em času：短期間に

kratíca[14][女]略語

kratkovíden[38][形]女単主：-dna, 比：-ejši 近視の，近視眼的な

kráva[14][女]牝牛 biti pijan kot ~：ひどく酔っている

kraváta[14][女]ネクタイ zavezati si ~o：ネクタイを結ぶ

krávl[1][男]クロール

kŕč[2][男]痙攣，ひきつけ ~ v želodcu：胃痙攣

kréda[14][女]1. チョーク pisati s ~o na tablo：黒板にチョークで書く 2. 木炭，木炭画

kredénca[14][女]サイドボード，食器棚

kredít[1] [男] クレジット，貸付金

kredíten[38] [形] 女単主：-tna クレジットの ~a kartica：クレジットカード

kréma[14] [女] クリーム natreti roke s ~o：手にクリームをすりこむ

krémpelj[2] [男] 単生：-plja【複】1. 鳥獣の鉤爪 2. 強 iz ~ev / v ~e：手中に，強い影響下に

kreníti[49] [完] 現1単：krénem, L分詞：krênil, -íla 1. 歩き出す，動き出す 2. 行き先・方向を変える ~ na desno：右に向く

krepčílen[38] [形] 女単主：-lna, 比：bolj ~ 元気づける，活力を与える ~a pijača：強壮剤

krêpek[38] [形] 女単主：-pka, 比：-êjši 強 1. 強力な，力強い 2. 栄養豊富な

krepíti[48] [不完] 強くする，強靱にする

krés[1/5] [男] 単生：-a, 複主：kresôvi / krési 1. 夏の始まりを祝う祭・6月24日 2. 大掛かりな花火

kŕhek[38] [形] 女単主：-hka, 比：-ejši 1. 壊れやすい，もろい 2. 弱々しい

krí[17] [女] 単生：krví 血，血液 Kri mu teče iz nosa. 彼は鼻血を出している．

kričáti[48] [不完] L分詞：kríčal, -ála 叫ぶ，大声をあげる

kríjem → kríti

krík[1] [男] 叫び声，叫び

krílo[20] [中] 1.【複】虫や鳥の翼 2. 飛行機の翼

krílo[20] [中] スカート

kriminálec[2] [男] 単生：-lca 強 犯罪者，犯人（男）

kriminálka[14] [女] 1. 犯罪小説 2. 強 犯罪者，犯人（女）

krínka[14] [女] 覆面，仮面

kristálen[38] [形] 女単主：-lna 結晶の，澄み切った ~o steklo：クリスタルガラス

kristján[1] [男] キリスト教徒，クリスチャン（男）

kristjánka[14] ［女］キリスト教徒，クリスチャン（女）

Krístus[1] ［男］キリスト po ~u：紀元後；pred ~om：紀元前

kríti[50] ［不完］現1単：krijem 覆う，かぶせる

kríticen[38] ［形］女単主 -čna, 比：-ejši 批判の，批判的な dati ~o oceno：批判的な評価をする

kríticen[38] ［形］女単主 -čna, 比：-ejši 危機の，危機的な

krítika[14] ［女］1. 批評 2. 批判

kritizírati[47] ［不完］批評する，批判する

kriv[38] ［形］比：bolj ~ 1. 曲がっている ~a črta：曲線 2. 悪い，〜のせい Oče je kriv za tako stanje. こんな状況になったのは父が悪い． 3. 有罪の

krívda[14] ［女］有罪，罪

krívec[2] ［男］単生：-vca つみびと（男）

krivícen[38] ［形］女単主：-čna 比：-ejši 不公平な

krívka[14] ［女］つみびと（女）

krivúlja[14] ［女］曲線

kríza[14] ［女］1. 恐慌，経済・経営面での危機 gospodarska ~：経済危機 2. 精神面・体調面での危機

krizantéma[14] ［女］菊

kríž[2] ［男］1. 十字架 blagosloviti s ~em：十字を切って祝福する；rdeči ~：赤十字 2. トランプのクラブ 3. 背中

krížanka[14] ［女］クロスワードパズル reševati ~e：クロスワードパズルを解く

križíšče[21] ［中］十字路，交差点

krmílo[20] ［中］操縦桿 ~ avtomobila：自動車のハンドル

krmílo[20] ［中］えさ

kŕmiti[48] ［不完］えさをやる ~ kokoši：にわとりにえさをやる

kròf[1] ［男］単生：krôfa 中にジャムの入ったドーナツ

króg¹ ［男］円, 輪 posesti v ～：輪になって座る

krógla¹⁴ ［女］球, 珠

krôj² ［男］単生：krôja 型紙 šivati po ～u：型紙どおりに縫う

krojáč² ［男］仕立て屋（男）

krojačíca¹⁴ ［女］仕立て屋（女）

krompír³ ［男］ジャガイモ, ポテト imeti ～：棚からぼたもち

krompírjev³⁸ ［形］ジャガイモの, ポテトの ～a juha：ポテトスープ

króna¹⁴ ［女］1. 王冠 2. 強 宮廷 3. 強 王国 4. 梢 5. 北欧諸国などで用いられる通貨単位, クローネ

króničen³⁸ ［形］-čna 慢性の

krôp¹ ［男］単生：krôpa 1. 沸騰した湯, 熱湯 kuhati v ～u：沸騰した湯でゆでる 2. 強 まずいスープ

krôšnja¹⁴ ［女］複生：krôšenj 梢

krôtek³⁸ ［形］女単主：-tka, 比：-êjši 飼いならされた, 人に慣れた

krôv¹ ［男］単生：krôva デッキ, 甲板 Iz kabine je odšel na krov. 彼は船室からデッキに出た.

króžek¹ ［男］単生：-žka 1. 小さな円 2. サークル šahovski ～：チェスのサークル

krožíti/króžiti⁴⁸ ［不完］現1単：-im, L分詞：krózil, -íla 1. 回る, 循環する Zemlja kroži. 地球は回る. Kri kroži po telesu. 血液は体内を循環する. 2. 強 円を描いて動く・飛ぶ Letalo kroži nad mestom. 飛行機が町の上空を旋回している. 3. 強 さまよう ～ po gozdu：森の中をさまよう

króžnik¹ ［男］皿

kŕpa¹⁴ ［女］1. 布巾 2. 雑巾

kŕst¹ ［男］洗礼式 nesti otroka h ～u：子どもを洗礼式に連れて行く；dobiti ime pri ～u：洗礼の際名前をつけてもらう

kŕsta[14] [女] 柩，棺おけ

krstíti / kŕstiti[48] [完・不完] 現1単：-im, L分詞：kŕstil, -íla 1. 洗礼を施す 2.強 命名する

krščánski[38] [形] キリスト教の

krščánstvo[20] [中] キリスト教

kŕšiti / kršíti[48] [不完] 現1単：-im, L分詞：-il, -ila / kŕšil, -íla（法を）破る，犯す ～ pravila igre：ゲームの規則を破る

kŕt[1] [男] もぐら črn kot ～：もぐらのように真っ黒だ

krtáča[14] [女] ブラシ očistiti obleko s ～o：服にブラシをかける；ostriči se na ～o：髪を短く刈り込む

krùh[1] [男] 単生：krúha パン popečen ～：トースト

krúšen[38] [形] 女単主：-šna パンの ～i nož：パンナイフ

krváv[38] [形] 比：bolj ～ 1. 血の，血液の 2. 流血の，血まみれの

krvavíca[14] [女] 血入りソーセージ

krvavítev[15] [女] 出血 zaustaviti ～：止血する

kŕven[38] [形] 女単主：-vna 血の，血液の ～a skupina：血液型；～i tlak：血圧

krví → krí

kŕzno[20] [中] 毛皮 plašč s ～om：毛皮のコート

kubíčen / kúbičen[38] [形] 女単主：-čna 立方体の，立方の ～i meter：立方メートル

kúga[14] [女] 1. 疫病，ペスト goveja ～：狂牛病 2.強 不治の病

kuhálnica[14] [女] おたま，レードル

kuhálnik[1] [男] 料理用ストーヴ kuhati na ～u：料理用ストーヴで料理する

kúhar[3] [男] コック，料理人（男）glavni ～：シェフ

kúharica[14] [女] コック，料理人（女）

kúhati[47] [不完] 1. 料理する 2. 煮る，沸かす ～ čaj：お茶を沸かす

kúhinja[14] [女] 1. 台所，キッチン 2. 料理 francoska ～：

フランス料理

kúhinjski[38]［形］台所の，キッチンの ~i elementi：台所用品

kúli[10]［男］口 ボールペン pisati s ~jem：ボールペンで書く

kultúra[14]［女］文化

kultúren[38]［形］女単主：-rna, 比：-ejši 文化の，文化的な

kúmara[14]［女］きゅうり

kúna[14]［女］テン

kúnec[2]［男］単生：-nca いえうさぎ

kùp[1]［男］単生：kúpa 1. 何かが積み重なって山のようになったもの Iz kupa knjig je vzel najnovejšo izdajo. 彼は本の山から最新版を取り出した．2.強 大量・多数 imeti ~ opravkov：仕事をたくさん抱えている

kúpa[14]［女］足つきのグラス sadna ~：フルーツパフェ

kupé[10]［男］単生：-êja コンパートメント sedeti v ~ju：コンパートメントに座っている

kúpec[2]［男］単生：-pca 1. 買い手 ~ in prodajalec：買い手と売り手 2. 買い物客

kupíti/kúpiti[48]［完］現1単：-im, L分詞：kúpil, -íla 1. 買う ~ za drag denar：高い金で買う 2.強 買収する

kupováti[50]［不完］L分詞：-àl, -ála 1. 買う，買い取る，買い物をする 2. 買おうとする，買う意志がある

kúra[14]［女］鶏，雌鳥

kúra[14]［女］治療 napraviti ~o：治療を施す

kurílen[38]［形］女単主：-lna 1. 燃料の ~i plin：燃料ガス 2. 暖房の

kuríti/kúriti[48]［不完］現1単：-im, L分詞：kúril, -íla 暖める ~ z drvmi：薪で暖める

kurjáva[14]［女］暖房，暖房器具 centralna ~：セントラルヒーティング

kúrji[38] [形] 鶏の，チキンの ~e meso：鶏肉；biti ~e pameti：覚えが悪い

kúrnik[1] [男] 鶏小屋，鶏舎

kuvêrta[14] [女] 封筒 napisati naslov na ~o：住所を封筒に書く

kúža[9] [男] (愛称) 犬，子犬

kúžen[38] [形] 女単主：-žna 伝染性の ~a bolezen：伝染病

kvadrát[1] [男] 1. 正方形 2. 二乗 x na ~：x の二乗

kvadráten[38] [形] 女単主：-tna 1. 正方形の 2. 二乗の，平方の ~i meter：平方メートル

kvalifikácija[14] [女] 資格，能力

kvalitéta[14] [女] 1. 質 2.【複】長所 Ta človek je brez kvalitet. この人には長所がない．

kvantitéta[14] [女] 量 prehod iz ~e v kvaliteto：量から質への転換

kváriti[48] [不完] 傷める，だめにする

kvás[1] [男] イースト，酵母

kvéčjemu [助] せいぜい，たかだか

L

labód[1] [男] 複主：labódi / labódje 白鳥 L~：白鳥座

laboratórij[2] [男] 実験室

láčen[38] [形] 女単主：-čna, 比：bolj ~ 空腹な，飢えている biti ~：おなかが空いている；biti ~ ljubezni：愛に飢えている

ládijski[38] [形] 船の，船舶の ~i prevoz：船舶輸送

ládja[14] [女] 複生：ládij 船，船舶 vesoljska ~：宇宙

船；z ~o：船で，船便で

ladjévje[21] ［中］複生：ladjévij 船団，艦隊 zračno ~：飛行機の編隊

ládjica[14] ［女］1. 小さな船，ボート 2. おもちゃの船

lagáti[49] ［不完］現1単：lážem, L分詞：-àl, -ála 1. 嘘をつく Lagala jim je, da ni videla Jožeta. 彼女はヨージェを見ていないと彼らに嘘をついた．2. 強 間違っている Te številke lažejo. これらの数値は間違っている．

lagóden[38] ［形］女単主：-dna, 比：-ejši 楽な，心地よい

láhek[38] ［形］女単主：-hka, 比：lážji 1. 軽い 2. 易しい，容易な 3. 軽やかな

lahkó ［副］比：lážje / láže 1. 軽く 2. 易しく，容易に 3. 軽やかに 4. できる Premalo znam, da bi lahko sam rešil nalogo. 課題を一人で解決できるほど，私は有能ではない．5. ありうる Lahko se zgodi, da bom potreboval tvojo pomoč. 君の助けが必要となることも起こりうる．6. 〜してよい Lahko prisedem？お隣に座っていいですか．

lahkomíseln[38] ［形］比：bolj 〜 / -ejši 思慮の足りない，軽率な，浅はかな

lahkó noč ［挿］おやすみなさい

lahkovéren[38] ［形］女単主：-rna, 比：-ejši 信じやすい

lájati[47] ［不完］1. ほえる 2. 強 どなる

lájna[14] ［女］ストリートオルガン igrati na ~o：ストリートオルガンを演奏する

lájšati[47] ［不完］苦痛を和らげる，楽にする

lák[1] ［男］ニス，ラッカー 〜 za nohte：マニキュア；premazati z ~om：ニスを塗る

láket[1/17] ［男／女］単生：-kta / -ktí 腕（手首からひじまで）

lákomen[38] ［形］女単主：-mna, 比：-ejši けちな

lákota[14][女] 飢え, 空腹 umreti od ~e：飢え死にする；~ po zemlji：土地への渇望

lán[1][男] 単生：-ú/-a 亜麻

láni[副] 去年, 昨年

lánski[38][形] 去年の, 昨年の ~i december：去年の12月；~o leto：去年, 昨年

lanskoléten[38][形] 女単主：-tna 去年の, 昨年の

lás[6][男] 単生：-ú/-a 1. 髪, 毛 dobiti sive ~e：白髪になる 2. 強 biti na ~ podoben：ものすごくよく似ている；biti za ~ boljši：ほんの少しだけ良い

láserski[38][形] レーザーの ~i tiskarnik：レーザープリンター；~i žarek：レーザー光線

láskav[38][形] 比：bolj ~ へつらいの, 追従の

lást[17][女] 所有権, 所有物 To je skupna last. これは共有物だ.

lásten[38][形] 女単主：-tna 1. 所有の, 持ち物の stanovati v ~i hiši：持ち家に住む 2. 図 固有の, 独自の z njemu ~im humorjem：彼ならではのユーモアで 3. 強 自身の ~i brat：血を分けた兄弟

lastníca[14][女] 所有者, 持ち主（女）

lastník[1][男] 所有者, 持ち主（男）~ akcije：株主

lastnína[14][女] 所有権, 所有物

lastnorôčen/lastnoróčen[38][形] 女単主：-čna 自筆の ~i podpis：自筆サイン

lastnóst[16][女] 性質, 特質 imeti dobre ~i：性格がいい Na zunaj je podoben očetu, po lastnostih materi. 彼は外見は父親似だが, 性質は母親似だ.

lástovka[14][女] ツバメ

lasúlja[14][女] かつら

latínica[14][女] ラテン文字, ローマ字 v ~i：ラテン文字で

latínski[38][形] ラテンの, ラテン語の, ラテン語派の

latínščina[14][女] ラテン語 pisati v ~i：ラテン語で書く

Látvija　142

Látvija[14]　[女] ラトヴィア v ~i：ラトヴィアで
Látvijec[2]　[男] 単生：-jca ラトヴィア人（男）
Látvijka[14]　[女] ラトヴィア人（女）
látvijski[38]　[形] ラトヴィアの，ラトヴィア語の，ラトヴィア人の
láž[17]　[女] 嘘，いつわり
lážem → lagáti
lážen[38]　[形] 女単主：-žna 嘘の，いつわりの
lážje / láže → lahkó
lážji → láhek
lè　[助] 1. だけ，ただ，～に過ぎない To je le osnutek zakona. これは法律の草案にすぎない． 2. pa ～：ただ（否定の強調）Vsega imajo, pa le niso srečni. 彼らは何でも持っている．ただ，幸せではない． 3.(疑問文で) いったい
léča[14]　[女] 1. レンズ，コンタクトレンズ 2. レンズマメ
léči[49]　[完] 現1単：léžem, L 分詞：légel, lêgla 横たわる，横になる
léči[49]　[不完] 現1単：léžem, L 分詞：légel, lêgla ～ jajčece / ～ jajce：卵を産む
léd[5]　[男] 単生：-ú/-a ix hokej na ~u：アイスホッケー
ledén[38]　[形] 氷の，氷でできた ~a sveča：つらら；Severno L~o moje：北極海；Južno L~o morje：南極海
ledeník[1]　[男] 氷河
ledeníški[38]　[形] 氷河の ~o jezero：氷河湖
ledvíca[14]　[女]【複】腎臓 presaditi ~o：腎臓を移植する
léga[14]　[女] 1. 位置，ポジション 2. ～側，～へ向いている場所 Soba ima severno lego. 部屋は北向きだ． 3.【複】音域，声域 altovske ~e：アルトの声域
légel → léči
legénda[14]　[女] 1. 伝説，言い伝え 2. 写真や挿絵など

の説明文，キャプション

lekárna[14] ［女］1. 薬局 kupiti zdravilo v ~i：薬局で薬を買う 2. 救急箱 hišna ~ / domača ~：家庭用の救急箱

lekárnar[3] ［男］薬剤師（男）

lekárnarica[14] ［女］薬剤師（女）

lékcija[14] ［女］1. 課 druga ~ v angleški vadnici：英語の練習問題集の第2課 2. 強 罰

léksika[14] ［女］語彙

leksikálen[38] ［形］女単主：-lna 語彙の

leksikologíja[14] ［女］語彙論

léktor[3] ［男］語学教師（男） ~ francoskega jezika / ~ za francoski jezik：フランス語教師

léktorica[14] ［女］語学教師（女）

lén / lèn[38] ［形］女単主：léna, 比：bolj ~ 1. 怠惰な，怠け者の，〜しようとしない Ti si len za hojo. 君は歩こうとしないね. 2. 強 動きの遅い

lenáriti[48] ［不完］怠けている，だらだらとしている，ぐずぐずしている

lenôba[14] ［女］怠惰，怠慢 ~o pasti：怠けている

lenúh[1] ［男］怠け者（男）

lenúhinja[14] ［女］怠け者（女）

lép[38] ［形］比：lépši 1. 美しい，きれいな ~ dan：晴れた日 2. すばらしい ~ rezultat：すばらしい結果

lepák[1] ［男］ポスター，プラカード nalepiti ~ na zid：壁にポスターを貼る

lepílen[38] ［形］女単主：-lna 貼るための，粘着性の ~i trak：粘着テープ

lepílo[20] ［中］糊 namazati z ~om：糊を塗る

lepíti / lépiti[48] ［不完］現1単：-im, L分詞：lépil, -íla / -il, -ila 貼る，貼り合わせる ~ znamke na kuverte：切手を封筒に貼る

lepljív[38] ［形］比：-ejši 貼ることのできる，べったりした

lepó [副] 比：lépše 美しく，きれいに，すばらしく

lepopísje[21] [中] カリグラフィー，書道

leposlôven[38] [形] 女単主：-vna 文学の，純文学の ~e knjige：文学書

leposôvje[21] [中] 文学，純文学，フィクション

leposlôvna[14] [女] 新聞の読書欄

lepôta[14] [女] 1. 美，美しさ 2. 美しいもの

lepôtec[2] [男] 単生：-tca 美しい人（男），ハンサム

lepôten[38] [形] 女単主：-tna 1. 美の，美的 ~i čut：美的感覚 2. 美容の ~a operacija：整形手術

lepotíca[14] [女] 美人，美女

lépše → lepó

lépši → lép

lés[5] [男] 単生：-á/-a 木材

lésa[14] [女] 門扉，木戸

lésen[38] [形] 女単主：-sna 木材の ~a moka：おがくず

lesén[38] [形] 木製の ~ konj：木馬

lèsk[1] [男] 単生：léska つや，光沢 ~ v očeh：目の光

léska[14] [女] はしばみ

lesoréz[1] [男] 木版，木版画

lesténec[2] [男] 単生：-nca シャンデリア

léstev[15] [女] はしご prisloniti ~ na zid：壁にはしごを立てかける；plezati po ~i：はしごを上る；vrvna ~：縄ばしご

lésti[49] [不完] 現1単：lézem, L分詞：lézel, -zla 1. 這う 2. 強 ゆっくりと進む

léstvica[14] [女] 1. 小さなはしご 2. 目盛り ~ na toplomeru：温度計の目盛り 3. 等級，率 davčna ~：税率

léšnik[1] [男] はしばみの実，ヘーゼルナッツ

lèt[1] [男] 単生：léta 飛ぶこと，飛行 v ~u：飛んでいる，飛行中の

leták[1] [男] ちらし，お知らせ用の紙

letalíšče[21] [中] 空港 na ~u：空港で

letálo[20] ［中］飛行機, 航空機 ugrabitev ~a：ハイジャック；potniki v ~u：飛行機の乗客

letálski[38] ［形］飛行機の, 航空の ~a nesreča：飛行機事故；~a proga：航空路線；~a vozovnica：航空券；~o podjetje：航空会社

letálsko ［副］航空便で

létati[47] ［不完］飛び回る

léten[38] ［形］女単主：-tna 年の ~i dohodek：年収

léten[38] ［形］女単主：-tna 夏の

léten[38] ［形］女単主：-tna 飛行の

letéti[48] ［不完］L 分詞：lêtel, -éla 1. 飛ぶ 2. 強 すばやく動く ～ v knjigarno po knjigo：本を買いに本屋へ急ぐ

létina[14] ［女］その年の収穫物・作物

létnik[1] ［男］1. 同い年の人 2. ～年製の物・製品 piti 1960 ～：1960年もののワインを飲む 3. 学年 študent drugega ~a：2年生

léto[20] ［中］年 razlika v ~ih：年の差

Letónec[2] ［男］単生：-nca ラトヴィア人（男）

Letónija[14] ［女］ラトヴィア

Letónka[14] ［女］ラトヴィア人（女）

letónski[38] ［形］ラトヴィアの, ラトヴィア語の, ラトヴィア人の

létos ［副］今年

létošnji[38] ［形］今年の

letováti[50] ［不完］L 分詞：-àl, -ála 休暇を過ごす ～ na morju：海辺で休暇を過ごす

letovíšče[21] ［中］リゾート地 oditi v ～：リゾート地へ出かける

lèv[1] ［男］単生：lêva／léva ライオン lov na ~e：ライオン狩り；L~：しし座

lévi[38] ［形］1. 左の narediti to z ~o roko：それを軽くやってのける 2. 左翼の

levíca[14] [女] 1. 左手 2. 左翼政党

levíčar[3] [男] 1. 左利きの人（男）2. 左翼政党の党員（男）

levíčarka[14] [女] 1. 左利きの人（女）2. 左翼政党の党員（女）

levínja[14] [女] 雌ライオン

lézel → lésti

lézem → lésti

ležálen[38] [形] 女単主：-lna 寝そべるための，横になるための ~i stol：デッキチェア；~i vagon：寝台車

ležálnik[1] [男] 1. デッキチェア 2. 寝台車

ležáti[48] [不完] L 分詞：lêžal, -ála 1. 横になっている，（横たえて）ある ~ na postelji：ベッドに横になっている；~ v bolnici：入院している Denar leži na mizi. お金がテーブルの上にある. 2. 強 埋葬されている Na tem pokopališču ležijo njegovi predniki. この墓地には彼の先祖が埋葬されている.

léžem → léči

ležíšče[21] [中] 寝るところ，寝台

liberálen[38] [形] 女単主：-lna, 比：-ejši リベラルな

líce[21] [中] 1.【複】頬 jamica na ~u：片えくぼ Po licih tečejo solze. 頬を涙が流れる. 2. 布地などの表側，表面

licitácija[14] [女] 競売，オークション dati najdene predmete na ~o：発見されたものを競売に掛ける

lígenj[2] [男] 単生：-gnja いか

líh[38] [形] 奇数の Hiše na tej strani imajo lihe številke. こちら側の家々は奇数番号がついている.

liják[1] [男] じょうご doliti vina z ~om：じょうごを使ってワインを注ぎいれる

líjem → líti

lík[1] [男] 1. 小説や劇などの登場人物 2. 文 彫像，像 ~ iz kamna：石像 3. 形，形態

likálen[38] [形] 女単主：-lna 1. アイロンのかかっ

た 2. アイロンをかけるための ~a deska：アイロン台
likálnik[1]［男］アイロン
líkanje[21]［中］1. アイロンがけ 2. 文 推敲 3. 文 育成
líkati[47]［不完］1. アイロンをかける 2. 文 推敲する 3. 文 育成する
likêr[3]［男］リキュール
líkoven[38]［形］女単主：-vna 美術の，造形芸術の
likvidácija[14]［女］1. 強 一掃，排除 2. 閉店 3. 清算
lílija[14]［女］ゆり
limóna[14]［女］レモン čaj z ~o：レモンティー
limonáda[14]［女］1. レモネード 2. 駄作 Ta roman je limonada. この小説は出来が悪い．
lineáren[38]［形］女単主：-rna 文 1. 一方向の，列をなす 2. 線状の 3. 一次の ~a enačba：一次方程式
línija[14]［女］1. 線 potegniti ~o：線を引く 2. 路線 avtobusna ~：バスの路線 3. 電線，ケーブル telefonska ~：電話線
lípa[14]［女］菩提樹
lípov[38]［形］菩提樹の
lírik[1]［男］抒情詩人（男）
lírika[14]［女］抒情詩
lírikinja[14]［女］抒情詩人（女）
lisíca[14]［女］狐，女狐
lisíce[14]［女複］手錠
líst[1]［男］1. 葉 Listi rumenijo. 葉が黄色に変わっていく． 2. 紙などの1枚，ページ V knjigi manjka list. 落丁がある．3. 書類 potni ~：旅券，パスポート 4. 新聞・雑誌
lísta[14]［女］リスト，一覧 sestaviti ~o povabljenih：招待客のリストを作成する
lístati[47]［不完］ページをめくる，ざっと目を通す Listal je časopis. 彼は新聞のページをめくっていた． Dolgo je listal po reviji in iskal podatek. 彼は長いこと

雑誌に目を通していたが，情報を見つけた．
lístavec[2] [男] 単生：-vca【複】広葉樹
lístek[1] [男] 単生：-tka 1. 小さな葉 2. 小さめの紙一枚 volilni 〜：投票用紙 3. 札，券 〜 s ceno：値札
lístina[14] [女] 書類，証書 jamstvena 〜：保証書
lístnica[14] [女] 札入れ
líter[1] [男] 単生：-tra リットル
literáren[38] [形] 女単主：-rna 1. 文学の romantika, realizem in drugi ~i tokovi：ロマン主義，リアリズム，その他の文学の潮流；~a zgodovina：文学史 2. 文学的な
literatúra[14] [女] 文学，文献
líti[50] [不完] 現 1 単：líjem 1. 流れ落ちる Pot mu je lije s čela. 彼の額から汗が流れ落ちている．2. 強 降る 3. 図 押し寄せる
Lítovec[2] [男] 単生：-vca リトアニア人（男）
Lítovka[14] [女] リトアニア人（女）
lítovski[38] [形] リトアニアの，リトアニア語の，リトアニア人の
Lítva[14] [女] リトアニア v ~i：リトアニアで
lízati / lizáti[49] [不完] 現 1 単：lížem, L 分詞：lízal, -ála なめる
lízika[14] [女] 棒つきキャンデー，ロリポップキャンデー
lížem → lízati / lizáti
ljúbček[1] [男] 単生：-čka 強 不倫相手，恋人（男）
ljúbek[38] [形] 女単主：-bka, 比：-ejši かわいい
ljubézen[16] [女] 単生：-zni 愛，恋 〜 do živali：動物に対する愛
ljubeznív[38] [形] 比：-ejši かわいい，魅力的な
ljúbica[14] [女] 強 不倫相手，恋人（女）
ljubímec[2] [男] 単生：-mca 恋人（男）
ljubímka[14] [女] 恋人（女）
ljubítelj[2] [男] 愛好家（男）

ljubíteljica[14] ［女］愛好家（女）

ljubíti / ljúbiti[48] ［不完］現1単：-im, L 分詞：ljúbil, -íla 愛する，好む

ljubosúmen[38] ［形］女単主：-mna, 比：-ejši 嫉妬深い biti ~ na njihove uspehe：彼らの成功に嫉妬を感じる

ljudjé[13] ［男複］人々 → člôvek

ljúdski[38] ［形］1. 民衆の，人民の 2. 国民の，民族の ~i ples：フォークダンス；~a pravljica：民話

ljúdstvo[20] ［中］複生：ljúdstev 1. 民族，国民 2. 民衆，人民

lobánja[14] ［女］頭蓋骨，頭骨

lóčen[38] ［形］別れた dodatek za ~o življenje：別居手当

lóčenec[2] ［男］単生：-nca 婉 離婚した男の人

lóčenka[14] ［女］婉 離婚した女の人

ločeváti[50] ［不完］L 分詞：-àl, -ála 分ける，区別する

ločílo[20] ［中］句読点

ločítev[15] ［女］別れ，区別，分離

ločíti / lóčiti[48] ［完・不完］現1単：-im, L 分詞：lóčil, -íla 1. 分ける ~ meso od kosti：肉を骨から分ける 2. 区別する

ločíti se / lóčiti se[48] ［完・不完］現1単：-im se, L 分詞：lóčil se, -íla se 1. 別れる 2. 離婚する 3. 区別される

logár[3] ［男］森番

lógičen[38] ［形］女単主：-čna, 比：-ejši 1. 論理学の 2. 論理的な

lógika[14] ［女］1. 論理学 2. 論理的思考

lók[1] ［男］1. 弓 napeti ~：弓を引く 2. 弦楽器の弓 3. アーチ，アーチ形のもの

lokál[1] ［男］店内，構内

lokálen[38] ［形］女単主：-lna 1. 場所の，地方の ~i časopis：地方紙 2. 体の一部の ~a anestezija：局部麻酔

lokomotíva[14] ［女］蒸気機関車
lókvanj[2] ［男］スイレン
lomíti[48] ［不完］現1単：lómim, L分詞：lômil, -íla 折る，壊す
lomljív[38] ［形］比：bolj ～ 折れやすい，壊れやすい
lônček[1] ［男］単生：-čka 1. 小さな鍋 2. 小さめの植木鉢
lônec[2] ［男］単生：-nca 1. なべ，深鍋 2. 植木鉢
lópa[14] ［女］物置，納屋
lopár[3] ［男］1. パンをオーヴンに入れる道具 2. ラケット
lopáta[14] ［女］シャベル zasaditi ~o：建設にとりかかる
lopática[14] ［女］1. 小さなシャベル 2. こて 3. 肩甲骨
lósos[1] ［男］鮭 lov na ~e：鮭漁
loteríja[14] ［女］くじ，賭け
lotévati se[47] ［不完］＋生 着手する，とりかかる ～ novih nalog：新しい課題にとりかかる Železa se loteva rja. 鉄にさびがつき始めている．
lotíti se / lótiti se[48] ［完］現1単：-im se, L分詞：lótil se, -íla se ＋生 着手する，とりかかる Lotili so se popravila strehe. 彼らは屋根の修理にとりかかった． Lotil se ga je obup. 彼は絶望した．
lòv[1] ［男］単生：lôva 狩り，漁 biti na ~u s sokoli：鷹狩りをする；iti na ～：狩に・漁に出かける
lôvčev[38] ［形］狩人の，猟師の
lôvec[2] ［男］単生：-vca 1. 狩人，猟師（男）2. チェスのルーク
lovíti[48] ［不完］1. 捕らえる，つかまえる 2. 狩りをする，漁をする
lôvka[14] ［女］狩人，漁師（女）
lóža[14] ［女］ボックス席
lúbenica[14] ［女］すいか
lúč[16/17] ［女］1. 灯り ugasniti ～：灯りを消す 2. 光 3. 強 賢人

lúka¹⁴ [女] 港 vojna ～：軍港
lúknja¹⁴ [女] 複生：lúkenj 1. 穴 2. 地面の下にある動物の巣
luknjáč² [男] パンチ，穴あけ器
lúna¹⁴ [女] 月 polna ～：満月
lúpa¹⁴ [女] ルーペ，虫めがね
lupílnik¹ [男] 皮むき器，ピーラー
lupína¹⁴ [女] 1. 果物などの皮 odstraniti pomaranči ～o：オレンジの皮をむく 2. 殻 jajčna ～：卵の殻 3. 強 瑣末なこと
lupíti/lúpiti⁴⁸ [不完] 現1単：-im, L分詞：lúpil, -íla 皮をむく，殻を取り除く
lútka¹⁴ [女] 人形，マリオネット
lútkar³ [男] 人形遣い（男）
lútkarica¹⁴ [女] 人形遣い（女）
lútkarka¹⁴ [女] 人形遣い（女）
lútkoven³⁸ [形] -vna 人形の，マリオネットの ～a predstava：人形劇
lútnja¹⁴ [女] 複生：lútenj リュート
lúža¹⁴ [女] 水溜り

M

macêsen¹ [男] 単生：-sna 落葉松
máčeha¹⁴ [女] 1. 継母 2. パンジー
máček¹ [男] 単生：-čka 1. 雄猫 2. 口 imeti ～a：二日酔いだ
máčji³⁸ [形] 猫の，猫のような z ～imi koraki：忍び足で

máčka[14]［女］猫，雌猫
mádež[2]［男］しみ，よごれ ～ od olja：油染み
Madžár[1]［男］ハンガリー人（男）
Madžárka[14]［女］ハンガリー人（女）
Madžárska[14]［女］ハンガリー na ~em：ハンガリーで
madžárski[38]［形］ハンガリーの，ハンガリー語の，ハンガリー人の
madžárščina[14]［女］ハンガリー語
magacín[1]［男］囗 倉庫
magazín[1]［男］囗 倉庫 ～ za knjige：書庫
magíster[1]［男］単生：-tra 1. 修士（男）2. 修士号
magistêrij[2]［男］1. 修士号 2. 囗 修士論文
magistrála[14]［女］幹線道路，中央通り
magístrica[14]［女］修士（女）
magnét[1]［男］磁石，磁気
magnéten[38]［形］女単主：-tna 磁石の，磁気の ~i trak 磁気テープ，録音・録画用のテープ；~o polje：磁場
máh[5]［男］単生：-ú/-a 苔
máhati/maháti[47]［不完］現1単：-am, L分詞：-al, -ala/máhal, -ála 1. 振る ～ z rokami：手を振る 2. 強 ゆれる 3. 強 叩く，押す
máhoma［副］囚 突然，急に
máj[2]［男］5月
majarón[1]［男］マジョラム
májhen[38]［形］女単主：-hna, 比：mánjši 1. 小さい（非限定形）2. 強 ちょっとした
májica[14]［女］Tシャツ
májniški[38]［形］5月の
majonéza[14]［女］マヨネーズ
májski[38]［形］5月の
màk/mák[1]［男］芥子，芥子の実

makadámski[38]［形］マカダム舗装の

makarón[1]［男］【複】マカロニ nabosti ~ na vilice：マカロニをフォークに刺す

Makedónec[2]［男］単生：-nca マケドニア人（男）

Makedónija[14]［女］マケドニア v ~i：マケドニアで

Makedónka[14]［女］マケドニア人（女）

makedónski[38]［形］マケドニアの，マケドニア語の，マケドニア人の

makedónščina[14]［女］マケドニア語

málce［副］文 少々

malénkost[16]［女］些細なこと To je malenkost. たいしたことではありません.

máli[38]［形］小さい（限定形）

málica[14]［女］間食，おやつ za ~o pojesti jabolko：おやつにりんごを食べる

málicati[47]［不完］間食を取る，おやつを食べる

malík[1]［男］偶像，アイドル

malína[14]［女］ラズベリー

malínov[38]［形］ラズベリーの ~a marmelada：ラズベリージャム

malínovec[2]［男］単生：-vca ラズベリージュース

málo［副］1. 少し Francosko razumem malo. フランス語は少し分かります. 2.（否定文で）全然〜ない To me niti malo ne zanima. それは私には全然興味がない.

málokàj[34]［代］強 ほとんどない V tem kraju se je v desetih letih malokaj spremenilo. このあたりは 10 年の間ほとんど変わっていない.

málokdàj［副］めったにない Malokdaj je bolan. 彼はめったに病気にならない.

málokdó[33]［代］ほとんどの人がない Ta pot je malokomu znana. この道はほとんどの人に知られていない.

málokrat [副] めったにない
máma[14] [女] おかあさん
mamílo[20] [中] 麻薬
mandarína[14] [女] みかん olupiti ~o：みかんの皮を むく
mandát[1] [男] 委任，委任状
mándelj[4/2] [男] 単生：-na/-dlja 1. アーモンド 2.【複】扁桃腺 vnetje ~nov：扁桃腺炎
manekén[1] [男] モデル（男）
manekénka[14] [女] モデル（女）
mànj [副] 1. より少なく 2. ひく Deset manj šest je štiri. 10 ひく 6 は 4.
mánjkati[47] [不完] 不足している，足りない Manjkata dva učenca. 生徒が二人足りない. Zmeraj mu manjka denarja. 彼はいつも金欠だ.
mánjši → májhen
manjšína[14] [女] 少数派，マイノリティ biti v ~i：少数派だ
mansárda[14] [女] 屋根裏部屋
manšéta[14] [女] 袖口 ~ pri srajci：シャツの袖口
márati[47] [不完]【否定】ne ~：嫌いだ，～しようとしない Ne maram mleka. 牛乳は嫌いだ. Ni maral veliko govoriti o tem. 彼はそれについてあまり話そうとしなかった.
máraton[1] [男] マラソン
márčen[38] [形] 女単主：-čna 3月の
márec[2] [男] 単生：-rca 3月
marélica[14] [女] あんず
maréličen[38] [形] 女単主：-čna あんずの
margarína[14] [女] マーガリン
marína[14] [女] 1. 固 海兵隊 2. 海洋が描かれている風景画 3. ヨットハーバー
marináda[14] [女] マリネ，マリネ液 ribja ~：魚のマ

リネ

marmeláda[14]［女］ジャム kuhati ~o：ジャムを作る

mármor[3]［男］大理石

mármoren[38]［形］女単主：-rna 大理石の ～ kip：大理石像

màrsikàj[34]［代］多くのもの V tujini se je marsičesa naučila. 彼女は外国で多くを学んだ.

màrsikatéri[38]［代］多くの Marsikatero mesto je tedaj zgorelo. 当時多くの町が焼けた.

màrsikdó[33]［代］多くの人 Marsikdo se s teboj ne bo strinjal. 多くの人が君に賛成しないだろう.

màrsikjé［副］多くの場所で

màrveč/márveč［接］文 しかし，～ではなく Ne jaz, marveč ti boš moral plačati. 私ではなく，君が支払わなければならないことだろう. Tako sodelovanje ni samo potrebno, marveč tudi nujno. そのような協力は必要なばかりでなく，義務でもある.

mása[14]［女］1. 原料 2. 文 大量，大群

masáža[14]［女］マッサージ ～ noge：足のマッサージ

máska[14]［女］仮面，マスク ples v ~ah：仮面舞踏会；plinska ～：ガスマスク

maslén[38]［形］バターでできた，バターを含む ～ glas：わざとらしく丁寧な声，慇懃無礼な声

máslo[20]［中］バター namazati kruh z ~om：パンにバターを塗る Vse je šlo kakor po maslu. すべてがつつがなく過ぎ去った.

mást[17]［女］脂，グリース svinjska ～：ラード

másten[38]［形］女単主：-tna, 比：-ejši 1. 脂っぽい，脂ぎった 2. 脂で覆われた 3. ぶよぶよした

máša[14]［女］1. ミサ iti k ~i：ミサに行く 2. ミサ曲

maščevánje[21]［中］復讐

maščeváti[50]［完・不完］L 分詞：-àl, -ála 復讐する ～ bratovo smrt：兄の死のかたきをとる

maščôba[14][女]脂肪，一般的な脂・油 rastlinska ~：植物油

mašíti[48][不完] 1. ふさぐ ~ luknje：穴をふさぐ 2. つめこむ

matemátičarka[14][女]数学者，数学教師（女）

matemátičen[38][形]女単主：-čna 数学の

matemátik[1][男]数学者，数学教師（男）

matemátika[14][女]数学

máteren[38][形]女単主：-rna 母の ~i jezik：母語

materiálen[38][形]女単主：-lna 物質の，物質的な

máterin[38][形]母の ~o mleko：母乳

materínstvo[20][中]母性

materínščina[14][女]文 母語

máti[18][女]母 stara ~：祖母

mática[14][女] 1. 女王蜂 2. ねじ，ナット

mátičen[38][形]女単主：-čna 1. 女王蜂の 2. もともとの，本拠とする 3. ~i urad：登録所

matúra[14][女]中等教育機関の卒業試験 delati ~o：卒業試験を受ける；pasti pri ~i：卒業試験に落ちる

mávec[2][男]単生：-vca 1. 石膏 2. 口 ギプス

mávrica[14][女]虹

mázati[49][不完]現 1 単：mážem 1. 塗る ~ kruh z marmelado：パンにジャムを塗る 2. 買収する

mazílo[20][中]軟膏，塗り薬 rano namazati z ~om：傷に塗り薬を塗る

mážem → mázati

mèč[2][男]単生：mêča 剣

méča/mêča[21][中複]ふくらはぎ Pes ga je ugriznil v leva meča. 犬が彼の左のふくらはぎに噛みついた.

méčem → metáti

mečkáti[47][不完] L 分詞：-àl, -ála 1. くしゃくしゃに丸める 2. つぶす 3. だらだらと動く

méd[5][男]単生：-ú/-a 蜂蜜，蜜

med［前］Ⅰ＋対 1.〜の間へ Pot pelje med dva visoka hriba. 道は2つの高い山の間を通っている. 2.〜の間で（分ける）razdeliti zemljo med kmete：土地を農民たちの間で分ける 3.〜に（属す・入れる）uvrstiti ga med prijatelje：彼を友人の一人に入れる Ⅱ＋造 1.〜の間に・で razdalja med točkama：2点間の距離 2.〜に（属している）Vsakdo med nami ga pozna. 私たちのうちの誰もが彼を知っている.

medálja[14]［女］メダル imetnik zlate 〜e：金メダリスト；osvojiti zlato 〜o：金メダルを獲得する

mêdel / mèdel[38]［形］女単主：-dla，比：medlêjši / mêdlejši つやのない，鈍い，くすんだ

medén[38]［形］比：bolj 〜 蜂蜜の，蜜の

medeníca[14]［女］骨盤

medenína[14]［女］真鍮

medicína[14]［女］1. 医学 2. 口 医学部

medicínski[38]［形］医学の，医療の 〜a fakulteta：医学部；〜a sestra：看護師，看護婦

médij[2]［男］メディア，手段

medkrajéven[38]［形］女単主：-vna 地域間の 〜i telefonski pogovori：市外通話

medmréžje[21]［中］複生：medmréžij インターネット

mednároden[38]［形］女単主：-dna 民族間の，国際的な 〜i filmski festival：国際映画祭

mednárodnoprávеn[38]［形］女単主：-vna 国際法の

medsebójen[38]［形］女単主：-jna 相互の 〜i stiki：相互関係

medtém / medtèm［副］その間 Prelistal je časopis, medtem so mu skuhali kavo. 彼は新聞のページをめくっていた．その間に，コーヒーをいれてもらった．〜 ko：〜している間，一方 Oni dobijo bel kruh, medtem ko mi samo črnega. 彼らは白パンを手に入れるが，一方私たちは黒パンだけだ．

medúza[14] ［女］くらげ

mêdved[1] ［男］ 単生：-éda, 複主：medvédje 1. 熊 beli ～：白熊；močen kot ～：熊のように強い 2. 熊のぬいぐるみ

meglà/mègla[14] ［女］複生：mègel/meglá 1. 霧 2. 不明瞭な点

meglén[38] ［形］比：bolj ～ 1. 霧の, 霧のような ～ dan：霧の日 2.強 はっきりしない, わかりづらい ～ načrt：不明瞭な計画

méh[5] ［男］単生：-a 1. オルガンなどの送風機 kovaški ～：ふいご 2. 皮袋

mehánıčarka[14] ［女］機械工（女）

mehánik[1] ［男］機械工（男）

mehánikarica[14] ［女］機械工（女）

mêhek[38] ［形］女単主：-hka, 比：-êjši やわらかい ~a voda：軟水

mehúrček[1] ［男］単生：-čka 泡 voda z ~i：炭酸水

mêja[14] ［女］ 1. 境界 državna ～：国境；prestopiti ~o：境界を越える 2. 境 brez ~e razpravljati：際限なく話し続ける

mêjen[38] ［形］女単主：-jna 境界の ~a črta：境界線

melancána[14] ［女］ナス

méljem → mléti

melodíja[14] ［女］旋律, メロディー vodilna ～：主旋律

melóna[14] ［女］メロン

mènda/mendà ［助］きっと, たぶん Nocoj se menda vrnejo. 彼らはきっと今晩帰ってくるだろう.

meníh[1] ［男］修道士 živeti kot ～：孤独な生活をおくる

meníti/méniti[48] ［不完］現1単：-im, L分詞：ménil, -íla/-il, -ila 図 1. 考える, 思う Menim, da imate prav. あなたは正しいと思う. 2. +不定法 ～するつ

もりだ Menil sem iti tja, toda zdaj je že prepozno. 私はそこへいくつもりだったが，もう遅すぎる．3. みなす

menjálnica[14]［女］両替所

menjálniški[38]［形］両替の ~i avtomat：両替機

ménjati / menjáti[47]［完］現1単：-am, L分詞：ménjal, -ála / -al, -ala 1. 交換する ~ večje stanovanje za manjše s centralno kurjavo：大きいほうの住居を，もっと小さいがセントラルヒーティングのある住居と交換する 2. 取り替える ~ izrabljene dele z novimi：使い古した部品を新しいのと取り替える

menstruácija[14]［女］月経

ménza[14]［女］食堂 študentska ~：学食

méra[14]［女］1. 寸法 2.【複】サイズ Obleka ne ustreza mojim meram. 服は私のサイズには合わない．brez ~e：際限なく，限りなく；čez ~o / nad ~o：非常に，度外れて

merílo[20]［中］1. 寸法 2. ものさし 3. 縮尺

mériti[48]［不完］1. 測る ~ s koraki：歩幅で測る 2. 広さ・重さ・長さなどがある Ta moški meri meter in petinsedemdeset centimetrov. この男の人は1メートル75センチある．Otok meri tri kvadratne kilometre. 島は3平方キロメートルだ．3. 國 じろじろ見る

mériti se[48]［不完］1. 匹敵する 2. 対抗する，張り合う

mesár[3]［男］肉屋（男）kupiti pri ~ju：肉屋で買う

mesárka[14]［女］肉屋（女）

mésec[2]［男］単生：-a / -sca 1. ~月，一ヶ月 ob koncu ~a：月末に；najeti sobo za tri ~e：部屋を3ヶ月の予定で借りる 2. 月 polet na ~：月への飛行

mésečen[38]［形］女単主：-čna 1. 月の ~a plača：月給；~a svetloba：月の光 2. 夢遊病の biti ~：夢遊病だ

mêsen[38]［形］女単主：-sna 肉の ~i cmoček：ミート

ボール；~a konzerva：肉の缶詰

mesníca[14]［女］肉屋（店）iti v ~o：肉屋へ行く

mesó[20]［中］1. 肉 2. 果肉

méstece[21]［中］小さな町

městen[38]［形］女単主：-tna 町の ~i promet：市内交通

méstnik[1]［男］前置格

mésto[20]［中］1. 町 2. 場所 ~ nesreče：事故現場 3. 順位 prvo ~：1位

mešálnik[1]［男］ミキサー zmešati z ~om：ミキサーで混ぜる；betonski ~：コンクリートミキサー

méšati / mešáti[47]［不完］現1単：-am, L分詞：méšal, -ála 1. 混ぜる 2. 混同する

meščàn / meščán[1]［男］単生：-ána 市民，都市の住民，町人（男）

meščánka[14]［女］市民，都市の住民，町人（女）

meščánski[38]［形］市民の，市民階級の ~i sloj：中流階級

méta[14]［女］ミント

metalurgíja[14]［女］冶金

metáti[49]［不完］現1単：méčem, L分詞：mêtal, -ála 投げる ~ žogo visoko v zrak：ボールを天高く放り投げる

meteorológ[1]［男］気象学者（男）

meteorologíja[14]［女］気象学

meteorológinja[14]［女］気象学者（女）

meteorolóški[38]［形］気象学の

méter[1]［男］単生：-tra メートル Visok je meter in osemdeset. 彼は身長1メートル80センチだ．kubični ~：立方メートル；kvadratni ~：平方メートル

métež[2]［男］吹雪

mêtla[14]［女］複生：mêtel 箒 pometati z ~o：箒で掃く

metúlj[2] [男] 蝶，蛾
metúljček[1] [男] 単生：-čka 1. 小さな蝶，小さな蛾 2. 蝶ネクタイ 3. バタフライ plavati ~a：バタフライで泳ぐ
mèzda / mezdà[14] [女] 賃金，給料 tedenska ~：週給
mèzden / mézden[38] [形] 女単主：-dna 賃金の，給料の
mezínec[2] [男] 単生：-nca 小指 noht na ~u：小指の爪
mí[28] [代] 私たち
mídva[28] [代] 私たち二人
mígati[47] [不完] 1. からだの一部を動かす，振る ~ z repom：尻尾を振る 2. 合図を送る Z očmi mu je migala, naj bo tiho. 彼女は静かにするようにと目で彼に合図を送った．
migréna[14] [女] 偏頭痛 zdravila proti ~i：偏頭痛の薬
mikáven[38] [形] 女単主：-vna, 比：-ejši 惹きつけるような，魅力的な
mikrofón[1] [男] マイクロフォン，マイク govoriti po ~u：マイクごしに話す
mikroskóp / mikroskòp[1] [男] 単生：-ópa 顕微鏡 opazovati celice pod ~om：細胞を顕微鏡で観察する
mikrovalôven[38] [形] 女単主：-vna マイクロ波の ~a pečica：電子レンジ
míl[38] [形] 比：-êjši 1. 柔和な，優しい biti staršem zelo ~：両親にとても優しい 2. 穏やかな
milíčnica[14] [女] 制服警官（女）
milíčnik[1] [男] 制服警官（男）
milijárda[14] [女] 10億
milijón[45] [男] 100万 trije ~i：300万
mililíter[1] [男] 単生：-tra ミリリットル
milína[14] [女] 優しさ

mílo[20] ［中］石鹸 umivati se s ~om：石鹸で洗う

mílost[16] ［女］［強］慈悲, 寛容

mímo ［副］通り過ぎて, 通過して ［口］govoriti ~：話がそれる

mímo/mimo ［前］+生 〜のそばを過ぎて Šel je mimo mene, ne da bi me pogledal. 彼は私を見なかったかのようにそばを通り過ぎていった.

mímogredé ［副］1. 途中で, 通りがてら 2. ［強］さっと, 楽々と ~ popraviti avto：車をさっと修理する 3. ついでに

mína[14] ［女］地雷

minerálen[38] ［形］女単主：-lna 鉱物の, ミネラルの ~a voda：ミネラルウォーター

minévati[47] ［不完］1. 過ぎる Dnevi minevajo. 日々が過ぎていく. 2. 終わりに近づく

miníster[1] ［男］単生：-tra 大臣（男）〜 za kulturo：文化大臣

minístrica[14] ［女］大臣（女）

minístrski[38] ［形］~i predsednik：首相

minístrstvo[20] ［中］複生：miníströv 省 〜 za notranje zadeve：内務省；〜 za zunanje zadeve：外務省

miníti[49] ［完］現1単：mínem 1. 過ぎる, 経つ Od takrat sta minili dve leti. その時から2年が経った. 2. 終わる, やむ Jeza ga je minila. 彼の怒りはおさまった.

minúta[14] ［女］分 čez tri ~e：3分後

minúten[38] ［形］女単主：-tna 分の ~i kazalec：分針

mír[5] ［男］単生：-ú/-a 1. 平和 2. 平和条約 3. 静けさ, 落ち着き sedeti pri ~u：じっと・静かに座っている 4. daj no mir：ほっといてくれ

míren[38] ［形］女単主：-rna, 比：-ejši 1. 落ち着いた, 静かな, 穏やかな 2. 平和な

miríti[48] ［不完］慰める, 落ち着かせる

mirôven[38] [形] 女単主：-vna 1. 平和な，平和のための ~i sporazum：平和条約 2. 穏やかな，静かな
mísel[16] [女] 単生：-sli 考え，思想
míseln[38] [形] 考えの，思想の
míselnost[16] [女] 精神活動，考え方
mísliti[48] [不完] 思う，考える ~ na domovino：故郷に思いをはせる
mísliti si[48] [不完] 1. 思い描く，想像する 2. 信じる，思いを確認する
miš[16] [女] 単生：míši 1. ねずみ reven kot cerkvena ~：ものすごく（教会のねずみのように）貧しい 2.（コンピューターの）マウス
míšica[14] [女] 筋肉 srčna ~：心筋
míška[14] [女] 1. 小さなねずみ 2.（コンピューターの）マウス
mišlênje[21] [中] 思考，考え，思っていること
míza[14] [女] 机，テーブル sedeti za ~o / pri ~i：テーブルについている
mizár[3] [男] 指物師（男）pohištveni ~：家具職人
mizárka[14] [女] 指物師（女）
mízica[14] [女] 小さな机，小さなテーブル，小卓
ml. = mlájši
mláčen[38] [形] 女単主：-čna，比：-ejši 1. 生ぬるい 2. 煮え切らない，あいまいな biti ~ do žensk：女性に対して冷淡だ
mlád[38] [形] 比：mlájši 1. 若い，若々しい umreti ~：若死する，早死する 2. 熟していない
mladíca[14] [女] 動物の子（雌）koza ~：子山羊
mladič[2] [男] 単生：-íča 1. 動物の子（雄）2. 強 未熟な人
mladína[14] [女] 若者たち（特に 14～15 歳）
mladínski[38] [形] 若者の，若者のための ~i hotel：ユースホステル

mladóst[16] ［女］青年時代，青年期 spomini iz ~i：青春時代の思い出

mláj[2] ［男］新月

mlájši → mlád

mláka[14] ［女］水溜り ~e na cesti：道の水溜り；~e krvi：血溜り

mléčen[38] ［形］女単主：-čna，比：bolj ～ 1. 牛乳の，ミルクの ~i izdelki：乳製品 2. 牛乳のような色の 3. 熟しきってないために中がやわらかい 4. 強 未熟な ~i zob：乳歯

mléko[20] ［中］牛乳，ミルク ～ v prahu：粉ミルク

mléti[50] ［不完］現1単：méljem 1. ひいて粉にする ～ pšenico：小麦をひく 2. 強 細かくする 3. 強 破壊する

mlín[1] ［男］製粉機 kavni ～：コーヒーミル；vodni ～：水車；～ na veter：風車

mnênje[21] ［中］意見，考え po mojem ~u：思うに

mnóg[38] ［形］多くの，たくさんの ~i ljudje：たくさんの人々；pred ~imi leti：何年も前に

mnógo ［副］1. 多く，たくさん ～ ljudi：たくさんの人々 Popil je mnogo čaja. 彼はお茶をたくさん飲んだ. 2. +比較級 ずっと Mnogo mlajši je od mene. 彼は私よりもずっと若い.

mnógokrat ［副］なんども，何倍も

množênje[21] ［中］1. 増やすこと 2. 掛け算

mnóžica[14] ［女］1. 人の群れ，群衆，人だかり psihologija ~e：群衆心理 2.【複】大衆 3. 強 群れ，たくさんのもの

mnóžičen[38] ［形］女単主：-čna，比：bolj ～ 1. 群衆の，人だかりの 2. 大衆の ~a kultura：大衆文化 3. 非常に多い

množílen[38] ［形］女単主：-lna 掛け算で用いられる ~i števnik：倍数詞

množína[14] ［女］1. 量 meriti ~o svetlobe：光の量を測

る 2. 文 多数，大量 3. 複数 Slovenski jezik ima ednino, dvojino in množino. スロヴェニア語には単数，双数，複数がある．

množíti[48] ［不完］ 1. 増やす ～ bogastvo：富を増やす 2. 掛ける ～ s pet：5を掛ける

mobílen[38] ［形］女単主：-lna, 比：-ejši 携帯用の ～i telefon：携帯電話

móbitel[1] ［男］携帯電話

móč[17]［女］1. 力，強さ 2.【複】生命力 3. 強 na vso ～：非常に，強力に

môčen[38] ［形］女単主：-čna, 比：-êjši 1. 強い，強力な 2. 頑丈な

môči[49] ［不完］現1単：mórem, L分詞：mógel, môgla + 不定法 1.【否定】ne ～：できない Ne morem več delati. 私はこれ以上働けない． 2.【条件法・3人称】かもしれない To bi moglo biti res. これは本当のことなのかもしれない．

močíti[48] ［不完］現1単：móčim, L分詞：môčil, -íla ぬらす Dež moči okno. 雨が窓をぬらしている．

močvírje[21] ［中］複生：močvírij 沼沢地

móda[14] ［女］モード，ファッション，流行 frizura po ～i：流行の髪形；biti v ～i：はやっている；biti iz ～e：流行遅れだ

modálen[38] ［形］女単主：-lna モダルな，叙法の

modél[1] ［男］1. 型，ひな型 2. 絵画・彫刻・小説などのモデル，ファッションモデル 3. 自動車などの型，モデル

móden[38] ［形］女単主：-dna, 比：-ejši モードの，ファッションの，流行の ～a revija：ファッション誌

móder[38] ［形］女単主：-dra, 比：bolj ～ 青い

móder[38] ［形］女単主：-dra, 比：-êjši / -ejši 文 賢い，賢明な

modêren[38] ［形］女単主：-rna, 比：-ejši 1. 現代の，

近代の 2. 最先端の, 最新式の 3. 現代のモードの 4. 進歩的な

módrček[1] ［男］単生：-čka ブラジャー

mógel → môči

mogóče ［助］たぶん, おそらく Ni mogoče. まさか.

mogóčen[38] ［形］女単主：-čna, 比：-ejši 強 1. 強力な 2. 頑丈な

mój[38] ［代］女単主：môja 私の delati po ~e：私の好きなようにする・私なりのやりかたでする

mójster[1] ［男］単生：-tra 強 巨匠, 名人（男）šahovski ~：チェスの名人

mójstrica[14] ［女］強 巨匠, 名人（女）

móka[14] ［女］粉（穀物をひいて細かくしたもの）ajdova ~：そば粉

móker[38] ［形］女単主：môkra, 比：bolj ~ 1. ぬれた, 水分を多く含んだ ~ od rose：露でぬれた 2. 強 雨の ~a jesen：雨がちの秋

molčáti[48] ［不完］L 分詞：môlčal, -ála 黙っている, 沈黙している

molítev[15] ［女］祈り, 祈祷

molíti[48] ［不完］現 1 単：môlim, L 分詞：môlil, -íla 祈る, 祈祷する ~ k Bogu：神に祈る；~ za dež：雨乞いをする

môlk[1] ［男］沈黙

môlsti[49] ［不完］現 1 単：môlzem, L 分詞：môlzel, -zla 搾乳する, 乳が出る Krava molze dnevno dvajset litrov. 牝牛は毎日 20 リットルの牛乳を出す.

môlzel → môlsti

môlzem → môlsti

monarhíja[14] ［女］君主制, 君主国家

Mongólec[2] ［男］単生：-lca モンゴル人（男）

Mongólija[14] ［女］モンゴル v ~i：モンゴルで

Mongólka[14] ［女］モンゴル人（女）

mongólski[38] [形] 1. モンゴルの，モンゴル語の，モンゴル人の 2. モンゴロイドの

monopól[1] [男] 独占，専売

móped[1] [男] 小型バイク peljati se na ~u：小型バイクに乗っていく；voziti se z ~om：小型バイクで行く

môra[14] [女] 悪夢，悪夢のような状態

morálen[38] [形] 女単主：-lna, 比：bolj ~ / -ejši 道徳上の，倫理の

mórati[47] [不完] +不定法 1. ~しなくてはならない，~すべきだ Krivec se mora zagovarjati pred sodiščem. 罪人は裁判所で申し開きをしなくてはならない． 2. ~であるに違いない，~するはずだ Ta človek mora biti zelo dober. この人はいい人に違いない．

mordà [助] もしかすると，ことによると

morebíten[38] [形] 女単主：-tna ありうる，起こりうる

mórem → môči

morílec[2] [男] 単生：-lca 殺人者（男）

morílka[14] [女] 殺人者（女）

moríti[48] [不完] 殺す，殺人を犯す

mórje[21] [中] 複生：mórij 1. 海 ob ~u：海辺で，海の近くで 2. 海辺のリゾート地

mornár[3] [男] 海兵隊員，水兵（男）

mornárica[14] [女] 1. 海軍 2. 船団

mornárka[14] [女] 海兵隊員，水兵（女）

môrski[38] [形] 海の ~a bolezen：船酔い；~a obala：海岸；~i pes：サメ；~i prašiček：モルモット；~i sadež：シーフード

móst[5] [男] 単生：-ú/-a 橋，架け橋 Čez reko je most. 川に橋がかかっている．

mošêja[14] [女] モスク

môški[38] [男] 男，男性 edini ~ v družini：家族でたった一人の男性

môški[38] [形] 男の，男性の ~i glas：男の声

môšnja[14] [女] 複生：môšenj 財布

mòst[1] [男] 単生：môšta 発酵前もしくは発酵中のぶどう液 jabolčni ~：できたてのシードル；hruškov ~：ペアワイン（洋ナシのワイン）

móštvo[20] [中] 複生：móštev チーム nogometno ~：サッカーチーム

môten[38] [形] 女単主：-tna, 比：-ejši 1. にごった，不透明な ~a tekočina：不透明な液体；~o steklo：すりガラス 2. 光沢のない，輝きのない ~a svetloba：ぼんやりとした光 3. 圙 霞んでいる

motílen[38] [形] 女単主：-lna, 比：bolj ~ 文 邪魔な

motíti / mótiti[48] [不完] 現1単：-im, L分詞：mótil, -íla 邪魔をする，妨げる ~ ga pri delu：彼の邪魔をする

motíti se / mótiti se[48] [不完] 現1単：-im se, L分詞：mótil se, -íla se 間違える Motil se je pri računanju. 彼は計算を間違っていた．

môtnja[14] [女] 複生：môtenj 障害，邪魔

motocíkel[1] [男] 単生：-kla オートバイ

motór[3] [男] 1. モーター，エンジン vključiti ~：エンジンをかける 2. オートバイ

motóren[38] [形] 女単主：-rna モーターの，エンジンの ~i čoln：モーターボート；~o kolo：オートバイ

motoríst[1] [男] オートバイに乗る人，ライダー（男）

motorístka[14] [女] オートバイに乗る人，ライダー（女）

mozólj[2] [男] にきび

móž[6] [男] 1. 夫 2. 男，男性

móžen[38] [形] 女単主：-žna 可能な，起こりうる

možgáni[1] [男複] 1. 脳 potres ~ov：脳震盪 2. 知力，知力に優れた人々 beg ~ov：頭脳流出

móžnost[16] [女] 可能性 ~ za razvoj：発達の可能性 Nima možnosti, da bi nadaljeval študij. 彼は研究を続

けられる見込みがない.

mráčen[38] ［形］女単主：-čna, 比：-ejši / -êjši 1. 見通しの悪い 2. 暗い，影になった 3. 強 陰気な

mrák[5] ［男］単生：-a / -ú 夕暮れ，たそがれ

mrávlja[14] ［女］複生：mrávenj 蟻

mràz[1/5] ［男］ 単生：mráza, 複主：-i / -ôvi 1. 寒さ Mraz je trajal. 寒い日が続いていた. dvajset stopinj ~a：零下20度 2. さむけ，悪寒 Ko je to slišal, mu je šel mraz. それを聞いたとき，彼はぞっとした.

mrčés[1] ［男］囲 虫，害虫 sredstvo zoper ~：殺虫剤

mréna[14] ［女］1. 薄膜 Na mleku se je naredila mrena. ミルクに膜ができた. 2. očesna ~：白内障

mréna[14] ［女］ニゴイ（淡水魚）の一種

mréža[14] ［女］1. 網，ネット zajeti ribe z ~ami：網で魚を獲る 2. ネットワーク železniška ~：鉄道網

mŕk[1] ［男］天体

mŕk[38] ［形］比：bolj ~ 強 1. 陰気な 2. 暗い色の

mrlìč[2] ［男］単生：-íča 死人，死者（男）

mrlíčka[14] ［女］死人，死者（女）

mrlíški[38] ［形］死人の，死者の ~i voz：霊柩車

mrmráti[47] ［不完］L分詞：-àl, -ála つぶやく

mŕtev[38] ［形］女単主：-tva 死んだ，死んだような ~a sezona：シーズンオフ，閑散期

mrtvák[1] ［男］強 死人，死者（男）

mrtvákinja[14] ［女］強 死人，死者（女）

mrtváški[38] ［形］強 死人の，死者の ~i sprevod：葬列

mŕtvec[2] ［男］文 死人，死者

mŕzel[38] ［形］女単主：-zla, 比：bolj ~ 1. 寒い，冷たい 2. 冷淡な

mŕzlica[14] ［女］ふるえ

múc[2] ［男］子猫，猫ちゃん（雄）

múca[14] ［女］子猫，猫ちゃん（雌）

múčen[38] ［形］女単主：-čna, 比：-ejši 苦痛の，苦悩

の
múčiti[48] [不完] 1. 虐待する，拷問する 2. 強 苦しめる，悩ませる ~ oči z branjem：読書で目を酷使する

mudíti se[48] [不完] 1. 急ぐ Šla sva peš, ker se nama ni mudilo. 私たちは歩いていった．急いでいなかったのだ． 2. 滞在する，いつづける ~ pri bolniku：病人に付き添う

múha[14] [女] 蝿

múhast[38] [形] 比：bolj ~ 気まぐれな，気分屋の

múmps[1] [男] 耳下腺炎，おたふくかぜ zboleti za ~om：おたふくかぜに罹る

Muslimán[1] [男] ムスリム人（男）

Muslimánka[14] [女] ムスリム人（女）

muzêj[2] [男] 博物館

muzêjski[38] [形] 博物館の ~a zbirka：博物館のコレクション

N

na [前] Ⅰ +対 1. ~の上へ iti na goro：山頂へ行く 2. ~へ・に，~の方へ streljati na sovražnika：敵へ矢を放つ V pogovoru sta prešla na drugo temo. 二人の会話は別のテーマに移った． opozoriti na napake：誤りに注目する 3.（分割を表す動詞と共に）~へ・に，~あたり razdeliti na pet delov：5つの部分に分ける；voziti sto kilometrov na uro：時速100キロメートルで運転する 4. ~のときに Vidim ga enkrat na leto. 私は1年に1回彼に会う． Državni praznik bo prišel na nedeljo. 国の祝日は日曜日に当たる． 5. ~を

するために iti na kavo：コーヒーを飲みに行く
Ⅱ＋前 1. ～の上で Na mizi je kozarec. テーブルにコップがある. 2. ～に・で（場所）biti na lovu：狩をしている；bolan na pljučih：肺を病んでいる 3. ～のときに ponesrečiti se na poti domov：帰宅途中で事故に遭う

nà / ná [間] ほら
nabáva[14] [女] 買い入れ，購入
nabáviti[48] [完] 買い入れる，購入する
nabêrem → nabráti
nabirálnik[1] [男] poštni ～：郵便受け
nabírati[47] [不完] 集める，収集する，きのこなどを採る
nabôdel → nabôsti
nabôdem → nabôsti
nabórek[1] [男] 単生：-rka フリル
nabôsti[49] [完] 現1単：nabôdem, L分詞：nabôdel, -dla ピンで留める，刺す
nabráti[49] [完] 現1単：nabêrem 集める，収集する，きのこなどを採る
nabréžje[21] [中] 複生：nabréžij 文 海岸，湖岸，河岸
nabrusíti / nabrúsiti[48] [完] 現1単：-im, L分詞：nabrúsil, -íla 研ぐ ～ nož：ナイフを研ぐ
načêlen[38] [形] 女単主：-lna, 比：bolj ～ / -ejši 原則的な，根本的な
načêlnica[14] [女] 長，長官（女）
načêlnik[1] [男] 長，長官（男）
načêlo[20] [中] 1. 原則，根本，基本 v ~u se strinjati：原則として賛成だ 2. 主義
načêloma [副] 文 原則として，主義として
načín[1] [男] 1. 方法，やり方 To je najboljši način za rešitev tega problema. これはこの問題の最良の解決法だ. evropski ～ življenja：ヨーロッパ風のライフ

スタイル 2. 強 na noben ~：決して・絶対~ない Na noben način noče iti z nami. 彼は絶対に私たちと一緒に行きたがらない. 3. na vsak ~：是非，きっと 4. 態 trpni ~：受動態；tvorni ~：能動態

načŕt[1] ［男］1. 計画 po ~u：計画通りに 2. 案 3. 設計図

načrtováti[50] ［不完］L 分詞：-àl, -ála 1. 線で描く 2. 計画する ~ potovanje：旅行の計画を立てる

nad［前］Ⅰ + 対 1. ~の上へ・上方へ 2. ~めがけて（敵意を持って）iti nad petelina：おんどりをつかまえようと歩み寄る 3. ~を越えて，~以上の čakati nad dve uri：2 時間以上待つ；tehta nad sto kilogramov：100 キロを越える重さ

Ⅱ + 造 1. ~の上に・上方に Letalo kroži nad mestom. 飛行機は町の上を旋回している. 2. ~に対する zmaga nad fašizmom：ファシズムに対する勝利；biti razočaran nad prijateljem：友人にがっかりする

nadaljeválen[38] ［形］女単主：-lna 続きの ~i tečaj：上級コース

nadaljevánje[21] ［中］続き，継続

nadaljevánka[14] ［女］テレビ映画・テレビドラマの連続物

nadaljeváti[50] ［不完］L 分詞：-àl, -ála 続ける，継続する Potovanje so nadaljevali drugi dan. 彼らは旅行を翌日も続けた.

nadáljnji[38] ［形］その先の，それ以上の

nadárjen[38] ［形］比：bolj ~ 才能のある biti ~ za matematiko：数学の才能がある

nadárjenost[16] ［女］才能

nadêjati se[47] ［不完］+ 生 文 希望する，期待する ~ daril：プレゼントを期待する

nadénem → nadéti

nadéti[49] ［完］現 1 単：nadénem 1. 置く，身につけさ

せる ～ konju sedlo：馬に鞍をつける 2.（料理）具を
つめる

nadèv[1] ［男］単生：-éva 具, つめもの

nadévati[47/50] ［不完］現1単：-am / -ljem 1. 置く,
身につけさせる 2.（料理）具をつめる

nadévljem → nadévati

nadhòd[1] ［男］単生：-óda 陸橋

nadíh[1] ［男］文 色合い, ニュアンス

nadléga[14] ［女］迷惑 delati ～o：迷惑をかける；biti v
～o / za ～o：迷惑だ

nadlegováti[50] ［不完］L分詞：-àl, -ála 迷惑をかける,
悩ます ～ prijatelja za denar：友人にお金を無心する

nadléžen[38] ［形］女単主：-žna, 比：-ejši 迷惑な, 悩
みの種の

nadomestílo[20] ［中］1. 代用品 2. 立て替え金

nadomestíti[48] ［完］とってかわる, 代用する, 代わ
りになる Nobena knjiga ne more nadomestiti žive iz-
kušnje. どんな本も実際に経験したことの代わりには
ならない. Teta mu je nadomestila mater. おばさんが
彼の母親の代わりになった.

nadoméščati[47] ［不完］とってかわる, 代用する, 代
わりになる

nadrejèn[38] ［形］女単主：-êna 1. 優れている, 優秀
な 2. 上司の

nadróben[38] ［形］女単主：-bna, 比：-ejši こまかな,
詳細な

nadstrópje[21] ［中］複生：nadstrópij 階 v prvem ～u：
2階で

nàdškòf[1] ［男］単生：-ófa / -ôfa, 複主：-i / -je 大司教

nadúha[14] ［女］ぜんそく

nàdúren[38] ［形］女単主：-rna 残業の plačilo za ～o
delo：残業手当

nadút[38] ［形］比：-ejši 高慢な, 横柄な

nadvláda[14] ［女］支配

nadvsè ［副］[強] 特に，とりわけ

nadzírati[47] ［不完］監督する

nadzorováti[50] ［不完］L 分詞：-àl, -ála 管理する，制御する ~ mejo：国境を管理する

naênkrat ［副］一度に，思いがけなく

náfta[14] ［女］石油，オイル surova ~：原油

nág[38] ［形］裸の

nagajív[38] ［形］比：bolj ~ いたずら好きな

nágel[38]［形］女単主：-gla, 比：-ejši すばやい，急激な，一瞬の

nágelj[2/4] ［男］単生：-glja / -na カーネーション（スロヴェニアの国花）

nagíbati[47/50]［不完］現1単：-am / -ljem 1. 傾ける 2.[文] 理由・原因である motivi, ki ~ajo človeka k reševanju problemov：問題解決の原因となる動機

nagíbljem → nagíbati

naglàs[1] ［男］単生：-ása 1. アクセント，強勢 2. 訛り govoriti z dolenskim ~om：ドレンスカ方言で話す

naglás ［副］声を出して

naglédati se[47] ［完］+生 じっくり・充分に見る

náglica[14] ［女］急ぐこと Naglica povzroča napake. せいてはことを仕損じる．v ~i：急いで

nagníti / nágniti[49]［完］現1単：-em, L 分詞：nágnil, -íla / -il, -ila 1. 傾ける Veter je nagnil ladjo. 風のせいで船が傾いた．2. 理由・原因となる

nagòn[1] ［男］単生：-ôna 本能，衝動

nagôvor[1] ［男］呼びかけ，話しかけること

nagráda[14] ［女］1. 賞，褒美 Nobelova ~：ノーベル賞 2. 報酬

nagradíti[48] ［完］L 分詞：nagrádil, -íla 賞を授与する，褒美を与える

nagrajênec[2] ［男］単生：-nca 受賞者（男）

nagrajênka[14] [女] 受賞者（女）

nagróben[38] [形] 女単主：-bna 墓石の，墓碑の ~i napis：墓碑銘

nagróbnik[1] [男] 1. 墓石 2. 図 墓碑

nagúban[38] [形] 比：bolj ~ しわのよった，プリーツの

nahájanje[21] [中] 出現，発見

nahájati se[47] [不完] ある，いる V knjigi se nahajajo napake. 本には間違いがある．Predsednik se nahaja v pisarni. 大統領は執務室にいる．

náhod[1] [男] 単生：-óda 鼻炎 dobiti ~：鼻炎にかかる

nahóden[38] [形] 女単主：-dna, 比：bolj ~ 鼻炎の，鼻かぜの

nahrániti / nahraníti[48] [完] 現1単：-im, L分詞：nahránil, -íla / -il, -íla 食べ物を与える，えさをやる

nahŕbtnik[1] [男] リュックザック，バックパック

naíven[38] [形] 女単主：-vna, 比：-ejši 1. ナイーヴな，素直な 2. ナイーヴ派の

naj [助] 1. 〜するように Priče naj se javijo na milici. 目撃者は警察に申し出るように．2. 〜すべき Kaj naj naredimo? 何をしたらいいのでしょうか．

naj [接] +従属文 〜するように Dal mi je znamenje, naj ga počakam. 彼は私に待つようにと合図を送った．

najámem → najéti

nàjbrž / nájbrž [助] たぶん，きっと Pes je najbrž lačen. 犬はきっとおなかが空いているのだろう．

nájdem → nájti

najédel se → najésti se

najèm[1] [男] 単生：-éma 賃貸 vzeti hišo v ~：家を借りる

najém se → najésti se

najémnica[14] [女] 間借り人，賃借人（女）

najémnik[1] [男] 間借り人，賃借人（男）

najemnína[14]［女］賃貸料 plačati ~o za stanovanje：家賃を支払う

najésti se[54]［完］L 分詞：najédel se, -dla se +生 たっぷり食べる・飲む ~ kruha：パンをおなかいっぱい食べる

najéti[49]［完］現 1 単：najámem / nájmem 賃借する

nájin[38]［代］私たち二人の

nájlonka[14]［女］【複】ストッキング

nàjmanj / nájmanj［副］1. もっとも少なく 2. 少なくとも，せめて

nájmem → najéti

nàjprej / nájprej［副］初めに，まず

nájstnica[14]［女］ティーンエイジャー（女・11 歳から 19 歳まで）

nájstnik[1]［男］ティーンエイジャー（男・11 歳から 19 歳まで）

nájti[49]［完］現 1 単：nájdem, L 分詞：nášel, -šla / našèl, -šlà 見つける，見出す，発見する ~ denarnico na cesti：道で財布を見つける；~ nafto：石油を発見する

nàjveč / nájveč［副］1. もっとも多く 2. たいてい，ほとんど

nàjvečkrat / nájvečkrat［副］ほとんどの場合

nakázati / nakazáti[49]［完］現 1 単：nakážem, L 分詞：-al, -ala / nakázal, -ála 1. 送金する，振り込む ~ denar preko banke：銀行口座にお金を振り込む 2. 指示する，指摘する ~ smer z roko：手で方向を指し示す

nakazílo[20]［中］為替，配当

nakáznica[14]［女］振替用紙

nakazováti[50]［不完］L 分詞：-àl, -ála 1. 送金する，振り込む ~ sinu denar po pošti：息子に郵便で送金する 2. 指示する，指摘する

nakážem → nakázati / nakazáti

nakít[1] [男] 装身具，アクセサリー

nakláda[14] [女] 発行部数 časopisna ~：新聞の発行部数

nakljúčje[21] [中] 複生：nakljúčij 偶然 po ~u：偶然に

naklòn[1][男] 単生：-ôna 1. 傾き 2. 法 povedni ~：直説法

nakúp[1] [男] 買い物，買うこと iti po ~ih：買い物に行く

nakupíti / nakúpiti[48] [完] 現1単：-im, L分詞：nakúpil, -íla 買い物をする，買いに行く

nakupoválen[38] [形] 女単主：-lna 買い物の，ショッピングの ~o središče：ショッピングセンター

nakupováti[50] [不完] L分詞：-àl, -ála 買い物をする，買いに行く Navadno nakupuje mati. 普段買い物をするのは母だ．

nalágati[47] [不完] 1. 積み込む 2. お金をためる，投資する ~ denar v banko：銀行に預金する 3. 囲 科す ~ mu nalogo：彼に課題を科す

nalagáti[49] [完] 現1単：nalážem, L分詞：-àl, -ála だます，欺く，嘘をつく ~ prijatelja：友人をだます

nalàšč / nálašč [副] わざと，意図的に

nalážem → nalagáti

nalépka[14] [女] シール

nalèt[1] [男] 単生：-éta 1. 出現 2. フライト，飛行

naletéti[48] [完] na+対 1. 偶然あう，遭遇する V mestu je naletel na prijatelja. 彼は町で思いがけなく友人に会った． 2. 陥る，ある状態になる Naleteli so na močen odpor sovražnika. 彼らは敵の強い抵抗に会った．

naletéti se[48] [完] 1. 飛び立つ，集団で飛ぶ 2. 積もる

nalezljív[38] [形] 比：bolj ~ / -ejši 接触伝染性の

nalív[1] [男] 1. 土砂降り 2. 浸し汁，漬け汁

nalíven[38] [形] 女単主：-vna 1. 注ぐための ~a odprtina：注ぎ口 2. ~o pero：万年筆

nalívnik[1]［男］万年筆

nálog[1]［男］指示，命令 ustni ~：口頭の指示 delati po ~u：指示に従っておこなう

nalóga / náloga[14]［女］課題 domača ~：宿題

naložíti[48]［完］L分詞：naložil, -íla 1. 積む，積み込む 2. お金をためる，投資する ~ denar v turizem：観光にお金を投入する 3. ダウンロードする 4. 強 科す ~ mu globo：彼に罰金を科す

namàz[1]［男］単生：-áza ペースト（パンに塗るもの）

namázati[49]［完］現1単：namážem 塗る ~ kruh z maslom：パンにバターを塗る

namážem → namázati

namèn[1]［男］単生：-éna 意図，目的 Nimam namena govoriti o tem. それについて話すつもりはない．

namenílnik[1]［男］目的分詞

nameníti / naméniti[48]［完］現1単：-im, L分詞：naménil, -íla 1. あてがう，譲ると表明する ~ veliko denarja za knjige：本に大金をつぎこむ 2. ~のつもりでいう，する Jutrišnji dan smo namenili počitku. 明日は休養にあてるつもりだった．

naménjati[47]［不完］1. あてがう，譲ると表明する 2. ~のつもりでいう，する

namerávati[47]［不完］+不定法 ~するつもりだ Nameravajo graditi hišo. 彼らは家を建てるつもりだ．

namestíti / naméstiti[48]［完］現1単：-ím / -im, L分詞：naméstil, -íla / -il, -ila 1. 設置する，据える ~ anteno na streho：屋根にアンテナを設置する 2. 泊める ~ goste v prvem nadstropju：2階に客人を泊める

naméstnica[14]［女］代理，代理人（女）

naméstnik[1]［男］代理，代理人（男）

namésto［前］+生 ~の代わりに napisati pismo namesto matere：母の代わりに手紙を書く

namíg[1] ［男］ヒント，ほのめかし

namízen[38] ［形］女単主：-zna 卓上の ~i pribor：テーブルウェア；~i prt：テーブルクロス；~i tenis：卓球

namočíti[48] ［完］現1単：namóčim, L分詞：namôčil, -íla 1. 浸す，つける 2. ぬらす

nàmreč / námreč ［接］つまり，すなわち

nanášati se[47] ［不完］na+対 関連している，関係がある Razprava se posredno nanaša na to problematiko. 研究は間接的にこの問題と関連がある．

nanêsti[49] ［完］現1単：nanêsem, L分詞：nanésel, -nêsla 1. 運び込む 2. 表面に少し加える

nanízanka[14] ［女］テレビドラマのシリーズ物

naokóli ［副］周りに，周辺に ~ pogledati：周りを見る

napáčen[38] ［形］女単主：-čna, 比：bolj ~ 間違った，誤りの iti v ~o smer：間違った方向へ行く

napàd[1] ［男］単生：-áda 1. 攻撃 iti v ~：攻撃する；bombni ~：爆撃 2. 発作 Dobil je močen srčni napad. 彼はひどい心臓発作に見舞われた．

napádati[47] ［不完］攻撃する，襲う

napádel → napásti

napádem → napásti

napáka[14] ［女］1. 間違い，誤り ~ v datumu：日付の誤り 2. 欠点

napásti[49] ［完］現1単：napádem, L分詞：napádel, -dla 攻撃する，襲う

napeljáva[14] ［女］装置，設備 električna ~：電気設備（配線，回線）

napét[38] ［形］比：bolj ~ 1. 引っ張られた，伸びた 2. 緊張した ~ film：サスペンス映画

napéti[49] ［完］現1単：napnèm 引っ張る，引き伸ばす ~ lok：弓を引く

napèv / napév[1] ［男］単生：-éva トーン，音調

napíhniti[49] [完] 1. ふくらます 2. 大げさに強調する

napíhnjen[38] [形] 比：bolj ～ 1. ふくらんだ，膨張した 2. 強 うぬぼれた

napíjem se → napíti se

napís[1] [男] 題辞，銘 nagrobni ～：墓碑銘

napísati / napisáti[49] [完] 現1単：napíšem, L 分詞：napísal, -ála 書く，書き上げる

napíšem → napísati / napisáti

napíti se[50] [完] 現1単：napíjem se +生 1. たっぷり飲む，たくさん飲む 2. 強 酔うまで飲む

napítnica[14] [女] 乾杯，乾杯の辞 izreči ～o：乾杯の音頭をとる

napitnína[14] [女] チップ dati natakarju ～o：ウェイターにチップを渡す

napnèm → napéti

napól [副] 半分に，半分ずつ

napolníti / napôlniti[48] [完] 現1単 -im, L 分詞：napôlnil, -íla いっぱいにする，満たす ～ košaro z jabolki：りんごでかごをいっぱいにする

napóta[14] [女] 障害物，じゃま To mi je v napoto. それは私にはじゃまだ．

napotíti / napótiti[48] [完] 現1単：-im / -ím, L 分詞：napótil, -íla / -il, -ila 1. 道や方向を指し示す 2. 指示する

napótnica[14] [女] 紹介状 ～ za bolnišnico：医師の紹介状

napôved[16] [女] 予測，予言 vremenska ～：天気予報

napovédati[55] [完] 現1単：napovém 予測する，予言する，予告する

napovedoválec[2] [男] 単生：-lca アナウンサー（男）

napovedoválka[14] [女] アナウンサー（女）

napovedováti[50] [不完] L 分詞：-àl, -ála 予測する，予言する，予告する

napovém → napovédati

napráva[14] [女] 設備, 装備 klimatska 〜：クーラー

naprável[48] [完] 1. 作る, 作成する iz jabolk 〜 marmelado：りんごでジャムを作る；〜 načrt：計画を立てる 2. する 〜 kuro：治療を施す

napráviti se[48] [完] 1. 現れる, なる 2. +生 ふりをする 〜 bolnega：病人のふりをする

naprédek[1] [男] 単生：-dka 進歩, 前進

napréden[38] [形] 女単主：-dna, 比：-ejši 進歩的な

napredováti[50] [不完] L 分詞：-àl, -ála 進歩する, 前進する, 進行する Vidimo, da delo napreduje. 見たところ, 仕事ははかどっているようだ.

napredováti[50] [完] L 分詞：-àl, -ála 昇進する 〜 v oficirja：士官に昇進する

naprêj [副] 1. 前へ 2. どうぞ（お入りください）

napŕstnik[1] [男] 指貫き natakniti si 〜：指貫きをはめる

narámnica[14] [女]【複】サスペンダー, ズボンつり

narásel → narásti

narásem → narásti

narástel → narásti

narástem → narásti

narásti[49] [完] 現1単：narástem / narásem, L 分詞：narástel, -tla / narásel, -sla 大きくなる, 増大する, 増加する

naráščati[47] [不完] 大きくなりつつある, 増大しつつある, 増加しつつある

naráva[14] [女] 1. 自然 2. 特性, 性格 Bila sta različne narave. 二人の性格は異なっていた.

naráven[38] [形] 女単主：-vna, 比：-ejši 自然な, 自然の ~i nagon：本能

narávnost[16] [女] 1. 自然らしさ 2. 生来

narávnost [副] まっすぐ, 直接 iti 〜 domov：まっ

すぐ家へ帰る

naravoslôven[38] [形] 女単主：-vna 自然科学の，自然主義的な ~e vede：自然科学

naravoslôvje[21] [中] 自然科学

nárazen / narázen [副] 別々に，ばらばらに，離れて

narcís[1] [男] 1. 水仙 2. 図 ナルシスト

narcísa[14] [女] 水仙

narécje[21] [中] 複生：narécij 方言 govoriti v ~u：方言で話す

narečjeslôvje[21] [中] 方言学

narediti[48] [完] L 分詞：narédil, -íla 1. 作る ~ balkonu streho：バルコニーに屋根を作る 2. 実現する ~ izpit：試験に受かる 3. しとげる 4. する

narèk[1] [男] 単生：-éka ディクテーション pisati po ~u：聞き取って書く，口述筆記をする

narekováj[2] [男] 引用符

narekováti[50] [不完] L 分詞：-àl, -ála ディクテーションをする，口述筆記をさせる

narézati[49] [完] 現1単：naréžem 切り取る，スライスする

narézek[1] [男] 単生：-zka ハムやチーズなどのスライスの取り合わせ料理

naréžem → narézati

narísati[49] [完] 現1単：naríšem 描く，デッサンする

naríšem → narísati

narkomán[1] [男] 薬物中毒者（男）

narkománka[14] [女] 薬物中毒者（女）

naróbe [副] 1. 逆に，反対に obuti nogavico ~：靴下の左右を間違えて履く 2. 間違って，誤って Račun je narobe. 計算は間違っている．

naróčati[47] [不完] 注文する

naročílo[20] [中] 注文，オーダー čevlji po ~u：オーダー

メイドの靴

naročíti[48] ［完］L分詞：naróčil, -íla 注文する，予約する ～ sobo v hotelu：ホテルの部屋を予約する

naročíti se[48] ［完］L分詞：naróčil se, -íla se na＋対 定期的な顧客となる，定期購読者になる ～ na revijo：雑誌を定期購読する

naročníca[14] ［女］注文者，予約者（女）

naročník[1] ［男］注文者，予約者（男）

naročnína[14] ［女］予約料

národ[1] ［男］1. 民族，国民 2. 大衆 3. 国 Organizacija združenih ～ov：国際連合

národen[38] ［形］女単主：-dna 民族の，国民の，民衆の ～a noša：民族衣装

národnost[16] ［女］民族，民族の帰属 Po narodnosti sem Japonka. 私は日本人です．

narodoslôvje[21] ［中］民族学

nárt[1] ［男］足の甲 stopiti mu na ～：彼の足を踏む

nasélbina / naselbína[14] ［女］入植地

naselíti se[48] ［完］現1単：nasélim se, L分詞：nasêlil se, -íla se 居住のためにやって来る，入植する

nasélje[21] ［中］複生：nasélij / nasélj 居住地，集落

nasílen[38] ［形］女単主：-lna, 比：-ejši 暴力的な，力ずくの

naslanjáč[2] ［男］肘掛け椅子，アームチェア sedeti v ～u：アームチェアに座っている

naslédnica[14] ［女］1. 後継者，相続人（女）2. 子孫（女）

naslédnik[1] ［男］1. 後継者，相続人（男）2. 子孫（男）

naslédnji[38] ［形］1. 次の，続く 2. 以下の Odgovorite na naslednja vprašanja. 以下の質問に答えなさい．

naslíkati[47] ［完］1. 絵を描く ～ osebo：人物画を描く 2. 強 生き生きと記述する

nasloníti[48] ［完］現1単：naslónim, L分詞：naslônil, -íla 1. もたせかける，寄りかからせる ～ lestev na zid：はしごを壁にもたせかける 2. na+対 依拠する，依る Trditve je naslonil na trdne dokaze. 彼の主張は確固とした証拠に基づいていた．

naslòv[1] ［男］単生：-ôva 1. 住所，宛名 ～ na pismu：手紙の宛名；elektronski ～：Eメールアドレス 2. 表題，タイトル izdati knjigo pod ~om Poezije：ポエジエというタイトルの本を出版する 3. 学位，称号

naslovíti[48] ［完］L分詞：naslôvil, -íla 1. 宛名を書く 2. 区 タイトルをつける

naslôvljenec / naslovljênec[2] ［男］単生：-nca 1. 郵便物の受取人，受信者（男）2. 指名を受けてスピーチをする人（男）

naslôvljenka / naslovljênka[14] ［女］1. 郵便物の受取人，受信者（女）2. 指名を受けてスピーチをする人（女）

naslôvnica[14]［女］1. 郵便物の受取人，受信者（女）2. 聞き手，読み手（女）3. 口 タイトルページ

naslôvnik[1]［男］1. 郵便物の受取人，受信者（男）2. 聞き手，読み手（男）3. 区 住所一覧

nasmèh / nasméh[1] ［男］単生：-éha 微笑

nasméhniti se[49] ［完］+与 微笑む ～ šali：冗談に微笑む

nasmejáti se[50/48] ［完］現1単：nasmêjem se / -ím se 笑う ～ do solz：涙が出るまで笑う

naspróten[38] ［形］女単主：-tna +与 逆の，反対の ~a stran：反対側；~i dokaz：反証 Kdo mi je nasproten？ 私に反対するものは誰だ．

naspróti ［副］逆に，反対に

naspróti ［前］+与 1. ～の反対に，逆に 2. ～の向かい側に Stavba stoji nasproti cerkvi. 建物は教会の向かい側に立っている．3. ～に敵対して

nasprótje[21] ［中］複生：nasprótij 対照，コントラスト

nasprótnica[14] ［女］敵対者，反対者（女）

nasprótnik[1] ［男］敵対者，反対者（男）

nasprotováti[50] ［不完］L 分詞：-àl, -ála ＋与 1. 反対だ Vsi mu nasprotujejo. みんなが彼に反対している． 2. 対照的だ

nastájati[47] ［不完］【3 人称】生じつつある，形成されつつある

nastánem → nastáti

nastanítev[15] ［女］宿泊

nastáti[49] ［完］現 1 単：nastánem, L 分詞：-àl, -ála 【3 人称】生じる，発生する Ob potresu je nastala velika škoda. 地震の際大損害が生じた．

nastáva[14] ［女］罠 padati v ~o：罠にはまる

nastáviti[48] ［完］1. 置く，決まった場所に設置する 2. 罠をしかける 3. 口 雇う

nastòp[1] ［男］単生：-ópa 1. 出演 2. 演説 3. 強 始まり

nastópati[47] ［不完］1. 出演する ～ na radiu：ラジオに出演する 2.（スポーツ大会などに）出場する 3. 演説する 4. 強 現れる

nastopíti / nastópiti[48] ［完］現 1 単：-im, L 分詞：nastópil, -íla 1. 出演する ～ v vlogi Hamleta：ハムレット役で出演する 2.（スポーツ大会などに）出場する 3. 演説する 4. 強 なる，始める Po nekaj dni je nastopila kriza. 何日か後に危機に陥った． ～ službo：仕事を始める

nasvèt[1] ［男］単生：-éta 助言，アドヴァイス

nasvídenje ［挿］さようなら = na svídenje

nàš[38] ［代］私たちの，われわれの

nášel / nášèl → nájti

naštêjem → naštéti

naštéti[50] ［完］現 1 単：naštêjem 1. 算定する 2. 数え上げる，列挙する

naštévati[47] ［不完］数え上げる，列挙する

natákar[3] ［男］給仕，ウェイター

natákarica[14] ［女］ウェイトレス

natakníti / natákniti[49] ［完］現1単：-em, L 分詞：natáknil, -íla 1. 置く 2. 強 (すばやく) 身につける ~ otroku rokavice：子どもに手袋をはめてやる；~ si očala na nos：鼻にめがねをのせる

natánčen[38] ［形］女単主：-čna, 比：-ejši 正確な，きちんとした

natikáč[2] ［男］【複】室内履き Preobul se je v natikače. 彼は室内履きに履き替えた．

natís[1] ［男］ 1. 印刷 dati v ~：印刷に回す 2. 版 drugi ~：第2版

natísniti[49] ［完］印刷する

nató ［副］そのあと

natočíti[48] ［完］現1単：natóčim, L 分詞：natóčil, -íla 注ぐ ~ gostu pijačo：客人に飲み物を注ぐ

natovárjanje[21] ［中］乗船，船などに積み込むこと

natŕgati[47] ［完］ 1. (ある量を) 摘む，摘み取る 2. いくぶん噛み切る Pes mu je natrgal rokav. 犬が彼の袖をちょっと噛み切った．

nátrij[2] ［男］ナトリウム

naučíti[48]［完］L 分詞：naúčil, -íla (対)に(生)を教える，教え込む Učitelj je jih veliko naúčil. 先生は彼らに多くのことを教えた． ~ deklico angliščine：女の子に英語を教える

naučíti se[48] ［完］+生 L 分詞：naúčil se, -íla se 習得する，マスターする

náuk[1] ［男］ 1. 学問，~学 2. 論 3. 強 教え，授業

naúšnik[1] ［男］【複】防寒用の耳あて，ヘッドフォン pokriti si ušesa z ~i：耳を耳あてでおおう

naváda[14] ［女］ 1.【複】慣習 2. 習慣，癖 Pitje kave mu je prešlo v navado. コーヒーを飲むことが彼の習慣となった．

naváden[38] ［形］女単主：-dna, 比：-ejši 普通の，あ

りふれた

naváditi se[48] ［完］＋生／na＋対 慣れる，習慣となる

navájati se[47] ［不完］＋生／na＋対 慣れていく，習慣となっていく

navdúšen[38] ［形］比：bolj ～ 大喜びの，感激している ～ za delo：仕事に夢中になっている

navduševáti[50] ［不完］L 分詞：-ál, -ála 喜ばせる，感激させる

navdúšiti[48] ［完］喜ばせる，感激させる Zelo malo stvari ga nauduši. 彼を感激させるものはごく少ない．

navédek[1] ［男］単生：-dka 文 引用，データ

navêdel → navêsti

navêdem → navêsti

navelíčati se[47] ［完］＋生 興味を失う，飽きる Naveličala se je čevljev z visokimi petami. 彼女はハイヒールに飽きた．～ poslušati radio：ラジオを聴くのに飽きる

navêsti[49] ［完］現 1 単：navêdem, L 分詞：navêdel, -dla 1. 言及する 2. 引用する

navézati / navezáti[49] ［完］現 1 単：navéžem, L 分詞：navézal, -ála 1. 結ぶ ～ ladijo k obali：岸に船を係留する 2. 関連づける

navéžem → navézati / navezáti

navídezen[38] ［形］女単主：-zna 1. 外見上の，見た目の 2. うわべの，見せかけの ～ mir：見せかけの平和

navijáč[2] ［男］1.（スポーツの）サポーター（男）nogometni ~i：サッカーのサポーター 2. 髪を巻くためのカーラー naviti lase na ~e：髪をカーラーに巻く

navijáčica[14] ［女］（スポーツの）サポーター（女）

navíjati[47] ［不完］1. 巻く，巻きつける ～ uro：時計を巻く 2. 応援する

navodílo[20] ［中］【複】指示，教え delati po ~ih：指示通りにおこなう

navójnica[14] ［女］ブラインド，シャッター spustiti /

dvigniti ~o：シャッターを下ろす／上げる

navpíčen[38]［形］女単主：-čna 縦の，上下の

navzdòl［副］下へ

navzgòr［副］上へ

navzkríž［副］1. 十字形に，交差させて 2. 口 反対に，敵対して

navzóč[38]［形］出席の，その場にいる Navzoči odborniki so predlog sprejeli. 出席した専門家たちは提案を受け入れた．

navzvèn［副］外向きに，外側に Vrata se odpirajo navzven. ドアは外向きに開く．

nazádnje［副］結局，最後に

nazáj［副］1. 後ろへ，後方へ pokazati z roko ~：手で後ろを示す 2. もとへ Kolesa zgodovine ni mogoče obrniti nazaj. 歴史の車輪は元に戻すことはできない．3. 以前に

nazív[1]［男］1. 資格，肩書き 2. 学位 3. 名称

naznaníti / naznániti[48]［完］現1単：-im, L分詞：naznánil, -íla 1. 到着を知らせる，取り次ぐ 2. 文 報告する

názor[1]［男］単生：-ôra 観点，意見 izpovedati svoj ~：自分の意見を述べる

nè［助］1. ～でない Ne grem. 私は行かない．To je izjema, ne pravilo. これは例外であって規則ではない．2. いいえ A je knjiga tvoja？Ne, izposojena. 本は君のものなの．いいえ，借りたんです．

nebésa[24]［中複］天国

nebésen[38]［形］女単主：-sna 空の，天の

nebéški[38]［形］1. 天国の 2. 文 空の，天の

nebó[20]［中］1. 空，天 zvezde na ~u：天の星 2. 口蓋 3. 強 do ~a / v ~：とても高く，ものすごく

nebotíčnik[1]［男］高層建築，摩天楼

nečák[1]［男］甥

nečákinja[14] [女] 姪

nèdávno [副] 最近

nedélja[14] [女] 日曜日 v ~o：日曜日に；ob ~ah：日曜日ごとに，毎週日曜日に

nèdolóčnik[1] [男] 動詞の不定法

nedôlžen[38] [形] 女単主：-žna, 比：-ejši 1. 無罪の，潔白な Pri tej stvari sem popolnoma nedolžen. この件に関して私は完全に潔白だ．2. 無垢な

nèdostópen[38] [形] 女単主：-pna, 比：bolj ~ / -ejši 1. 手の届かない ~e cene：手の届かない値段 2. 近づきがたい

nèdotáknjen[38] [形] 強 触れていない，手をまったく加えていない ~a narava：手つかずの自然

nèdovŕšen[38] [形] 女単主：-šna 不完了体の ~i glagol：不完了体動詞

nédrček[1] [男] 単生：-čka 文 ブラジャー

néga[14] [女] 世話，介護，ケア ~ kože：スキンケア

négativen/negatíven[38] [形] 女単主：-vna, 比：bolj ~ / -ejši 否定の，否定的な ~a kritika filma：映画の否定的な批評；Odgovor je bil negativen. 回答は否定的だった．

nègotôvost[16] [女] 疑念，躊躇

néhati[47] [完] やめる，中止する ~ govoriti：話すのをやめる；~ z delom：仕事をやめる

nèhoté [副] 知らず知らずに

nèkadílec[2] [男] 単生：-lca タバコを吸わない人，非喫煙者（男）

nèkadílka[14] [女] タバコを吸わない人，非喫煙者（女）

nékaj[34] [代] 何か Tone se res ukvarja z nečim, pa ne vem, s čim. トーネは確かに何かにかかわってはいるが，いったい何にかかわっているのか私にはわからない．

nékaj [副] いくつか，いくらか Pred nekaj dnevi sem

nékajkrat [副] 何度か

nekàko/nekáko [副] 1. 何らかの方法で，何とかして 2. だいたい，〜ぐらい Bilo je nekako ob devetih zjutraj. 朝9時ごろのことだった. 3. tako 〜：そのような，同様の Tako nekako se je godilo tudi drugim. 同様のことが他の人たちにも起こっていた.

nèkakôvosten[38] [形] 女単主：-tna 質の悪い

nekàkšen/nekákšen[38] [代] 女単主：-šna 強 何らかの，ある種の

nékam [副] 1. どこかへ・に Pismo sem nekam založil. 私は手紙をどこかに置いた. 2. 強 いささか Nekam debela se mi zdi. ちょっと太りすぎかと思う.

nekatéri/nekatêri[38] [代] いくつかの，何人かの

nékdaj [副] かつて，以前

nekdánji[38] [形] かつての，以前の 〜e navade：かつての習慣

nekdó/nékdo[33] [代] 誰か

néki[38] [代] とある，何らかの Prišel je neki mlad moški. ある若い男がやって来た. Bil sem pri nekem znancu na kosilu. 私はある知人と昼食の席にいた.

nekjé [副] 1. どこかで，どこかに Tu blizu nekje je steza. このあたりのどこかに小道がある. 2. だいたい，およそ Zidava naj bi se začela nekje sredi prihodnjega leta. 建設工事が来年のなかば頃に始まるようにする.

nekóč [副] かつて（過去），いつか（未来）Nekoč je živel mogočen kralj. かつて強大な王が住んでいた. Nekoč se bo moralo pri nas kaj spremeniti na boljše. いつの日か当方は改革をせまられることになるだろう.

nekóliko [副] いくつか，いくらか V okolici je nekoliko vinogradov. 周辺にはブドウ畑がいくらかある. pred 〜 leti：何年か前

nekólikokrat［副］何度か

nektarína¹⁴［女］ネクタリン

ném³⁸［形］1. 唖の, 口のきけない 2. 押し黙った, ことばで表現しない ~i film：サイレント映画

Némčija¹⁴［女］ドイツ v ~i：ドイツで

Némec²［男］単生：-mca ドイツ人（男）

nemír¹［男］1. 騒ぎ V razredu je bil nemir. 教室の中は騒々しかった. 2. 不安, 苦悩 vzbuditi ～：不安をかきたてる

Némka¹⁴［女］ドイツ人（女）

nèmogóče［副］できない, 不可能だ, ありえない Nemogoče mi je priti. 行くことはできない.

némščina¹⁴［女］ドイツ語

némški³⁸［形］ドイツの, ドイツ語の, ドイツ人の

nemúdoma［副］ただちに, 遅れずに

nenádoma［副］急に, 突然, 思いがけなく

nènaváden³⁸［形］女単主：-dna, 比：bolj ～ / -ejši 1. 変わった, 特殊な ~o ime：変わった名前 2.強 著しい Ima nenavadno moč. その人はものすごい力持ちだ.

nenéhno［副］ひっきりなしに

nèodlóčen³⁸［形］未解決の, 決着のつかない Tekma je še neodločena. 試合の結果はまだ出ていない.

nèodlóčen³⁸［形］女単主：-čna, 比：bolj ～ / -ejši 優柔不断の

nèodvísen³⁸［形］女単主：-sna, 比：bolj ～ / -ejši 独立の Sin je že v službi in neodvisen od staršev. 息子はもう仕事についていて, 両親から独立している.

nèokúsen³⁸［形］女単主：-sna, 比：bolj ～ / -ejši 1. まずい ~a jed：まずい食べ物 2. 趣味の悪い ~a kravata：趣味の悪いネクタイ

nèomejèn³⁸［形］女単主：-êna 限りない, 果てしない

nèoporéčen[38][形] 女単主：-čna 議論の余地のない，明白な 〜 dokaz：明白な証拠

nèoprémljen[38][形] 設備の整っていない，家具のない

nèpíten[38][形] 女単主：-tna 飲用でない，飲むのに適さない

nèpláčan[38][形] 支払われていない，未払いの

nèpokvárjen[38][形] 1. 損なわれていない 2. 甘やかされていない，増長していない

nèpomémben[38][形] 女単主：-bna, 比：bolj 〜 / -ejši 取るに足らない，些細な

nèposréden[38][形] 女単主：-dna, 比：-ejši 1. 直接の，直接的な 〜 vpliv：直接の影響 2. ごく近くの，接近した Stanuje v neposredni bližini avtobusne postaje. その人はバスステーションのごく近くに住んでいる．

nèpráktičen[38][形] 女単主：-čna, 比：bolj 〜 非実用的な，実用に適さない

nèpravílen[38][形] 女単主：-lna 1. 正しくない，間違っている 2. 不規則な

nèpremíčen[38][形] 女単主：-čna 1. 不動の，固定された ~i naglas：固定アクセント 2. 動けない prenašati ~e ranjence：動くことのできないけが人を搬送する 3. じっとしている ležati 〜：じっと横になっている 4. 文 変化しない

nèpremíšljen[38][形] 比：bolj 〜 浅はかな，よく考えない

nèpremočljív[38][形] 撥水性の

nèpretŕgan[38][形] 1. 止まることのない，連続した 2. 強 頻繁な

nèpričakován[38][形] 比：bolj 〜 思いがけない，不意の 〜 dogodek：思いがけないできごと；〜 gost：不意の客人

nèprijázen[38][形] 女単主：-zna, 比：-ejši 不親切な

nèprijéten[38][形] 女単主：-tna, 比：-ejši 不愉快な，不快な doživeti kaj ~ega：何かいやなことを経験する

nèprisíljen[38][形] 比：bolj ～ 強制のない，自然な ～ nasmeh：自然な微笑み

nèprivláčen[38][形] 女単主：-čna, 比：bolj ～ / -ejši 魅力のない

nèràd[38][形] 女単主：-áda 強 嫌いだ，気が進まない

neródǝn[38][形] 女単主：-dna, 比：-ejši 1. 不器用な 2. 無骨な

nervózen[38][形] 女単主：-zna, 比：bolj ～ 神経質な

neskônčen[38][形] 女単主：-čna 1. 果てしない 2. 強 莫大な，広大な

neslán[38][形] 1. 塩の効いていない 2. 不適切な，そぐわない 3. 内容のない

nesnážen[38][形] 女単主：-žna, 比：-ejši 汚れた，汚い

nèsoglásje[21][中] 複生：nèsoglásij 不賛成，不調和

nèspóren[38][形] 女単主：-rna 議論の余地のない，明白な

nèsposóben[38][形] 女単主：-bna, 比：bolj ～ 無能な

nesrámen[38][形] 女単主：-mna, 比：-ejši 生意気な，軽率な，あつかましい

nesréča[14][女] 1. 不運，不幸 na ~o：不幸なことに；sreča v ~i：不幸中の幸い 2. 事故 prometna ～：交通事故

nesréčen[38][形] 女単主：-čna, 比：-ejši 不運な，不幸な

nêsti[49][不完] 現1単：nêsem, L分詞：nésel, nêsla 運ぶ，もたらす

netopír[3][男] こうもり

nèuglašèn[38][形] 女単主：-êna 調律されていない，音程の外れた

nèugóden[38][形] 女単主 -dna, 比：-ejši 不利な，都

合の悪い

neúmen[38] ［形］女単主：-mna, 比：-ejši 馬鹿な，愚かな biti ～ na avtomobile：自動車に入れあげている

nèumétnosten[38] ［形］女単主：-tna ノンフィクションの

nèuporáben[38] ［形］女単主：-bna 使えない，使用できない

nèuráden[38] ［形］女単主：-dna, 比：bolj ～ 非公式の ~i obisk：非公式訪問

nèurejèn[38] ［形］女単主：-êna, 比：bolj ～ 片づいていない，ちらかっている

nèuspéšen[38] ［形］女単主 -šna, 比：bolj ～ / -ejši 不首尾の，うまくいかない

nèustrézen[38] ［形］女単主 -zna, 比：bolj ～ / -ejši 不適切な，不適当な

nevárén[38] ［形］女単主：-rna, 比：-ejši 危ない，危険な biti v ~em položaju：危険な状態にある

nevárnost[16] ［女］危険，危険なこと ～ požara：火事の危険

nèvedé ［副］無意識に，何気なく

nèverjéten[38] ［形］女単主：-tna, 比：-ejši 1. 信じられない，信じがたい ~a novica：信じられない知らせ 2. 強 特殊な

nèverjétno ［副］比：-ej(š)e 1. 信じられないほど，信じがたく 2. 強 非常に

nevésta[14] ［女］花嫁

nèvíden[38] ［形］女単主：-dna 目に見えない，目につかない Bakterije so s prostim očesom nevidne. バクテリアは肉眼では見えない．

nevíhta[14] ［女］嵐 huda ～ nad mestom：町を襲うひどい嵐

nevíhten[38] ［形］女単主：-tna, 比：bolj ～ 嵐の ～ dan：嵐の日

nevoščljív[38][形] 比：bolj ~ / -ejši 1. いじわるな 2. 嫉妬している ~ sošolcu za uspeh：成績のいい同級生をうらやむ

nèvôzen[38][形] 女単主：-zna 1. 運転に適さない 2.（車が）安全に走れない

nèzadovóljen[38][形] 女単主：-jna, 比：bolj ~ / -ejši 満足していない，不満な ~ z odgovorom：答えに満足していない

nèzanesljív[38][形] 比：bolj ~ / -ejši 当てにならない，信頼できない

nèzaposlèn / nèzapôslen[38][形] 女単主：-êna / -a 職のない，失業の reševati problem ~ih：失業問題を解決する

nèzaposlênost / nèzapôslenost[16][女] 失業

nèzaúpanje[21][中] 不信，疑惑 ~ do sodelavcev：同僚たちに対する不信

nèzavést[16][女] 意識不明 biti v ~i：意識不明だ

nèzavésten[38][形] 女単主：-tna 1. 意識不明の 2. 無意識の

nèzaželèn[38][形] 女単主：-êna, 比：bolj ~ 求められていない，好まれない ~ gost：招かれざる客

nezgóda[14][女] 1. 事故 2. 不運

nèzmóžen[38][形] 女単主：-žna, 比：bolj ~ / -ejši 強 できない，不能の，不具の

neznàn / neznán[38][形] 女単主：-ána, 比：bolj ~ 知らない，見知らぬ Problem mi je neznan. 私には問題は見当たらない．

neznánec[2][男] 単生：-nca 知らない人，見知らぬ人（男）

neznánka[14][女] 1. 知らない人，見知らぬ人（女）2. 未知の要素，未知数

neznánski[38][形] 強 巨大な，ものすごい

neznáten[38][形] 女単主：-tna, 比：-ejši 強 1. ごく

小さな 2. 些細な，取るに足らない

nèzvenèč[38] ［形］女単主：-éča 無声の ~i soglasniki：無声子音

nežen[38] ［形］女単主：-žna, 比：-ejši 優しい，おだやかな

nežív[38] ［形］1. 生きていない，生命のない 2. 不活動体の

nìč[2] ［男］無 Vse bo šlo v nič. すべては無に帰すだろう．

nìč ［数］ 不変 ゼロ

nìč[36] ［代］何も〜ない Tu ni ničesar. ここには何もない．

níčeln[38] ［形］ゼロの，無の

níčla[14] ［女］複生：níčel （番号としての）ゼロ

nihčè / níhče[35] ［代］（否定文で）誰も〜ない Nikogar ni doma. 誰も家にいない．

nikákor / nikàkor ［副］（否定文で）決して〜ない，どんなことがあっても〜しない

nikálen[38] ［形］女単主：-lna 否定の ~i stavek：否定文 Odgovor na to je nikalen. それに対する返答は否定的だ．

nikámor ［副］（否定文で）どこへも〜ない Otroci, nikamor z doma. 子どもたち，家を出てどこへも行かないように．

nikár ［助］（否定の命令あるいは不定法と共に）決して〜ない

níkdar / nikdàr ［副］（否定文で）一度も〜ない，二度と〜しない

nikjér ［副］（否定文で）どこにも〜ない Nikjer ni tako lepo kakor doma. 家ほどすばらしいところはどこにもない．

nikóli ［副］（否定文で）決して〜ない，一度も〜ない Tega ne bom nikoli pozabil. このことは決して忘れない．

nímam → iméti

nísem → bíti

níša[14] [女] 花瓶や像などを置く壁のくぼみ

nìt[16] [女] 単生：níti 糸 vdeti ~ v šivanko：針に糸を通す

níti [助] 1. 強 ~ですら~でない Niti dvajset let ni star. 彼は 20 歳にもなっていない. 2. 口 それほどでも

níti [接] ~も~ない Nima ne brata niti sestre. その人には弟も妹もいない. Od žalosti niti ne spi niti ne je. 悲しくて眠りも食べもしない.

nízek[38] [形] 女主：-zka, 比：nížji 低い

Nizozémec[2] [男] 単生：-mca オランダ人（男）

Nizozémka[14] [女] オランダ人（女）

Nizozémska[14] [女] オランダ na ~em：オランダで

nizozémski[38] [形] オランダの，オランダ語の，オランダ人の ~o slikarstvo：オランダ絵画

nizozémščina[14] [女] オランダ語

nižína[14] [女] 平原，低地

nížji → nízek

njegôv / njegòv[38] [代] 女単主：-ôva 彼の，それの

njén[38] [代] 彼女の，それの

njíhov[38] [代] 彼らの，彼女らの

njíva[14] [女] 畑 delati na ~i：畑仕事をする

njún[38] [代] 彼ら二人の，彼女ら二人の

nò [間] さあ，それで

nobèn[38] [代] 女単主：-êna（否定文で）誰も~ない，何も~ない Nobeden ga ne pozna. 誰も彼を知らない（名詞を伴わずに独立して用いられるときには nobêden となる）. Noben ključ ni pravi. どの鍵も合わない.

nocój [副] 今夜，今晩

nóč[17] [女] 夜

nóčem → hotéti

nôčen[38] [形] 女単主：-čna 夜の ~a izmena：夜勤；

nočnína

~i lokal：ナイトクラブ；~i vlak：夜行列車

nočnína[14]［女］宿泊料

nôga[14]［女］足，脚 Na nogah ima copate. 足にはスリッパをはいている．

nogavíca[14]［女］【複】靴下

nogomèt[1]［男］単生：-éta サッカー igrati ~：サッカーをする

nogometáš[2]［男］サッカー選手，サッカープレイヤー poklicni ~：プロのサッカー選手

nogométen[38]［形］女単主：-tna サッカーの ~i igralec：サッカー選手；~o moštvo：サッカーチーム

nóht[1]［男］【複】爪 ostriči ~e：爪を切る；lak za ~e：マニキュア

nój / nòj[2]［男］単生：nôja ダチョウ

nòr[38]［形］女単主：nôra，比：bolj ~ 1. 口 気の狂った 2. 強 非常に興奮した 3. 強 ものすごい，著しい biti ~ na konje：馬が大好きだ

norčàv[38]［形］女単主：-áva，比：bolj ~ ひょうきんな，滑稽な

nôrec[2]［男］単生：-rca 強 狂人，馬鹿者，愚か者（男）

noríca[14]［女］強 狂人，馬鹿者，愚か者（女）

noríce[14]［女複］水疱瘡 imeti ~：水疱瘡に罹っている；zboleti za ~ami：水疱瘡に罹る

nórma[14]［女］規範，規準，ノルマ spoštovati ~e：規範を重んじる；določiti jezikovne ~e：言語の規範を定める；izpolniti ~o：ノルマを果たす

normálen[38]［形］女単主：-lna 通常の，ノーマルな

norvéščina[14]［女］ノルウェー語

Norvéška[14]［女］ノルウェー na ~em：ノルウェーで

norvéški[38]［形］ノルウェーの，ノルウェー語の，ノルウェー人の

Norvežàn / Norvežán[1]［男］単生：-ána ノルウェー人（男）

Norvežánka[14] [女] ノルウェー人（女）

nós[5] [男] 単生：-ú/-a 鼻 Z nosa mi teče. 鼻水が出る

nosáč[2] [男] ポーター（男）

nosáčka[14] [女] ポーター（女）

noséča[38] [形] 妊娠している

nosílen[38] [形] 女単主：-lna 運搬の，運搬用の

nosílo[20] [中]【複】担架 položiti ranjenca na ~a：けが人を担架にのせる

nosíti[48] [不完] 現 1 単：nósim, L 分詞：nôsil, -íla 1. 運ぶ，もたらす 2. 身につけている ~ očala：めがねをかけている

nósnik[1] [男] 鼻音

nosoróg[1] [男] サイ

nóša[14] [女] 衣装 delovna ~：仕事着；narodna ~：民族衣装

nóta[14] [女] 1. 音符 peti po ~ah：音符の通りに歌う 2.【複】（綴じてある）楽譜 odpreti ~e：楽譜を開く

nóter [副] 中へ Stopite noter. 中へお入りください．

nótranji/notránji[38] [形] 内部の，中の，内的な ~a politika：内政；~i organi：内臓

nótranjost/notránjost[16] [女] 1. 内部 2. 内陸

nótri [副] 中に・で，内部に・で Notri je zadušno. 中は蒸し暑い．

nòv[38] [形] 女単主：nôva, 比：-êjši 新しい ~a odkritja：新発見

novéla[14] [女] 短編小説

novêmber[1] [男] 単生：-bra 11 月

novêmbrski[38] [形] 11 月の

novíca[14] [女] 知らせ，ニュース

novínar[3] [男] 記者，ジャーナリスト（男）

novínarka[14] [女] 記者，ジャーナリスト（女）

novínarstvo[20] [中] ジャーナリズム

novoléten[38] [形] 女単主：-tna 新年の，元日の ~i

novorojênček 200

dan：元日
novorojênček¹ [男] 単生：-čka 新生児（男）
novorojênčica¹⁴ [女] 新生児（女）
nòž² [男] 単主：nôža ナイフ rezati z ~em：ナイフで切る；~ za kruh：パンナイフ
nôžen³⁸ [形] 女単主：-žna 足の，脚の ~i prsti：足の指
nôžev³⁸ [形] ナイフの ~o rezilo：ナイフの刃
nóžnica / nôžnica¹⁴ [女] 鞘
núditi / nudíti⁴⁸ [不完] 現1単：-im, L分詞：-il, -ila / núdil, -íla 1. 提供する Knjižnica nudi bralcem domačo in tujo literaturo. 図書館は読者たちに国内外の文学を提供する．2. 薦める
nújen³⁸ [形] 女単主：-jna, 比：-ejši 1. 緊急の，至急の ~a evakuacija：緊急避難 2. 必然の 3. 必須の
nújno [副] 比：-ej(š)e 1. 緊急に，至急に 2. 必然的に

o

o [前] +前 1. ~について pisati o nesreči：事故について書く 2. ~のときに o božiču：クリスマスに
ob [前] Ⅰ +対 1. ~へ，~に対して udariti s pestjo ob mizo：テーブルにこぶしを打ちつける Dež bije ob šipe. 雨はガラスを叩きつけるように降っている．2. 強 ~を失って Če bo šlo tako naprej, bomo ob vse. もしこの状態が続くのなら，私たちはすべてを失うだろう．Ⅱ +前 1. そばに，隣に Ob njem se počuti varno. 彼のそばにいると安全だと感じられる．2. ~のときに ob sredah：水曜日ごとに；ob treh：3時に 3. ~のある

ところで peti ob spremljavi klavirja：ピアノの伴奏で歌う；pogovarjati se ob kozarcu vina：ワインを飲みながら会話する

obá[39] [数] 両方，二人とも，二つとも z ~ema rokama：両手で

obála[14] [女] 海岸，湖岸 stati na ~i：海岸に立っている

obálen[38] [形] 女単主：-lna 海岸の，湖岸の ~a policija：沿岸警備隊；~o področje：海岸地方

obára[14] [女] シチュー

občàn / občán[1] [男] 単生：-ána 市民，地域住民（男）

občánka[14] [女] 市民，地域住民（女）

občásen[38] [形] 女単主：-sna 一時的な

óbči[38] [形] 1. 共通の ~a korist：共通の利益，公共の利益 2. 一般的な

óbčina[14] [女] 共同体，自治体

občínski[38] [形] 共同体の，自治体の

občínstvo[20] [中] (単数形のみ) 聴衆，観衆 spoštovano ~：ご来場の皆様

občudováti[50] [不完] L 分詞：-àl, -ála 1. 感嘆する，賞賛する 2. 見とれる

občútek[1] [男] 単生：-tka 感覚，感じ tipni ~：触覚；~ za orientacijo：方向感覚；izraziti svoje ~e：感じたことを表現する

občútiti / občútiti[48] [完] 現1単：-im, L 分詞：občutil, -íla 感じる，気づく Občutil sem, da nisem sam v sobi. 部屋の中にいるのは僕だけじゃないと感じた．

občutljív[38] [形] 比：-ejši 感じやすい，敏感な，繊細な ~ za vremenske spremembe：天気の移り変わりに敏感な

obdájati[47] [不完] 1. 取り囲む，包囲する ~ vrtove z ograjami：庭をフェンスで囲む Obdajal ga je gost dim. 彼を濃い煙が包んでいた．2. 覆う，敷く

obdávčenec[2] ［男］単生：-nca 納税者（男）seznam ~ev：納税者名簿

obdávčenka[14] ［女］納税者（女）

obdélati[47] ［完］1. 耕す 2. 造形する 3. 一定の手順で扱う，処理する ~ podatke：データを処理する

obdelováti[50] ［不完］L 分詞：-àl, -ála 1. 耕す 2. 造形する 3. 一定の手順で扱う，処理する

obdóbje[21] ［中］複生：obdóbij 時期，期間，時代 v ~u od januarja do maja：1月から5月の期間に

obdržáti[48] ［完］現1単：-ím, L 分詞：obdržal, -ála 1. 引き止める 2. 身に着けたままでいる Klobuk je obdržal na glavi. 彼は帽子を頭にかぶったままだった． 3. 保つ 4. とどめる 5. とじこめる

obênem ［副］同時に Obenem sta prišla domov oče in sin. 父と息子が同時に帰ってきた．

obêrem → obráti

obések[1]［男］単生：-ska 1. ペンダント 2. つりさげる飾り ~ za ključe：キーホルダー

obésiti[48]［完］1. 掛ける，吊るす ~ sliko：絵を掛ける；~ obleko na obešalnik：ハンガーに服を掛ける 2. 強 強いる，苦しめる Obesijo mu vsako nerodno delo. 扱いづらい仕事は何でも彼に押しつけられる． 3. 強 売りつける 4. 強 いう（特に思いつきを）

obešálnik[1] ［男］ハンガー plašč na ~u：ハンガーに掛かっているコート

obéšati[47] ［不完］1. 掛ける，吊るす 2. 強 強いる，苦しめる 3. 強 いう（特に思いつきを）

obèt[1] ［男］単生：-éta 1. 約束 izpolniti ~：約束を果たす 2. 前途，希望

obétati[47] ［不完］1. 約束する ~ mu bogato plačilo：高給を彼に約束する 2. 強 前途有望である podpirati študente, ki obetajo：将来の見込みのある学生たちを支援する

obhajílo[20] ［中］聖体拝領

običáj[2] ［男］【複】慣習，習慣

običájen[38] ［形］女単主：-jna, 比：-ejši 普段の，普通の Taki zastoji v prometu so običajni. このような交通渋滞はよくある．

obídem → obíti

obílen[38] ［形］女単主：-lna, 比：-ejši 1. 大量の，たくさんの ～ zajtrk：たっぷりとした朝食 2. 大きな，広範な

obírati[47] ［不完］1. 実を採る，収穫する ～ jabolka：りんごを収穫する 2. 間引きする，引き抜く 3. 取り去る 4. 強 陰口をいう

obísk[1] ［男］1. 訪問，訪れること uradni ～：公式訪問；iti na ～：訪問する 2. 口 客 imeti ～：お客さんを迎える

obiskáti[49] ［完］現1単：obíščem, L 分詞：-àl, -ála 訪問する，（一定の目的を持って）訪れる Zdravnik je obiskal bolnika. 医者は病人を往診した．

obiskoválec[2] ［男］単生：-lca 訪問者（男）

obiskoválka[14] ［女］訪問者（女）

obiskováti[50] ［不完］L 分詞：-àl, -ála 訪問する，（一定の目的を持って）訪れる

obíščem → obiskáti

obíti[49] ［完］現1単：obídem, L 分詞：obšèl, -šlà 1. 歩いて1周する 2. 周遊する Obšli smo vso Evropo. 私たちはヨーロッパ中を訪ねた．

objámem → objéti

objáva[14] ［女］出版，公表

objáviti[48] ［完］出版する，公表する ～ po televiziji：テレビで公表する

objávljati[47] ［不完］（何度も）出版する，公表する ～ novice：ニュースを発表する

objektíven[38] ［形］女単主：-vna, 比：-ejši 客観的な，

事実に基づく ~a resničnost：客観的事実

objèm[1] ［男］単生：-éma 抱擁 Objem pri slovesu bil prisrčen. 別れの際の抱擁は心のこもったものだった.

objémati[47] ［不完］1. 何度も抱擁する 2. 強 取り囲む Gosta megla nas je objemala. 濃い霧が私たちを取り囲んでいた.

objésten[38] ［形］女単主：-tna, 比：-ejši 横柄な

objéti[49] ［完］現1単：objámem 1. 抱擁する, 抱く 2. 強 取り囲む

obkládek[1] ［男］単生：-dka 湿布

obláčen[38] ［形］女単主：-čna, 比：bolj ~ / -ejši 曇りの

oblačílo[20] ［中］1. 衣料, 衣服 otroška ~a：子供服 2. 文 外見 mesto v zgodovinskem ~u：歴史あるたたずまいの町

obláčiti se[48] ［不完］着ている, 服装である po modi ~：流行にあわせた服装をしている

oblačíti se[48] ［不完］【3人称】曇る, 雲行きが怪しくなる Oblači se. 曇っている. Obraz se mu vse bolj oblači. 彼の顔はますますくもっていく.

oblák[1] ［男］1. 雲 ~i na nebu：空の雲 2. 鳥や魚の群れ

oblást[17/16] ［女］1. 権力, 権威 2. 支配 biti pod ~jo Velike Britanije：英国の支配下にある

obléči se[49] ［完］現1単：obléčem se, L分詞：oblékel se, -kla se 着る ~ za potovanje：旅行用の服装をする

obléka[14] ［女］服, 衣服 ~ po meri：注文服, オーダーメイドの服

oblékel se → obléči se

obležáti[48] ［完］現1単：-ím, L分詞：oblêžal, -ála 1. 横たわる, 横になる ~ kot mrtev：死んだように横たわる 2. 病気で寝つく, 寝込む Dobila je vročilo in obležala. 彼女は熱を出して寝込んだ.

oblíka[14] ［女］1. 形, 形態 spomenik v ~i piramide：ピ

ラミッド形の記念碑 2. 形式 analizirati ~o pesmi：詩の形式を分析する

oblikoslôvje[21]［中］形態論

oblikováti[50]［不完］L 分詞：-àl, -ála 形作る，形成する ~ glino v posode：粘土を器の形にする

oblíž[2]［男］1. 絆創膏 nalepiti ~：絆創膏を貼る 2. 文 冷湿布

obljúba[14]［女］約束，約束事 dati ~o：約束する；izpolniti ~o：約束を守る；preklicati ~o：約束を破る

obljubíti / obljúbiti[48]［完］現 1 単：-im, L 分詞：obljúbil, -íla 約束する ~ mu nagrado：彼に賞を与えると約束する

obljúbljati[47]［不完］約束する Obljubljal ji je zakon. 彼は彼女に結婚を約束していた．Dekle obljublja, da bo lepotica. 少女はきっと美人になる．

oblóga[14]［女］1. 裏打ち，裏地 2. つけあわせ 3. 湿布

obmêjen[38]［形］女単主：-jna 国境近くの，辺境の ~ kraj：国境地帯

obmóčje[21]［中］複生：obmóčij 1. 地域，地帯 slovensko jezikovno ~：スロヴェニア語言語地域 2. 分野 raziskave s psihološkega ~a：心理学の分野からの調査

obnášati se[47]［不完］ふるまう，態度をとる

obnávljati[47]［不完］1. 再生する，リニューアルする ~ prijateljstvo：旧交をあたためる 2. 再び始める

obnêsti se[49]［完］現 1 単：obnêsem se, L 分詞：obnésel se, -nêsla se 効果がある，有効だ Taka metoda dela se bo gotovo obnesla. そのような仕事の進め方はきっと効果があることだろう．

obnovíti[48]［完］L 分詞：obnôvil, -íla 1. 再生する，リニューアルする ~ gozd：森林を再生する 2. 再び始める

obòd[1]［男］単生：-óda 1. ふち，へり，枠 2. 文 周辺

obogatéti[48] [完] 豊かになる，金持ちになる ～ s kupčevanjem：商売をして豊かになる

obòj[2] [男] 単生：-ôja 枠，枠組み

obój[38] [代] 両方の，両者の mladina obojega spola：男女の若者 Oboja vrata so se težko zapirajo. ドアはしっかりと閉まっている．

obòk / obók[1] [男] 単生：-óka 丸天井，アーチ状のもの nebesni ～：天，天空

obókan[38] [形] アーチ状の

oborožítev[15] [女] 1. 軍備，武装 2. 武器

obotávljati se[47] [不完] ためらう ～ z odgovorom：返答をためらう；～ iti k zdravniku：医者へ行くのをためらう

obrabíti / obrábiti[48] [完] 現1単：-im, L分詞：obrábil, -íla 使い古す

obráčati[47] [不完] 1. 方向を変える Na tej cesti je prepovedano obračati. この道はUターン禁止だ．2. 回す ～ ključ v ključevalnici：鍵を鍵穴に入れて回す 3. ひっくり返す ～ liste v knjigi：本のページをめくる

obračún[1] [男] 計算書 bilančni ～：収支報告書

obračúnati[47] [完] 1. 計算する，算定する ～ potne stroške：旅費を算定する 2. 強 z / s ＋造 報復する

obrámba[14] [女] 1. 防衛，守り ～ države：国防；～ proti mrazu：寒さ対策 2. スポーツの守備 preiti iz ～e v napad：守備から攻撃に転ずる

obràt[1] [男] 単生：-áta 1. 回転，方向転換 2. 転機 To je bil pomemben obrat v njegovem življenju. それは彼の人生における重大な転機だった．

obràt[1] [男] 単生：-áta 作業所

obráten[38] [形] 女単主：-tna 逆の，反対の Stvar je v resnici obratna. ことは実のところ逆だった．

obráti[49] [完] 現1単：obêrem 1. 実を採る，収穫する ～ češnje：さくらんぼを収穫する 2. 取り去る，はず

obravnávati[47] ［不完］扱う，取り組む V knjigi obravrava pisatelj problem izseljenstva. 著者は本の中で移民の問題を扱っている.

obràz[1] ［男］単生：-áza 1. 顔 natreti ~ s kremo：顔にクリームを塗る 2. 強 人 Zbralo se je veliko neznanih obrazov. 見知らぬ人がたくさん集まった. 3. 強 表情，外見

obrázec[2] ［男］単生：-zca 1. 用紙 izpolniti ~：用紙に記入する 2. 式 matematični ~：数式

obrazílo[20] ［中］語尾

obrèd[1] ［男］単生：-éda 儀式 čajni ~：茶道

obrêdel → obrêsti

obrêdem → obrêsti

obrekljív[38] ［形］比：-ejši 中傷的な

obremenjeváti[50] ［完］L 分詞：-àl, -ála 1. 重荷を負わせる，積む ~ tovorno dvigalo：荷物用のエレベーターに積む 2. 課す ~ mater s skrbmi：母親に心配をかける

obrésti[16] ［女複］利子，利息

obrêsti[49] ［完］現 1 単：obrêdem, L 分詞：obrêdel, -dla 強 周遊する，訪れる

obréžje[21] ［中］複生：obréžij（川，湖，海の）岸，岸辺

obríjem se → obríti se

obrís[1] ［男］1. 境，縁 ~i gora：稜線 2. 【複】アウトライン v ~ih：おおまかに，ざっと

obrísati[49] ［完］現 1 単：obríšem 拭く，ふき取る

obríšem → obrísati

obríti se[50] ［完］現 1 単：obríjem se ひげを剃る

obrníti / obŕniti[49] ［完］現 1 単：-em, L 分詞：obŕnil, -íla 1. 方向を変える ~ voz：車の方向を変える 2. 回

す 3. ひっくり返す ～ peščeno uro：砂時計をひっくり返す

obróba[14] ［女］ふちどり，ふち飾り

obróč[2] ［男］1. 輪，たが ～ na sodu：樽のたが 2. 包囲

obrodíti[48] ［完］L 分詞：obródil, -íla 実がなる Krompir je letos dobro obrodil. じゃがいもは今年よくできた．

obròk[1] ［男］単生：-óka 1. 一人が一回に食べる食事 2. 分割払い，ローン kupiti pohištvo na ～e：分割払いで家具を買う

obŕt[16/17] ［女］手工作業，手工業

obrtníca[14] ［女］手工業者，熟練工（女）

obrtník[1] ［男］手工業者，熟練工（男）

obŕv[16/17] ［女］【複】眉 črtalo za ～i：眉墨，アイブロウ

obséči[49] ［完］現 1 単：obséžem, L 分詞：obségel, -gla 含む，包含する

obsèg[1] ［男］単生：-éga 規模，大きさ slovar srednjega ～a：中型辞典；problem v svetovnem ～u：世界的な規模の問題

obségati[47] ［不完］含む，内包する Roman obsega tristo strani. 小説は 300 ページある．

obségel → obséči

obséžem → obséči

obséžen[38] ［形］女単主：-žna, 比：-ejši 1. 広大な 2. 網羅的な，内容の多い

obsôdba[14] ［女］判決 smrtna ～：死刑判決；～ na denarno kazen：罰金刑の判決

obsodíti/obsóditi[48] ［完］現 1 単：-im, L 分詞：obsódil, -íla 1. 判決を下す 2. 非難する

obsójati[47] ［不完］非難する，とがめる ～ rasistično politiko：人種差別政策を非難する

obstájati[47] ［不完］存在する，存続する Na svetu obstaja dosti stvari, ki jih še ne poznamo. 世界には私た

ちがまだ知らないことがたくさん存在する.

obstánek[1] ［男］単生：-nka 1. 存在, 存続 boj za ～：生存競争 2. 強 ne imeti ～a：いられない, 居場所がない Pri njem denar nima obstanka. 彼はお金をもっていられない（浪費家だ）.

obstánem → obstáti

obstáti[49] ［完］現1単：obstánem, L分詞：-àl, -ála 止まる, 立ち止まる ～ pred oknom：窓の前で止まる Ura je obstala ob petih. 時計が5時に止まった.

obstòj[2] ［男］単生：-ôja 存在

obšèl → obíti

obšíren[38] ［形］女単主：-rna, 比：-ejši 広大な, 広範囲にわたる Delegacija je imela obširne pogovore. 代表団は広範にわたって会談した.

obtòk[1] ［男］単生：-óka 循環, 流通 krvni ～：血液の循環；～ denarja：通貨の流通

obtóženec[2] ［男］単生：-nca 被告（男）

obtóženka[14] ［女］被告（女）

obtoževálec[2] ［男］単生：-lca 原告（男）

obtoževálka[14] ［女］原告（女）

obtoževáti[50] ［不完］L分詞：-àl, -ála（対）を(生)と非難する

obtožíti / obtóžiti[48] ［完］現1単：-im, L分詞：obtóžil, -íla（対）を(生)と非難する

obudíti[48] ［完］L分詞：obúdil, -íla 1. 起こす, 生き返らせる 2. かきたてる ～ spomine za mladost：若いころのことを思い出す

obújem → obúti

obúpati[47] ［完］nad+造 絶望する, 望みを失う

obupávati[47] ［不完］nad+造 絶望する, 望みを失う

obúpen[38] ［形］女単主：-pna, 比：-ejši 1. 絶望的な 2. 強 ひどい

obútev[15] ［女］靴, 履物

obúti[50] ［完］現1単：obújem 履かせる Mati je že obula otroka. 母親はもう子どもに靴をはかせた.

obvestílo[20] ［中］ニュース，知らせ uradno ～：公報

obvestíti[48] ［完］L分詞：obvéstil, -íla 知らせる ～ policijo：警察に知らせる

obvéščati[47] ［不完］（何度も）知らせる，密かに情報を収集する

obveščeválec[2] ［男］単生：-lca 通告者，報告者（男）

obveščeválka[14] ［女］通告者，報告者（女）

obvéza[14] ［女］1. 包帯 sneti ～o z rane：傷を覆っていた包帯を取る 2. 義務，責務 davčna ～：納税の義務

obvézen[38] ［形］女単主：-zna 1. 義務の ～o šolanje：義務教育 2. 強 毎日の，日課の，恒例の Popila je obvezno kavico. 彼女は日課にしているコーヒーを飲んだ.

obvéznost[16] ［女］義務 izpolniti ～：義務を果たす；davčna ～：納税の義務

obviséti[48] ［完］L分詞：obvísel, -éla 下げる，吊るす Vprašanje je obviselo na zraku. 質問は宙に浮いた（誰も答える人がいなかった）.

obvládati[47] ［完］1. 凌駕する，打ち負かす V šahu sem ga obvladala. チェスで彼に勝った. 2. 制御する Zna obvladati svoja čustva. 自分の感情をコントロールできる.

obvládati[47] ［不完］できる，マスターしている ～ plavanje：泳げる

obvládati se[47] ［完］自制する

obvladováti[50] ［不完］L分詞：-àl, -ála 1. 凌駕しつつある Obvladuje ga nemir. 彼は不安になってきている. 2. 制御する 3. できる，マスターしている

obvòz[1] ［男］単生：-ôza 迂回路，バイパス

obvóznica[14] ［女］迂回路，バイパス

obzídje[21] ［中］複生：obzídij 城壁 splezati na ～：城壁

をよじ登る

obzórje[21] [中] 複生：obzórij 1. 地平線，水平線 2. 視野（知識の限界）širiti si ~ z branjem：読書をして視野を広げる

obžalováti[50] [不完] L分詞：-àl, -ála 1. 後悔する ~ krivdo：罪を悔いる 2. 残念に思う 3. 区 obžalujem：申し訳ありません

océna[14] [女] 1. 評価 2. 学校の成績

océniti / oceníti[48] [完] 現1単：-im, L分詞：-il, -ila / océnil, -íla 1. 見積もる，概算する 2. 評価する 3. 成績をつける

ocenjeváti[50] [不完] L分詞：-àl, -ála 1. 見積もる，概算する 2. 評価する 3. 成績をつける

ocvrèm → ocvréti

ocvréti[49] [完] 現1単：ocvrèm, L分詞：ocvŕl, -la フライにする，揚げる

ocvŕl → ocvréti

ocvŕt[38] [形] フライにした ~i krompir：フライドポテト

očála[20] [中複] めがね nadeti ~：めがねをかける；natakniti ~：めがねをかける；sneti ~：めがねをはずす；sončna ~：サングラス

očarljív[38] [形] 比：-ejši 強 魅力的な，チャーミングな

ôče[8] [男] 複主：očétje / očéti 父 stari ~：祖父

očésen[38] [形] 女単主：-sna 目の ~e kapljice：目薬

óčim[1] [男] 継父

očístiti[48] [完] 1. きれいにする，掃除する 2. 除去する

očítati[47] [不完] とがめる，非難する Očitali so mu, da ne opravlja svojih dolžnosti. 彼はやるべきことをやっていないと叱られていた.

očíten[38] [形] 女単主：-tna, 比：-ejši 明らかな，はっきりした ~ dokaz：明白な証拠

očivídec² [男] 単生：-dca 目撃者（男）

očivídka¹⁴ [女] 目撃者（女） ~ nesreče：事故の目撃者

ôčka⁹ [男] おとうさん

od [前] +生 1. ~から，~より gledati od blizu：近くから見る Nisva se videla od mladosti. 若いとき以来私たちは会っていない．ločiti meso od kosti：骨から肉を切り離す 2. ~の（所属）ključ od hišnih vrat：家のドアの鍵；škatlica od vžigalic：マッチ箱 3. +比較級 ~より Moj brat je večji od tebe. 私の兄は君よりも大きい．4. ~が原因の rana od noža：ナイフでつけた傷；umirati od lakote：飢え死にしそうになる

odbíjem → odbíti

odbítek¹ [男] 単生：-tka 1. 減少 2. 値引き，割引，払い戻し

odbíti⁵⁰ [完] 現１単：odbíjem, L 分詞：odbìl, -íla 1. 叩き落とす，払い落とす 2. 強 断る，拒絶する 3. 差し引く 4. 反射する

odbójka¹⁴ [女] バレーボール igrati ~o：バレーボールをする

odbòr¹ [男] 単生：-ôra 評議会，委員会

odcèp¹ [男] 単生：-épa よりみち，支線

oddahníti se/oddáhniti se⁴⁹ [完] 現１単：-em se 休む，休息をとる = oddahníti si/oddáhniti si

oddája¹⁴ [女] 1. 譲渡，引渡し 2. 放送 radijska ~：ラジオ放送

oddájati⁴⁷ [不完] 1. 渡す，引き渡す ~ sobe turistom：部屋を旅行客に渡す 2. 広める 3. 放送する ~ poročilo：ニュースを放送する

oddájnik¹ [男] 放送局

oddaljíti se/oddáljiti se⁴⁸ [完] 現１単：-ím se/-im se 離れる ~ za nekaj korakov：数歩離れる

oddáti[52] [完] 1. 渡す, 引き渡す ～ ključ vratarju：門番に鍵を渡す Vsi, ki imajo orožje, ga morajo oddati takoj. 武器を持っているものは直ちに引き渡さなければならない. 2.（しかるべき場所に）置く, 入れる ～ prtljago v garderobo：荷物を手荷物預かり所に預ける 3. 広める ～ telegram：電報を打つ

oddélek[1] [男] 単生：-lka 1. 部門, セクション 2. 学科 3. 部隊

odêja[14] [女] 毛布, 布団 iti pod ～o：寝る, 就寝する

óder[1] [男] 単生：ódra 1. 舞台 2. 演劇

odgovárjati[47] [不完] 1. 答える, 回答する ～ učitelju na vprašanje：先生の質問に答える 2. 返事をする, 返信する 3. 責任を負う ～ za nesrečo：事故の責任を負う

odgôvor[1] [男] 1. 答え, 回答 2. 返事, 返信

odgovôren[38][形] 女単主：-rna, 比：-ejši 責任がある, 責任の重い

odgovoríti[48] [完] L 分詞：odgovóril, -íla 1. 答える, 回答する ～ otroku na vprašanje：子どもの質問に答える 2. 返事をする, 返信する ～ na pismo：手紙に返事を書く 3. 責任を負う

odgovórnost[16] [女] 責任, 責任感

odhájati[47] [不完] 去る, 出発する

odhòd[1] [男] 単生：-óda 出発 določiti dan ～a：出発の日を決める

odídem → odíti

odigráti[47] [完] L 分詞：-àl, -ála 演じ終える, 演奏を終える Pianist je odigral in se priklonil. ピアニストは演奏を終えて, お辞儀をした.

odíti[49] [完] 現1単：odídem, L 分詞：odšèl, -šlà 去る, 出発する ～ za zmeraj：死ぬ

odjemálec[2] [男] 単生：-lca 顧客（男）stalni ～：常連, 常客

odjemálka[14][女]顧客（女）

odkàr［副］〜以来，〜のときから To se dogaja, odkar svet stoji. これは世界が始まって以来ずっと起きている．

odklénem → odkleníti

odkleníti[49]［完］現1単：odklénem, L分詞：odklênil, -íla 開錠する，鍵を開ける 〜 vrata：扉の鍵を開ける

odklépati[47]［不完］開錠する，鍵を開ける

odklòn[1]［男］単生：-ôna 逸脱，はずれること 〜 od tradicije：伝統からはずれること

odkloníti[48]［完］現1単：odklónim, L分詞：odklônil, -íla 断る，拒否する 〜 vabilo：招待を断る

odkód［副］1. どこから Odkod ste hodili peš? どこからやってきたのですか. 2. どこかから Doma je iz Kranja ali odkod drugod v bližini. その人はクラーンかどこかそのあたりの出身だ.

odkríjem → odkríti

odkrít[38]［形］比：bolj 〜 / -ejši 開放的な，率直な

odkríti[50]［完］現1単：odkríjem 1. 開ける，開く，覆いを取る 〜 pokrovko：ふたを開ける 2. 発見する 3. 明らかにする，うちあける

odkrítje[21]［中］複生：odkrítij 発見

odkrívati[47]［不完］1. 開ける，開く，覆いを取る 2. 発見する 〜 zvezde：星を見つけていく 3. 明らかにする，うちあける

odkupíti / odkúpiti[48]［完］現1単：-im, L分詞：odkúpil, -íla 1. 買い戻す 2. 身代金を払う

odlágati[47]［不完］1. 置く 2. 積荷を下ろす 3. 運ぶ Tukaj ni dovoljeno odlagati smeti. ここにごみを捨ててはいけません. 4. 延長する

odlèt[1]［男］単生：-éta 飛び去ること，離陸

odletéti[48]［完］L分詞：odlêtel, -éla 飛び去る，離陸する Letalo je odletelo. 飛行機が離陸した.

odlíčen[38] ［形］女単主：-čna, 比：-ejši すばらしい，優れた

odlíka[14] ［女］長所，美点

odlikováti se[50] ［不完］L 分詞：-àl se, -ála se 文 秀でている，名高い ～ po lepoti：美しさの点で秀でている

odlóčati[47] ［不完］決める，決定する ～ o svojem življenju：自分の人生を決定する

odlóčen[38] ［形］女単主：-čna, 比：-ejši 1. 意志の強い 2. 決定的な 3. 強 重要な，大きな

odločítev[15] ［女］決定，決心 Odločitev je padla. 決定がなされた.

odločíti / odlóčiti[48] ［完］現 1 単：-im, L 分詞：odlóčil, -íla 決める，決定する ～ z referendumon：国民投票で決める

odlòg[1] ［男］単生：-óga 延期，休会

odlómek[1] ［男］単生：-mka 断片，少量

odložíti[48] ［完］L 分詞：odlóžil, -íla 1. 置く，しまう ～ knjige na polico：本を棚にしまう 2. 下ろす 3. 退任する，辞職する Zaradi bolezni je odložil vse funkcije. 病気のために彼はあらゆる職務を辞した. 4. 遅らせる，延期する ～ obisk：訪問を延期する

odmakníti / odmákniti[49] ［完］現 1 単：-em, L 分詞：odmáknil, -íla どける，取り去る ～ pete：立ち去る

odmèv[1] ［男］単生：-éva 反響，こだま Roman je imel velik odmev. 小説の反響は大きかった.

odmévati[47] ［不完］反響する Prazna hiša je odmevala od njegovih korakov. がらんとした家に彼の足音が響きわたった.

odmòr[1] ［男］単生：-ôra 休み，休憩 med ~om / v ~u se sprehoditi：休憩中に散歩する

odnášati[47] ［不完］運び去る，持ち去る Tok ga odnaša

odnêsti 216

od brega. 彼は流れに運ばれて岸から離れていっている.

odnêsti[49] ［完］現1単：odnêsem, L分詞：odnésel, -nêsla 運び去る，持ち去る

odnòs[1] ［男］単生：-ôsa 関係 Obe družini imata prijatelske odnose. 両家の関係は良好だ.

odobrávati[47] ［不完］同意する，是認する Večina odobrava njegov predlog. 大多数が彼の提案に同意している.

odobrítev[15] ［女］同意，是認

odobríti[48] ［完］L分詞：odóbril, -íla 同意する，是認する Prošnjo so mu odobrili. 彼の願いは聞き入れられた.

odpádek[1] ［男］単生：-dka【複】ごみ，くず koš za ~e：くずかご

odpádel → odpásti

odpádem → odpásti

odpásti[49] ［完］現1単：odpádem, L分詞：odpádel, -pádla 1. 落ちる，はずれる 2. 脱退する，脱落する 3. 解消する

odpeljáti[50/47] ［完］現1単：odpéljem / -ám, L分詞：odpêljal, -ála 1.（乗り物で）運び出す Ranjenca so odpeljali v bolnišnico. けが人は病院へと運ばれた. 2.（乗り物で）離れる

odpéljem → odpeljáti

odpiráč[2] ［男］オープナー ～ za konzerve：缶切り； ～ za steklenice：栓抜き

odpírati[47] ［不完］開ける，開く，開放する ～ pisma：手紙を開封する

odpláčati / odplačáti[47] ［完］現1単：-am, L分詞：odpláčal, -ála 返済する

odpoklíc[2] ［男］解任，リコール

odpòr[1] ［男］単生：-ôra 抵抗，反抗

odposlánec[2][男] 単生：-nca 使者，派遣される者（男）
odposlánka[14][女] 使者，派遣される者（女）
odpošiljátelj[2][男] 差出人（男）
odpošiljáteljica[14][女] 差出人（女）
odpotováti / odpótovati[50][完] 現 1 単：-újem / -ujem，L 分詞：-àl, -ála 旅立つ，出立する
odpovédati[55][完] 現 1 単：odpovém とりやめる，キャンセルする Od presenečenja mu je odpovedal jezik. 驚きのあまり彼はことばが出なかった．
odpovém → odpovédati
odpráviti[48][完] 1. 捨て去る，廃止する ～ nepismenost：文盲を撲滅する 2. 強 派遣する 3. 送り出す，発送する
odprávljati[47][不完] 1. 捨て去る，廃止する 2. 強 派遣する 3. 送り出す，発送する
odpravnína[14][女] 賠償金
odprèm → odpréti
odpréti[49][完] 現 1 単：odprèm, L 分詞：odpŕl, -la 開ける，開く，開放する ～ grad：城を開放する，開城する
odpŕl → odpréti
odpŕt[38][形] 比：bolj ～ 1. 開かれた，開いた Trgovina je odprta do sedmih zvečer. 店は夜 7 時まで開いている．2. 屋根のない，屋外の ~i avtomobil：オープンカー；~o kopališče：屋外プール 3. 率直な
odpustíti[48][完] L 分詞：odpústil, -íla 許す Odpustila sta si in se objela. 二人は互いを許し，抱き合った．
odrásel[38][形] 女単主：-sla 大人の，成長した
odràz[1][男] 単生：-áza 反映
odrážati[47][不完] 反映する
odrêči[49][完] 現 1 単：odrêčem, L 分詞：odrékel, -rékla 1. 否定する 2. 断る，拒否する
odredíti[48][完] L 分詞：odrédil, -íla 1. 命ずる，布告

odrékel → odrêči

odrézati[49] ［完］現1単：odréžem 1. 切り取る，切除する ～ vejo od drevesa：枝打ちをする 2. 強 話や演奏を突然やめる

odrézati se[49] ［完］現1単：odréžem se 強 成功する，頭角を現す

odréžem → odrezáti

odréžem se → odrezáti se

odríniti[49] ［完］現1単：-em 1. 離す 2. 強 出発する，立ち去る

odseljevánje[21] ［中］移民，立ち退き

odslêj / odslèj ［副］1. 今から，これから Odslej ne boš šla nikamor sama. これからは一人でどこへも行ってはいけないよ. 2. このときから Odslej se je moral sam preživljati. このときから彼は一人で生きていかなくてはならなかった.

odsôten[38] ［形］女単主：-tna 欠席の，留守の zapisati imena ~ih učencev：欠席した生徒の名前を書き留める

odsôtnost[16] ［女］欠席，留守

odspôdaj ［副］口 下から

odstávek[1] ［男］単生：-vka 段落

odstáviti[48] ［完］1. どかす ～ lonec z ognja：なべを火からおろす 2. 免職にする ～ ministra：大臣を免職にする

odstópati[47] ［不完］1. 後退する，下がる 2. od+生 辞職する Predsednik izjavlja, da odstopa. 大統領は辞職すると表明している.

odstopíti / odstópiti[48] ［完］現1単：-im, L分詞：odstópil, -íla 1. 後退する，下がる 2. od+生 辞職する

odstótek[1] ［男］単生：-tka パーセント

odstóten[38] ［形］女単主：-tna パーセントの ~a mera：

パーセンテージ

odstraníti / odstrániti[48] ［完］現1単：-im, L分詞：odstránil, -íla 取り去る，取り除く ～ sneg s strehe：雪下ろしをする

odšèl → odíti

odškodnína[14] ［女］弁償金，払戻金

odštêjem → odštéti

odštéti[50] ［完］現1単：odštêjem 差し引く，引く ～ stroške od vsote：総額から経費を差し引く

odštévanje[21] ［中］1. 引き算，差し引くこと 2. カウントダウン

odtájati[47] ［完］解かす

odtének[1] ［男］単生：-nka 色合い，ニュアンス

odtlêj / odtlèj ［副］そのときから

odtód ［副］ここから Ne grem odtod, dokler mi ne odgovorite. 回答をいただけるまでここから離れません．

odtŕgati[47] ［完］1. もぎとる，むしりとる 2. 引き離す 3. 控除する

odtujíti[48] ［完］L分詞：odtújil, -íla 1. 疎遠にする Dolgotrajno bivanje v tujini ga je odtujilo domovini. 長年外国にいたために彼は故郷とのつながりが薄くなってしまった． 2. 財産や権利などを譲渡する

odúren[38] ［形］女単主：-rna, 比：-ejši 反感や嫌悪を感じさせる，いやな

odváditi se[48] ［完］+生 習慣や悪癖を断つ

odvajálo[20] ［中］下剤

odvèč ［副］強 余分に，不必要に Imate kako vstopnico odveč? 入場券があまっていませんか．

odvéčen[38] ［形］女単主：-čna, 比：bolj ～ 強 過剰な，不必要な ~a toplota：過剰な暑さ

odvétnica[14] ［女］弁護士（女）

odvétnik[1] ［男］弁護士（男）

odvíjati se[47] ［不完］（物事が）進む Delo se v redu odvija. 仕事がうまく運んでいる.

odvísen[38] ［形］女単主：-sna, 比：bolj 〜 od + 生 〜 に拠る，〜次第だ，〜に依存する Zaradi bolezni je bila popolnoma odvisna od drugih. 彼女は病気のせいで他人に頼りきりだった. 〜i stavek：従属文

odvísnica[14] ［女］図 依存者（女）

odvísnik[1] ［男］1. 図 依存者（男）2. 従属文

odvráčati[47] ［不完］1. そらす 2. 思いとどまらせる，断念させる

odvréči[49] ［完］現1単：odvŕžem, L分詞：odvŕgel, -gla 1. 投げ捨てる 2. 投げて渡す

odvŕgel → odvréči

odvŕnem → odvrníti / odvŕniti

odvrníti / odvŕniti[49] ［完］現1単：odvŕnem, L分詞：odvŕnil, -íla 1. そらす Glasba ga je odvrnila od učenja. 音楽のせいで彼は勉強に身が入らなくなった. 2. よける，かわす 〜 nesrečo：事故を免れる 3. 図 答える

odvŕžem → odvréči

odvzámem → odvzéti

odvzémati[47] ［不完］1. 一部・一定量を取る 2. 奪う，剥奪する，没収する

odvzéti[49] ［完］現1単：odvzámem 1. 一部・一定量を取る 2. 奪う，剥奪する，没収する Odvzeli so mu državljanstvo. 彼は市民権を剥奪された.

odzgôraj ［副］囗 上から

odzív[1] ［男］応答，反応

odzívati se[47] ［不完］1. +与 〜に応答する，応じる 〜 prošnjam：要望に応じる 2. na + 対 〜に答える，返事をする

odzívnik[1] ［男］avtomatski (telefonski) 〜：留守番電話

odzôvem se → odzváti se

odzváti se[49] ［完］現1単：odzôvem se 1. +与 ～に応答する，応じる 2. na +対 ～に答える，返事をする

ogáben[38] ［形］女単主：-bna, 比：-ejši むかつく，ひどい

ôgenj[2] ［男］単生：ôgnja 火

oglàs[1] ［男］単生：-ása 広告 dati ～ v časopis：新聞に広告を載せる

oglasíti se / oglásiti se[48] ［完］現1単：-ím se / -im se, L分詞：oglásil se, -íla se 1. +与 声や音をたて始める 2. 話す 3. 応じる 4. 強 連絡する

oglášati se[47] ［不完］1. +与 声や音を立てる 2. 強 何度も話す 3. 応じる 4. 何度も連絡する

oglàt[38] ［形］女単主：-áta 1. かどのある，角ばった 2. 強 不器用な

oglèd[1] ［男］単生：-éda 検査 iti na ～：検査を受けに行く

ogledálo[20] ［中］鏡 pogledati se v ～：鏡を見る

oglédati[47] ［完］1. 検査する 2. 絵画などを鑑賞する

oglédati se[47] ［完］強 za +造 探し始める Moramo se ogledati za stanovanjem. 私たちはアパートを探さなくてはならない．

ogledovánje[21] ［中］検査，見ること ～ izložb：ウィンドーショッピング

ogledováti[50] ［不完］L分詞：-àl, -ála 検査する，見つめる

ogledováti se[50] ［不完］L分詞：-àl se, -ála se 強 za +造 探す Že dolgo se ogleduje za delom. その人はもう長いこと仕事を探している．

ognjemèt[1] ［男］単生：-éta 花火

ognjén[38] ［形］1. 火の 2. 強 火のような色の，燃えるような色の 3. 強 生命力にあふれる

ognjeník[1] ［男］火山

ogórčen[38] ［形］比：bolj ～ 1. ひどい 2. 憤慨している

biti ～ na sodelavce：同僚たちに対して憤慨している

ogôrel / ogorèl[38]［形］女単主：-éla, 比：bolj ～ 焼けた od sonca ～ obraz：日焼けした顔

ográja[14]［女］1. 塀，フェンス postaviti ~o okrog vrta：庭の周りに塀をめぐらす 2. てすり narediti stopnicam ~o：階段にてすりを取り付ける

ogrêjem → ogréti

ogréti[50]［完］現 1 単：ogrêjem 暖める ～ sobo：部屋を暖める；～ si roke pri ognju：火に当たって手をあたためる

ogrévati[47]［不完］暖める，ウォームアップする

ogŕlica[14]［女］ネックレス

ogrômen / ogrómen[38]［形］女単主：-mna 巨大な

ogrozíti[48]［完］L 分詞：ogrózil, -íla 危険にさらす，脅かす

ogróžati[47]［不完］危険にさらす，脅かす

ohladíti se[48]［完］L 分詞：ohládil, -íla 1. 寒くなる，冷える 2. さめる

ohlájati se[47]［不完］1. 寒くなる，冷える Zemlja se ponoči ohlaja. 地面は夜に冷える。 2.強 冷淡になる

ohlápen[38]［形］女単主：-pna, 比：-ejši 1. ゆったりとした，ゆるい 2.強 あいまいな

ohranítev[15]［女］保持，保全

ohraníti / ohrániti[48]［完］現 1 単：-im, L 分詞：ohránil, -íla 1. 保存する 2. 保つ ～ mir：平和を保つ 3. 保持する

ohránjati[47]［不完］1. 保存する 2. 保つ

ohromélost[16]［女］麻痺

óhrovt[1]［男］ケール（緑葉キャベツ）

ojačeválec[2]［男］単生：-lca アンプ

ojačeválnik[1]［男］アンプ

ôkence[21]［中］1. 小さな窓 2. 窓口 uslužbenec pri ~u：窓口係 3. マス目，網目

oklepáj[2] ［男］かっこ dati besedo v ～：語をかっこの中に入れる

ôkno[20] ［中］複生：ôken 窓 dvojno ～：二重窓；gledati skozi ～：窓越しに見る；stati pri ~u：窓辺に立つ

okó[26] ［中］目 kapljice za oči：目薬

okóli ［副］1. まわりに・で 2. だいたい，およそ tehta okoli sto kilogramov：およそ 100 キログラムの重量

okóli ［前］+生 1. ～のまわりに・で sedeti okoli mize：テーブルの周りに座っている 2. だいたい，およそ Pride okoli desetih. 10 時ごろ来る．

okólica[14] ［女］1. 郊外 2. まわり，周辺

okoličàn / okoličán[1] ［男］郊外居住者（男）

okoličánka[14] ［女］郊外居住者（女）

okóliščina[14] ［女］環境，状況

okólje[21] ［中］複生：okólij 環境 prilagoditi se ~u：環境に適応する

okóren[38] ［形］女単主：-rna, 比：-ejši ぎこちない，ぶざまな，不器用な

okrásek[1] ［男］単生：-ska 飾り，装飾

okrasíti[48] ［完］L 分詞：okrásil, -íla 飾る

okrepčeválnica[14] ［女］休憩室，休憩所，軽食堂 iti na malico v ~o：おやつを食べに休憩所へ行く

okrepíti[48] ［完］L 分詞：okrépil, -íla 強くする，強化する，増やす

okrog ［前］+生 1. ～のまわりに，～のあたりに ruta okrog vratu：首に巻いたスカーフ；sedeti okrog peči：暖炉の周りに座る 2. ～ぐらい okrog novega leta：新年のころ

okrógel[38] ［形］女単主：-gla, 比：bolj ～ 1. 丸い，円形の 2. 强 ふっくらした 3. おおよその

okrúten[38] ［形］女単主：-tna, 比：-ejši 残酷な

október[1] ［男］単生：-bra 10 月 Zgodilo se je oktobra lani. 去年の 10 月に起こった．

októbrski[38][形] 10月の
okulíst[1][男] 眼科医（男）
okulístka[14][女] 眼科医（女）
okupácija[14][女] 侵略，占領
okús[1][男] 1. 味覚 2. 味 3. 好み oblačiti se z ~om：趣味のいい服装をする
okúsen[38][形] 女単主：-sna, 比：-ejši 1. おいしい 2. 趣味のいい
okúžba[14][女] 1. 感染 2. 感染伝染病
okúžiti[48][完] 感染させる，うつす
okvára[14][女] 故障，損傷 popraviti ~o：故障を直す Nesreča je povzročila okvaro možganov. 事故は脳の損傷を引き起こした．
okvír[1][男] 1. 枠, 額縁 2. 範囲, 枠
olájšati[47][完] 軽減する，緩和する ~ bolniku bolečine：病人の痛みをやわらげる
olíkan[38][形] 比：bolj ~ 行儀のよい，マナーのよい
olimpijáda[14][女] オリンピック tekmovati na ~i：オリンピックで競技する
olímpijski[38][形] オリンピックの ~a vas：（オリンピックの）選手村；~i rekord：オリンピック記録
olíva[14][女] オリーヴの実
ólje[21][中] 複生：ólij 1. 油, オイル rastlinsko ~：植物油 2. 油絵 slikati v ~u：油絵の技法で描く
óljen[38][形] 女単主：-jna 油の，オイルの ~a kompozicija：油絵
óljka[14][女] 1. オリーヴの実 2. オリーヴの小枝
óljkov[38][形] オリーヴの ~o olje：オリーヴ油
oltár[3][男] 祭壇 položiti življenje na ~ domovine：祖国に命を捧げる
olupíti/olúpiti[48][完] 現1単：-im, L分詞：olúpil, -íla 皮をむく ~ jabolko：りんごの皮をむく
omáka[14][女] ソース

omára[14] [女] たんす，クローゼット spraviti obleko v ~o：クローゼットに服をしまう；vzidana ~：押入れ

omárica[14] [女] 小さめのたんす，ロッカー

omejèn[38] [形] 女単主：-êna, 比：bolj ~ 限られた，制限された，わずかな Število udeležencev je bilo omejeno. 参加者の人数は制限された．imeti ~e možnosti za uspeh：成功の見込みはわずかだ

omejeváti[50] [不完] L 分詞：-àl, -ála 1. 区切る，仕切る Črta omejuje igrišče. 線でグランドを区切る．2. 制限する，限る

omejíti[48] [完] L 分詞：omêjil, -íla 1. 区切る，仕切る 2. 制限する，限る ~ hitrost avtomobilom：自動車の速度を制限する

omêlo[20] [中] モップ

omeníti/ oméniti[48] [完] 現1単：-im, L 分詞：oménil, -íla 言及する，話題にする

oménjati[47] [不完] 何度も言及する，話題にする

omíka[14] [女] 図 文化，洗練，教養

omléta[14] [女] オムレツ peči ~e：オムレツを作る

omogóčati[47] [不完] 可能にする，できるようにする ~ otrokom šolanje：子どもたちが学校へ通えるようにする

omogóčiti[48] [完] 可能にする，できるようにする Znanje mu je omogočilo uspešno delo. 知識のおかげで彼はいい仕事ができた．

omótica[14] [女] めまい

omréžje[21] [中] 複生：omréžij ネットワーク železniško ~：鉄道網；računalniško ~：コンピューターネットワーク

òn[30] [代] 彼，それ

ôna[30] [代] 彼女，それ

ônadva[30] [代] 彼ら二人

ondulácija[14] [女] ヘアセット，パーマ

onemógel[38] ［形］女単主：-môgla / -mógla, 比：bolj ~ 活気のない，けだるい

onemogóčati[47] ［不完］できなくする，だめにする

onemogóčiti[48] ［完］できなくする，だめにする Neurje je onemogočilo promet. 嵐のために交通がマヒした．

onesnážen[38] ［形］比：bolj ~ 汚れた，汚染された

onesnáženje[21] ［中］汚染 ~ morja：海洋汚染

ôni[30] ［代］彼ら，それら

óni[38] ［代］あの na onem bregu：向こう岸に；oni dan：あの日

ôno[30] ［代］それ

opatíja[14] ［女］大修道院

opazíti / opázíti[48] ［完］現1単：-im, L分詞：opázil, -íla 1. 気づく V temi ni mogel opaziti ovire. 暗闇で彼は障害物に気づかなかった．2. 図 注目する

opazoválec[2] ［男］単生：-lca 観察者，観測者，オブザーヴァー（男）

opazoválka[14] ［女］観察者，観測者，オブザーヴァー（女）

opazováti[50] ［不完］L分詞：-àl, -ála 1. 気づく 2. 観察する，見守る ~ zvezde：星を観察する

opážati[47] ［不完］気づく，認識する Človeško oko opaža mnogo več kot živalsko. ヒトの目は動物の目よりもずっと多くのものを認識する．

opêči[49] ［完］現1単：opêčem, L分詞：opékel, opêkla 焼く，焦がす

opéka[14] ［女］レンガ，タイル

opékel → opêči

opeklína[14] ［女］やけど sončna ~：日焼け；dobiti ~e：やけどをする

ópera[14] ［女］1. オペラ 2. オペラハウス

operácija[14] ［女］1. 手術 narediti / opraviti ~o：手術をする 2. 作戦，軍事行動 voditi ~o：作戦の指揮を執

る 3. 事業経営

operatêr[3] [男] 1. 装置などの操作係（男）filmski ～：映写技師 2. 手術の執刀医（男）

operatêrka[14] [女] 1. 装置などの操作係（女）2. 手術の執刀医（女）

operatíven[38] [形] 女単主：-vna, 比：bolj ～ / -ejši 1. 手術の 2. 作戦の 3. 事業経営の

opêrem → opráti

óperen[38] [形] 女単主：-rna オペラの ～i pevec：オペラ歌手

opéšati[47] [完] 1. 疲労する，疲れる 2. 衰える

ópica[14] [女] 猿

opírati[47] [不完] na+対 1. もたせかける，よりかからせる Sedel je v kotu in opiral brado na kljuko palice. 彼は隅に座ってあごを杖のもち手にもたせかけていた．2. 基づかせる ～ trditev na že znana dejstva：主張を既知の事実に基づかせる

opísati / opisáti[49] [完] 現 1 単：opíšem, L 分詞：opísal, -ála 記述する，（ことばで）描写する

opisováti[50] [不完] L 分詞：-àl, -ála 記述する，（ことばで）描写する

opíšem → opísati / opisáti

opoldánski / opôldanski[38] [形] 正午の，真昼の

opôldne [副] 正午に，真昼に

opôlnoči [副] 深夜に，真夜中に

opómba[14] [女] 1. 注 dodati ~e：注を加える 2. 固 指摘

oponášati[47] [不完] まねる ～ lajanje psov：犬の鳴きまねをする

opóra[14] [女] 支え，支持

oporóka[14] [女] 遺言，遺書 dedovati po ~i：遺言に従って相続する

opozárjati[47] [不完] 1. 注意を促す ～ obiskovalce na

nekatera razstavljena dela：展示品のいくつかに訪問者たちの注意を促す 2. 警告する，合図する 3. 思い起こさせる

opozícija[14] ［女］1. 反対，抵抗 2. 抵抗勢力

opozorílo[20] ［中］注意喚起，戒め，警告

opozoríti[48] ［完］L 分詞：opozóril, -íla 1. 注意を促す ~ ga na napako：彼に誤りを指摘する 2. 警告する，合図する 3. 思い起こさせる ~ ga na obljubo：彼に約束を思い出させる

opráti[49] ［完］現 1 単：opêrem 洗う，洗濯する

oprávek[1] ［男］単生：-vka 1. 用事，用向き po ~ih：用事で 2. 仕事，作業 3. 強 imeti ~a z/s＋造：～と関係・関連がある S tem dogodkom nimam nobenega opravka. この件に関しては私は何の関係もない.

opravičeváti[50] ［不完］L 分詞：-àl, -ála 許す，許可する

opravičeváti se[50] ［不完］L 分詞：-àl se, -ála se 謝る，わびる，謝罪する

opravičílo[20] ［中］謝罪

opravíčiti[48] ［完］許す，許可する

opravíčiti se[48] ［完］謝る，わびる，謝罪する

opravílo[20] ［中］1. 仕事，作業 Nabiranje jagod je prijetno opravilo. イチゴ摘みは楽しい仕事だ. 2. ミサ prijahati k ~u：ミサにやってくる

opráviti[48] ［完］うまく終わらせる ~ izpit：試験に合格する Z njim nisem opravil. 彼とはこれ以上かかわりをもちたくなかった.

oprávljati[47] ［不完］うまく終わらせる

opravljív[38] ［形］比：bolj ~ / -ejši うわさ好きな

opredelíti[48] ［完］L 分詞：opredélil, -íla 定める，規定する

opredeljeváti[50] ［不完］L 分詞：-àl, -ála 定める，規定する

opréma[14] ［女］設備，装備 vojak v popolni bojni ~i：完全装備の兵士

oprémiti[48] ［完］1. 家具などの設備を設置する ~ laboratorij：実験室の設備を設置する 2. 装備を整える 3. 装丁する 4. 付け加える

oprémljati[47] ［不完］1. 家具などの設備を設置する ~ hišo s pohištvom：家の家具を調える 2. 装備を整える

oprémljen[38] ［形］比：bolj ~ 装備・設備の整った ~o stanovanje：家具つき住居

opŕhati se[47] ［完］シャワーを浴びる

oprostíte［挿］すみません

oprostíti[48] ［完］L 分詞：opróstil, -íla 1. 免除する Oprostili so ga davkov. 彼は税金の支払いを免除された。 2. 許す，勘弁する

opróščati[47] ［不完］1. 免除する 2. 許す，勘弁する

óptičarka[14] ［女］眼鏡屋（女）

óptik[1] ［男］眼鏡屋（男）iti k ~u po očala：めがねを買いに眼鏡屋さんへ行く

óptika[14] ［女］1. 光学 2. 強 めがね店

optimíst[1] ［男］楽観主義者，オプティミスト（男）

optimístka[14] ［女］楽観主義者，オプティミスト（女）

ópus[1] ［男］全著作，全作品

opustíti[48] ［完］L 分詞：opústil, -íla 打ち捨てる，やめる ~ kajenje：タバコを吸うのをやめる

oráda[14] ［女］鯛，タイ科の魚

oranžáda[14] ［女］オレンジエード

oránžen[38] ［形］女単主：-žna, 比：bolj ~ 1. オレンジの ~a lupina：オレンジの皮 2. オレンジ色の

oráti[50] ［不完］現 1 単：ôrjem 耕す

ordinácija[14] ［女］1. 診察室 2. 診察

ôreh[1] ［男］単生：oréha くるみ（木・実）klešče za ~e：くるみ割り

ôrel[1] ［男］単生：ôrla 鷲

orgán¹ [男] 1. 器官 slušni ~：聴覚器官, 耳 2. 機関, 機構 državni ~i：国家機関

organizácija¹⁴ [女] 1. 組織化, 編成 2. 組織 Organizacija združenih narodov (OZN)：国際連合

organizírati⁴⁷ [完・不完] 1. 組織する, 編成する 2. 催し物などを準備する

orgánski³⁸ [形] 1. 器官の 2. 機関の 3. 有機の ~a kemija：有機化学

órgle¹⁴ [女複] 生：órgel オルガン, パイプオルガン igrati na ~：オルガンを演奏する

órglice¹⁴ [女複] ハーモニカ

orhidêja¹⁴ [女] 蘭

orientácija¹⁴ [女] 方向づけ, オリエンテーション ~ po zvezdah：星によって方向を定めること Ima dobro orientacijo. 方向感覚がいい.

originálen³⁸ [形] 女単主：-lna, 比：-ejši 独自の, オリジナルの ~i podpis：自筆の署名

orjáški³⁸ [形] 強 巨人の, 巨大な

ôrjem → oráti

orkéster¹ [男] 単生：-tra オーケストラ igrati v ~u：オーケストラで演奏する

orlôvski/ôrlovski³⁸ [形] 鷲の, 鷲のような ~i nos：鷲鼻

oródje²¹ [中] 複生：oródij 道具

oródnik¹ [男] 造格

orópati⁴⁷ [完] 盗む, 奪う Bolezen ga je oropala vida. 病は彼から視力を奪った.

orožárna¹⁴ [女] 武器庫, 兵器庫

oróžje²¹ [中] 複生：oróžij 武器 skladišče ~a：武器庫

ós¹⁷ [女] 車軸, 回転軸, シャフト

ôsa¹⁴ [女] 複生：osá スズメバチ

osámljen³⁸ [形] 比：bolj ~ 孤独な, 孤立した

osámljenost¹⁶ [女] 孤独 občutek ~i：孤独感

osamosvojítev[15] ［女］独立 ~ bivših kolonij：旧植民地の独立；politična ~：政治的独立

oséba[14] ［女］1. 人物，個人 jaz za svojo ~o：私としては 2. 人称 govoriti v tretji ~i：3 人称で語る

osébek[1] ［男］単生：-bka 主語

osében[38] ［形］女単主：-bna, 比：bolj ~ 個人の，私的な zahtevati ga ~e podatke：彼に個人情報を求める；~a izkaznica：身分証明書；~a številka：PIN コード；~i avtomobil：自家用車；~i računalnik：パソコン

osébje[21] ［中］（単数形のみ）スタッフ učno ~：ティーチングスタッフ

oséka[14] ［女］干潮

ôsel[1] ［男］単生：ôsla 1. ろば 2.囲ばか者

ósem[42] ［数］8 zmagati z ~imi točkami razlike：8 点差で勝つ

ósemdeset[42] ［数］80 Hitrost vožnje je osemdeset kilometrov na uro. 時速は 80 キロだ.

osemnájst[42] ［数］18

ósemsto[43] ［数］800 pred ~imi leti：800 年前

ósemúren[38] ［形］女単主：-rna 8 時間の ~i delovni čas：8 時間労働

oskŕba[14] ［女］1. 世話 2. 提供，供給 3. サーヴィス

oskrbéti[48] ［完］1. 提供する，供給する 2. 実現のために尽力する 3. 世話をする

oskrbováti[50] ［不完］L 分詞：-àl, -ála 1. 提供する，供給する 2. 世話をする

oslìč[2] ［男］単生：-íča メルルーサ

ôsmi[38] ［数］8 番目の

osnôva[14] ［女］1. 基礎，基盤 To pomeni v osnovi isto. それは基本的には同じものを意味する. 2. 語幹

osnôven[38] ［形］女単主：-vna, 比：-ejši 基本的な，本質的な

osnôvnik[1]［男］原級

osnútek[1]［男］単生：-tka 下書き，草案，草稿 zakonski ～：法案，議案

osprédje[21]［中］複生：osprédij 1. 前面，正面 2. prihajati v ～：重要になりつつある，焦眉の問題となってきている Gospodarska vprašanja prihajajo vedno bolj v ospredje. 経済問題はますます重要な問題になってきている.

osrédnji[38]［形］真ん中の，中心の，中心的な ~a tema：中心テーマ；~i del mesta：町の中心部

osredotóčiti[48]［完］集める，集中させる

osredotóčiti se[48]［完］（精神を）集中する V takem hrupu se ni mogoče osredotočiti. こんなにうるさいと集中できない.

ostájati[47]［不完］1. 残る，居残る ～ doma：家に残る 2. とどまる ～ na koncu vrste：列の最後尾にとどまる

ostáli[38]［形］1. 残った doma ~i otroci：家に残ったこどもたち 2. 文 残りの，他の

ostánek[1]［男］単生：-nka 残り，余り ～ denarja：残金

ostánem → ostáti

ostáti[49]［完］現1単：ostánem, L分詞：-àl, -ála 1. 残る，居残る ～ v mestu：町に残る 2. とどまる Ostalo bo še naprej mraz. ひどく寒い日がまだこの先も続くことだろう.

óster[38]［形］女単主：-tra/ôstra, 比：-êjši 1. よく切れる ～ nož：よく切れるナイフ 2. 鋭い ～ sluh：鋭い聴覚 3. とがった 4. 厳しい，辛らつな 5. からい

ostríči[49]［完］現1単：ostrížem, L分詞：ostrígel, -gla 1. 髪を切る ～ otroka：子どもの髪を切る 2. 強 はさみで切る ～ otroku nohte：子どもの爪を切る

ostríga[14]［女］牡蠣

ostrígel → ostríči
ostríti[48] ［不完］1. 研ぐ，鋭くする 2. 図 際立たせる，くっきりとさせる 3. 図 (感覚を) 鋭くする ～ si uho：耳を澄ます
ostrížem → ostríči
osúmljenec[2] ［男］単生：-nca 容疑者（男）
osúmljenka[14] ［女］容疑者（女）
osúpel[38] ［形］女単主：-pla，比：bolj ～ 強 驚愕した，うろたえた
osvetlíti[48] ［完］L分詞：osvétlil, -íla 1. 明るくする，光を当てる 2. 磨く s krpo ～ okno：窓を雑巾で磨く
osvobodítev[15] ［女］解放 ～ dežele izpod okupatorja：占領者からの国土の解放
osvobodíti[48] ［完］L分詞：osvobódil, -íla 解放する，解き放つ
osvojíti[48] ［完］L分詞：osvójil, -íla 1. 征服する ～ sosednje zemlje：近隣諸国を征服する 2. 強 ひきつける，魅了する Pevka je osvojila poslušalce. 歌手は聴衆を魅了した. 3. 達する，手に入れる ～ nagrado：賞を得る
ošában[38] ［形］女単主：-bna，比：-ejši 高慢な，横柄な
oškodovánec[2] ［男］単生：-nca 被害者（男）
oškodovánka[14] ［女］被害者（女）
oškodováti[50] ［完］L分詞：-àl, -ála 損害を与える
óšpice[14] ［女複］はしか imeti ～：はしかに罹っている
otêči[49] ［完］現1単：otêčem，L分詞：otékel, otêkla 腫れる
otékel[38] ［形］女単主：-êkla，比：bolj ～ 腫れた，ふくらんだ
otékel → otêči
oteklína[14] ［女］腫れ，腫れ上ったところ
otipljív[38] ［形］比：-ejši 明らかな，明白な，実質的な

ôtok¹ [男] 単生：-óka 島 živeti na ~u：島に住む

otopèl / otopél³⁸ [形] 女単主：-éla, 比：bolj ~ 無気力な

otóški³⁸ [形] 島の ~a država：島国

otóžen³⁸ [形] 女単主：-žna, 比：-ejši 悲しげな，憂鬱な

otrésel → otrésti

otrésem → otrésti

otrésti⁴⁹ [完] 現1単：otrésem, L分詞：ostrésel, -sla 振り落とす，払い落とす ~ prah z obleke：服のほこりを振り落とす

otrób¹ [男]【複】1. もみがら 2. 強 内容のない話

otróčji³⁸ [形] 比：bolj ~ 子どもっぽい Sin je za svoja leta otročji. 息子は年のわりに子どもっぽい.

otròk¹² [男] 子，子ども

otróški³⁸ [形] 子どもの，子ども用の ~i voziček：乳母車；~i zdravnik：小児科医

otvorítev¹⁵ [女] 1. 開始，オープニング 2. 開会式，落成式，就任式

ováðba¹⁴ [女] 告発，密告

ováditi⁴⁸ [完] 1. 非難する 2. 告発する ~ tatu policiji：泥棒を警察に告発する

ovál¹ [男] 1. 楕円，楕円形 portret v ~u：楕円形の肖像画 2. 大きめの楕円形の皿

oválen³⁸ [形] 女単主：-lna 楕円の，楕円形の ~ obraz：卵形の顔

ôvca¹⁴ [女] 複生：ovác 羊

ovčetína / ovčetina¹⁴ [女] 羊肉，マトン

ovdovéti⁴⁸ [完] 未亡人になる，やもめになる，配偶者を失う

ôven¹ [男] 単生：ôvna 1. おひつじ O~：おひつじ座 biti rojen v znamenju ~a：おひつじ座生まれだ 2. くい打ち機

ôves[1] [男] 単生：ôvsa カラスムギ

ovíjem → ovíti

ovínek[1] [男] 単生：-nka 1. 曲がり角, カーヴ, コーナー ~ na/v desno：右へ曲がるカーヴ 2. 強 brez ~ov：率直に govoriti brez ~ov：率直に話す

ovíra[14] [女] 1. 障害物 odstraniti ~o：障害物をかたづける 2. 障害, じゃま biti mu ~：彼にとってじゃまだ

ovírati[47] [不完] 妨げる, じゃまをする Gruča ljudi na cesti je ovirala promet.路上の人の群れが交通を妨げていた.

ovítek[1] [男] 単生：-tka 1. 本などのカヴァー, 表紙 2. 包帯

ovíti[50] [完] 現1単：ovíjem 1. 曲げる 2. 巻く, 包む ~ si vrat s šalom：首にマフラーを巻く

ovòj[2] [男] 単生：-ôja 1. 包装, カヴァー 2.文 封筒

ovójen[38] [形] 女単主：-jna 包装の, 包装用の ~i papir：包装紙

ovójnica[14] [女] 本のカヴァー, 封筒

ovrátnik[1] [男] 1. 襟 2. 首輪

ovsén[38] [形] カラスムギの ~i kosmiči：オートミール

ozádje[21] [中] 複生：ozádij 背景, バックグラウンド ~ odra：舞台裏

ozdravéti[48] [完] 健康になる, 治る ~ od pljučnice：肺炎が治る

ozdráviti[48] [完] 治す, 治療する ~ bolnika：病人を治療する

ozdravljív[38] [形] 比：bolj ~ 治療できる, 治る見込みのある

ózek[38] [形] 女単主：-zka, 比：óžji 狭い

ozémeljski[38] [形] 領土の, 地域の

ozémlje[21] [中] 複生：ozémelj 領土, 地域

ozír[1] [男] 関係, 関連, 点

ozirálen[38] ［形］女単主：-lna 関係節の ~i zaimek：関係代名詞

ozírati se[47] ［不完］1. 見る，眺める ～ skozi okno：窓の外を眺める 2. na + 対 考慮する 3. po + 前 / za + 造 探す，求める Na postaji se je oziral po taksiju, pa ga ni bilo. 駅で彼はタクシーを探したが，タクシーはなかった．Dolgo se je oziral za službo. 彼は長い間仕事を探していた．

ozíroma ［接］1. それぞれ，おのおの Moja otroka sta deset oziroma štirinajst let. 私の二人の子どもはそれぞれ10歳と14歳だ．2. つまり，つけくわえていえば 3. あるいは

označeváti[50] ［不完］L 分詞：-àl, -ála 1. 印をつける 2. 示す，意味する

ozná́čiti[48] ［完］1. 印をつける 2. 示す，意味する

oznáka[14] ［女］印，サイン，マーク

oznaníLo[20] ［中］⽂ 知らせ

oznaníti / oznániti[48] ［完］⽂ 現1単：-im, L 分詞：oznánil, -íla 知らせる，通知する

oznánjati[47] ［不完］⽂ 知らせる，通知する

ozónski[38] ［形］オゾンの ~a luknja：オゾンホール；~a plast：オゾン層

ozráčje[21] ［中］複生：ozráčij 1. 大気圏，大気 onesnaženost ~a：大気汚染 2. 雰囲気

ozréti se[49] ［完］現1単：ozrèm se, L 分詞：ozŕl se, -a se 1. 見る，視線をやる 2. 強 po + 前/za + 対 探し始める

ozŕl se → ozréti se

ozvézdje[21] ［中］複生：ozvédij 1. 星座 2. ⽂ 星

ožemálnik[1] ［男］絞り器 ～ za limone：レモン搾り器

oženíti se[48] ［完］現1単：ožénim se, L 分詞：oženil se, -íla se（男性が）結婚する

ožína[14] ［女］海峡，狭くなっているところ

oživéti[48] [完] 現1単：-ím, L分詞：oživel, -éla 1. 生き返る Spomladi narava oživi. 春には自然が息を吹き返す. 2. 生き生きとする，生気を取り戻す

oživíti[48] [完] 現1単：-ím, L分詞：oživil, -íla 1. 生き返らせる 2. 生き生きとさせる Ledena pijača ga je oživila. 冷たい飲み物のおかげで彼は元気になった.

óžji → ózek

P

pa [接] 1. しかし，ところが Obljubil je, pa ni držal besede. 彼は約束をしたが，そのことばを守らなかった. Res je med najboljšimi, ni pa prvi. 確かに彼はよくできるうちの一人だが，一番ではない. 2.(前に言ったことを補足あるいは明確にする) しかも Večkrat se razjezi, pa ne brez vzroka. その人は何度も怒る．しかも理由がない. 3. そして，それで Če nočeš, pa pusti. 欲しくないならそのままにしておきなさい. 4. 口 と Prinesi kruha pa sira. パンとチーズをもってきて.
pa tudi če …：たとえ～でも

paciènt[1] [男] 単生：-ênta 患者（男）

paciêntka[14] [女] 患者（女）

pácka[14] [女] しみ，汚れ ~e črnila：インクのしみ

pàč [副] 強 1. 確かに，きっと 2. (疑問詞とともに) いったい 3. とんでもない Ni priden delavec. Pač, priden je, samo neroden. 彼は勤勉な労働者ではない．とんでもない，勤勉だ．ただ不器用なのだ.

padálo[20] [中] パラシュート spustiti se s ~om：パラシュートで降下する

pádati[47][不完] 1. ころぶ，倒れる 2. 落ちる V sanjah se mu je zdelo, da pada. 彼は落ちていく夢を見た. 3. 下がる Zračni tlak pada. 気圧が下がっていく.

padavína[14][女]【複】降雨，降雪 meriti količino padavin：降雨量を測る

pádec[2][男] 単生：-dca 1. 落下，降下 ～ cen na tržišču：市場における物価の下降 2. 深さ

pádel → pásti

pádem → pásti

pahljáča[14][女] 扇子 hladiti si obraz s ～o：顔を扇子であおぐ

pajčolán[1][男] ヴェール

pájek[1][男] 単生：-jka 蜘蛛

pakét[1][男] 包み，小包 poslati knjige kot ～：本を小包にして送る

pakétič[2][男] 小さな包み，小包

pakíran[38][形] 包まれた，パックされた，荷造りされた ～o kosilo：弁当

paláča[14][女] 宮殿

palačínka[14][女]【複】パンケーキ testo za ～e：パンケーキの生地

pálčnik[1][男]【複】ミトン

pálec[2][男] 単生：-lca 親指 ～ na roki：手の親指；～ na nogi：足の親指

paléta[14][女] パレット

pálica[14][女] 杖，竿，ポール igralna ～：テレビゲームなどの操作レバー；smučarska ～：スキーのストック

páličica[14][女] 小さな杖，箸 Riž so jedli s paličicami. 彼らはご飯を箸で食べていた.

palúba / páluba[14][女] 甲板

pámet[16][女] 知性，記憶 priti k ~i：思い出す；na ～：暗記して；računati na ～：暗算する

pámeten[38] ［形］女単主：-tna, 比：-ejši/-êjši 賢い，知性のある，利口な

pánika[14] ［女］パニック Zgrabila me je panika. 私はパニックに襲われた．

pánj[2] ［男］蜂の巣，蜂の巣箱

pánoga[14] ［女］部門，分野，種目 literatura kot ~ umetnosti：芸術の1分野としての文学；tekmovati v alpskih ~ah：アルペン競技をする

panoráma[14] ［女］1. パノラマ，全景 2. 多数，多量 ~ problemov：多数の問題

papagáj[2] ［男］オウム

pápež[2] ［男］法王 voliti novega ~a：新しい法王を選出する

pápiga[14] ［女］オウム ~ skobčevka：セキセイインコ

papír[3] ［男］1. 紙 pisemski ~：便箋；pisati na ~：紙に書く 2.【複】メモ 3.【複】口 書類

papírnat[38] ［形］比：bolj ~ 紙製の ~ problem：現実味のない問題；~ robček：ティッシュ

papírnica[14] ［女］1. 文房具店 2. 製紙工場

páprika[14] ［女］1. ピーマン 2. パプリカ

pár[1] ［男］1. ペア，一対 Kupila je nov par rokavic. 彼女は新しい手袋を一組買った． 2. 口 いくつかの，いくらかの

pára[14] ［女］蒸気 s polno ~o/z vso ~o：全速力で

paráda[14] ［女］パレード，行進

paradížnik[1] ［男］トマト

parcéla[14] ［女］一区画の土地

pardón / pàrdon ［間］口 失礼，すみません

páren[38] ［形］女単主：-rna 1. 蒸気の ~a lokomotiva：蒸気機関車 2. 対をなす ~o število：偶数

parfúm[1] ［男］香水

parfumeríja[14] ［女］香水店

Paríz[1] ［男］パリ v ~u：パリで

párk[1] [男] 公園 vhod v ~：公園の入り口

parkírati[47] [不完・完] 駐車する Tu je prepovedano parkirati. ここは駐車禁止だ.

parkíren[38] [形] 女単主：-rna 駐車の, 駐車用の ~i čas：駐車のために許可された時間；~i prostor：駐車スペース

parkiríšče[21] [中] 駐車場 na ~u：駐車場で

parkirnína[14] [女] 駐車料金

parlamènt[1] [男] 単生：-ênta 国会, 議会

parlamentáren[38] [形] 女単主：-rna 1. 国会の, 議会の 2. 国会で制定した, 議会で制定した

párnik[1] [男] 蒸気船, 大型船

paróbek[1] [男] 単生：-bka 切り株

paróla[14] [女] スローガン, パスワード

partêr[3] [男] (劇場の) 1階席

pártija[14] [女] 党, 政党

partíja[14] [女] ゲーム (特にチェスの) igrati dve ~i：2回ゲームをおこなう (2局さす)

partitúra[14] [女] 楽譜, 総譜, スコア

pártner[3] [男] パートナー, 相手 (男) poslovni ~：ビジネスパートナー；zakonski ~：結婚相手；~ v filmu：映画の共演者

pártnerica[14] [女] パートナー, 相手 (女)

pás[5] [男] 単生：-ú/-a 1. ベルト, 帯 zapeti si ~：ベルトをしめる 2. ウェスト, 胴まわり 3. (道路の) ゾーン

pasáža[14] [女] 通路, 小道

pásel → pásti

pásem → pásti

pásji[38] [形] 比：bolj ~ 1. 犬の ~a hišica：犬小屋 2. 卑しい

pásma[14] [女] 複生：pásem (動物の) 種, 品種 jorkširska ~：ヨークシャー種

pást[17] [女] 罠, 落とし穴 Ujel se je v past. 彼は罠には

pásta[14] [女] 練ったもの, ペースト ~ za čevlje：靴クリーム

pastélen[38] [形] 女単主：-lna, 比：bolj ~ パステルの ~a barva パステルカラー；~i svinčnik：クレヨン

pastéta[14] [女] ペースト, パテ

pásti[49] [完] 現1単：pádem, L分詞：pádel, -dla 1. 倒れる, ころぶ 2. 落ちる Jabolko mu je padlo na glavo. りんごが彼の頭に落ちた. 3. 下がる 4. 減少する, 減る

pásti[49] [不完] 現1単：pásem, L分詞：pásel, -sla 羊や牛などの番をする

pastír[3] [男] 羊飼い（男）

pastiríca[14] [女] 1. 羊飼い（女）2.【複】せきれい

pášnik[1] [男] 牧草地

paštéta[14] [女] ペースト, パテ jetrna ~：レバーペースト Kruh si je namazala s pašteto. 彼女は自分のパンにペーストをぬった.

paviljón[1] [男] 1. 展示館, パヴィリオン 2.（公園などの）休憩所 3.（病院などの）別館

pávka[14] [女]【複】ティンパニ udarjati na ~e：ティンパニを叩く

pavlíha[9] [男] 道化師, ピエロ

pázduha[14] [女] わきの下 meriti temperaturo pod ~o：体温をわきの下で測る

pazíti / páziti[48] [不完] 現1単：-im, L分詞：pázil, -íla 1. 警戒する, 番をする Pes pazi na dom. 犬が家の番をしている. 2. 気をつける, 用心する 3. 注意を向ける

pazljív[38] [形] 比：-ejši 注意深い, 用心深い

pecívo[20] [中] ペストリー（パン, ケーキ類）

péč[17] [女] 1. ストーヴ, 暖房器具 2. オーヴン jemati kruh iz ~i：オーヴンからパンを取り出す

pečát¹ [男] 判, 印 dati ~：判を押す
pečeníca¹⁴ [女] ソーセージ
pečénka¹⁴ [女] ローストした肉, 特にローストビーフ
pêči⁴⁹ [不完] 現1単：pêčem, L分詞：pékel, pêkla 1. 焼く, ローストする 2. やけどを起こす, ひりひりする
pečíca¹⁴ [女] 1. 小さなストーヴ 2. 小さなオーヴン mikrovalovna ~：電子レンジ
pečkà/pèčka¹⁴ [女] 複生：pèčk/pečká/pečák 果物の種 imeti denar kot ~á：大金持ちだ
pedagóg¹ [男] 教育学者（男）
pedagógika¹⁴ [女] 教育学 ustanoviti katedro za ~o：教育学科を建てる
pedagóginja¹⁴ [女] 教育学者（女）
pedagóški³⁸ [形] 教育学の, 教育学者の
pedál¹ [男] ペダル ~ pri klavirju：ピアノのペダル
pediáter¹ [男] 単生：-tra 小児科医（男）
pediátrinja¹⁴ [女] 小児科医（女）
pedikúra¹⁴ [女] ペディキュア, 足の手入れ
péga¹⁴ [女] しみ, そばかす ~ na obrazu：顔のしみ
pehôta¹⁴ [女] 歩兵（全体）, 歩兵隊
péhtran¹ [男] タラゴン
pék¹ [男] パン屋（男）
pekárna¹⁴ [女] パン屋（店）delati v ~i：パン屋で働く
pekèl¹ [男] 単生：-klà 地獄, 地獄のような苦しみ
pékel → pêči
pekóč³⁸ [形] 比：bolj ~ からい, ひりひりする
pékovka¹⁴ [女] パン屋（女）, パン屋の妻
peljáti⁵⁰/⁴⁷ [不完] 現1単：péljem/-ám, L分詞：pêljal, -ála 1. 運送する ~ sadje na trg：果物を市場へ運ぶ 2. 運転する ~ voz：車を運転する 3. 運行する Avtobus je peljal z železniške postaje proti središču me-

sta. バスは鉄道駅から町の中心の方向へでていた. 4. 連れて行く, 案内する Vodič jih je peljal po mestu. ガイドは彼らを連れて町中を案内した.

peljáti se[50/47] ［不完］現1単：péljem se / -ám se, L分詞：pêljal se, -ála se 乗り物で行く ~ z vlakom：電車で行く

péljem → peljáti

péljem se → peljáti se

péna[14] ［女］泡 kozarec piva z debelo ~o：泡の層が厚い一杯のビール

penèč[38] ［形］女単主：-éča, 比：bolj ~ 泡の, 泡の出る, 発泡性の ~e vino：スパークリングワイン

pénzija[14] ［女］囗 1. 年金生活 2. 年金

penzión[1] ［男］1. ペンション stanovati v ~u ob morju：海辺のペンションに滞在する 2. 囗 年金

pepél[1] ［男］灰 ~ cigarete：たばこの灰; spremeniti v prah in ~：灰燼と化す

pepelíšče[21] ［中］喫煙コーナー

pepélnik[1] ［男］1. 灰皿 2. 喫煙コーナー

pêrem → práti

perésnica[14] ［女］ペンケース, 筆箱

perfékten[38] ［形］囗 女単主：-tna 完璧な, すばらしい

perílo[20] ［中］下着, リネン

peró[24] ［中］1. 羽, 羽毛 2. ペン nalivno ~：万年筆 3. 作家, 文学研究者

perón[1] ［男］プラットフォーム iti na ~：プラットフォームへ行く

perspektíva[14] ［女］将来の見通し, 展望

perúnika[14] ［女］あやめ

perút[16] ［女］【複】翼, 羽

perutnína[14] ［女］家禽, とくに鶏

pès[1] ［男］単生：psà 犬 morski ~：サメ; pozor, hud

～：猛犬注意；gledati se kot ～ in mačka：仲が悪い

pésa[14] [女] 蕪，ビート

pések[1] [男] 単生：-ska 砂

pésem[16] [女] 単生：-smi 1. 詩 zbirka ~i：詩集 2. 歌 besedilo ~i：歌詞

pesimíst[1] [男] 悲観主義者，ペシミスト（男）

pesimístka[14] [女] 悲観主義者，ペシミスト（女）

pesmaríca[14] [女] 歌集

pésmica[14] [女] 強 1. 短い詩 2. 短い歌 ～ za otroke：童謡，わらべ歌

pésnica[14] [女] 詩人（女）

pésnik[1] [男] 詩人（男）

pésniški[38] [形] 詩人の，詩の，詩的な ~i zbornik：詩集

pésništvo[20] [中] 詩，詩作品（集合）

pést[17] [女] 1. 拳 stisniti ～：拳を握る；udariti s ~jo po mizi：拳で机を叩く 2. 一握り分の量

péster[38] [形] 女単主：-tra，比：-ejši 多種多様な，ヴァリエーション豊かな

péš [副] 歩いて，徒歩で iti ～：歩いて行く

péšati[47] [不完] 疲れる，衰弱する

peščén[38] [形] 比：bolj ～ 1. 砂の，砂でできた ~a plaža：砂浜；~a ura：砂時計 2. 砂色の

péšec[2] [男] 単生：-šca 1. 歩行者（男）prehod za ~e：横断歩道 2. 歩兵

péška[14] [女] 歩行者（女）

peškà/pèška[14] [女] 複生：pèšk/pešká 果物の種

péšpót[17] [女] 歩道

pét[42] [数] 5

pêta[14] [女] 複生：pét/petá 1. かかと Ahilova ～：アキレス腱，弱点 2. 靴のヒール čevlji z visoko ~o：ハイヒール

pétdeset[42] [数] 50

pétdeseti[38] ［数］50番目の ~a leta 20. stoletja：1950年代

pétek[1] ［男］単生：-tka 金曜日 v ~：金曜日に

petêlin[1] ［男］単生：-ína 雄鶏 Petelin kikirika. 雄鶏が鳴いている．

peteršìlj / peteršílj[2] ［男］単生：-ílja パセリ

péti[50] ［不完］現1単：pôjem 歌う Poje kot slavček. 歌がとても上手だ．

pêti[38] ［数］5番目の

petíca[14] ［女］1. 数字の5 2. 学校の成績の5（一番よい）

pêtič［副］5回目に，5番目に

petína[14] ［女］5分の1 Dve petini prebivalstva sta stari pod dvajset let. 住民の5分の2は20歳以下だ．

pétje[21] ［中］歌うこと

pétka[14] ［女］1. 数字の5 2. 学校の成績の5（一番よい）

pêtka[14] ［女］小さなかかと

petnájst[42] ［数］15

petnájsti[38] ［数］15番目の ~o stoletje：15世紀

pétsto[43] ［数］500 Cerkev je stara petsto let. 教会は500年の古さだ．

pétstoti[38] ［数］500番目の

pévec[2] ［男］単生：-vca 歌う人，歌手（男）operni ~：オペラ歌手

pévka[14] ［女］歌う人，歌手（女）

pévski[38] ［形］歌手の，歌の

pianíno[7] ［男］アップライトピアノ

pianíst[1] ［男］ピアニスト（男）

pianístka[14] ［女］ピアニスト（女）

píca[14] ［女］ピザ

piceríja[14] ［女］ピッツェリア jesti v ~i：ピッツェリアで食べる

píčiti[48] ［完］（虫などが）刺す

pidžáma[14] ［女］パジャマ

pihálo[20] [中]【複】吹奏楽器 kovinska ~a：金管楽器；lesena ~a：木管楽器

píhati[47] [不完] 1.【3人称】風が吹く Zunaj piha. 外は風が吹いている．2. 息を吹きかける

píhniti[49] [完] 息を吹きかける ~ prah z mize：息を吹きかけて机の埃をはらう

pijáča[14] [女] 飲み物 alkoholna ~：アルコール飲料；brezalkoholna ~：ノンアルコール飲料

pijàn[38] [形] 女単主：-ána, 比：bolj ~ 酔った，酔っている biti ~ (od) sreče：幸福に酔いしれる

píjem → **píti**

pík[1] [男] 虫が刺すこと，刺された箇所 komarjev ~：蚊が刺した場所 Po nogi je imel polno bolšjih pikov. 彼は足中蚤に刺されていた．

pík[1] [男] トランプのスペード

píka[14] [女] 1. 点，ドット ruta s ~ami：水玉模様のスカーフ 2. ピリオド

pikánten[38] [形] 女単主：-tna, 比：-ejši 1. からい，スパイシーな，ひりひりする 2. 強 短気な，怒りっぽい

píkati[47] [不完] 1. 虫などが刺す 2. 噛む，噛みつく

píkčast[38] [形] 1. 水玉模様の 2. 点の ~a črta：点線

píknik[1] [男] ピクニック iti na ~：ピクニックに行く

píkov[38] [形] スペードの ~ as：スペードのエース；~a dama：スペードのクィーン

pilót[1] [男] パイロット，操縦士（男）avtomatski ~：自動操縦装置

pilótka[14] [女] パイロット，操縦士（女）

pílula[14] [女] 錠剤，丸薬

pincéta[14] [女] ピンセット

pípa[14] [女] 1. パイプ Kadil je iz dolge pipe. 彼は長いパイプでタバコを吸っていた．2. 蛇口 zapreti ~o：蛇口を閉める

piré[10] ［男］単生：-êja ピューレ krompirjev ~：マッシュポテト

pírh[1] ［男］イースターエッグ

pisálen[38] ［形］女単主：-lna 書き物の，書き物用の ~a miza：書き物机；~i pribor：筆記用具；~i stroj：タイプライター

pisálo[20] ［中］筆記用具

písan[38] ［形］比：bolj ~ 1. 多彩な，さまざまな色彩の 2. 強 多種多様な

pisárna[14] ［女］事務所，オフィス delati v ~i：事務所で働く

pisárniški[38] ［形］事務所の，オフィスの

pisátelj[2] ［男］作家（男）

pisáteljica[14] ［女］作家（女）

písati / pisáti[49] ［不完］現1単：píšem, L 分詞：písal, -ála 書く，記述する

písati se / pisáti se[49] ［不完］現1単：píšem se, L 分詞：písal se, -ála se ～という苗字である，～という氏名である

pisáva[14] ［女］1. 文字体系 cirilska ~：キリル文字；~ za slepe：点字 2. 書くこと，記述すること，表記

písec[2] ［男］単生：-sca 著者

písemski[38] ［形］手紙の ~i papir：便箋

písk[1] ［男］警笛，汽笛，ホイッスル

písmen[38] ［形］1. 書かれた，書面の 2. 書くことが好きな 3. 読み書きのできる

písmo[20] ［中］複生：písem 1. 手紙 ljubezensko ~：ラヴレター；sporočiti v ~u：手紙で伝える 2. sveto ~：聖書

pismonóša[9] ［男］郵便配達人

piščálka[14] ［女］笛

piščánec[2] ［男］単生：-nca ひな鳥

píšče[23] ［中］ひよこ，ひな

píšem → písati / pisáti
píšem se → písati se / pisáti se
piškót[1] [男] ビスケット
pištóla[14] [女] ピストル，拳銃
píta[14] [女] パイ jabolčna ~：アップルパイ
píten[38] [形] 女単主：-tna 飲用の，飲むことのできる ~a voda：飲料水
píti[50] [不完] 現1単：pijem 飲む Ne kadi in ne pije. その人はタバコも酒もやらない．
pívnica[14] [女] 居酒屋，バー（特にビールの）
pívo[20] [中] ビール
pívski[38] [形] ビールの，居酒屋の ~i vrček：ビアマグ
pižáma[14] [女] パジャマ
pláča[14] [女] 給料 mesečna ~：月給
pláčati / plačáti[47] [完] L 分詞：pláčal, -ála 払う，支払う ~ v gotovini：現金で払う
plačeváti[50] [不完] L 分詞：-àl, -ála 払う，支払う ~ pri blagajni：レジで払う
plačílo[20] [中] 1. 支払い ~ stroškov：費用の支払い 2. 報酬 Za to delo ni dobil nobenega plačila. その仕事に対して彼は何の報酬も得なかった．
pládenj[2] [男] 単生：-dnja トレイ，お盆
pláh[38] [形] 比：bolj ~ 1. 内気な，シャイな 2. 強 臆病な
plakát[1] [男] ポスター nalepiti ~：ポスターを貼る；filmski ~：映画のポスター
plámen[1] [男] 単生：-éna 炎 biti v ~u / v ~ih：燃えている
plán[1] [男] 1. 計画，プラン narediti ~：計画を立てる；letni ~：年間計画 2. 地図 ~ mesta：市内地図
planét[1] [男] 惑星 rdeči ~：火星
planíka[14] [女] エーデルワイス

planína[14][女] 1. 山地の牧草地 2.【複】山岳

planínec[2][男] 単生：-nca 登山者（男）

planínka[14][女] 登山者（女）

planínski[38][形] 山の，山岳性の ~i čevlji：登山靴；~e rastline：高山植物

planíti/plániti[49][完] 現1単：-em, L分詞：plánil, -íla/-il, -ila 1. 突然立ち去る・やってくる ~ iz hiše：家の中から飛び出す 2. 強 (v jok, v smeh と共に) 突然大泣きする，突然大笑いする 3. 強 急襲する，とびかかる ~ po nasprotniku：敵に襲いかかる

planôta[14][女] 高原，台地

plást[17][女] 層，階層 ~ premoga：石炭層；ozonska ~：オゾン層

plástičen[38][形] 女単主：-čna, 比：bolj ~ 1. 造形芸術の，プラスチックの ~a operacija：整形手術 2. 可塑性のある 3. はっきりした，くっきりした

plástika[14][女] 1. 造形芸術 2. 口 プラスチック

plášč[2][男] 1. 外套，コート ~ s kapuco：フードつきのコート；kopalni ~：バスローブ 2. タイヤ

plátno[20][中] 複生：pláten 1. 亜麻布，リネン 2. キャンヴァス slikati na ~：キャンヴァスに描く

plàv/pláv[38][形] 女単主：-áva, bolj ~ 1. ブロンドの 2. 口 青い ~i angel：制服警官

plaválen[38][形] 女単主：-lna 水泳の ~i bazen：スィミングプール

plávanje[21][中] 泳ぐこと，水泳 hrbtno ~：背泳ぎ；prsno ~：平泳ぎ

plávati[47][不完] 1. 泳ぐ 2. 水上・空中を移動する Po morju plavajo ladje. 海を船がいく．Po nebu plavajo beli oblaki. 空を白い雲が動いている．3. 強 浮遊する

plavolás[38][形] ブロンドの

plavolásec[2][男] 単生：-sca ブロンドの人（男）

plavoláska[14][女] ブロンドの人（女）

plavút[16] [女]【複】ひれ
pláz[5] [男] 単生：-ú/-a 雪崩，土砂崩れ
plazílec[2] [男] 単生：-lca 爬虫類
pláža[14] [女] 海岸，浜 oditi na ~o：浜へでかける
pláža[14] [女] 強 がらくた，くず
pléd[1] [男] ショール
plême[22] [中] 単生：-éna 氏族，種族
plémič[2] [男] 貴族（男）
plémiški[38] [形] 貴族の，貴族階級の ~i naslov：貴族の称号；biti ~ega rodu：貴族の家の出だ
plémkinja[14] [女] 貴族（女）
pleníca[14] [女] おむつ
plés[1] [男] 1. 踊り，ダンス 2. 舞曲
plesálec[2] [男] 単生：-lca 踊り手，ダンサー（男）
plesálka[14] [女] 踊り手，ダンサー（女）
plésati/plesáti[49] [不完] 現1単：plešem, L分詞：plésal, -ála 踊る
plésen[38] [形] 女単主：-sna 踊りの，ダンスの ~i koraki：ダンスのステップ
plêsti[49] [不完] 現1単：plêtem, L分詞：plêtel, -tla 編む
plešast[38] [形] 比：bolj ~ 禿げた
plešem → plésati
plét[1] [男] ショール
plêtel → plêsti
plêtem → plêsti
pletèn[38] [形] 女単主：-êna 編んだ，ニットの ~a jopica：ニットのセーター
pletênje[21] [中] 編むこと，編み物
pletênka/pletênka[14] [女] フラスコ
pletílka[14] [女] 編み針 plesti s tankimi ~ami：細い編み針で編む
plezálec[2] [男] 単生：-lca 登山家，アルピニスト（男）

plezálen[38] [形] 女単主：-lna 登山家の，登山の ~a vrv：ザイル

plezálka[14] [女] 登山家，アルピニスト（女）

plézati[47] [不完] 1. よじ登る ～ po drevju：木登りをする 2. 這う

plíma[14] [女] 満ち潮

plín[1] [男] ガス kuhati na ～：ガスで料理する；strupeni ~i：毒ガス

plinomér[1] [男] ガスメーター

plínski[38] [形] ガスの ~a maska：ガスマスク

plítev[38] [形] 女単主：-tva, 比：-êjši 浅い ~a jama：浅い穴；~a rana：浅い傷

pljúča[21] [中複] 肺 rentgenski posnetek pljuč：肺のレントゲン撮影

pljúčen[38] [形] 女単主：-čna 肺の ~a arterija：肺動脈

pljúčnica[14] [女] 肺炎

pljújem → pljúvati

pljúniti[49] [完] つばや血を吐く

pljúvati[47/50] [不完] 現1単：-am / pljújem つばや血を吐く

pločevínka[14] [女] 缶 pivo v ~ah：缶ビール

plóčnik[1] [男] 舗装道路

plód[5] [男] 単生：-ú / -a 1. 果実，実 nabirati ~ove：実を摘む 2. 成果，結果 Neuspeh je plod njegove nedelavnosti. 失敗は彼の怠慢のせいだ.

plôha[14] [女] にわか雨

plómba[14] [女] 歯につめる充填物，封印用の鉛

plôskati[47] [不完] 1. 拍手する ～ govorniku：演説者に拍手をおくる 2. 音を立てて叩く

plôskev[15] [女] 面，平面

plôšča[14] [女] 板，プレート gramofonska ～：レコード

plót[5] [男] 単生：-a / -ú 柵，フェンス

plôvba[14] ［女］航海 ～ okrog sveta：世界一周航海

plôvem → plúti

plúg / plùg[1] ［男］単生：plúga 鋤

plújem → plúti

plúti[49/50] ［不完］現1単：plôvem / plújem 漂う

pnevmátika[14] ［女］タイヤ rezervna ～：スペアタイヤ

po ［前］Ⅰ+対 ～を求めて iti po zdravnika：医者を呼びに行く；iti v lekarno po zdravila：薬を買いに薬局に行く

Ⅱ+前 1. ～中を sprehajati se po parku：公園の中を散歩する；hoditi po gozdu：森の中を歩き回る 2. ～に沿って Potok teče po dolini. 小川は谷に沿って流れている. 3. ～の後で Po petih letih ga prvič vidim. 5年ぶりに彼に会う. 4. ～によって spoznati ga po glasu：声で彼とわかる；poslati po pošti：郵便で送る 5. ～が原因で To se je zgodilo po tvoji krivdi. 君のせいでそうなったんだ. 6. ～ずつ

pobárvati[47] ［完］塗る，染める ～ vrata z belo barvo：ドアを白く塗る；narisati in ～ avtomobil：自動車の絵を描いて色を塗る；～ si lase：髪を染める

pobèg / pobég[1] ［男］単生：-éga 脱走 ～ od doma：家出

pobégniti[49] ［完］避難する，逃れる，逃げる

pobelíti / pobéliti[48] ［完］現1単：-im, L分詞：pobélil, -íla 1. 白く塗る 2. 白くする，漂白する

pobêrem → pobráti

pobesnéti[48] ［完］怒り出す

pobíjem → pobíti

pobírati[47] ［不完］取り上げる，拾い上げる Otroku so igrače padale na tla, mati jih je pobirala. 子どものおもちゃが床に落ちると母親がそれを拾い上げていた.

pobíti[50] ［完］現1単：pobíjem, L分詞：pobìl, -íla 1.

次から次へと殺す 2. 屠殺する 3. 殴り倒す 4. 次から次へと壊す

pobóčje[21] ［中］複生：pobóčij 坂, 斜面

pobráti[49] ［完］現1単：pobêrem 取り上げる, 拾い上げる ～ pete：立ち去る, 逃げ出す

pobrísati[49] ［完］現1単：pobríšem 拭く ～ mizo s krpo：テーブルを布巾で拭く

pobríšem → pobrísati

pobúda[14] ［女］発案, 主導権 dati ~o：主導権を渡す

pocéni ［形］不変 比：cenêjši 1. 安い 2. 強 価値の低い

pocéni ［副］不変 比：cenêj(š)e 安く ～ kupiti：安く買う

počákati[47] ［完］待つ Počakal sem ga doma. 私は彼を家で待った. ～ na avtobus：バスを待つ Trenutek počakajte, prosim. 少々お待ちください.

počásen[38] ［形］女単主：-sna, 比：-êjši / -ejši ゆっくりした, 緩慢な Je počasen pri delu. 彼は仕事がのろい. ~a sprememba：ゆっくりとした変化

počási ［副］ゆっくり, 遅く ～ govoriti：ゆっくり話す

počastíti[48] ［完］L分詞：počástil, -íla 1. 敬意を表する, 尊敬する 2. 宗教的にあがめる, 崇拝する

počesáti[49] ［完］現1単：počéšem, L分詞：počésal, -ála 梳かす, くしけずる ～ otroke：子どもたちの髪を梳かす S prsti se je počesala lase. 彼女は手櫛で髪を整えた.

počéšem → počesáti

počéti[49] ［不完］現1単：počnèm 強 1. する Poglej, kaj počnejo otroci na dvorišču. 子どもたちが庭で何をしているか見てごらん. 2. 不快なことを引き起こす Kaj si počel s knjigo, da je vsa umazana？ そんなに本が汚れているなんて, 何をしていたの.

počéz [副] 1. 横切って，斜めに ~ prerezati steblo：茎を斜めに切る 2.（kupiti, prodati などと共に）おおよそ，ざっと prodati hišo ~ sto tisoč evrov：10万ユーロほどで家を売る

počítek[1] [男] 単生：-tka 休憩 Po kosilu imajo počitek. 昼食後彼らは休憩を取っている．

póčiti[48] [完] 1. 大きな音を立てる V temi je nekaj počilo. 暗闇で何かが大きな音を立てた．2. 爆発する 3. パンクする Počila mi je guma. タイヤがパンクした．4. 強 打つ ~ otroka：子どもをぶつ

počítnice[14] [女複] 休み，休暇 vzeti si tri tedne počitnic：3週間の休みを取る；poletne ~：夏休み；biti na ~ah：休暇中だ

počítniški[38] [形] 休みの，休暇の ~i tabor：キャンプ地；~i tečaji tujih jezikov：休暇中の外国語のコース

počívati[47] [不完] 1. 休む，休暇をとる 2. 強 横になる，眠る

počnèm → počéti

počutíti se / počútiti se[48] [不完] 現1単：-im se, L分詞：počutil se, -íla se 感じる Počutili so se dovolj močne, da so nadaljevali pot. 彼らは旅を続けられるくらい充分体力があると感じていた．~ osamljenega：孤独だと感じる

počútje[21] [中] 複生：počutij 気分 vprašati ga po njegovem ~u：彼に気分がいいか尋ねる

pod [前] Ⅰ ＋対 ~の下へ Poglej pod mizo. テーブルの下を見て．Voda sega do pod kolena. 水はひざの下まで達している．Zjutraj je temperatura padla pod minus pet stopinj. 朝は気温がマイナス5度より落ちた．

Ⅱ ＋造 ~の下に・で Knjiga leži pod zvezki. 本は何冊かのノートの下にある．otroci pod desetimi leti：10歳未満の子ども；pod napisi：字幕つきの

podájati[47] [不完] 1. 渡す，手渡す Podajali so si vedra iz rok v roke. 彼らはバケツリレーをした. 2. 伝える

podáljšati[47] [完] 1. 伸ばす，長くする ~ krilo：スカート丈を伸ばす 2. 期間を延長する ~ rok plačila：支払期限を延ばす

podaríti[48] [完] L 分詞：podáril, -íla 贈る，プレゼントする ~ za rojstni dan：誕生日のプレゼントをする

podárjati[47] [不完] 贈る，プレゼントする

podátek[1] [男] 単生：-tka 情報，データ zbrati ~e：データを収集する；osebni ~i：個人情報

podáti[52] [完] 1. 渡す，手渡す 2. 伝える V knjigi je podal svoje poglede. 本の中で彼は自分の観点を伝えた.

podčŕtati[47] [完] 1. 下線を引く ~ neznane besede v besedilu：テキストの中の知らない語に下線を引く 2. 強調する

podedováti / podédovati[50] [完] L 分詞：-àl, -ála / -al, -ala 相続する，受け継ぐ

podelíti[48] [完] L 分詞：podélil, -íla 授与する ~ diplome：卒業証書を授与する

podeljeváti[50] [不完] L 分詞：-àl, -ála 授与する

podêrem → podréti

podežélje[21] [中] 複生：podežêlj / podežêlij 地方，田舎 živeti na ~u：地方で暮らす

podežélski[38] [形] 地方の，田舎の

podgána[14] [女] ねずみ

podhòd[1] [男] 単生：-óda 地下道

pódij[2] [男] 教壇，演壇

pòdiplómski[38] [形] 大学院の ~i študent：大学院生

podírati[47] [不完] 1. 倒す，引き倒す 2. 強 撃つ 3. 取り壊す ~ hišo：家を取り壊す

podíti[48] [不完] 追いかける，追い立てる

podjétje[21] [中] 複生：podjétij 会社，企業 trgovsko ~：商社

podjétnica[14] [女] 事業家（女）

podjétnik[1] [男] 事業家（男）

podkupovánje[21] [中] 贈賄

podlága[14] [女] 1. 基礎 2. 基礎学力 3. 下地

podmórnica[14] [女] 潜水艦 atomska ~：原子力潜水艦

pòdnajémnica[14] [女] 間借り人，家賃を払って暮らしている人（女）

pòdnajémnik[1] [男] 間借り人，家賃を払って暮らしている人（男）

pòdnapís[1] [男] 字幕 film s ~i：字幕つきの映画

pòdnaslòv[1] [男] 単生：-ôva 1. サブタイトル 2. 字幕

podnében[38] [形] 女単主：-bna 気候の Kraj ima ugodne podnebne pogoje. その地方は温暖な気候に恵まれている．

podnébje[21] [中] 複生：podnébij 気候 tropsko ~：熱帯気候

podnévi [副] 昼間，昼の間 Okna ima podnevi odprta. 窓は昼間は開いたままだ．

podóba[14] [女] 1. 絵，絵画 abstraktna ~：抽象画 2. 様相 3. 外見

podóben[38] [形] 女単主：-bna, 比：-ejši 似ている Kupil sem si podobno obleko kot ti. 私は君のと同じような服を買った．Sin je podoben očetu. 息子は父親に似ている．~ kot jajce jajcu：瓜二つ

podóbno [副] 比：-ej(š)e 同じように，似たように

podôlgast[38] [形] 比：bolj ~ 細長い

podolgovàt[38] [形] 女単主：-áta, 比：bolj ~ 細長い

podpétnik[1] [男] 靴のかかと

pòdpíčje[21] [中] 複生：podpíčij セミコロン

podpírati[47] [不完] 1. 支える Blazina mu podpira hrbet. 彼はクッションで背中を支えている. 2. 支柱を立てる

podpís[1] ［男］サイン，署名 knjiga z avtorjevim ~om：著者のサイン入りの本

podpísati / podpisáti[49] ［完］現1単：podpíšem, L分詞：podpísal, -ála サインする，署名する ~ pismo：手紙に署名する

podpisováti[50] ［不完］L分詞：-àl, -ála サインする，署名する

podpíšem → podpísati / podpisáti

podplàt[1] ［男］単生：-áta 1. 足，足の裏 žulj na ~u：足のまめ 2. 靴の裏，裏地

podplútba[14] ［女］青あざ

podpóra[14] ［女］1. 支柱，支え 2. 経済的支援

pòdpredsédnica[14] ［女］副議長，副大統領，副総裁（女）

pòdpredsédnik[1] ［男］副議長，副大統領，副総裁（男）

podprèm → podpréti

podpréti[49] ［完］現1単：podprèm, L分詞：podpŕl, -a 1. 支える denarno ~：金銭面で支える 2. 支柱を立てる

pòdpritlíčje[21] ［中］建物の地下，地階 v ~u：地階で

podpŕl → podpréti

podražítev[15] ［女］インフレ，価格上昇

podražíti[48] ［完］L分詞：podrážil, -íla 価格をつりあげる，インフレを引き起こす

podredíti[48] ［完］L分詞：podrédil, -íla 従わせる，いうことをきかせる，従属させる ~ polkovnika generalu：大佐を将軍に従わせる Sin se noče podrediti očetu. 息子は父親のいうことを聞きたがらない.

podrèm → podréti

podréti[49] ［完］現1単：podrèm / -dêrem, L分詞：podŕl, -a 1. 倒す，引き倒す 2. 取り壊す

podŕl → podréti

podróben[38] ［形］女単主：-bna, 比：-ejši 子細な、こまごまとした

podróčen[38] ［形］女単主：-čna 地方の、地域の ~a koda：リージョンコード

područje[21] ［中］複生：področij 1. 一定の特徴によってまとめられる地方、地帯 industrijsko ~：工業地帯；potresno ~：地震の多い地方 2. 一定の力の及ぶ空間 Letalo je zelo hitro izginilo iz vidnega področja. 飛行機はものすごいスピードで視界から消えた. 3. 活動範囲、分野

podstréšje[21] ［中］複生：podstréšij 屋根裏部屋 stanovati na ~u：屋根裏に住む

podvojíti[48] ［完］L 分詞：podvójil, -íla 2 倍にする、2 倍に増やす

podvómiti / podvomíti[48] ［完］現 1 単：-im, L 分詞：-il, -ila / -íla 疑う

podvòz[1] ［男］単生：-ôza 地下道、地下通路

podvréči[49] ［完］現 1 単：podvŕžem, L 分詞：podvŕgel, -gla 従わせる、征服する

podvŕgel → podvréči

podvŕžem → podvréči

podzémen[38] ［形］女単主：-mna 地下の ~a železnica：地下鉄；~i kabel：地下ケーブル

podzémlje / podzêmlje[21] ［中］1. 地下 2. 非合法活動、地下活動

podzémski[38] ［形］1. 地下の ~a železnica：地下鉄 2. 非合法の ~e organizacije：地下組織

poét[1] ［男］区 詩人（男）

poetésa[14] ［女］区 詩人（女）

poétičen[38] ［形］女単主：-čna, 比：bolj ~ 区 1. 詩の、詩人の、詩的な 2. 非常に繊細な

poezíja[14] ［女］1. 詩 2. 区 繊細さ

pogáča[14] ［女］ロールパン

pogáčica[14] ［女］1. 小型のロールパン 2. 膝頭 Ob padcu si je poškodoval pogačico. 彼は転んでひざに怪我をした.

pogájati se[47] ［不完］交渉する，協議する ～ z delodajalcem za plače：雇い主と給料の交渉をする

pogánjati[47] ［不完］1. 動かす，稼動させる ～ kolo：自転車をこぐ 2. 送る，運ぶ Srce poganja kri po žilah. 心臓は血管を通して血液を運ぶ. 3. 強 追い出す，追い払う

pogánski[38] ［形］（キリスト教から見て）異教の ~i bogovi：異教の神々

pogánstvo[20] ［中］（キリスト教から見て）異教

pogíniti[49] ［完］1. 動物が死ぬ Zaradi onesnaženosti reke so ribe poginile. 川の汚染がもとで魚が死んだ. 2. 強 死ぬ Veliko ljudi je poginilo od lakote. 多くの人が餓死した.

poglavíten[38] ［形］女単主：-tna, 比：-ejši 主要な，重要な

poglèd[1] ［男］単生：-éda 1. 見ること，視線 2. 見えるもの，見ているもの opisati ～ s svojega okna：自分の部屋の窓から見えるものを記述する 3. 見方，観点 ～ na življenje：人生観；v tem ~u：この点では 4. 強 na ～：見たところ Na pogled se zdi, da je ladja že blizu. 見ただけだと船はもう近くに来ているように思える.

poglédati[47] ［完］1. 見る ～ skozi okno：窓の外を見る；～ na vse strani：四方八方を見る；～ za njej：彼女に興味を示す；～ smrti v obraz：死にそうな目にあう 2. 強 飛び出る，はみだす Krilo ji je pogledalo izpod plašča. 彼女のスカートはコートの下から出ていた.

poglobíti[48] ［完］L 分詞：poglóbil, -íla 深くする，深める

pognáti[49] [完] 現1単：požênem, L分詞：-àl, -ála 1. 動かす，稼動させる ～ stroj：機械を稼動させる 2. 追い立てる，もっと速く動かす 3. 送る，運ぶ Črpalka požene pet litrov vode na sekundo. ポンプは1秒に5リットルの水を運ぶ. 4. 圏 投げ出す，放り出す

pogódba[14] [女] 契約，条約 skleniti ~o：条約を結ぶ

pogodíti se[48] [完] L分詞：pogódil se, -íla se 同意に達する Končno sta se pogodila med seboj. ついに両者の間で同意に達した.

pogòj[2] [男] 単生：-ôja 条件 Pogoj je izpolnjen. 条件は満たされている.

pogójen[38] [形] 女単主：-jna 条件の，暫定的な ~i naklon：条件法

pogójnik[1] [男] 条件法 stavek v ~u：条件法文

pogòn[1] [男] 単生：-ôna 1. 稼動，駆動 Vodna energija se uporablja za pogon mlinov. 水力エネルギーは水車の稼動のために用いられる. šivalni stroj na nožni ～：足踏み式のミシン 2. 部署，部門 Tovarna ima pet pogonov. 工場には5つの部門がある.

pogostítev[15] [女] もてなし

pogostíti[48] [完] L分詞：pogóstil, -íla もてなす Pogostili so me s kavo in pecivom. 彼らは私をコーヒーとクッキーでもてなしてくれた.

pogósto [副] 比：-ej(š)e しょっちゅう，しばしば

pogovárjati se[47] [不完] 会話する，話し合う ～ po telefonu：電話で話し合う；～ v francoščini：フランス語で会話をする

pogôvor[1] [男] 会話，意見交換

pogôvoren[38] [形] 女単主：-rna 1. 会話の，意見交換の 2. 口語の

pogovoríti se[48] [完] L分詞：pogovóril se, -íla se 意見交換をする，話し合う ～ iz oči v oči：率直に話し合う

pograbíti / pográbiti[48] [完] 現1単：-im, L 分詞：pográbil, -íla / -il, -íla つかむ，つかみ取る

pogrèb[1] [男] 単生：-éba 葬式 iti k ~u / na ~：葬式に行く

pogrêjem → pogréti

pogréšati[47] [不完] なくて不自由に感じる，懐かしがる

pogrešíti[48] [完] L 分詞：pogrešil, -íla 1. 間違える 2. ないことに気づく Kdaj si pa pogrešil plašč？コートがないことにいつ気づいたの．

pogréti[50] [完] 現1単：pogrêjem 1. 暖める ～ kosilo：昼食を暖める 2. 強 怒らせる Pismo ga je hudo pogrelo. 手紙のせいで彼はひどく怒った．

pogrézniti se[49] [完] 強 1. 低くなる，沈み込む 2. v+対 のめりこむ，はまる ～ v branje：読書に没頭する

pogrínjek[1] [男] 単生：-jka カヴァー，覆い，クロス

pogrníti / pogŕniti[49] [完] 現1単：-em, L 分詞：pogŕnil, -íla 覆う ～ mizo：食卓を整える

pogúba[14] [女] 破滅，破滅的な存在

pogúm[1] [男] 勇気

pogúmen[38] [形] 女単主：-mna, 比：-ejši 勇気のある，勇ましい，向こう見ずな

pohíštvo[20] [中] 集 家具

pohitéti[48] [完] L 分詞：pohítel, -éla 急ぐ ～ nazaj：急いで戻る；～ z delom：仕事を急ぐ

pohòd[1] [男] 単生：-óda 1. 遠征，進攻 Napoleonov ～ na Moskvo：ナポレオンのモスクワ進攻 2. biti na ~u：広まる，普及する Ta bolezen je spet na pohodu. この病気はまた流行している．

pohódniški[38] [形] ハイキング用の ~i čevlji：ウォーキングシューズ

pohódništvo[20] [中] ハイキング

pohvála[14] [女] 1. 賞賛 2. 感謝状

pohvalíti / pohváliti[48] ［完］現 1 単：-im, L 分詞：pohválil, -íla ほめる，賞賛する

poimenováti[50] ［完］L 分詞：-àl, -ála 名づける，命名する 〜 otroka po dedu：子どもにおじいさんの名まえをつける

poiskáti[49] ［完］現 1 単：poíščem, L 分詞：-àl, -ála 探し出す，見つける

poíščem → poiskáti

poizkúsiti → poskúsiti

pojasnílo[20] ［中］説明

pojásniti / pojasníti[48] ［完］現 1 単：-im / -ím, L 分詞：-il, -ila / pojasnil, -íla 明らかにする，説明する

pojasnjeváti[50] ［不完］L 分詞：-àl, -ála 明らかにする，説明する

pojàv[1] ［男］単生：-áva 1. 現象 2. 出現

pojáviti se[48] ［完］現れる，出現する

pojávljati se[47] ［不完］何度も現れる，出現する

pojédel → pojésti

pójem[1] ［男］単生：-jma 1. 概念，観念 Ta dva pojma je treba ločevati. この 2 つの概念は分けなければならない．2. 図 表現，語 slovar strokovnih 〜ov：専門語辞典 3. 考え，想像 4. 強 典型，代表的存在 Ta umetnik je v slovenski kulturi pojem. この芸術家はスロヴェニア文化における代表的存在だ．

pôjem → péti

pojém → pojésti

pojésti[54] ［完］現 1 単：pojém, L 分詞：pojédel, -dla 食べきる，食べ終わる

pojmovánje[21] ［中］理解

pojmováti[50] ［不完］L 分詞：-àl, -ála 理解する，把握する

pojútrišnjem ［副］あさって

pòk / pók[1] ［男］単主：póka バン・がちゃんという音，

一瞬の大きな音 pasti na tla z glasnim ~om：床に大きな音を立てて落ちる

pokadíti[48]［完］L分詞：pokádil, -íla 1. タバコを吸い終わる Ko pokadim, bom prišel. タバコを吸い終わったらそちらへ行く. 2. いぶす 3. 強 +与 お世辞をいう ~ šefu z lepimi besedami：上司にことばをつくしてお世辞をいう

pokál[1]［男］優勝杯 izročiti zmagovalcu ~：勝者にカップを授与する；evropski ~ v nogometu：サッカーのヨーロッパカップ

pókati[47]［不完］1. バン・がちゃんという音を立てる，一瞬大きな音を立てる 2. 割れる，砕ける 3. 強 od+生 とても~になる ~ od jeze：激怒する；~ od smeha：大笑いする

pokázati / pokazáti[49]［完］現1単：pokážem, L分詞：pokázal, -ála 1. 見せる，提示する Pokažite dokumente. 書類を見せてください. 2. 示す，指し示す Tehtnica je pokazala več, kot je pričakoval. 体重計は彼が予想していたよりも大きい目盛りを示していた. 3. ~という結果になる Bilanca je pokazala izgubo. 収支が赤字になった.

pokážem → pokázati / pokazáti

pokímati[47]［完］うなずく，賛意を表す

poklèk[1]［男］単生：-éka ひざまずくこと

poklíc[2]［男］職業，仕事 Kaj ste po poklicu？ご職業は何ですか.

poklícati[49]［完］現1単：poklíčem, L分詞：-al, -ala / -ála 1. 呼ぶ ~ ga po imenu：彼の名前を呼ぶ；~ zdravnika：医者を呼ぶ 2. 起こす Pokličite me ob šestih. 6時に起こしてください. 3. 電話する Včeraj sem ga dvakrat poklical. 昨日私は彼に2度電話した.

poklícen[38]［形］女単主：-cna 1. プロの 2. 職業の ~a šola：職業学校

poklíčem → poklícati

poklòn[1] ［男］単生：-ôna おじぎ

pokloníti[48] ［完］現1単：poklónim, L 分詞：poklônil, -íla ［文］捧げる，献呈する

pokloníti se[48] ［完］現1単：poklónim se, L 分詞：poklônil se, -íla se ＋与 1. おじぎをする 2. ［強］敬意を表する

pôkoj / pokòj[2] ［男］単生：-ója 1.（定年）退職，引退 2. ［文］平和，平安

pokójen[38] ［形］女単主：-jna, 比：-ejši 1. 死んだ，故～ 2. ［文］穏やかな 3. ［文］静寂な

pokójnica[14] ［女］故人（女）

pokójnik[1] ［男］故人（男）

pokojnína[14] ［女］年金 živeti od ~e：年金で暮らす

pokojnínski[38] ［形］年金の ~o zavarovanje：年金保険

pokolênje[21] ［中］［文］世代

pokônci ［副］1. まっすぐに，直立して stati čisto ~：まっすぐ立っている 2. ［強］快方に Zdravila so ga kmalu spravila pokonci. 薬のおかげで彼はまもなく快方に向かった．3. ［口］biti ~：起きている 4. ［強］大騒ぎで

pokopalíšče[21] ［中］墓地 Pogrebni sprevod je zavil na pokopališče. 葬列は墓地へとやってきた．

pokopáti[50/47] ［完］現1単：pokópljem / -ám, L 分詞：pokôpal, -ála 1. 埋葬する ~ po cerkvenem obredu：教会の儀式にしたがって埋葬する 2. ［強］死に至らしめる Pokopala ga je huda bolezen. 彼は重病にかかって死んだ．

pokópljem → pokopáti

pokóra[14] ［女］1. 懺悔，贖罪 delati ~o za svoje grehe：犯した罪の懺悔をする 2. ［強］後悔

pokósiti[48] ［完］昼食をとり終える

pokosíti[48] ［完］L 分詞：pokósil, -íla 1. 草刈を終える，刈り取る Ko so pokosili, je bilo sonce že visoko. 彼ら

が草刈を終えたとき，太陽はもう高かった．2. 強 掃射する，大量殺戮をする

pókovka[14] ［女］ポップコーン

pokrájina / pokrajína[14] ［女］1. 地方 2. 景色 3. 風景画

pokríjem → pokríti

pokríjem se → pokríti se

pokríti[50] ［完］現1単：pokríjem 1. ふたをする ～ lonec s pokrovko：なべにふたをする 2. 覆う，見えなくする

pokríti se[50] ［完］現1単：pokríjem se z/s+造 かぶる ～ s klobukom：帽子をかぶる

pokrívati[47] ［不完］1. ふたをする 2. 覆う，見えなくする hišo ～ s slamo：屋根をわらでふく

pokròv[1] ［男］単生：-ôva 1. ふた，覆い 2. 車のボンネット

pokrôvka[14] ［女］ふた

pokváriti[48] ［完］1. 壊す，だめにする z nepravilnim ravnanjem ～ aparat：操作を誤って機械を壊す 2. 甘やかす，悪影響を与える

pól[1] ［男］（地球や電流の）極 južni ～：南極

pôl ［副］半分 ～ litra vina：ワイン半リットル；vsake ～ ure：半時間ごと；prerezati limono čez ～：レモンを半分に切る

polágati[47] ［不完］置く，横たえる ～ izpite：試験の準備中だ

polágoma ［副］ゆっくり，少しずつ

poláren[38] ［形］女単主：-rna 南極の，北極の ~i sij：オーロラ，極光

pôlčas / pôlčàs[1] ［男］単生：-a / -ása ハーフタイム prvi ～ nogmetne tekme：サッカーの試合の前半

pôldan[11] ［男］単生：-dnéva 正午

pôldne ［副］正午に

polédica[14]［女］（道路などが）凍結した状態 nesreča zaradi ~e：凍結が原因で起きた事故

póleg［前］＋生 1. ～の隣に posaditi otroka poleg sebe：自分の隣に子どもをすわらせる 2. ～に加えて poleg tega：その上，それに加えて 3. ～と比べて

poléno[20]［中］薪

polèt[1]［男］単生：-éta 飛行 Polet od Ljubljane do Zagreba je trajal pol ure. リュブリャーナからザグレブまでの飛行時間は 30 分だった．

poléten[38]［形］女単主：-tna 夏の ~i čas：夏時間；~e počitnice：夏休み

poletéti[48]［完］L 分詞：polêtel, -éla 飛び立つ，離陸する

poléti［副］夏に Lani poleti se je oženil. 彼は去年の夏に結婚した．

polétje[21]［中］複生：polétij 1. 夏 babje ~：小春日和 2. 最盛期

poležáti[48]［完］L 分詞：polêžal, -ála 横になる，横たわる

pôlfinále[7]［男］準決勝

polglásnik[1]［男］半母音

políca[14]［女］棚 postaviti vazo na ~o：花瓶を棚に置く

políca[14]［女］zavarovalna ~：保険証書

policáj[2]［男］強 警官

policíja[14]［女］警察

policíjski[38]［形］警察の ~i agent：私服刑事；~i avtomobil：パトカー

policíst[1]［男］制服警官（男）

policístka[14]［女］複生：policístek 制服警官（女）

políjem → políti

políti[50]［完］現 1 単：políjem 液体をかける，こぼす ~ slamo z bencinom：わらにガソリンをかける；

~ prt s črnilom：テーブルクロスにインクをこぼす

polítičarka[14]［女］政治家（女）

polítičen[38]［形］女単主：-čna, 比：bolj ~ 政治の, 政治的な ~a stranka：政党

polítik[1]［男］政治家（男）

polítika[14]［女］政治, 政治活動

Polják[1]［男］ポーランド人（男）

Poljákinja[14]［女］ポーランド人（女）

pólje / poljé[21]［中］1. 畑 delati na ~u：畑で働く 2. 野原, 平原 3. 地, 地の色 Grb je imel na modrem polju zlate zvezde. 紋章は青地に金色の星だった. 4. 分野

poljedélski[38]［形］農業の

poljedélstvo[20]［中］農業

Póljska[14]［女］ポーランド na ~em：ポーランドで

póljski[38]［形］ポーランドの, ポーランド語の, ポーランド人の

póljski / pôljski[38]［形］畑の, 野原の ~a dela：畑仕事；~a bolnica：野戦病院

póljščina[14]［女］ポーランド語

poljúb[1]［男］キス dati ~：キスをする

poljúben[38]［形］女単主：-bna 任意の Iks predstavlja poljubno število. X（エックス）は任意の数を表す.

poljubíti / poljúbiti[48]［完］現1単：-im, L分詞：poljúbil, -íla キスする ~ roko：手にキスをする；~ na čelo：額にキスをする

poljúbljati[47]［不完］何度もキスをする

pôlkno[20]［中］複生：pôlken【複】回雨戸, よろい戸

polkôvnica[14]［女］大佐（女）

polkôvnik[1]［男］大佐（男）

pollétje[21]［中］複生：pollétij 半年

pôln[38]［形］比：-ejši 1. いっぱいの, 満たされた 2. たっぷりの, たくさんの zvezd ~o nebo：星がたくさん瞬いている空；~a luna：満月

polníti / pôlniti[48] ［不完］現1単：-im, L分詞：pôlnil, -íla 満たす，いっぱいにする ～ blazino s perjem：羽毛をクッションに詰める

pôlnoč[16] ［女］夜中 bedeti do ~i：夜中まで起きている

polnozŕnat[38] ［形］全粒粉の

pològ / pôlog[1] ［男］単生：-óga 1. 頭金 ～ za nakup stanovanja：住宅購入のための頭金 2. 預金 bančni ～：銀行預金

polòm[1] ［男］単生：-ôma 1. 倒産 2. 崩壊

polomíti[48] ［完］現1単：polómim, L分詞：polômil, -íla 1. 折る 2. 崩壊する

pólotok / polotòk[1] ［男］単生：-óka 半島

polovíca[14] ［女］半分，半数

polovíčen[38] ［形］女単主 -čna 半分の，半数の Delam polovični delovni čas. パートで働いています．

položáj[2] ［男］1. 状態，状況 2. 位置，地位

položíti[48] ［完］L分詞：položíl, -íla 1. 置く，横たえる ～ knjige na mizo：本を机の上に置く 2. 設置する 3. えさをやる 4. 払う

položnica[14] ［女］為替 poslati denar po ~i：為替でお金を送る

pôlpenzión[1] ［男］一食つき（通常は夕食）の宿泊

pôlt[17] ［女］皮膚，肌

pôlž[2] ［男］1. かたつむり 2. 強 動作の緩慢な人

pomágati / pomagáti[47] ［不完・完］L分詞：-al, -ala / pomágal, -ála ＋与 助ける，手伝う ～ materi：母親を助ける

pomáhati[47] ［完］振る ～ z roko：手を振る

pomakníti / pomákniti[49] ［完］現1単：-em, L分詞：pomáknil, -íla 動かす，移動させる ～ omarico k postelji：たんすをベッドのほうに動かす；～ uro naprej：時計を進める

pománjkanje[21] ［中］不足，極貧

pomaránča[14] ［女］オレンジ

pomaránčen[38] ［形］女単主：-čna, 比：bolj ~ オレンジの ~i sok：オレンジジュース

pomémben[38] ［形］女単主：-bna, 比：-ejši 重要な

pomèn[1] ［男］単生：-éna 意味 osnovni ~ besede：語の基本的な意味 On je prijatelj v pravem pomenu. 彼は真の意味での友人だ．Brez pomena je govoriti o tem, ker je že vse odločeno. これについて話すことは無駄だ．すべてが決まっているのだから．

pomének[1] ［男］単生：-nka 会話，おしゃべり

pomeníti / poméniti[48] ［不完］現1単：-im, L 分詞：poménil, -íla 意味する Kaj pomeni ta fraza？このフレーズはどんな意味だろうか．Denar jim ne pomeni veliko. お金は彼らにとってたいした意味はない．

poméríti[48] ［完］1. 測る ~ prostor：広さを測る 2. 試着する ~ čevlje：靴をはいてみる

poméšati / pomešáti[47] ［完］現1単：-am, L 分詞：poméšal, -ála 1. まぜる，かきまぜる ~ z žlico：スプーンでまぜる；~ vino z vodo：ワインに水を混ぜる；~ karte：カードを切る 2. 混同する Pomešal je njegovo ime z imenom drugega znanca. 彼の名前を別の知り合いの名前と混同した．

pométati[47] ［不完］掃く

pomfrí[10] ［男］フライドポテト

pomfrít[1] ［男］フライドポテト

pomíjem → pomíti

pomíkati[47] ［不完］動かす

pomiríti se[48] ［完］L 分詞：pomíril se, -íla se 1. 落ち着く，静かになる 2. z/s +造 おりあう

pomísliti[48] ［完］（少しの間）考える ~ na dom：故郷を想う

pomišljáj[2] ［男］ダッシュ（沈黙の表現などに用いる）

pomíti[50] ［完］現1単：pomíjem, L 分詞：-ìl, -íla 洗う，

洗い上げる ~ posodo：食器を洗う

pomiválen[38] ［形］女単主：-lna 洗うための，洗浄用の ~i prašek：洗剤，磨き粉；~i stroj：食器洗い機

pomívati[47] ［不完］L 分詞：-al, -ala / -ála 洗う

pomlád[16] ［女］春 Na pomlad se je vrnil. 彼は春先に帰ってきた．

pomladánski[38] ［形］春の ~o enakonočje：春分

pomláden[38] ［形］女単主：-dna 春の，春特有の

pómniti[48] ［不完］覚えている，記憶している To še zdaj dobro pomnim. それは今でもよく覚えている．

pomóč[16/17] ［女］助力，助け klic na ~：助けを呼ぶ声

pomočníca[14] ［女］1. 介助者，助力する人（女）2. 助手（女）

pomočník[1] ［男］1. 介助者，助力する人（男）2. 助手（男）

pomòl[1] ［男］単生：-ôla 埠頭，桟橋

pomolíti[48] ［完］現 1 単：pomólim, L 分詞：pomólil, -íla 差し出す ~ policistu dokumente：警官に書類を差し出す；~ vse štiri od sebe：大の字に横たわる

pomôlsti[49] ［完］現 1 単：pomôlzem, L 分詞：pomôlzel, -zla 牛などの乳を搾る

pomôlzel → pomôslti

pomôlzem → pomôlsti

pomôrski[38] ［形］海の，海岸の ~a bitka：海戦

pomorščák[1] ［男］船員

pomóta[14] ［女］失敗，誤り

pomóžen[38] ［形］女単主：-žna 予備の，補助の ~i glagol：補助動詞 Ta knjiga je pomožni učbenik za študente prvega letnika. この本は１年生の学生のための補助教材だ．

pomóžnik[1] ［男］補助動詞

ponarejèn[38] ［形］女単主：-êna 偽造の，模造の

ponášati se[47] ［不完］z/s + 造 自慢する，誇る ~ z

otrokom：子どもを自慢する

ponatís[1] ［男］リプリント

ponavádi ［副］普段

ponavljálen[38] ［形］女単主：-lna 繰り返しの

ponávljati[47] ［不完］1. 繰り返す ～ radijsko oddajo：ラジオ番組を再放送する 2. 復習する

ponazárjati[47] ［不完］明らかにする，説明する ～ dogodke z risbami：出来事を図によって説明する

ponedéljek[1] ［男］単生：-jka 月曜日 v ～：月曜日に；ob ~ih：毎週月曜日に

ponekód ［副］そこここに，いくつかの場所で

ponesréčenec[2] ［男］単生：-nca 事故などの被害者（男）pripeljati ~a v bolnico：被害者を病院へ運ぶ

ponesréčenka[14] ［女］事故などの被害者（女）

pônev[15] ［女］フライパン peči v ~i：フライパンで焼く

ponížen[38] ［形］女単主：-žna, 比：-ejši 従順な，おとなしい

ponóči ［副］夜に Ponoči ne morem spati. 夜眠れない.

ponòs[1] ［男］単生：-ôsa 1. 誇り，プライド 2. 自慢

ponôsen[38] ［形］女単主：-sna, 比：-ejši 1. 誇り高い，プライドのある 2. 自慢の ～ na svoje uspehe：自分の成功を自慢する

ponovíti[48] ［完］L 分詞：ponôvil, -íla 1. 繰り返す Ponovi za menoj. 私の後について繰り返しなさい. 2. 復習する

ponúdba[14] ［女］申し出，要求，注文 ženitna ～：求婚，プロポーズ

ponudíti/ponúditi[48] ［完］現 1 単：-im, L 分詞：ponúdil, -íla/-il, -ila 1. 申し出る，薦める 2. 差し出す ～ večerjo：夕食を出す

ponújati[47] ［不完］1. 申し出る，薦める 2. 差し出す

poobédek[1] ［男］単生：-dka デザート Za poobedek je

bilo sadje. デザートは果物だった.

pooblastílo[20] [中] 1. 認可, 公認 dati ~ : 認可を与える 2. 認可状

pooblastíti[48] [完] L 分詞：pooblástil, -íla 認可する, 公認する

popečèn[38] [形] 女単主：-êna, 比：bolj ~ 焼いた ~ kruh s maslom：バタートースト

pópek[1] [男] 単生：-pka 1. つぼみ Popek se odpira. つぼみが開く. 2. へそ

popeljáti[50/47] [完] 現1単：popéljem / -ám, L 分詞：popêljal, -ála 他 1. 運送する 2. 運転する 3. 運行する 4. 連れて行く, 案内する ~ mater v mesto：母を町へ連れて行く

popéljem → popeljáti

pôper[1] [男] 単生：-pra こしょう Suh je kot poper. 彼にはお金がない.

popestríti[48] [完] L 分詞：popéstril, -íla 彩を加える, よりおもしろくする

popévka[14] [女] ポピュラーソング

popíjem → popíti

popíti[50] [完] 現1単：popíjem 飲み終える, 飲み干す

popláva[14] [女] 洪水, 氾濫 Poplava je naredila veliko škode. 洪水は多大な損害をもたらした.

popláviti[48] [完] あふれさせる

popoldánski / popôldanski[38] [形] 午後の

popôldne [副] 午後 Prišli bodo danes ob dveh popoldne. 彼らは今日午後2時に来るだろう.

popôln[38] [形] 比：-ejši 1. 完全な, 完璧な 2. すべてそろっている

popôlnoma [副] 完全に ~ pozabiti：完全に忘れる

popótnica[14] [女] 1. 旅にもっていく食料 2. 旅人（女）

popótnik[1] [男] 旅人（男）

popráskati[47] [完] ひっかく, かく

popravílo[20] [中] 直し，修理 dati čevlje v ~：靴を修理に出す

poprávití[48] [完] 1. 直す，修理する ~ streho：屋根を修理する 2. 改善する ~ odnose：関係を改善する 3. 字句を訂正する，直す

popravljálnica[14] [女] 修理場

poprávljati[47] [不完] 1. 直す，修理する 2. 改善する 3. 字句を訂正する，直す

pôprnica[14] [女] こしょう入れ

populáren[38] [形] 女単主：-rna, 比：-ejši 人気のある，ポピュラーな

popúst[1] [男] 値引き，値引き額 ~ za študenta：学割；prodaja s ~om：値引きセール

popustíti[48] [完] L 分詞：popústil, -íla 1. ゆるめる ~ pas za eno luknjo：ベルトを穴ひとつ分ゆるめる 2. 釘やピンなど留めていたものを抜く 3. 强 手を抜く ~ pri delu：仕事の手を抜く 4. +与 甘やかす ~ otroku：子どもを甘やかす

pór[1] [男] ねぎ，長ネギ

porába[14] [女] 使用，消費 ~ energije：エネルギーの消費

porabíti/porábiti[48] [完] 現 1 単：-im, L 分詞：porábil, -íla 使い切る，消費する Denar so že porabili. 彼らはもうお金を使い切ってしまった．

porábnica[14] [女] 消費者，使用者（女）

porábnik[1] [男] 消費者，使用者（男）

porájati se[47] [不完] 区 生み出す，起こる

porásel → porásti

porásem → porásti

porástel → porásti

porástem → porásti

porásti[49] [完] 現 1 単：porástem / -rásem, L 分詞：porástel, -tla / porásel, -sla 成長する，増える

poravnáti[47] ［完］L 分詞：-àl, -ála 1. 平らにならす 2. きちんと並べる，整える ～ otroke v vrsto：子どもたちを整列させる 3. 返済する，弁償する ～ dolg：借金を返済する；～ škodo：損害を弁償する

poràz[1] ［男］単生：-áza 敗北，敗北者

porcelán[1] ［男］磁器

porcelánast[38] ［形］磁器でできた，磁器のような ～ krožnik：磁器の皿

pórcija[14] ［女］1. 食事の一人分，一人前 naročiti dve ～i golaža：グラーシュを二人前注文する 2. 強 一般的な食事の量 Vzela si je veliko porcijo krompirja. 彼女は大量のポテトを取った．

poríniti[49] ［完］1. 押す，突く 2. 押しつける

poróčati[47] ［不完］レポートする，知らせる

poróčen[38] ［形］女単主：-čna 結婚の ～i prstan：結婚指輪；～o potovanje：新婚旅行

poročèn[38] ［形］女単主：-êna 結婚している，既婚の

poročílo[20] ［中］報道，レポート，ニュース letno ～：通信簿

poročíti se[48] ［完］L 分詞：poróčil se, -íla se z/s＋造 結婚する

poròd / pôrod[1] ［男］単生：-óda 出産

porodníška[38] ［女］産休 biti na ～i：産休中だ

porodníški[38] ［形］出産の ～i dopust：産休

porodníšnica[14] ［女］産院

poróka[14] ［女］結婚，結婚式 zlata ～：金婚式；iti k ～i：結婚式に参列する

poróta[14] ［女］集 陪審

portrét[1] ［男］肖像画，ポートレート

Portugálec[2] ［男］単生：-lca ポルトガル人（男）

Portugálka[14] ［女］ポルトガル人（女）

Portugálska[14] ［女］ポルトガル na ～em：ポルトガルで

portugálski[38] ［形］ポルトガルの，ポルトガル語の，ポルトガル人の

portugálščina[14] ［女］ポルトガル語

porúšiti / porušíti[48] ［完］現1単：-im, L分詞：-il, -ila / porúšil, -íla 壊す，破壊する

posadíti[48] ［完］L分詞：posádil, -íla 1. 植える ～ krompir：じゃがいもを植える 2. すわらせる ～ gosta na kavč：お客さんをソファにすわらせる

posádka[14] ［女］1. 駐留軍 2. 乗員，乗組員

posámezen[38] ［形］女単主：-zna 個々の，それぞれの

posámeznica[14] ［女］個人（女）

posámeznik[1] ［男］個人（男）

posébej ［副］1. 別個に，別々に 2. 特別に

posében[38] ［形］女単主：-bna, 比：bolj ～ 1. 別個の 2. 特別の ~a izdaja：号外

posébno ［副］特に，特別に

posébnost[16] ［女］特殊性，特徴

poséči[49] ［完］現1単：posežem, L分詞：poségel, -gla 1. 何かをつかもうと手を伸ばす Posegel je na polico in vzel knjigo. 彼は棚に手を伸ばして本を取った. 2. とりかかる，始める ～ v diskusijo：ディスカッションを始める 3. 強 利用する Rada poseže po dobri knjigi. 彼女はよい本を読むのが好きだ.

poségati[47] ［不完］1. 何かをつかもうと手を伸ばす 2. とりかかる，始める 3. 強 利用する

poségel → poséči

posejáti[50] ［完］現1単：posêjem 播く，植えつける

posêjem → posejáti

posékati[47] ［完］1. 切り倒す 2. 強 剣などで切りつける

pôsel[1] ［男］単生：-sla 仕事 To ni tvoj posel. それは君には関係ない.

poséžem → poséči

posijáti[50] ［完］現1単：posíjem 照り始める，少しの間照る Nevihta je minila in posijalo je sonce. 嵐が過ぎて，太陽が照り始めた．

posíjem → posíjati

posiljeválec[2] ［男］単生：-lca 暴力行為をおこなう者，レイプ犯（男）

posiljeválka[14] ［女］暴力行為をおこなう者，レイプ犯（女）

posílstvo[20] ［中］複生：posílstev 暴力行為，レイプ

poskočíti[48] ［完］現1単：poskóčim, L分詞：poskôčil, -íla はねる，ジャンプする

poskrbéti[48] ［完］za+対 気をつける，配慮する，世話をする ~ za dojenčke：赤ちゃんたちの世話をする

poskús[1] ［男］1. 実験 ~ na živalih：動物実験 2. 試み

poskúsen[38] ［形］女単主：-sna 1. 実験の 2. ためしの，トライアルの ~i zapis：下書き

poskúsiti[48] ［完］1. 試す，試みる ~ rešiti nalogo：課題を解こうと試みる 2. 実験する

poskúšati[47] ［不完］1. 試す，試みる 2. 実験する ~ zdravilo na ljudeh：薬の人体実験をする

poslábšati se[47] ［完］悪化する

poslánec[2] ［男］単生：-nca 議員（男）izvoliti ~e：議員を選出する

poslánka[14] ［女］議員（女）

poslánstvo[20] ［中］複生：poslánstev 使命

posláti[50] ［完］現1単：póšljem, L分詞：-àl, -ála 1. 送る，発送する ~ knjigo po pošti：郵便で本を送る Tja smo poslali delegacijo. そこへ私たちは代表団を送った．2. po+対 呼びに・求めて人を遣る Poslati so morali po zdravnika. 医者を呼びに行かせなくてはならなかった．~ po pomoč：助けを呼びに遣る

poslavljáti se[47] ［不完］od+生 1. 別れの挨拶をする 2. 強 使うのをやめる

posledíca[14] ［女］結果，なりゆき predvideti ~e：結果を予測する

poslíkati[47] ［完］絵を描く ~ stene s freskami：壁にフレスコ画を描く

poslópje[21] ［中］複生：poslópij 建物，ビルディング graditi ~ gimnazije：ギムナジウムの校舎を建てる

posloválnica[14] ［女］代理店，取次店，オフィス

poslovánje[21] ［中］経営，運営

poslováti[50] ［不完］L 分詞：-àl, -ála 1. 経営する，運営する 2. 営業する Banka posluje od sedmih naprej. 銀行は7時以降に営業する.

poslôven[38] ［形］女単主：-vna, 比：bolj ~ 経営の，運営の，ビジネスの，営業の ~i partner：ビジネスパートナー

poslovílen[38] ［形］女単主：-lna 別れの，別離の

poslovíti se[48] ［完］L 分詞：poslôvil se, -íla se od + 生 1. 別れの挨拶をする 2. 強 使うのをやめる

poslôvnež[2] ［男］強 会社員（男），ビジネスマン

poslôvnica[14] ［女］強 会社員（女），ビジネスウーマン

poslúh[1] ［男］音感 absolutni ~：絶対音感；peti po ~u：楽譜を使わずに歌う

poslušálec[2] ［男］単生：-lca 聞き手，リスナー（男）~i v dvorani：ホールの聴衆

poslušálka[14] ［女］聞き手，リスナー（女）

poslúšati[47] ［不完］L 分詞：-al, -ala / -al, -ála 聞く，耳を傾ける ~ glasbo：音楽を聴く

posmehljív[38] ［形］比：-ejši 皮肉な

posmŕten[38] ［形］女単主：-tna 死後の

posnámem → posnéti

posnémati[47] ［不完］1. 液体の表面から取り去る，掬い取る ~ pene z juhe：スープのあくを取る 2. 真似をする，模倣する Otrok rad posnema starše. 子どもは

親の真似をすることが好きだ. 3. 写真や映画を撮影する 4. 録音する, 録画する

posnétek[1] ［男］単生：-tka 1. 模倣, イミテーション Sin je posnetek očeta. 息子は父親そっくりだ. 2. 写真や映画の撮影 3. 録音, 録画

posnéti[49] ［完］現1単：posnámem 1. 液体の表面から取り去る, 掬い取る 2. 真似をする, 模倣する 3. 写真や映画を撮影する 〜 film po romanu：小説をもとにした映画を撮影する 4. 録音する, 録画する

posóda[14] ［女］食器, 器

posodíti / posóditi[48] ［完］現1単：-im, L分詞：posódil, -íla 貸す 〜 dežnik：傘を貸す

posójati[47] ［不完］貸す

posojílo[20] ［中］貸付金, ローン kupiti pohištvo na 〜：家具をローンで買う

pospeševáti[50] ［不完］L分詞：-àl, -ála 急ぐ, スピードを上げる

pospéšiti[48] ［完］急ぐ, スピードを上げる 〜 hojo：歩みを速める；〜 delo：仕事を急ぐ

pospráviti[48] ［完］1. 片付ける, 整理整頓する 〜 sobo：部屋を片付ける 2. 強 食べる, 食べきる

posprávljati[47] ［不完］1. 片付ける, 整理整頓する 2. 強 食べる Ko so prišli, je ravno pospravljala kosilo. 彼らが来たとき, ちょうど彼女は昼食をとっているところだった.

pospremíti / posprémiti[48] ［完］現1単：-im, L分詞：posprémil, -íla / -il, -ila 送る, 見送る 〜 goste do vrat：客人たちをドアまで送る

posréčiti se[48] ［完］成功する, うまくいく Temu človeku se vse posreči. この人は万事順調だ.

posréden[38] ［形］女単主：-dna 間接の 〜 vpliv：間接的な影響

posredováti[50] ［不完・完］L分詞：-àl, -ála 仲介する,

調停する

postája[14] ［女］駅 Na postaji je čakalo veliko potnikov. 駅にはたくさんの旅行者が待っていた.

postajalíšče[21] ［中］停留所, 小さな駅

postájati[47] ［不完］1. ～になる, なっていく 2. ぶらぶらする

postán[38] ［形］比：bolj ～ 食べごろを過ぎた, 新鮮さのない V sobi je bil težek, postan zrak. 部屋の中は重くてよどんだ空気だった.

postánek[1] ［男］単生：-nka 停車 Na tej postaji brzovlak nima postanka. この駅に急行は止まらない.

postánem → postáti

postárati se[47] ［完］年をとる

postáti[49] ［完］現1単：postánem, L分詞：-àl, -ála ～ になる ～ lačen：おなかが空く, 空腹になる

postáva[14] ［女］1. 体格, からだつき biti majhne ～e：小柄だ 2. 文 小説やドラマの人物像

postáviti[48] ［完］1. 置く, 設置する ～ knjige na polico：棚に本を置く 2. 立てる, 並べる Učence so postavili v vrsto. 生徒たちは整列させられた. 3. 建てる ～ bolnico：病院を建てる 4. 強 任命する

postávljati[47] ［不完］1. 置く, 設置する 2. 立てる, 並べる 3. 建てる 4. 強 任命する

póstelja[14] ［女］ベッド ležati v ～i：ベッドに横たわっている

postéljem → postláti

posteljnína[14] ［女］ベッドリネン

postíljati[47] ［不完］ベッドメイクする ～ posteljo：ベッドを整える

postláti[50] ［完］現1単：postéljem, L分詞：-àl, -ála ベッドメイクする

postojánka[14] ［女］一定の目的のために定められた場所 vojaška ～：駐屯地

postópek[1] [男] 単生：-pka 1. 手順，方法 2. 訴訟手続き biti v ~u：訴訟中だ

postópen[38] [形] 女単主：-pna, 比：-ejši 漸進的な，少しずつ進行する ~o zviševanje davkov：漸進的な増税

postópoma [副] 徐々に，少しずつ

postráni [副] 斜めに dati si klobuk ～：帽子を斜めにかぶる；gledati ga ～：彼を憎々しげに見る

postránski[38] [形] 補足的な，副次的な To je postranska stvar. たいしたことありません．

postréči[49] [完] 現 1 単：postréžem, L 分詞：postrégel, -gla 1. 給仕する ～ gostu s kavo：客人にコーヒーを出す Prosim, postrezi si sam. セルフサーヴィスでお願いね．2. 店で店員が応対する

postrégel → postréči

postréšček[1] [男] 単生：-čka ポーター

postréžba[14] [女] 給仕，サーヴィス

postréžček[1] [男] 単生：-čka ポーター

postréžem → postréči

postrežnína[14] [女] サーヴィス料 V tej restavraciji se plača tudi postrežnina. このレストランではサーヴィス料も支払う．

postŕv[16/17] [女] 鱒

posušèn[38] [形] 女単主：-êna 乾燥させた ~o sadje：ドライフルーツ

posvečáti[47] [不完] 捧げる，奉納する，献呈する ～ mnogo časa študiju：多くの時間を研究に費やす

posvèt[1] [男] 単生：-éta 1. 相談 iti na ～ k očetu：父親のところに相談に行く 2. 協議，合議 udeležiti se ~a：協議に参加する

posvéten[38] [形] 女単主：-tna 世俗の cerkvena in ~a glasba：教会と世俗の音楽

posvetíti[48] [完] L 分詞：posvétil, -íla 捧げる，奉納

する，献呈する

posvetíti / posvétiti[48] ［完］現1単：-im, L分詞：posvétil, -íla 明かりをつける，明かりがつく

posvetováti se[50] ［不完・完］L分詞：-àl se, -ála se 相談する 〜 z zdravnikom o bolezni：医者に病気について相談する

posvojênec[2] ［男］単生：-nca 養子（男）

posvojênka[14] ［女］養子（女）

pošalíti se / pošáliti se[48] ［完］現1単：-im se, L分詞：pošalil se, -íla se / -il se, -ila se 強 冗談をいう

pošást[16] ［女］怪物，モンスター

pošiljátelj[2] ［男］発送人（男），手紙や小包を出す人（男）

pošiljáteljica[14] ［女］発送人（女），手紙や小包を出す人（女）

pošíljati[47] ［不完］1. 送る，発送する 2. 人を遣る Pošiljal je sina po cigarete. 彼は息子にタバコを買いに行かせていた．

pošíljka[14] ［女］小包，郵便物

poškódba[14] ［女］怪我，損傷 Zaradi poškodbe ne morem hoditi. 怪我のせいで歩けない．

poškodováti / poškódovati[50] ［完］現1単：-újem / -ujem, L分詞：-àl, -ála / -al, -ala 1. 怪我をさせる，傷つける V prometni nesreči si je poškodoval koleno. 彼は交通事故でひざを怪我した．2. 壊す，損害を与える Potres je poškodoval veliko hiš. 地震でたくさんの家が壊れた．

póšljem → posláti

pôšta[14] ［女］1. 郵便，郵便局 poslati po 〜i：郵便で送る；paketni oddelek na 〜i：郵便局の小包を扱うセクション 2. 郵便物 Prišla je pošta. 郵便物が届いた．

póštar[3] ［男］郵便配達人，郵便局員（男）

póštarica[14] ［女］郵便配達人，郵便局員（女）

póšten[38] ［形］女単主：-tna 郵便の，郵便局の ~i delavec：郵便局員；~i nabiralnik：郵便ポスト；~i žig：消印

poštèn[38] ［形］女単主：-êna, 比：-ejši 正直な，誠実な，本当の

poštenják[1] ［男］強 正直者（男）

poštenjákinja[14] ［女］強 正直者（女）

poštênost[16] ［女］正直さ，誠実さ Znan je po svoji delavnosti in poštenosti. 彼は勤勉で正直なことで有名だ．

poštnína[14] ［女］郵送料

pót[5] ［男］単生：-ú/-a 汗

pót[17] ［女］1. 道 iti čez ~：道を渡る 2. 行程 3. 方法 rešiti spor po diplomatski ~i：論争を外交ルートで解決する

potapljáč[2] ［男］ダイヴァー（男）

potapljáčica[14] ［女］ダイヴァー（女）

potápljati[47] ［不完］沈める ~ vrečko s čajem v vrelo vodo：ティーバッグを熱湯に入れる

potápljati se[47] ［不完］1. 沈む ~ do dna：底まで沈んでいく 2. 強 v+対 のめりこむ，没頭する ~ v branje：読書に没頭する

potêči[49] ［完］現1単：potêčem, L 分詞：potékel, -têkla 期限切れとなる，失効する Potni list je že potekel. パスポートは既に期限切れです．

potegníti / potégniti[49] ［完］現1単：-em, L 分詞：potégnil, -íla 引っ張る，引き寄せる，引き抜く Potegnil je krožnik k sebi in začel jesti. 彼は皿を自分のほうに引き寄せてから食べ始めた．~ žebelj iz deske：板の釘を引き抜く；~ klobuk čez oči：帽子を目深にかぶる

potegováti[50] ［不完］L 分詞：-àl, -ála 何度も引っ張る，引き寄せる，引き抜く

potegováti se[50] [不完] L 分詞：-àl se, -ála se 1. あてはまる 2. 応募する，申し込む

potèk[1] [男] 単生：-éka 経過，プロセス

potékati[47] [不完] 1. 終わりに近づく Dopust mu že poteka. 彼の休暇はそろそろ終わりだ．2. ある，起こる Državna meja poteka blizu naselij. 国境は居住地の近くにある．V družavi potekajo velike družbene spremembe. 国内で多くの社会的変化が起こっている．

potékel → potêči

potém [副] その後，次に Malo potem sem ga srečal. その後まもなく私は彼に会った．

póten[38] [形] 女単主：-tna 旅行の，旅行用の ~i list：パスポート；~i stroški：旅費

pôten[38] [形] 女単主：-tna, 比：bolj ~ 汗でぬれた

potéza[14] [女] 1. 引っ張ること，引き寄せること 2. チェスの手 3. 顔つき，表情 imeti nežne ~e：やさしい表情をしている 4. 線 5. 特徴

potíca[14] [女] ポティーツァ（胡桃やレーズンなどさまざまなフィリングを入れて焼いたケーキ）

potískati[47] [不完] 1. 押す，押しやる 2. 追い込む ~ delavce v revščino：労働者たちを貧困へ追い込んでいく

potísniti[49] [完] 1. 押す，押しやる 2. 追い込む

potíti se[48] [不完] 1. 汗をかく Debeli ljudje se bolj potijo kot suhi. 太っている人はやせている人よりもたくさん汗をかく．2. 強 努力する，尽力する Dijak se poti nad nalogo. 生徒は宿題に一生懸命取り組んでいる．

pôtlej [副] 1. その後，後で Vsak mora umreti, ta prej, oni potlej. みんな遅かれ早かれ死ななければならない．2. そこで，それなら Doma ga ni. Kje pa je potlej？ 彼は家にいない．じゃあ，どこにいるんだろう．

pótnica[14] [女] 旅行者（女）

pótnik[1] [男] 旅行者（男）prepeljati ~e z letalom：飛行機で旅行者を輸送する

potnína[14] [女] 旅費

pótniški[38] [形] 旅行者の，旅行者用の ~o letalo：旅客機

pôtok[1] [男] 単生：-óka 1. 小川 Poleti je potok suh. 夏には小川は干上がる. 2.【複】強 大量 ~i solz：大量の涙；~ besed：大量のことば

potómec[2] [男] 単生：-mca 子孫（男）

potómka[14] [女] 子孫（女）

potónika[14] [女] 牡丹，芍薬

potopíti[48] [完] L 分詞：potópil, -íla 1. 沈める 2. 溺れさせる

potopíti se[48] [完] L 分詞：potópil se, -íla se 1. 沈む，潜る 2. 強 v+対 没頭する Potopil se je v razmišljenje. 彼は考え込んだ.

potoválen[38] [形] 女単主：-lna 旅行の ~a agencija：旅行代理店；~i ček：トラヴェラーズチェック；~i načrt：旅行の日程；~e potrebščine：旅行の必需品

potovánje[21] [中] 旅行 službeno ~：出張；iti na ~：旅行にでかける

potováti[50] [不完] L 分詞：-àl, -ála 1. 旅行する ~ po železnici：鉄道旅行をする；~ v skupini：団体旅行をする 2. 移動する Sonce potuje na zahod. 太陽が西へ移動する.

potrdílo[20] [中] 1. 証明書 2. 文 確認

potrdíti / potŕditi[48] [完] 現 1 単：-im, L 分詞：-íl, -ila / potŕdil, -íla 1. 確認する 2. 証明する 3. 承認する ~ račun：予算を承認する

potréba[14] [女] 必要，必需品

potrében[38] [形] 女単主：-bna, 比：-ejši 必要な Za to je potreben določen čas. それには一定の時間が必要

だ. biti ~ denarja：お金が必要だ（足りない）

potrebováti[50] ［不完］ L 分詞：-àl, -ála 必要とする Za pisanje potrebuje papir in pero. 書くには紙とペンが必要だ.

potrès[1] ［男］単生：-ésa 1. 地震 epicenter ~a：震源 2. 揺れ ~ možganov：脳震盪

potrésti[49] ［完］現 1 単：potrésem, L 分詞：potrésel, -sla 振る，揺らす，揺する Veter je potresel veje. 風が枝を揺らした.

potrjeváti[50] ［不完］ L 分詞：-àl, -ála 1. 確認する 2. 証明する 3. 承認する ~ pošiljke：小包の受領印を押す

potŕkati[47] ［完］叩く，ノックする ~ na vrata：ドアをノックする

potróšnica[14] ［女］消費者（女）

potróšnik[1] ［男］ 1. 消費者（男）2. チコリ

potrpežljív[38] ［形］比：-ejši 忍耐強い，我慢強い

potrpežljívost[16] ［女］忍耐，我慢

potrudíti se / potrúditi se[48] ［完］現 1 単：-im se, L 分詞：potrúdil se, -íla se 努力する，がんばる

poúčen[38] ［形］女単主：-čna, 比：bolj ~ / -ejši 教育用の，教育上の ~ film：教育映画

poučeváti[50] ［不完］ L 分詞：-àl, -ála 1. 教鞭をとる ~ na osnovni šoli：小学校で教鞭をとる 2. +対 教える ~ otroke angleščino：子どもたちに英語を教える

poudárek[1] ［男］単生：-rka アクセント，強勢，強調 ugotoviti, kje je ~ v stavku：文の中のどこにアクセントがあるのか確定する S posebnim poudarkom je povedal svoje mnenje. 彼はとりわけ強調しつつ自分の意見を述べた.

poudáriti[48] ［完］強調する Poudaril je vsako besedo. 彼はどの語も強調して語った. ~ oči s šminko：化粧で目を強調する

poudárjati[47] ［不完］強調する

poúk[1] ［男］授業 Danes imamo šest ur pouka. 今日は授業が6コマある.

povabílo[20] ［中］1. 招待 ～ na večerjo：夕食への招待 2. 招待状

povabíti / povábiti[48] ［完］現1単：-im, L 分詞：povábil, -íla 招待する，招く ～ prijatelje na kosilo：友人たちを昼食に招く；～ pesnika k sodelovanju：詩人をコラボレーションに誘う

povéčati[47] ［完］1. 拡大する，大きくする 2. 増やす ～ cene：価格を上げる

povečérjati[47] ［完］夕食をすませる

povečeválen[38] ［形］女単主：-lna 拡大させる，増大させる ～o steklo：虫眼鏡

povečeváti[50] ［不完］L 分詞：-àl, -ála 1. 拡大する，大きくする ～ fotografije：写真を拡大する 2. 増やす ～ kvaliteto：質を向上させる

povéd[16] ［女］発話

povédati[55] ［完］現1単：povém 言う，伝える odkrito ～：率直に伝える

povédek[1] ［男］単生：-dka 述語

povéden[38] ［形］女単主：-dna ～i naklon：直説法

povêljnica[14] ［女］司令官，指揮官（女）

povêljnik[1] ［男］司令官，指揮官（男）

povém → povédati

povézanost[16] ［女］関係，連結，つながり

povézati / povezáti[49] ［完］現1単：povéžem, L 分詞：povézal, -ála 1. まとめる，結びつける ～ lase：髪をまとめる 2. 強 共同作業をする

povezováti[50] ［不完］L 分詞：-àl, -ála 1. まとめる，結びつける 2. 強 共同作業をする

povéžem → povézati / povezáti

povíšati[47] ［完］1. 高める，高くする 2. 昇格させる

povléči[49] ［完］現1単：povléčem, L分詞：povlékel, -kla 引く，引っ張る ～ otroka za roko：子どもの手を引く

povlékel → povléči

povòd[1] ［男］単生：-óda 原因，きっかけ ugotoviti ～ za prepir：喧嘩の原因をつきとめる

povódenj[16] ［女］単生：-dnji 1. 洪水 2. 強 大量

povòj[2] ［男］単生：-ôja 1. 包帯 oviti ～ okrog komolca：ひじに包帯を巻く 2. 強 biti v ~ih：初期段階にある，始まったばかりだ Stvar je v povojih. 事態は初期段階にある．

povôjen[38] ［形］女単主：-jna 戦後の

povprášati / povprašáti[47] ［完］単生：-am, L分詞：povprášal, -la / -ála 1. 問い合わせる ～ za službo：仕事の問い合わせをする 2. 関心を寄せる ～ po novicah：ニュースに関心を寄せる

povpréčen[38] ［形］女単主：-čna 1. 平均の，平均した ~a hitrost：平均速度 2. 中くらいの，ほどほどの

povpréčje[21] ［中］複生：povpréčij 平均 biti nad ~em：平均を上回っている；biti pod ~em：平均を下回っている

povračílo[20] ［中］払戻金

povrátek[1] ［男］単生：-tka 文 帰省，返却，回帰

povráten[38] ［形］女単主：-tna 1. 帰りの，戻りの ~a vozovnica：往復切符 2. 帰ってくることのできる，戻れる Preteklost ni povratna. 過去は戻ってこない． 3. 再帰の ~i glagol：再帰動詞；~i zaimek：再帰代名詞

povrníti / povŕniti[49] ［完］現1単：-em, L分詞：povŕnil, -íla 払い戻す ～ škodo：弁償する

površína[14] ［女］1. 表面 2. 面積 Stanovanje ima šestdeset kvadratnih metrov površine. 住居の面積は60平方メートルある．

povŕšje[21] ［中］複生：povŕšij 1. 地表 2. 水面

površnik¹ [男] 男性用コート

povsèm [副] 囲 完全に, まったく

povsód [副] 1. いたるところ, どこでも Od povsod se slišijo klici. いたるところから叫び声が聞こえてくる. 2. 強 いかなる場合でも Povsod hoče biti prvi. その人はどんな場合も1番でないと気がすまない.

povzámem → povzéti

povzémati⁴⁷ [不完] 1. 要約する 2. 誰かの後に続いて歌う・話す ~ pesem za solistom:ソリストの後に続いて歌う 3. 囲 iz+生 ~から知る, わかる Iz njegovih besed povzema, da ima težave. 彼の話から, 大変なのだということがわかる.

povzétek¹ [男] 単生:-tka 要旨, 要約, レジメ

povzéti⁴⁹ [完] 現1単:povzámem 1. 要約する ~ vsebino članka:論文の内容を要約する 2. 誰かの後に続いて歌う・話す 3. 囲 iz+生 ~から知る, わかる

povzpéti se⁴⁹ [完] 現1単:povzpnèm se 1. 登る ~ po lestvi:はしごを上る 2. 強 (高いレヴェルに) 到達する, たどりつく

povzpnèm se → povzpéti se

povzróčati⁴⁷ [不完] 原因となっている

povzročíti⁴⁸ [完] L分詞:povzróčil, -íla 原因となる, 引き起こす Potres v morju je povzročil visoke valove. 海中の地震は高波を引き起こした.

póza¹⁴ [女] 姿勢, ポーズ

pozabíti / pozábiti⁴⁸ [完] L分詞:pozábil, -íla 忘れる Dežnik je pozabil na vlaku. 彼は列車に傘を忘れた.

pozábljati⁴⁷ [不完] 何度も忘れる ~ imena:人の名前をよく忘れる

pozabljív³⁸ [形] 比:-ejši 忘れっぽい

pozajtrkováti⁵⁰ [完] L分詞:-àl, -ála 朝食を取り終える

pozanímati se⁴⁷ [完] za+対 興味・関心を持つ

pozávna[14][女]トロンボーン

pozdràv[1][男]単生:-áva 挨拶

pozdráviti[48][完]挨拶する ～ znanca:知人に挨拶する

pozdrávljati[47][不完]挨拶する ～ z roko:手を振って挨拶する;～ predlog:提案に賛成している

pozéba[14][女]霜,霜害 zavarovati rastline pred ～o:霜から植物を守る

pôzen[38][形]女単主:-zna,比:-êjši 1. 遅刻の,遅れる biti ～ za gledališče:劇場に遅れる;biti ～ z opravičilom:謝罪が遅れる Zaspal je, zato je pozen. 彼は寝過ごしたので,遅刻だ. 2. 最近の 3. 遅い,後期の ～a jesen:晩秋;～i barok:後期バロック

pozími[副]冬に

pózitiven/pozitíven[38][形]女単主:-vna,比:bolj ～/-ejši 肯定的な

pozívati[47][不完]呼ぶ,呼びかける

poznáti[47][不完]L分詞:poznal, -ála 知っている Nihče ga ne pozna. 誰も彼を知らない.

poznaválec[2][男]単生:-lca 専門家,識者(男)

poznaválka[14][女]専門家,識者(女)

poznêje[副]より遅く,後で pripeljati se uro ～:一時間後にやってくる

pozòr[1][男]単生:-ôra [強]注意,注意力 stati v ～u:気をつけの姿勢で立つ;～, stopnice:段差に注意,足元注意

pozóren[38][形]女単主:-rna,比:-ejši 注意深い,慎重な biti ～ na datum in kakovost izdelka:製品の製造年月日と品質に注意する

pozórnost[16][女]注意,注目 biti v središču ～i:注目の的だ

pozvoníti[48][完]L分詞:pozvónil, -íla 1. ベルを鳴らす 2. 電話をかける

požánjem → požéti

požár[1] [男] 火事 gasiti ～：火事を消す

požênem → pognáti

požéti[50] [完] 現1単：požánjem 刈り取る，収穫する

požgáti[49] [完] 現1単：požgèm 焼き尽くす，(太陽が)焦がす

požgèm → požgáti

požírek[1] [男] 単生：-rka 1. ひとのみ，1回に飲み込む量 piti po ～ih / v ～ih：少しずつ飲む 2. 飲み込むこと 3. 強 ごくわずかな液体の量

požrèm → požréti

požréšen[38] [形] 女単主：-šna, 比：bolj ～ / -ejši 1. 大食いの，健啖家の 2. 強 がめつい，貪欲な

požréti[49] [完] 現1単：požrèm, L分詞：požŕl, -a 飲み込む

požŕl → požréti

prábábica[14] [女] 曾祖母，ひいおばあさん

prádéd / prádèd[1] [男] 複主：prádédje / prádedi 1. 曾祖父，ひいおじいさん 2.【複】強 遠い先祖

pràg[1/5] [男] 単生：-a 敷居 prestopiti ～：敷居をまたぐ；na ～u jeseni：秋のはじめ

prágòzd[1/5] [男] 単生：-gôzda 原生林

práh[5] [男] 単生：-ú / -a ほこり，粉塵 cvetni ～：花粉；brisati ～ z omare：たんすのほこりをふき取る

práksa[14] [女] 1. 実践 uporabiti znanje v ～i：知識を実地に役立てる 2. 文 職業経験 arhitekt z dolgoletno ～o：長年の経験を積んだ建築家 3. 実習 biti na ～i v bolnišnici：病院で実習している

práktičen[38] [形] 女単主：-čna, 比：bolj ～ 1. 実践の，実際の 2. 実用的な

prálen[38] [形] 女単主：-lna 1. 洗濯の ～i prašek：洗濯用粉末石鹸；～i stroj：洗濯機 2. 洗濯できる

prálnica[14] [女] 洗濯場，ランドリー ～ avtomobilov：洗車場

prápor[1/3]［男］（団体や組織などの）旗

práprot[16]［女］羊歯（シダ）

práskati[47]［不完］1. ひっかく 2. 掻き落す

prášek[1]［男］単生：-ška 1. 粉，粉末 2. 粉薬

prášen[38]［形］女単主：-šna 1. ほこりの，粉塵の 2. ほこりで覆われた，粉塵で覆われた

prášič[2]［男］単生：-íča 豚 divji ~：いのしし

prašíček[1]［男］単生：-čka 小さな豚 morski ~：モルモット

práti[49]［不完］現1単：pêrem 洗濯する，洗う ~ na roko：手洗いする；~ v pralnem stroju：洗濯機で洗う

pràv［副］1. 正しく，正確に Prav si izračunal. ちゃんと計算できたね. imeti ~：そのとおり 2. とても Kruh je prav dober. パンはとてもおいしい. 3. まさに，ちょうど 4.（間投詞的に）そう

práven[38]［形］女単主：-vna 法律の ~a fakulteta：法学部

právi[38]［形］1. 正しい Ne vem, če je to pravi naslov. これが正しいタイトルかどうかは分からない. 2. za+対 おあつらえ向きの，適した To so pravi čevlji za mokre jesenske dni. これは湿った秋の日にぴったりの靴だ. 3. 本当の，真の

pravíca[14]［女］1. 公平さ，正義 To, da eni dobijo vse, drugi pa nič, ni pravica. すべてを手にするものたちがいる一方で何も得られないものがいるというのは公平ではない. 2. 権利 3. 強 裁判所

pravíčen[38]［形］女単主：-čna, 比：bolj ~ / -ejši 1. 公平な，正義の 2. 正しい

pravílen[38]［形］女単主：-lna, 比：-ejši 1. 正しい ~a rešitev križanke：クロスワードパズルの正解 2. 順調な，正常な 3. 強 規則正しい

pravílo[20] [中] 1. 規則, ルール držati se pravil：規則を守る；~a košarke：バスケットボールのルール 2. po ~u：原則として, おしなべて

pravíloma [副] 原則として, おしなべて

práviti[48] [不完・完] 告げる, 言う, 語る, 話す

pràvkar [副] ちょうど, たった今 Vlak je pravkar odpeljal. 列車は発車したばかりだ.

právljica[14] [女] おとぎばなし, 言い伝え ljudske ~e：民話

právnica[14] [女] 法律家（女）

právnik[1] [男] 法律家（男）

právnúk[1] [男] ひ孫（男）

právnúkinja[14] [女] ひ孫（女）

právo[20] [中] 1. 法, 法律 avtorsko ~：著作権法 2. 法学 študirati ~：法学を学ぶ

pravočásen[38] [形] 女単主：-sna 時間通りの, 時間に正確な

pravokótnik[1] [男] 長方形

pravopís[1] [男] 正書法

pravoréčje[21] [中] 正音法

pravosláven[38] [形] 女単主 -vna 正教の, 正教徒の

pravoslávje[21] [中] 正教

pràvzapràv [助] 1. 確かに Pravzaprav si samo domišlja, da je bolan. 彼は確かに自分が病気だと思っている. 2. 実際は, 正確には Šport, pravzaprav alpinizem, mu veliko pomeni. スポーツ, 正確には山登りは彼にとってとても大事だ. 3. 強（疑問文と共に）いったい Kje pa si pravzaprav？いったいぜんたいどこにいるの.

prázen[38] [形] 女単主：-zna, 比：bolj ~ 1. からの, 中に何も入っていない ~ kozarec：からのコップ 2. 強 むなしい Bogastvo, slava, vse to je prazno. 富や名声といったものはすべてむなしいものだ. 3. 得るところのない, 無駄な

prázničen[38] [形] 女単主：-čna, 比：bolj ～ 1. 祝日の，祭日の 2. 陽気な，楽しい

práznik[1] [男] 祝日，祭日

prazníti / prázniti[48] [不完] 現1単：-im, L分詞：praznil, -íla 空ける，からにする

praznováti[50] [不完] L分詞：-àl, -ála 祝う ～ rojstni dan：誕生日を祝う

praznovérje[21] [中] 複生：praznovérij 迷信

praznovérstvo[20] [中] 複生：praznovérstev 迷信

prážen[38] [形] ローストした

prebêrem → prebráti

prebíjati[47] [不完] 1. 突き通す，穴を開ける Zidar je začel prebijati zid. レンガ積み職人は壁に穴を開け始めた．2. 突破する ～ blokado：バリケードを突破する

prebíjem → prebíti

prebírati[47] [不完] 1. 次々と読む 2. 分類する，仕分けする

prebíti[50] [完] 現1単：prebíjem 1. 突き通す，穴を開ける 2. 突破する ～ sovražnikov obroč：敵の包囲を突破する

prebíti[50] [完] 現1単：prebíjem 過ごす Mladost je prebil v domači vasi. 若いころ彼は故郷の村で過ごした．

prebiválec[2] [男] 単生：-lca 住民，居住者（男）

prebivalíšče[21] [中] 居住地

prebiválka[14] [女] 住民，居住者（女）

prebiválstvo[20] [中] 複生：prebiválstev 住民，人口 gostota ~a：人口密度

prebívati[47] [不完] 1. 滞在する，居住する 2. 生息する

prebráti[49] [完] 現1単：prebêrem 1. 読み通す 2. 特徴をつかむ 3. 解読する

prebrísan[38] [形] 比：bolj ～ 悪賢い，ずるい

prebudíti[48] [完] L分詞：prebúdil, -íla 1. 起こす，目

覚めさせる 2. 強 引き起こす，呼び覚ます

prebújanje[21] ［中］目覚め

prebújati[47] ［不完］1. 起こす，目覚めさせる Rahlo je prebujala otroka. 彼女は子どもをそっと起こしていた. 2. 引き起こす，呼び覚ます ～ zanimanje：興味をかきたてる

precedíti[48] ［完］L 分詞：precédil, -íla ざるなどで漉す

precêj / precèj ［副］1. 多く Precej časa bo treba čakati. 長時間待たなければならないだろう. 2. かなり Danes je precej mraz. 今日はかなり寒い.

precéjšen[38] ［形］女単主：-šna 多くの，かなりの doseči ～ uspeh：大成功をおさめる

precenítev[15] ［女］過大評価，買いかぶり

préčkati[47] ［不完・完］1. 横断する，つっきる

prečŕtati[47] ［完］線を引いて消す

pred ［前］I ＋対 ～の前へ Položil je knjigo pred mater. 彼は母親の前へ本を置いた.
II ＋造 1. ～の前に・で čakati pred gledališčem：劇場の前で待つ 2. ～以前に jemati zdravila pred jedjo：食事前に薬を服用する

predál[1] ［男］引き出し

predáti[52] ［完］図 1. 渡す 2. 仕事の引継ぎをする，職を辞す

predaválnica[14] ［女］講義室 Predavanje bo v predavalnici številka pet. 講義は5番の講義室でおこなわれる.

predávanje[21] ［中］講義，講演 iti k ～u / na ～：講義に行く

predavátelj[2] ［男］講演者，講師（男）

predaváteljica[14] ［女］講演者，講師（女）

predávati[47] ［不完］講演する，講義する

prèdbožíčen[38] ［形］女単主：-čna クリスマス前の

predél[1] ［男］地域，地帯 stepski ~i Azije：アジアのステップ地帯

prédel → prêsti / présti

predélati[47] ［完］1. 生産する，加工する ～ mleko v maslo in sir：牛乳をバターとチーズに加工する 2. 作り変える ～ plašč v suknjič：コートをジャケットにリメイクする

predeláva[14] ［女］作り変えること，リメイク

prêdem / prédem → prêsti / présti

préden ［接］～する前に Preden je odšla, je zaprla okna. 彼女は出かける前に窓を閉めた．Ne morem kupiti, preden ne dobim denarja. 私はお金を手に入れない限り，買うことができない．

predêrem → predréti

predgôvor[1] ［男］序文 ～ k drugi izdaji knjige：本の第2版によせた序文

predhóden[38] ［形］女単主：-dna 先行する，前の

prèdígra[14] ［女］1. 劇の導入部 2. 前奏曲 3. 序章

prèdjéd[17] ［女］前菜

predlágati[47] ［完・不完］提案する Predlagala sem mu spremembo načrta. 私は彼に計画の変更を提案した．

predláni ［副］文 一昨年

predlánskim ［副］おととし

prêdlog[1] ［男］単生：-óga 1. 提案 biti za ～：提案に賛成だ 2. 前置詞

predložíti[48] ［完］L分詞：predlóžil, -íla 1. 提案する 2. 提示する

predméstje[21] ［中］複生：predméstij 郊外 imeti hišo v ~u：郊外に家を持つ

prêdmet[1] ［男］単生：-éta 1. 事物 2. 対象 3. 科目，教科 4. 目的語

predméten[38] ［形］女単主：-tna 1. 事物の 2. 対象の 3. 科目の，教科の 4. 目的語の

prèdnaročílo[20][中] 予約 Za te avtomobile imajo že veliko prednaročil. この車にはもう予約がたくさん入っている.

prédnik[1][男] 先祖, 開祖

prédnji[38][形] 前の, 前にある ~i sedeži avtomobila: 自動車の前部座席

prédnost[16][女] 優先, 優先権 imeti ~ pri sprejemanju v dijaški dom: 学生寮への受け入れに際して優先権をもつ

predôlgo[副] あまりに長く, 長すぎ ~ čakati: 長く待ちすぎる

predòr[1][男] 単生: -ôra 1. トンネル Vlak je zapeljal v predor. 列車はトンネルの中へ入った. 2. 穴を穿つこと

predpásnik[1][男] エプロン

predpís[1][男] 1. 規則, 規定 2. 規範

predpísati / predpisáti[49][完] 現 1 単: predpíšem, L 分詞: predpísal, -ála 1. 規定する 2. 処方する

predpisováti[50][不完] L 分詞: -àl, -ála 1. 規定する 2. 処方する

predpíšem → predpísati / predpisáti

prèdplačílo[20][中] 前払い

predpóna[14][女] 接頭辞

predpostávka[14][女] 前提

predpostávljati[47][不完] 1. 推定する, 前提とする 2. 優先させる

predprážnik[1][男] ドアマット Pod predpražnikom sem našla ključ od sobe. 私は部屋の鍵がドアマットの下にあるのを見つけた.

prèdprodája[14][女] 前売り

predpúst[1][男] 1月6日から謝肉祭 (カーニヴァル) の火曜日までの期間

predrèm → predréti

predréti[49] ［完］現 1 単：predrèm / -dêrem, L 分詞：predŕl, -a 穴を開ける・穿つ s svinčkom ~ papir：鉛筆で紙に穴を開ける

predŕl → predréti

predŕzen[38] ［形］女単主：-zna, 比：-ejši ずぶとい，ずうずうしい，あつかましい

predsédnica[14] ［女］1. 大統領，組織の最高位にある人（女）2. 議長（女）

predsédnik[1] ［男］1. 大統領，組織の最高位にある人（男）ministrski ~：首相 2. 議長（男）

predsedováti[50] ［不完］L 分詞：-àl, -ála ＋与 1. 大統領をつとめる 2. 議長をつとめる ~ sestanku：会議の議長をつとめる

prèdsôba[14] ［女］玄関，エントランスホール

predsódek[1] ［男］単生：-dka 先入観

predstáva[14] ［女］1. 催し物，出し物，パフォーマンス 2. 認識

predstáviti[48] ［完］紹介する ~ prijatelja staršem：友人を両親に紹介する

predstáviti si[48] ［完］想像する Predstavite si, kaj bi to pomenilo za nas. これがわたしたちにとってどんな意味をもちそうか，想像してみてください．

predstávljati[47] ［不完］1. 紹介する Predstavljala jim je svoje prijatelje. 彼女は彼らに友人たちを紹介していった．2. 代表する 3. ～である To predstavlja velik problem za gospodarstvo. これは経済にとって大きな問題である．

predstávljati si[47] ［不完］想像する

predstávnica[14] ［女］代表者（女）

predstávnik[1] ［男］代表者（男）Izbrali so ga za predstavnika. 彼は代表に選ばれた．

predstávništvo[20] ［中］複生：predstávništev 代表，代表部

predstójnica[14] ［女］主任，チーフ（女）

predstójnik[1] ［男］主任，チーフ（男）～ katedre：学科長

predvájati[47] ［不完］上演・上映する，披露する Na televiziji pravkar predvajajo oddajo za otroke. テレビでちょうど子ども向けの番組を放送している.

predvčérajšnjim ［副］おととい

predvídeti[48] ［完］1. 予言する，予想する Predvidel je nesrečo. 彼は事故を予想した. 2. 見積もる V proračunu so predvideli gradnjo nove šole. 予算に新しい学校の建設を見積もった.

predvidévati[47] ［不完］1. 予言する，予想する ～ konec vojne：終戦を予言する 2. 見積もる

predvídoma ［助］囡 きっと

predvôjen[38] ［形］女単主：-jna 戦前の

predvsèm ［副］まず，とりわけ

pregánjati[47] ［不完］1. 追跡する 2. 圖 苦しめる

preglávica[14] ［女］【複】迷惑，困惑 delati mu ~e：彼に迷惑をかける Ima veliko preglavic. 悩み事がたくさんある.

preglèd[1] ［男］単生：-éda 1. 検査 carinski ～：税関検査 2. 診察 3. 概説 4. imeti ～：知っている Nihče nima pregleda, koliko jih pride. 何人来るのか誰も知らない.

preglédati[47] ［完］1. 検査する，調べる ～ potne liste：旅券を検査する；～ pošto：郵便物を調べる 2. 診察する ～ bolnika：病人を診察する 3. 調査する

pregledováti[50] ［不完］L 分詞：-àl, -ála 1. 検査する，調べる 2. 診察する 3. 調査する ～ okolico：周辺を調査する

pregnánstvo[20] ［中］複生：pregnánstev 追放，追放先

pregnáti[49] ［完］現1単：preženem, L 分詞：-àl, -ála 追放する ～ v taborišča：収容所へ追放する；～ si bolečine s tabletami：錠剤で痛みを取る

pregôvor[1]［男］諺

pregovoríti[48]［完］L 分詞：pregovóril, -íla 説得する ~ odhajajočega, da se vrne：立ち去ろうとする者に，戻るよう説得する Ne da se pregovoriti. 説得できない．

pregráda[14]［女］1. 柵 2. 檻 3. 障害物

pregrája[14]［女］1. 柵 2. 障害物

pregrinjálo[20]［中］カヴァー，覆い posteljno ~：ベッドカヴァー

prehájati[47]［不完］1. 通り過ぎる，渡る ~ cesto：道を渡る 2. 変わる，移る Od lahkih vaj postopoma prehajamo na težje. 簡単な問題から徐々に難しい問題に移ろう．

prehitéti[48]［完］L 分詞：prehítel, -éla 1. 追い抜く，追い越す Avtomobil je prehitel avtobus ravno na ovinku. 自動車はちょうどカーヴでバスを追い越した．2. 先を進む S svojimi nazori je prehitel sodobnike. 彼は考えが同時代の人の先を行っていた．3. 強 先を制す

prehitévanje[21]［中］追い越し

prehitévati[47]［不完］1. 追い抜く，追い越す 2. 先を行く Ura prehiteva. 時計が進んでいる．3. 強 先を制す

prehlàd[1]［男］単生：-áda 風邪 imeti ~：風邪を引いている

prehladíti se[48]［完］L 分詞：prehládil se, -íla se 風邪を引く Pazi, da se ne prehladiš. 風邪を引かないように気をつけなさい．

prehlajèn[38]［形］女単主：-êna, 比：bolj ~ 風邪を引いている

prehòd[1]［男］単生：-óda 1. 横断，渡ること Za prehod meje ne potrebujemo vizuma. 国境を渡るために査証を必要としない．2. 渡れる場所 ~ za pešce：横

断歩道 3. 飛行機などの通路 4. 移行, 転換 ～ na poletni čas：夏時間への移行

prehóden[38] [形] 女単主：-dna, 比：bolj ～ 1. 横断のための, 渡るための ~i hodnik：渡り廊下 2. 過渡的な ~o obdobje med vojno in mirom：戦争と平和の過渡的な時期 3. 短期間の ~i gost：短期滞在の客 4. ~i glagol：他動詞

prehrána[14] [女] 食物, 栄養補給

preídem → preíti

preimenováti[50] [完] L 分詞：-àl, -ála 名前を変える, 改名する ～ ulico：通りの名前を変える

preiskáva[14] [女] 1. 診察 2. 捜査

preíti[49] [完] 現1単：preídem, L 分詞：prešèl, -šlà 1. 渡る, 横断する ～ potok：小川を渡る 2. 変わる, 移る, 移行する 4. 図 終了する, 過ぎ去る

preizkús[1] [男] テスト, 試み

preizkúsiti[48] [完] テストする, 試す ～ motor：モーターのテストをする

preizkúšati[47] [不完] テストをする, 試す

prêj [副] 1. 早く, 以前に Včeraj je prišel prej na delo. 昨日彼はいつもより早く職場に着いた. Brada, prej tako črna, mu je osivela. 以前あれほど黒かった彼の髭に白髪が混ざってきた. 2. むしろ Verjel bo prej tovarišem kakor staršem. 彼は両親よりもむしろ同志を信じることだろう.

prejémati[47] [不完] 受け取る, 受領する

prejéti[49] [完] 現1単：prêjmem 受け取る, 受領する ～ knjigo v dar：プレゼントの本を受け取る；～ nagrado：受賞する

prêjle [副] 強 ほんの少し前

prêjmem → prejéti

prêjšnji[38] [形] 前の, 以前の slika na ~i strani：前ページの絵；~i teden：先週

prêjšnjikrat [副] 前回

prek [前] +生 1. ～を越えて 2. ～を通って, ～経由で 3. ～の間中

prekajèn[38] [形] 女単主：-êna, 比：bolj ～ 燻製の, 燻製にした

prekinítev[15] [女] 中断, 中止 ～ električnega toka：停電

prekíniti[49] [完] 1. 断つ, 中断する ～ telefonsko zvezo：電話連絡を断つ；～ oddajo：番組を中断する 2. 割り込む, さえぎる ～ profesorja sredi predavanja：講義の最中教授のいうことをさえぎる

preklícati[49] [完] 現1単：preklíčem 取り消す, 破棄する, キャンセルする ～ obljubo：約束を破る

preklíčem → preklícati

preko [前] +生 1. ～越しに, 越えて skočiti preko ograje：塀を飛び越える 2. ～を通って, 通過して potovati v Zagreb preko Novega mesta：ノーヴォ・メースト経由でザグレブへ旅行する 3. ～の間中 Kavarna je preko dneva zaprta．喫茶店は日中閉まっている．

prekòp[1] [男] 単生：-ópa 運河, 水路

prekrásen[38] [形] 女単主：-sna 強 すばらしい, とても美しい

prekríjem → prekríti

prekríti[50] [完] 現1単：prekríjem 覆う, カヴァーをかける ～ tla s preprogo：床にじゅうたんを敷く

prekrívati[47] [不完] 覆う, カヴァーをかける

prekŕšek[1] [男] 単生：-ška 違反 prometni ～：交通違反

prekúcnik[1] [男] ダンプカー

prelevíti se[48] [完] L分詞：prelévil se, -íla se 脱皮する, 変わる ～ iz kmeta v meščana：農民から都会の人間に変わる

prelíjem → prelíti

prelístati[47] [完] ページをめくる ～ revijo：雑誌のペー

ジをめくる

prelíti[50] ［完］現1単：prelíjem 1. ワインなどを別の容器に移す 2. 注ぐ 3. こぼす

prelív[1] ［男］1. うつろい 2. 海峡 Beringov ～：ベーリング海峡

prelòm[1] ［男］単生：-ôma 1. 折れること kostni ～：骨折 2. 破裂，破損 ～ obljube：約束違反 3. 圕境界，境目

prelómnica[14] ［女］1. 圕転機，転換点 2. 断層

preložíti[48] ［完］L分詞：prelóžil, -íla 1. 移す，移動させる 2. 移送する

premágati[47] ［完］1. 打ち負かす ～ sovražnike：敵を打ち負かす 2. 強制的に何かをさせる Radovednost ga je premagala, da je odprl pismo. 好奇心に負けて彼は手紙を開封した.

premakníti / premákniti[49] ［完］現1単：-em, L分詞：premáknil, -íla 動かす

premálo ［数］不変 あまりに少ない

premálo ［副］あまりに少なく，ほんの少し

premér[1] ［男］直径

premešati / premešáti[47] ［完］現1単：-am, L分詞：premešal, -ála 混ぜる，かき混ぜる

premetèn[38] ［形］女単主：-êna, 比：bolj ～ / -ejši ずるい，狡猾な

prémica[14] ［女］直線 potegniti ~o：直線を引く

premíčen[38] ［形］女単主：-čna 移動の，可動式の ~e stopnice：エスカレーター

premiêr[3] ［男］首相（男）

premiêra[14] ［女］演劇やオペラなどの初日，初演

premiêrka[14] ［女］首相（女）

premík[1] ［男］動き

premíkati[47] ［不完］動かす Knjig ne premikajte. 本を動かさないでください.

premíslek[1] ［男］熟考，熟慮 delati s ~om：よく考えて行動する

premísliti[48] ［完］よく考える，熟考する Vsako stvar do konca premisli. あらゆることを徹底的に考えなさい．

premísliti se/premísliti si[48] ［完］考えを変える Hotel je nekaj reči, pa se je premislil. 彼は何か言おうとしたが，考えを変えた．

premišljeváti[50] ［不完］L 分詞：-àl, -ála よく考える，熟考する

premóč[16/17] ［女］1. 優位，優越 občutek ~i nad njo：彼女に対する優越感 2. 支配 gospodarska ~ razvitih držav：先進国の経済支配

premóčen[38] ［形］比：bolj ~ すっかりぬれた，ずぶぬれの

premôčen[38] ［形］女単主：-čna 1. 非常に強い 2. 大変優れた

prêmog[1] ［男］単生：-óga 石炭

premòr[1] ［男］単生：-ôra 1. 中断 2. 息継ぎ

premóžen[38] ［形］女単主：-žna，比：-ejši 裕福な

premožênje[21] ［中］財産 zapustiti ~ njemu：彼に財産を残す

premrážen[38] ［形］比：bolj ~ 冷え切った

prenášati[47] ［不完］1. 運ぶ，移す ~ težo z ene noge na drugo nogo：重心を一方の足からもう片方の足へ移す 2. 強 耐える Takih ljudi ne prenašam. そのような人たちにはがまんできない．3. 放送・放映する

prenéhati[47] ［完］1. 終える ~ peti：歌い終える；~ z delom：仕事を終える 2. やめる Za nekaj mesecev je prenehal s študijem. 数ヵ月後彼は退学した．

prenêsti[49] ［完］現 1 単：prenêsem, L 分詞：prenésel, -nêsla 1. 運ぶ，移す ~ denar：お金を振り込む 2. 強 耐える

prenočíšče[21] [中] 宿泊施設，泊まるところ

prenočíti[48] [完] L 分詞：prenóčil, -íla 泊まる ~ v hotelu：ホテルに泊まる

prenòs[1] [男] 単生：-ôsa 1. 移動，移転 2. 中継

prenôsen[38] [形] 女単主：-sna 携帯可能な，持ち運びできる ~i telefon：携帯電話

prenôva[14] [女] リノヴェーション，修復

preobčutljív[38] [形] 過敏な

preobléči se[49] [完] 現1単：preobléčem se, L 分詞：preoblékel se, -kla se 着替える

preobléka[14] [女] 着替え，衣装替え Na potovanje je vzel malo preobleke. 彼は旅行にわずかな着替えしか持っていかなかった．Preobleka je končana. 着替えが終わった．

preoblékel se → preobléči se

preoblikováti[50] [不完] L 分詞：-àl, -ála 作り変える，改造する

preostánem → preostáti

preostáti[49] [完] 現1単：preostánem, L 分詞：-àl, -ála【3人称】残る Denarja mu ni dosti preostalo. 彼にはお金が充分には残っていなかった．

prepàd[1] [男] 単生：-áda 断崖，絶壁

prepečênec[2] [男] 単生：-nca ビスケット

prepeljáti[50/47] [完] 現1単：prepéljem / -ám, L 分詞：prepêljal, -ála 1. 輸送する Letalo je prepeljalo dvesto potnikov naenkrat. 飛行機は1度に200人の乗客を輸送した．2. 乗り物で通過する，渡る

prepéljem → prepeljáti

prepíh[1] [男] 空気の流れ，風の通り道

prepír[1] [男] 争い，喧嘩 besedni ~：口喧嘩

prepírati se[47] [不完] 争う，喧嘩する ~ s sosedi：隣人たちと争う

prepísati / prepisáti[49] [完] 現1単：prepíšem, L 分

prepríčan

詞：prepísal, -ála 1. 清書する 2. 登録する，登記簿に記載する

prepíšem → prepísati / prepisáti

preplàh[1] [男] 単生：-áha 1. パニック 2. 文 アラーム，警報

preplášen[38] [形] 比：bolj ~ ぎょっとした，パニックに陥った

plepláviti[48] [完] L 分詞：preplávil, -íla 押し寄せる，殺到する

preplávljati[47] [不完] 押し寄せる，殺到する

preporòd[1] [男] 単生：-óda 文 再生，ルネサンス

prepôved[16] [女] 禁止，禁止事項 ~ jedrskih poskusov：核実験禁止

prepovédan[38] [形] 禁止されている Kaditi ~o：禁煙

prepovédati[55] [完] 現1単：prepovém 禁止する Oče nam je prepovedal govoriti o teh stvareh. 父は私たちにこれらのことについて話すことを禁じた．Zdravnik mu je prepovedal težko delo. 医者は彼に重労働をしないように命じた．

prepovedováti[50] [不完] L 分詞：-àl, -ála 禁止する

prepovém → prepovédati

prepôzen[38] [完] 女単主：-zna 遅すぎる Bil je prepozen in ni mogel kupiti vstopnic. 彼は遅すぎて入場券を買えなかった．

prepoznáti[47] [完] L 分詞：-àl, -ála 1. 誰かわかる・気づく Čeprav je bil maskiran, so ga prepoznali. 彼は仮面をつけていたにもかかわらず，気づかれてしまった．2. 確認する，確定する

preprečeváti[50] [不完] L 分詞：-àl, -ála 防ぐ，妨げる ~ nesreče：事故を防ぐ；~ širjenje novih idej：新しい思想が広まるのを妨げる

prepréčiti[48] [完] 防ぐ，妨げる

prepríčan[38] [形] 比：bolj ~ 確信している，確信あ

prepríčati

りげな biti ～ o zmagi：勝利を確信している

prepríčati[47]［完］説得する

prepričeváti[50]［不完］L 分詞：-àl, -ála 説得する

preprodajálec[2]［男］単生：-lca 仲買人（男）

preprodajálka[14]［女］仲買人（女）

prepróga[14]［女］じゅうたん，カーペット pogrniti ~o：じゅうたんを敷く

preprôst[38]［形］女単主：-ôsta, 比：bolj ～ / -ejši 1. 簡単な，単純な 2. 簡素な，質素な 3. 率直な

prepustíti[48]［完］L 分詞：prepústil, -íla 1. 譲る ～ hišo sinu：家を息子に譲る 2. ゆだねる，まかせる

prepúščati[47]［不完］1. 放つ，流したままにしておく ～ svetlobo：明かりをつけっぱなしにする 2. 譲る 3. ゆだねる，まかせる

prerásel → prerásti

prerásem → prerásti

prerástel → prerásti

prerástem → prerásti

prerásti[49]［完］現 1 単：prerástem / -rásem, L 分詞：prerástel, -tla / prerásel, -sla 大きくなりすぎて合わなくなる，過度に成長する

prerokováti[50]［不完・完］L 分詞：-àl, -ála 予言する，占う ～ iz kart：カードで占う

presadíti[48]［完］L 分詞：presádil, -íla 1. 植え替える 2. 移植する

preséči[49]［完］現 1 単：preséžem, L 分詞：preségel, -gla 超える，越す，上回る Dnevna temperatura je presegla trideset stopinj Celzija. 日中の気温が摂氏 30 度を超えた.

preségati[47]［不完］超える，越す，上回る Avtorjevo zadnje delo presega vsa prejšnja. 著者の最新作はこれまでのすべての作品を上回るできである. ～ dovoljeno hitrost：制限速度をオーヴァーする

preségel → preséči
preselíti se[48] [完] 現1単：presélim se, L分詞：presêlil se, -íla se 1. 引っ越す，移住する ～ iz Ljubljane v Kranj：リュブリャーナからクラーンへ引っ越す 2. 移行する
presenéčati[47] [不完] 驚かす Pogosto nas preseneča s svojimi odgovori. 彼はその回答でしょっちゅう私たちを驚かしている．
presenéčen[38] [形] 比：bolj ～ 驚いた Pogledal je s presenečenim izrazom na obrazu. 彼は驚いた表情で見つめた．
presenéčenje[21] [中] 驚き Od presenečenja je obstal. 彼は驚いて立ち止まった．
presenétiti[48] [完] 1. 驚かす 2. 婉 捕らえる，逮捕する ～ tatu pri kraji：泥棒を現行犯で捕らえる
presenetljív[38] [形] 比：-ejši 驚きの，驚くべき，驚愕の
preséžem → preséči
preséžnik[1] [男] 最上級 pridevnik v ~u：最上級形容詞
presìt[38] [形] 女単主：-íta 食べ過ぎの
preskočíti[48] [完] 現1単：preskóčim, L分詞：preskôčil, -íla 1. ジャンプする，飛び越える ～ jarek：溝を飛び越える 2. 飛び移る ～ s čolna na breg：ボートから岸に飛び移る 3. 強 変える Pil je vino, kasneje pa preskočil na žganje. 彼はワインを飲んでいたが，後になると蒸留酒に切り替えた．
preskrbéti[48] [完] 支給する，提供する，取ってあげる
preskús[1] [男] テスト，試み
preslédek[1] [男] 単生：-dka 間隔 v ~ih：時折
preslíšati[48] [完] 聞き逃す
presnét[38] [形] 強 いまいましい
presnét[38] [形] 録音された，録画された

presodíti / presóditi[48] ［完］現1単：-im, L 分詞：presódil, -íla 1. 判断する, 判定する 2. 文 評価する ～ igralca za dobrega：俳優を優れていると評価する

presójati[47] ［不完］1. 判断する, 判定する 2. 文 評価する

prestánem → prestáti

prestáti[49] ［完］現1単：prestánem, L 分詞：-àl, -ála 1. 不愉快な目にあう Veliko hudega je že prestal. 彼はもうひどい目にたくさんあってきた. 2. 耐えぬく, もちこたえる ～ vojno：戦争に耐えぬく

prestáva[14] ［女］【複】ギア, トランスミッション

prestávljati[48] ［完］1. 動かす, 移動させる ～ torbo iz ene roke na drugo：バッグを片方の手からもう片方の手に持ちかえる 2. 転任させる 3. 延期する ～ datum sestanka：会議の日程を延期する

prêsti / présti[49] ［不完］現1単：prêdem / prédem, L 分詞：prédel, -dla 1. 回転させる 2. のどをごろごろいわせる

prêstol[1] ［男］単生：-ôla / -óla 1. 王座 2. トップの座

prestólnica[14] ［女］1. 強 首都 2. 中心地 Hollywood, filmska ～ sveta：世界の映画の中心地, ハリウッド

prestópati[47] ［不完］1. 越える, 飛び越える 2. 転向する

prestópen / prestôpen[38] ［形］女単主：-pna 1. うるうの ~o leto：うるう年 2. 越えることのできる

prestopíti / prestópiti[48] ［完］現1単：-im, L 分詞：prestópil, -íla 1. 越える ～ jarek：溝を越える 2. 渡る 3. 乗り換える 4. 所属や信仰を変える ～ na drugo šolo：転校する；～ v protestantsko vero：プロテスタントに転向する

prestrášiti se[48] ［完］L 分詞：prestrášil se, -íla se 恐れる, 怖がる ～ na smrt：死を恐れる

prešèl → preíti
preštêjem → preštéti
preštéti[50] ［完］現1単：preštêjem 数える Kdo bi lahko preštel zvezde？星の数を誰が数え上げられるというのか．
pretéhtati[47] ［完］1. 重さを量る 2. よく考える
pretékel[38] ［形］女単主：-ékla 過去の ~i čas：過去時制
pretêklik[1] ［男］過去時制
pretêklost[16] ［女］過去 To se je dogajalo v bližnji preteklosti. それは最近起こった．
pretépel → pretêpsti
pretêpem → pretêsti
pretêpsti[49] ［完］現1単：pretêpem, L分詞：pretépel, -têpla 打ちすえる
pretéžen[38] ［形］女単主：-žna ほとんどの，大部分の
pretirávati[47] ［不完］誇張する
pretrésel → pretrésti
pretrésem → pretrésti
pretresljív[38] ［形］比：-ejši 1. 悲しげな 2. 強 驚愕の，ショックを受けた
pretrésti[49] ［完］現1単：pretrésem, L分詞：pretrésel, -sla 驚かす
pretŕgati[47] ［完］破る ~ tišino：静寂を破る
preučeváti[50] ［不完］L分詞：-àl, -ála 研究する，調査する
preučíti[48] ［完］L分詞：preúčil, -íla 研究する，調査する
preudárek[1] ［男］単生：-rka 考慮，熟慮 govoriti brez ~a：大して考えもせずに話す
preusmériti[48] ［完］そらす，進路を変える
prevajálec[2] ［男］単生：-lca 翻訳家，通訳（男）
prevajálka[14] ［女］翻訳家，通訳（女）

prevájati[47][不完] 翻訳する，通訳する

prevárati[47][完] 1. 騙す，欺く 2. za+対 阻止する Prevarali so ga za nagrado. 彼は受賞を阻止された．

prevážati[47][不完] 輸送する 〜 po železnici：鉄道輸送する

preveč[副] あまりにも Preveč je mraz. 寒すぎる．

prevêdel → prevêsti

prevêdem → prevêsti

prevedljív[38][形] 翻訳可能な težko 〜 izraz：翻訳が難しい表現

prevériti[48][完] チェックする，照合する 〜 podatke：データを照合する

prevérjati[47][不完] チェックする，照合する 〜 učence pri pouku：授業の出欠を取る

prevêsti[49][完] 現1単：prevêdem，L分詞：prevêdel，-dla 翻訳する，通訳する 〜 roman iz nemščine v slovenščino：小説をドイツ語からスロヴェニア語に翻訳する

prevíden[38][形] 女単主：-dna, 比：-ejši 注意深い，慎重な

prevládati[47][完] 広まる，普及する V teh krajih je prevladala nemščina. このあたりはドイツ語がよく通じた．

prevladováti[50][不完] L分詞：-àl, -ála 1. 広まっている，普及している 2. 中心・主体である Na tej šoli prevladuje jezikovni pouk. この学校では言語教育に力を入れている．

prevléka[14][女] 1. カヴァー 〜 za blazino：枕カヴァー 2. コーティング，覆い

prevòd / prêvod[1][男] 単生：-óda 翻訳，通訳 Roman je izšel v prevodu znanega prevajalca. 小説は有名な翻訳家の訳で出版された．dobesedni 〜：逐語訳

prevòz[1][男]単生：-ôza 輸送 šolski ～：生徒の送り迎え

prevózen / prevôzen[38][形]女単主：-zna 1. 輸送の，運送の 2. 輸送可能な

prevràt[1][男]単生：-áta 1. 打倒，体制の変換 2. 転覆

prevrníti / prevŕniti[49][完]現1単：-em, L分詞：prevŕnil, -íla ひっくり返す，転覆・転倒させる

prevzámem → prevzéti

prevzémati[47][不完] 1. 受け入れる，受容する ～ besede iz drugih jezikov：他の言語から語を受け入れる 2. 仕事や任務を引き受ける 3. 感動・驚愕させる

prevzéti[49][完]現1単：prevzámem 1. 受け入れる，受容する 2. 仕事や任務を引き受ける 3. 感動・驚愕させる

prezgódaj[副]早すぎ，早く～しすぎる Deset minut prezgodaj smo prišli. 私たちの到着は10分早すぎた.

prezír[1][男]do+生 軽蔑，蔑視 kazati ～ do njega：彼を蔑視する

prezrèm → prezréti

prezréti[49][完]現1単：prezrèm, L分詞：prezŕl, -la 見過ごす，見逃す

prezŕl → prezréti

prežênem → pregnáti

preživéti[48][完] L分詞：preživel, -éla 1. 過ごす Otroci so preživeli počitnice pri teti. 子どもたちはおばのところで休みを過ごした. 2. 生き残る Nesrečo so preživeli trije potniki. 事故で生き残ったのは3人の旅行者だった.

preživljati[47][不完] 1. 過ごす 2. 必要なものを与える，養う Preživljajo ga starši. 彼を養っているのは両親だ.

pŕha[14][女] 1. シャワー Vsak večer gre pod prho. そ

の人は毎晩シャワーを浴びる．2. 強 がっかりすること To je bila huda prha zanj. それは彼にとってひどくがっかりすることだった．

pri［前］+前 1. 〜のそばに stati pri oknu：窓際に立つ 2. 〜の所有の Laboratorij je pri inštitutu. 実験室は研究所の所有だ．3. 〜のところに・もとに Stanuje pri starših. その人は両親のもとで暮らしている．4. 〜にさいして，〜のときに To zdravilo se jemlje le pri visoki temperaturi. この薬は熱が高いときにのみ服用される．Pri slovesu so vsi jokali. 別れの際みな泣いていた．

priblížati se[47]［完］近づく 〜 cilju：ゴールに近づく；〜 na dva metra：2メートルに近づく Večer se je približal. 夜が近づいた．

približeváti se[50]［不完］L 分詞：-àl se, -ála se 近づく Njegova umetnost se približuje ljudski umetnosti. 彼の芸術は民衆芸術に近づきつつある．

približno［副］おおよそ，大体

pribòr[1]［男］単生：-ôra 1. ナイフ，フォーク，スプーンのセット 2. 一そろい，一式 šivalni 〜：裁縫道具一式

priboríti[48]［完］L 分詞：pribóril, -íla 勝ち取る

príča[14]［女］1. 証人 2. 目撃者 biti 〜 nesreči／nesreče：事故の目撃者である 3. 立会人 〜 pri poroki：結婚の立会人

pričákati[47]［完］1. 期待する Odgovora ni pričakal. 彼は答えを期待しなかった．2. 来るまで待つ

pričakováti[50]［不完］L 分詞：-àl, -ála 期待する Ne pričakuj tuje pomoči. 他人の助けは当てにするな．

príčati[47]［不完］1. 証言する 2.【3人称】〜のようだ，〜に見える Pohištvo v sobi je pričalo o preprostem okusu. 部屋の家具からシンプルな趣味がうかがえる．

pričéska[14]［女］髪型，ヘアスタイル

pričéti[49] [完] 現1単：pričnèm 始める Odprl je knjigo in pričel brati. 彼は本を開いて読み始めた.
pričnèm → pričéti
pridélati[47] [完] 栽培する，生産する
prídem → príti
príden[38] [形] 女単主：-dna, 比：-ejši 1. 勤勉な，働き者の 2. おとなしい，従順な
pridévnik[1] [男] 形容詞
pridévniški[38] [形] 形容詞の
prídiga[14] [女] 説教（宗教） ~ na gori：山上の説教
prídigati[47] [不完] 説教する（宗教） ~ pri nedeljski maši：日曜の礼拝で説教する
pridobítev[15] [女] 入手，獲得
pridobíti[48] [完] L分詞：pridóbil, -íla 1. 入手する，獲得する ~ izkušnje z delom：仕事をして経験を積む 2. 作り出す ~ maslo iz mleka：牛乳からバターを作り出す 3. よりよく・豊かになる
pridobívati[47] [不完] 手に入れる，獲得する
pridruževáti se[50] [不完] L分詞：-àl, -ála 集まり始める，同じ行動を始める Otroci so se mu na ulici pridruževali, ker jim je dajal bonbone. 彼が飴を配り始めたので，子どもたちが通りに集まりだした.
pridružíti se / pridrúžiti se[48] [完] 現1単：-im se, L分詞：pridrúžil se, -íla se / -il se, -ila se 1. 集まり始める 2. 一致して表明する
pridržek[1] [男] 単生：-žka 保留 imeti ~e：保留する
prigrízek[1] [男] 単生：-zka 軽食，スナック
prihájati[47] [不完] 1. 来つつある 2. 何度も来る
prihòd[1] [男] 単生：-óda 到着
prihódnji[38] [形] 未来の，次の ~a nedelja：次の日曜日
prihódnjič [副] 次回
prihódnjik[1] [男] 未来時制

prihódnost[16] ［女］未来，将来 načrti za 〜：将来設計

prihraníti / prihrániti[48] ［完］現1単：-im, L 分詞：prihránil, -íla 貯める，とっておく Nekaj denarja je razdal, nekaj pa prihranil za hude čase. 彼はお金をいくらか分け与えたが，いくらかはもしものときのためにとっておいた．Prihranil mi je sedež v avtobusu. 彼はわたしのためにバスの座席をとっておいてくれた．Prihranili smo toliko, da smo si kupili hišo. 私たちはたくさん貯金をして家を買った．

priigráti[47] ［完］L 分詞：-àl, -ála 賭けに勝ってもうける

priímek[1] ［男］単生：-mka 姓，苗字 dekliški 〜：旧姓

prijátelj[2] ［男］1. 友人，友達（男）2. 強 恋人（男）

prijáteljica[14] ［女］1. 友人，友達（女）2. 強 恋人（女）

prijáteljski[38] ［形］比：bolj 〜 友人の，友達の，友好的な

prijáteljstvo[20] ［中］複生：prijateljstev 友情 skleniti s njim 〜：彼と友達になる

prijáva[14] ［女］1. 登録，申込，チェックイン rok za 〜o：申込期間 2. 申請書

prijáviti se[48] ［完］za+対 登録する，申し込む 〜 za izlet：遠足を申し込む

prijávljati se[47] ［不完］za+対 登録する，申し込む

prijávljenec[2] ［男］単生：-nca 申込者，登録者（男）

prijávljenka[14] ［女］申込者，登録者（女）

prijávnica[14] ［女］申込用紙 izpolniti 〜o：申込用紙に記入する

prijázen[38] ［形］女単主：-zna, 比：-ejši 親切な，友好的な Učiteljica je bila prijazna do vseh učencev. 先生は生徒全員に親切だった．

prijáznost[16] ［女］親切，親切心 Zahvaljujem vam za

to prijaznost. ご親切にどうもありがとうございます.

prijémati[47/50] [不完] 現1単：-am / -ljem 1. 握る，つかむ ～ ga za roko：彼と握手する 2. はさむ ～ s kleščami：ペンチではさむ 3. 強 とらえる Otroka je prejemala zaspanost. 子どもは眠くてしかたがなかった.

prijémljem → prijémati

prijéten[38] [形] 女単主：-tna, 比：-ejši 1. 心地のよい，快適な Proti večeru je začel pihati prijeten veter. 夕方近くになって心地いい風が吹き始めた. 2. 感じのよい ～ glas：感じのよい声

prijéti[49] [完] 現1単：prímem 1. 握る，つかむ 2. はさむ 3. 捕らえる Miličiniki so prijeli nevarnega zločinca. 警察は危険な犯罪者を捕らえた. 4. 強 働き始める Če je treba, zna prijeti za delo. 彼は必要とあれば仕事に取り掛かれる人だ.

prikázati / prikazáti[49] [完] 現1単：prikážem, L 分詞：prikázal, -ála 1. 見せる，提示する 2. 上映する

prikázati se / prikazáti se[49] [完] 現1単：prikážem se, L 分詞：prikázal se, -ála se 現れる，出現する V sanjah se ji je prikazal pokojni mož. 彼女の夢の中に死んだ夫が出てきた.

prikazováti[50] [不完] L 分詞：-àl, -ála 1. 見せる，提示する 2. 上映する javno ～：公開する

prikazováti se[50] [不完] L 分詞：-àl se, -ála se 現れる，出現する

prikážem → prikázati / prikazáti

prikážem se → prikázati se / prikazáti se

prikímati[47] [完] 1. うなずく ～ vsaki zahtevi：ありとあらゆる要求にうなずく（要求を受け入れる）Na vprašanje, če sme kaditi, je prekimal. タバコを吸っていいかという問いに，彼はうなずいた. 2. 強 到来する

priklícati[49] [完] 現1単：priklíčem 1. チャイム・呼び鈴を鳴らす Vrata so ostala zaprta, nikogar ni priklical. ドアは閉まったままでだれも呼び鈴を鳴らさなかった. 2. 強 呼び寄せる Hrup je priklical ljudi na cesto. 騒音のために人々が道に集まってきた.

priklíčem → priklícati

prikljúček[1] [男] 単生：-čka 連結，接続，つながり

prikljúčiti[48] [完] 連結させる，接続する，つなげる

priklòn[1] [男] 単生：-ôna 会釈 naredini ~：会釈する

prikloníti se[48] [完] 現1単：priklónim se, L分詞：priklônil se, -íla se 会釈する，お辞儀する

priklòp[1] [男] 単生：-ópa 接続，連結

prikólica[14] [女] トレーラー，連結車

prikúha[14] [女] 付け合わせ

prilagájati[47] [不完] 合わせる，順応させる ~ zakone novim razmeram：新しい環境に法律を適応させる

prilagodíti[48] [完] L分詞：prilagódil, -íla 合わせる，順応させる ~ knjigo za mlajše bralce：もっと若い読者のために本を改作する

priléči se[49] [完・不完] 現1単：priléžem se, L分詞：prilégel se, -légla se 1.【3人称】ほっとする 2. サイズが合う，似合う

prilégel se → priléči se

prilepíti/prilépiti[48] [完] 現1単：-im, L分詞：prilépil, -íla/-il, -íla 1. 貼る，貼りつける ~ znamko na pismo：切手を手紙に貼る 2. 強 押しつける ~ obraz na hladno šipo：顔を冷たいガラスに押しつける

prilèt[1] [男] 単生：-éta 飛来 ~ letala：飛行機の着陸

priletéti[48] [完] L分詞：prilêtel, -éla 飛んでくる，飛来する

priléžem se → priléči se

prílika[14] [女] 1. 機会 ob tej ~i：この機会に 2.【複】

状況 Prilike so se spremenile. 状況が変わった.

priljúbljen[38][形] 比：bolj ~ / -ejši 人気のある，気に入った Pri nas je nogomet zelo priljubljen. ここではサッカーはとても人気がある.

prilóga[14][女] 1. 同封，付録 2. 付け合わせ

priložíti[48][完] L 分詞：prilóžil, -íla 付け加える，付け足す

prilóžnost[16][女] 機会，チャンス zamuditi ~：機会を逸する

príma [形] 不変・口 第1級の，すばらしい

primanjkováti[50][不完] L 分詞：-àl, -ála +生 足りない Za tako trditev mu primanjkuje dokazov. 彼がそのような主張をするには証拠が足りない.

primáren[38][形] 女単主：-rna, 比：-ejši 文 1. 主要な，主たる 2. 最初の 3. 基本的な

prímem → prijéti

primér[1][男] 1. 例 na ~：たとえば 2. 場合 v ~u dežja：雨の場合

priméra[14][女] 1. たとえ，比喩 2. 比較 v ~i z/s +造：～と比べると；brez ~e：比較できないほど，非常に，圧倒的に

priméren[38][形] 女単主：-rna, 比：-ejši 適当な，適切な，ぴったりの On je primeren za to delo. 彼はこの仕事に向いている.

primériti[48][完] 比較する，比べる

primériti se[48][完]【3人称】思いがけないことが起こる Primerila se je nesreča. 事故が起きた.

primerjálen[38][形] 女単主：-lna 比較の ~o jezikoslovje：比較言語学

primérjati[47][不完] 1. 比較する，比べる 2. たとえる 3. 試着する

primérjati se[47][不完]【3人称】文 起こる

primerjáva[14][女] 比較，比べること v ~i z/s +造：

primérnik 318

～と比べると

primérnik¹ [男] 比較級

primésten³⁸ [形] 女単主：-tna 1. 郊外の，郊外のベッドタウンの 2. 町と郊外を結ぶ

primešati / primešáti⁴⁷ [完] 現1単：-am，L分詞：primešal，-ála 混合する，添加する

primitíven³⁸ [形] 女単主：-vna，比：-ejši 1. 原始的な 2. 単純な

primóran³⁸ [形] v+対 せざるをえない ～ v to dejanje：こうせざるをえない

primórski³⁸ [形] 1. 海岸の 2. プリモーリェ地方の ～o narečje：プリモーリェ方言

prinášati⁴⁷ [不完] 1. 運んでくる，もってくる ～ bolniku hrano：病人に食べ物を運ぶ 2. もたらす Otrok jim prinaša srečo in skrbi. 子どもは彼らに幸せと心配をもたらす．

prínc² [男] 王子

princésa¹⁴ [女] 王女

princíp¹ [男] 原則，法則 držati se ～ov：原則を守る；～ ohranitve energije：エネルギー保存の法則

prinêsti⁴⁹ [完] 現1単：prinêsem，L分詞：prinésel，-nêsla 1. 運んでくる，もってくる 2. もたらす

pripádati⁴⁷ [不完] +与 所属する，～のものである Nagrada pripada najboljšemu. 賞はもっとも優れた人のものだ．～ malemu narodu：小さな民族に属する

pripádel → pripásti

pripádem → pripásti

pripádnica¹⁴ [女] メンバー，一員，所属する者（女）

pripádnik¹ [男] メンバー，一員，所属する者（男）

pripásti⁴⁹ [完] +与 現1単：pripádem，L分詞：pripádel，-dla 受け継がれる Dediščina je pripadla sinu. 遺産は息子に受け継がれた．

pripéka¹⁴ [女] 酷暑，猛暑

pripeljáti[50/47] [完] 現1単：pripéljem / -ám, L 分詞：pripêljal, -ála 1. 乗り物で運ぶ，輸送する ~ potnike：乗客を輸送する 2. 乗り物がやってくる Avtobus bo kmalu pripeljal. バスはまもなくやって来た． 3. 導く，案内する ~ učence na vrh hriba：生徒たちを山の頂上へ連れて行く Kaj te je pripeljalo na to misel? どうしてそう考えるようになったの（何が君をその考えに導いたのか）．

pripéljem → pripeljáti

pripéti[49] [完] 現1単：pripnèm 装着する ~ si uhane：イヤリングをつける

pripetíti se[48] [完] L 分詞：pripétil se, -íla se【3人称】思いがけないことが起こる Pripetila se je huda nesreča. ひどい事故が起こった．Pripetilo se jim je nekaj čudnega. 彼らにとって何か変なことが起こった．

pripís[1] [男] 書き足し，書き加え，追伸

pripísati / pripisáti[49] [完] 現1単：pripíšem, L 分詞：pripísal, -ála 書き加える

pripisováti[50] [不完] L 分詞：-àl, -ála 書き加える

pripíšem → pripísati / pripisáti

pripnèm → pripéti

pripómba[14] [女] 批評，コメント sporočiti svoje ~e k načrtu：計画を批評する

pripómniti[48] [完] 言及する，述べる

pripomóček[1] [男] 単生：-čka 補助，処置 učni ~：補助教材

pripóna[14] [女] 接尾辞

pripòr[1] [男] 単生：-ôra 拘留

priporóčati[47] [不完] 薦める，推薦する ~ mu oddih：彼に休むよう薦める

priporočêno [副] 書留で poslati pismo ~：手紙を書留で送る

priporočílo[20] [中] 1. 推薦 2. 勧告

priporočíti[48] [完] L 分詞：priporóčil, -íla 薦める，推薦する

pripotováti / pripotóvati[50] [完] L 分詞：-àl, -ála / -al, -ala 旅行でやってくる，到着する

pripôved[16] [女] 語り，話，物語 poslušati prijateljevo 〜：友達の話を聞く

pripovedováti[50] [不完] L 分詞：-àl, -ála 話す，語る

pripráva[14] [女] 1. 用意，準備 〜 večerje：夕食の用意 2. 用具 slušna 〜：補聴器；telovadne 〜e：体操用具

pripráviti[48] [完] 用意する，準備する Pripravite papir in svinčnik. 紙と鉛筆をご用意ください．

priprávljati[47] [不完] 用意する，準備する

priprávnica[14] [女] 1. 見習い中の人（女）2. 進学準備校

priprávnik[1] [男] 見習い中の人（男）

priredítelj[2] [男] 主催者，オーガナイザー（男）

prireditéljica[14] [女] 主催者，オーガナイザー（女）

prireditev[15] [女] 催し物，イヴェント

prirediti[48] [完] L 分詞：prirédil, -íla 1. 整える，アレンジする slovnico 〜 za šolo：文法書を学校用に整える 2. 主催する 〜 dirke：レースを主催する

prirêjati[47] [不完] 1. 整える，アレンジする 2. 主催する

priročen / priróčen[38] [形] 女単主：-čna, 比：-ejši 手ごろな，使いやすい 〜a knjiga：便覧；〜a knjižnica：参考図書館（館外貸し出しをおこなわない）

priróčnik / prirôčnik[1] [男] 便覧，手引書，ハンドブック

prirojèn[38] [形] 女単主：-êna 生まれながらの，生来の

priséči[49] [完] 現 1 単：priséžem, L 分詞：priségel, -gla 誓う，宣誓する Priča je prisegla. 証人は宣誓し

た.

priségel → priséči

priselíti se[48] [完] 現1単：prisélim se, L分詞：prisêlil se, -íla se 移民・移住のためにやってくる

prisêžem → priséči

prisílen[38] [形] 女単主：-lna 緊急の ~i jopič：救命胴衣；~i pristanek：緊急着陸

prisíliti[48] [完] 強いる，強制する ~ ga k molku：彼に黙っているよう強制する

priskočíti[48] [完] 現1単：priskóčim, L分詞：priskôčil, -íla 駆けつける

priskrbéti[48] [完] 入手する，手に入れる

prislòv[1] [男] 単生：-ôva 副詞

prislúhniti[49] [完] +与 1. 聴き始める Imel je tako lep glas, da so prisluhnili tudi tisti, ki so se prej pogovarjali. 彼の声があまりにすばらしかったので，それまでおしゃべりをしていた人たちも聴き始めた. 2. 音や声のするのを待ち始める 3. 文 興味や理解を示す ~ potrebam delovnih ljudi：働いている人々の要求に理解を示す

prisluškováti[50] [不完] L分詞：-àl, -ála +与 1. 盗み聞きする ~ telefonskemu pogovoru：電話の会話を盗聴する 2. 文 耳を傾ける

prislužíti / prislúžiti[48] [完] 現1単：-im, L分詞：prislúžil, -íla 稼ぐ

prisôten[38] [形] 女単主：-tna 1. 存在している，出席の Na sestanku so bili prisotni vsi člani. 会議にはメンバー全員が出席していた. 2. 機能している

prispèm → prispéti

prispéti[49] [完] 現1単：prispèm 着く，到着する Pismo je že prispelo. 手紙はもう着いた. ~ z letalom：飛行機でやってくる

prispévati[47] [完・不完] 1. 寄付・寄贈する 2. 貢献す

る ～ k izboljšanju mednarodnih odnosov：国際関係の改善に貢献する

prispévek[1] ［男］単生：-vka 1. 寄付 dati svoj ～ za novo šolo：新しい学校に寄付をする 2. 貢献, 寄与 stopnja ~a：貢献度 3. 寄稿

prispodóba[14] ［女］比喩

prisŕčen[38] ［形］女単主：-čna, 比：-ejši 心の温かい, やさしそうな

pristájati[47] ［不完］1. 寄港する 2. 着陸する 3. 似合う Ta barva dobro pristaja lasem. この色は髪に似合う.

pristánek[1] ［男］単生：-nka 1. 寄港 2. 着陸 vzlet in ～：離着陸

pristánem → pristáti

pristaníšče[21] ［中］港 pripluti v ～：寄港する

pristáti[49] ［完］現1単：pristánem, L分詞：-àl, -ála 1. 寄港する 2. 着陸する

pristáti[48] ［不完］現1単：pristojím 似合う Modra obleka ji pristoji. 青い服は彼女に似合う.

pristáviti[48] ［完］1. 隣に並べる, つけて立てる ～ lestev k steni：壁にはしごを立てかける 2. 鍋などを火にかける 3. 言い足す

prísten[38] ［形］女単主：-tna, 比：-ejši 1. 正真正銘の 2. 著者の ～ rokopis：真筆 3. 本当の

pristójen[38] ［形］女単主：-jna 合法的な, 正当な

pristojím → pristáti

pristòp[1] ［男］単生：-ópa 1. 登頂 2. 入ること 3. 加入, 加盟

pristopíti / pristópiti[48] ［完］現1単：-im, L分詞：pristópil, -íla 1. 近づく 2. 加入する, 加盟する 3. k+与 始める ～ k vprašanju：質問を始める

pristránski[38] ［形］比：bolj ～ 補足的な, 副次的な

prišèl → príti

prištêjem → prištéti

prištéti[50] ［完］現1単：prištêjem 足す，加える，足し算をする

prištévati[47] ［不完］足す，加える，足し算をする

pritegníti / pritégniti[49] ［完］現1単：-em, L分詞：pritégnil, -íla　1. 引きつける，引き寄せる 〜 ladjo k obali：ボートを岸に引き寄せる　2. 引っ張る，ぴんと張る　3. 興味を引く，惹きつける Igra otrok ni pritegnila. 子どもたちは遊びが面白くなかった．

príti[49] ［完］現1単：prídem, L分詞：prišèl, -šlà　1. 来る，着く Iz Ljubljane so odšli ob osmih, v Zagreb pa so prišli ob desetih. 彼らはリュブリャーナを8時に出発し，ザグレブへは10時に着いた．Kako se pride od postaje do tega hotela？駅からこのホテルへはどう行ったらいいですか．2. メンバーに加わる K pevskem zboru je prišlo več dobrih pevcev. コーラスグループに多くのよい歌い手が加わった．3. 達する Napetost je prišla do viška. 緊張が高まった．

pritísk[1] ［男］1. 押すこと，押しつけること　2. 圧力

pritískati[47] ［不完］1. 押す，押しつける　2. 圧力を加える　3. 強 現れる

pritísniti[49] ［完］1. 押す，押しつける 〜 na gumb：ボタンを押す；〜 žig na dokument：書類に印鑑を押す　2. 圧力を加える　3. 強 現れる Proti jutru je pritisnila megla. 朝方霧が出た．

pritlíčje[21] ［中］1階 soba v 〜u：1階の部屋

pritôžba[14] ［女］不平，不満

pritoževáti se[50] ［不完］L分詞：-àl se, -ála se 不平をいう，苦情をいう 〜 šefu：上司に不平をいう

pritožíti se / pritóžiti se[48] ［完］現1単：-im se, L分詞：pritóžil se, -íla se 不平をいう，苦情をいう

pritožníca[14] ［女］原告（女）

pritožník[1] ［男］原告（男）

pritrdíti / pritŕditi[48] ［完］現1単：-im, L分詞：pritrdil, -íla 1. 固定する ~ anteno：アンテナを固定する 2. +与 同意する ~ sogovorniku：話し相手に同意する

privabíti / privábiti[48] ［完］現1単：-im, L分詞：privábil, -íla 1. 招く，呼ぶ 2. 強 惹きつける 3. 募集する ~ nove člane：新しいメンバーを募る

priváditi se[48] ［完］慣れる ~ novemu okolju：新しい環境に慣れる

priváten[38] ［形］女単主：-tna 1. 私有の ~a cesta：私道；~o premoženje：私有財産 2. 私的な uradni in ~i obisk：公的および私的訪問

privêdel → privêsti

privêdem → privêsti

privêsti[49] ［完］現1単：privêdem, L分詞：privêdel, -dla 1. 連れてくる 2. 導く，糸口となる Slabo gospodarstvo je privedlo do krize. 不景気が恐慌の糸口となった．

privézati / privezáti[49] ［完］現1単：privêžem, L分詞：privézal, -ála 結びつける，縛る，つなぐ ~ psa：犬をつなぐ

privêžem → privézati / privezáti

privláčen[38] ［形］女単主：-čna, 比：-ejši 1. 魅力的な，すてきな 2. 興味深い

privláčiti / privlačíti[48] ［不完］現1単：-im, L分詞：-il, -ila / privláčil, -íla ひきつける，興味を引く

privláčnost[16] ［女］魅力

privolítev[15] ［女］同意，承諾

privolíti[48] ［完］現1単：privólim, L分詞：privôlil, -íla 同意する，承諾する

privóščiti / privoščíti[48] ［完・不完］現1単：-im, L分詞：privóščil, -íla 1. 妬まない ~ prijatelju uspeh：友人が成功してよかったなと思う 2. 願う Ne privoščim vam, da bi morali tudi vi doživeti kaj tako hudega. あ

なたまでそんなひどい目にあわなければならないなんて，そんなことは望んでいません．3. 強 勧める，差し出す Privoščila mi je kos torte. 彼女は私にケーキをすすめてくれた．

prizadénem → prizadéti

prizadéti[49] ［完］現1単：prizadénem 1. 苦しめる Njegove besede so jo prezadele. 彼のことばは彼女を苦しめた．2. 破壊する，損なう Bombni napad je mesto zelo prizadel. 爆撃は町を大きく破壊した．～ mir：平和を乱す

prizadévati[47] ［不完］1. 苦しめる 2. 破壊する，損なう

prizadévati si[47] ［不完］za+対 努力する ～ za uspeh：成功すべく努力する

prizadéven[38] ［形］女単主：-vna, 比：-ejši 努力家の，努力する ~o delo：力作

priznáti[47] ［完］L分詞：priznàl, -ála 1. 白状する，告白する 2. 認める 3. 承認する ～ novo državo：新しい国家を承認する

priznávati[47] ［不完］1. 白状する，告白する 2. 認める Ateisti ne priznavajo boga. 無神論者は神の存在を認めない．3. 承認する

prizòr[1] ［男］単生：-ôra 光景，シーン

prizvòk / prizvók[1] ［男］単生：-óka 1. 伴奏音 2. 文 副次的な要素，特徴 mesten ～ v govoru：話し方に現れる都会的な特徴

prižgáti[49] ［完］現1単：prižgèm 1. 火や灯りをつける，ともす ～ svečo：ろうそくに火をともす 2. 口 スイッチを入れる 3. 焦がす Meso se je v ponvi prižgalo. 肉はフライパンの中で焦げた．

prižgèm → prižgáti

prižígati[47] ［不完］1. 火や灯りをつける，ともす 2. 口 スイッチを入れる

prížnica[14] ［女］教会の説教壇

problém[1] [男] 問題

problematičen[38] [形] 女単主:-čna, 比:bolj ~ 問題の多い，解決の難しい

procènt[1] [男] 単生:-ênta パーセント

procés/procès[1] [男] 単生:-ésa 1. 過程，プロセス 2. 訴訟，裁判

pròč [副] 離れて，去って iti ~:立ち去る

pročélje/pročélje[21] [中] 複生:pročêlij/-élij, pročêlj/-élj 建物の正面

pród[1] [男] 砂利

prodája[14] [女] 販売 Blago gre dobro v prodajo. 商品はよく売れている. Vstopnice so že v prodaji. 入場券はすでに販売されている.

prodajálec[2] [男] 単生:-lca 販売員，店員，売る人（男）

prodajálka[14] [女] 販売員，店員，売る人（女）

prodajálna[14] [女] 販売所 ~ čevljev / s čevlji:靴屋

prodájati[47] [不完] 売る，販売する ~ po kosih:ばら売りする；~ laži:嘘をつく

prodájen[38] [形] 女単主:-jna 販売の，販売可能な

prodáti[52] [完] 売る，販売する ~ po visoki ceni:高い値で売る

prodírati[47] [不完] 1. 浸透する，染みとおる 2. 突き通る 3. 強 くいこむ，入り込む Podjetje uspešno prodira na tuja tržišča. 会社は外国の市場へうまくくいこんでいる.

prodrèm → prodéti

prodréti[49] [完] 現1単:prodrèm, L分詞:prodŕl, -a 1. 浸透する，染みとおる 2. 突き通る 3. 強 くいこむ，入り込む

prodŕl → prodréti

producènt[1] [男] 単生:-ênta プロデューサー（男）

producêntka[14] [女] プロデューサー（女）

prodúkt[1] [男] 1. 産物，製品 2. 文 結果，成果

profésor³ [男] 1. 教授，中等教育機関の教師（男）2. 文学部や教育学部の卒業者（男）

profésorica¹⁴ [女] 1. 教授，中等教育機関の教師（女）2. 文学部や教育学部の卒業者（女）

profíl¹ [男] 1. 側面，横顔 narisati jo v ~u：彼女を横から描く 2. プロフィール，簡単な紹介

próga¹⁴ [女] 1. 縞，ストライプ blago z belimi in rdečimi ~ami：白と赤のストライプの布 2. 線路 3. 路線 odpreti novo ~o：新しい路線を開く 4. スポーツのトラック

prógast³⁸ [形] 縞模様の，ストライプの

prográm¹ [男] 1. 予定，計画 2. 番組

proizvájati⁴⁷ [不完] 生産する，発生させる

proizvédel → proizvêsti

proizvêdem → proizvêsti

proizvêsti⁴⁹ [完] 現1単：proizvêdem, L分詞：proizvêdel, -dla 生産する，発生させる

proizvòd¹ [男] 単生：-óda 産物，製品 mlečni ~i：乳製品

proizvódnja¹⁴ [女] 複生：proizvódenj 生産 zaposliti se v ~i：生産業に携わる，工場づとめをする

projékcija¹⁴ [女] 1. 映写 2. 投射

projékt¹ [男] 企画，計画，プロジェクト

promèt¹ [男] 単生：-éta 1. 交通，通行 enosmerni ~：一方通行 2. 流通 dati v ~ nove bankovce：新しい紙幣を流通させる 3. 回線 telefonski ~：電話回線

prométen³⁸ [形] 女単主：-tna, 比：-ejši 1. 交通の，流通の ~a nesreča：交通事故；~i znak：交通標識 2. 交通量の多い

pronicljív³⁸ [形] 比：-ejši 1. 臨機応変の 2. 強 声などが高くて鋭い

propádel → propásti

propádem → propásti

propásti[49] [完] 現1単：propádem, L分詞：propádel, -dla 1. 崩壊する，倒産する 2. 朽ちる 3. 失敗する ～ na volitvah：落選する

proračún / próračun[1] [男] 予算 državni ～：国家予算

proračúnski / próračunski[38] [形] 予算の

prosíti[48] [不完] 現1単：prósim, L分詞：prôsil, -íla 1. 頼む ～ jo za časopis：彼女に新聞をもってきてくれるよう頼む 2. prosim：お願いします，すみません Prosim, odprite okno. すみませんが，窓を開けてください． 3. prosim：どういたしまして 4. prosim？：なんですって（聞き返すとき）

prosláva[14] [女] 祝賀

proslavíti[48] [完] L分詞：proslávil, -íla 祝う

prosó[20] [中] 粟，キビ

prospékt[1] [男] 1. 内容見本 2. ちらし，びら

pròst[38] [形] 女単主：prôsta 1. 暇な 2. 自由な ~i spis：作文 3. 空席の，空いている

prostitúcija[14] [女] 1. 売春 2. 強 悪用，金銭のために悪用すること

prôstor[1] [男] 単生：-óra 1. 空間 2. 場所 3. 席

prostóren[38] [形] 女単主：-rna, 比：-ejši 1. ひろびろとした，ゆったりとした 2. 空間の，場所の，席の

prostornína[14] [女] 容積，容量

prostórski[38] [形] 空間の，場所の，席の

prostovóljec[2] [男] 単生：-jca ボランティア，有志（男）

prostovóljka[14] [女] ボランティア，有志（女）

prostovóljen[38] [形] 女単主：-jna 自発的な，任意の Udeležba je prostovoljna. 参加は自由です．

prosvéta[14] [女] 1. 啓蒙，教育，教化 2. 啓蒙活動，教育活動

prosvéten[38] [形] 女単主：-tna 啓蒙の，教育の

prôšnja[14] [女] 複生：prôšenj 依頼，願い izpolniti ~o：

依頼を聞き届ける

protektorát[1] ［男］保護領，保護国

protést[1] ［男］抗議，抵抗 ～ proti vojni：戦争に対する抗議

protestánt[1] ［男］複主：-i／-je 新教の信者，プロテスタント（男）

protestántka[14][女] 新教の信者，プロテスタント（女）

protestántski[38] ［形］新教の，プロテスタントの

protestírati[47] ［不完・完］抗議する，抵抗する

protéza[14][女] 人工の器官 nožna ～：義足；ročna ～：義手；zobna ～：義歯

proti ［前］＋与 1. ～に向かって iti proti domu：家に向かって行く 2. ～に反対の方向へ，逆らって veslati proti toku：流れに逆らって漕ぐ 3. ～頃 Bilo je proti osmi uri. 8時ごろのことだった。4. ～に対して，対抗して gibanje proti fašizmu：反ファシズム運動；tablete proti glavobolu：頭痛薬 5. 対（比較して）pet proti tri：5 対 3

proučeváti[50] ［不完］L 分詞：-àl, -ála 綿密に研究する，探求する

proučíti[48] ［完］L 分詞：proúčil, -íla 綿密に研究する，探求する

provizíja／provízija[14] ［女］手数料

próza[14] ［女］1. 散文 2. 強 日常

prozóren[38] ［形］女単主：-rna, 比：-ejši 1. 光を通す，透き通るような 2. 透明な 3. 強 明白な，明らかな ～a laž：見え透いた嘘

próžen[38] ［形］女単主：-žna, 比：-ejši 伸縮性のある，しなやかな

pŕsen[38] ［形］女単主：-sna 胸の ～i žep：胸ポケット；～o plavanje：平泳ぎ

pŕsi[16] ［女複］胸

pŕst[1] ［男］指 računati na ～e：指を折って数える；po

~ih oditi iz sobe：部屋からそっと出て行く

pŕstan[1][男] 指輪 natakniti ~：指輪をはめる；sneti ~：指輪をはずす

pŕstanec[2][男] 単生：-nca 薬指 prstan na ~u：薬指にはめた指輪

pršìč[2][男] 単生：-íča 粉雪

pršút[1][男] 生ハム

pŕt[1][男] テーブルクロス pogrniti mizo s čistim ~om：清潔なテーブルクロスをかける

prtìč[2][男] 単生：-íča ナプキン

prtíček[1][男] 単生：-čka ナプキン

prtljága[14][女] 手荷物

prtljážnica[14][女] 手荷物預かり所 shraniti kovček v ~i na železniški postaji：スーツケースを鉄道駅の手荷物預かり所に保管する

prtljážnik[1][男] 手荷物棚, 車のトランク ~ za kolo：自転車の荷台

prvák[1][男] チャンピオン，記録保持者（男）

prvákinja[14][女] チャンピオン，記録保持者（女）

prvénstvo[20][中] 複生：prvénstev 1.優勝，1位 2.選手権 zmagati na ~u：選手権で優勝する

pŕvi[38][数] 一番目の，最初の ~a pomoč：救急；~i kranjec：上弦の月

pŕvič[副] はじめて，最初に

prvína[14][女] 1.要素 2.基本的な部分

pŕvorazréden[38][形] 女単主：-dna 強 一流の，上質の

pŕvôten[38][形] 女単主：-tna, 比：-ejši 元々の，本来の

pŕvovŕsten[38][形] 女単主：-tna 一流の，上質の

psálm[1][男] 詩篇

psevdoním[1][男] 偽名，変名 pisateljev ~：ペンネーム

psihiáter[1] [男] 単生：-tra 精神科医（男）
psihiátrinja[14] [女] 精神科医（女）
psíhičen[38] [形] 女単主：-čna 魂の，心霊の ~o počutje：霊感
psihológ[1] [男] 心理学者（男）
psihológinja[14] [女] 心理学者（女）
psihologíja[14] [女] 心理学，心理 strokovnjak za ~o：心理学の専門家；pedagoška ~：教育心理学
psihološki[38] [形] 1. 心理学の，心理学者の 2. 心理の，精神の
psôvka[14] [女] 悪態 izreči ~：悪態をつく
pst [間] しーっ！（静かにしてほしいとき）
pšeníca[14] [女] 小麦
ptíca[14] [女] 1. 鳥 2. 俗 頭の回転の速い女
ptìč[2] [男] 単生：ptíča 1. 鳥 2. 俗 頭の回転の速い人 Ni ne ptič ne miš. これといった特徴のない人だ．
públika[14] [女] 集 聴衆，観衆
púder[1] [男] 単生：-dra パウダー
púding[1] [男] プディング
pújsek[1] [男] 単生：-ska 子豚
pulôver[3] [男] セーター，プルオーヴァー
púlt[1] [男] デスク，カウンター
púnca[14] [女] 俗 女の子
púnčka[14] [女] 1. 女の子（特に学校へ上がる前の）2. 人形
púra[14] [女] 七面鳥の雌
purán[1] [男] 七面鳥，七面鳥の雄
púst[1] [男] カーニヴァル ob ~u：カーニヴァルのときに
púst[38] [形] 比：-êjši / -ejši 1. 荒涼とした 2. 寒々とした，閑散とした 3. ひからびた
pústen[38] [形] 女単主：-tna カーニヴァルの
pustínja[14] [女] 文 1. 草原 2. 砂漠

pustíti[48] ［完］L 分詞：pústil, -íla 1. 放っておく，残す ~ sinu premoženje：息子に財産を残す 2. ~ させる ~ ga do besede：彼に話させる

pustolôvščina[14] ［女］1. 冒険 2. 暴挙

púščati[47] ［不完］放っておく，残す ~ otroka spati：子どもを寝かせておく

puščáva[14] ［女］砂漠 v ~i：砂漠で

puščíca / púščica[14] ［女］1. 矢 izstreliti ~o：矢を放つ 2. 矢印 3. エピグラム（短い風刺詩）

púška[14] ［女］銃 nameriti ~o v cilj：的に銃を向ける

R

rába[14] ［女］使用

rábiti / rabíti[48] ［不完］現 1 単：-im, L 分詞：rábil, -íla 1. 使う，使用する Pšenico rabijo za kruh. 小麦はパンを作るのに使われる． 2. 文 役立つ Ta knjiga bo rabila njegovim namenom. この本は彼の目的に役立つことだろう． 3. 口 必要とする Za šolo rabi novo obleko. 学校へ行くために新しい服が要る．

rábljen[38] ［形］比：bolj ~ 1. 使われている pogosto ~e besede：よく使われている語 2. 中古の ~ avtomobil：中古車

ráca[14] ［女］1. あひる 2. 強 でっちあげの記事

račún[1] ［男］1. 計算 V računu je napaka. 計算が間違っている． 2. 請求書，レシート piti na prijateljev ~：友人のおごりで飲む 3. 口座 bančni ~：銀行口座 4. zaključni ~：決算

računálnik[1] ［男］コンピューター，計算機

računálniški[38][形] コンピューターの，計算機の ~a igrica：コンピューターゲーム；~o omrežje：コンピューターネットワーク

računálništvo[20][中] コンピューターサイエンス

računati[47][不完] 1. 計算する 2. 請求する

računovódja[9][男] 会計士，主計（男）

računovódkinja[14][女] 会計士，主計（女）

računovódstvo[20][中] 簿記，会計，経理

rad [形] 女単主：ráda, 比：rájši, [強] ráje（副詞的に用いる）1. うれしい，喜んで Otroci se radi igrajo. 子どもたちはうれしそうに遊んでいる. 2. imeti ~：好きだ Rad ima glasbo. 彼は音楽が好きだ.

rádar[3][男] レーダー，電波探知機

rádenska[14][女] ラーデンスカ（ミネラルウォーターのブランド）

radiátor[3][男] 放熱器，ラジエーター

radič[2][男] 単生：-íča チコリ

rádijski[38][形] ラジオの ~a poročila：ラジオニュース；~a postaja：ラジオ局；~i sprejemnik：ラジオ，ラジオ受信機

rádio[7][男] ラジオ，ラジオ局 delati na ~u：ラジオ局で働く

radírka[14][女] 消しゴム

radodáren[38][形] 女単主：-rna, 比：-ejši 気前のいい

rádost[16][女] [文] 喜び，幸福

radovéden[38][形] 女単主：-dna, 比：-ejši 詮索好きな Radoveden sem, kako se bo to končalo. 僕はその結末がすごく知りたい.

ráhel[38][形] 女単主：-hla, 比：-ejši 1. うっすらとした，細かな，かすかな ~o spanje：うたた寝 2. 柔らかな，軽い ~ vozel：ゆるい結び目；~ kruh：柔らかなパン 3. [強] 繊細な ~e roke：繊細な手

rahítis[1] [男] くる病

ráj[2] [男] 天国，楽園 iti v ~：天国へ行く，死ぬ

ráje → ràd

rájši → ràd

ràk[1] [男] 単生：ráka かに，いせえび R~：かに座

ràk[1] [男] 単生：ráka 癌 zboleti za ~om：癌にかかる

rakéta[14] [女] ロケット

rákovica[14] [女] かに

ráma[14] [女] 肩

ráme[22] [中] 固 肩

rána[14] [女] 傷，怪我 biti ves v ~ah：大怪我をしている

raníti / ràniti[48] [完] 現1単：-im, L分詞：ránil, -íla/-il, -ila 傷つける，怪我を負わせる ~ z nožem：ナイフで怪我を負わせる；~ z nepremišljenimi besedami：浅はかなことばで傷つける

ránjenec[2] [男] 単生：-nca 負傷者，怪我人（男）

ránjenka[14] [女] 負傷者，怪我人（女）

rása[14] [女] 人種，種 bela ~：白色人種

rásel → rásti

rásem → rásti

rasístičen[38] [形] 女単主：-čna, 比：bolj ~ 人種差別主義の ~a politika：人種差別政策

ráskav[38] [形] 比：bolj ~ 1. きめの粗い，ざらざらした 2. ハスキーな，しゃがれた Govoril je z raskavim glasom. 彼はしゃがれ声で話した．

rást[17] [女] 成長

rástel → rásti

rástem → rásti

rásti[49] [不完] 現1単：rástem / rásem, L分詞：rástel, -tla / rásel, -sla 1. 成長する，伸びる ~ iz fanta v moža：少年が1人前の男に成長する Nohti hitro rastejo. 爪の伸びは速い． 2. 育つ ~ v mestu：町で育つ

3. 増える，高くなる Temperatura raste. 温度が上がっていく.

rastlína[14] [女] 植物 zalivati ~e：植物に水をやる

rastlinják[1] [男] 温室

rastlínski[38] [形] 植物の，植物性の

rastlínstvo[20] [中] 圕 植物，植物全体

ratificírati[47] [完・不完] 承認する，批准する

ráven[38] [形] 女単主：-vna, 比：-ejši まっすぐな，平らな potegniti ~o črto：直線を引く；~i lasje：直毛；~a tla：平らな（でこぼこのない）床

ravnátelj[2] [男] 校長，所長（男）

ravnáteljica[14] [女] 校長，所長（女）

ravnáti[47] [不完] L 分詞：-àl, -ála 1. まっすぐにする，平らにする 2. z/s+造 接する，態度を取る Ne ravnaj tako s knjigami. 本に対してそんなことをしてはいけません. prijazano ~ z njim：彼に対して親切な態度を取る Vedel je, kako mora ravnati ob nesreči. 彼は不幸があったときはどうふるまわなければならないか知っていた.

ravník / rávnik[1] [男] 囲 赤道

ravnílo[20] [中] 定規 podčrtati z ~om：定規で線を引く

ravnína[14] [女] 1. 平野，平原 2. 平面

ravnínski[38] [形] 1. 平野の，平原の 2. 平面の

rávno [助] 圕 1. まさに，ちょうど Avtomobil je ustavil ravno pred šolo. 車はちょうど家の前で止まった. Ravno odhajal je, ko sem prišel. 私が戻ってきたとき，彼はちょうど出かけるところだった. Danes je ravno pet let od očetove smrti. 今日は父が死んでちょうど5年だ. 2.（否定文で）それほど～でない Hrana ni ravno dobra. 食べ物はそれほどおいしくない.

ravnodúšen[38] [形] 女単主：-šna, 比：bolj ~ / -ejši 平静な，冷淡な biti ~ do znancev：知人に対して冷淡だ

rávnokar [副] ちょうど今，ほんのさっき

ravnotéžje[21] [中] 複生：ravnotéžij バランス，平衡 izgubiti 〜：バランスを失う（体の平衡という意味でも，その他の比ゆ的な意味での平衡という意味でも用いる）；biti v 〜u：平衡を保っている

ravnovésje[21] [中] 複生：ravnovésij バランス，平衡（体の平衡という意味で用いることはまれ）

razbêrem → razbráti

razbíjati[47] [不完] 1. 割る，砕く，壊す 〜 s kladivom：ハンマーで砕く Nerodna je, pri pomivanju pogosto razbija posodo. 彼女は不器用で食器を洗うときよく割ってしまう. 2. 叩く，蹴る，打つ 〜 s pestjo po vratih：こぶしでドアを叩く；〜 na boben：ドラムを叩く

razbíjem → razbíti

razbíti[50] [完] 現1単：razbíjem 1. 割る，砕く，壊す 2. 強 破壊する

razbójnica[14] [女] 盗賊，盗人（女）

razbójnik[1] [男] 盗賊，盗人（男）

razbráti[49] [完] 現1単：razbêrem 解読する 〜 med vrsticami：行間を読む；〜 šifrirano besedilo：暗号文を解読する

razbúrjen[38] [形] 比：bolj 〜 混乱した，動揺した，興奮した

razčístiti[48] [完] 精査する，検討する

razdálja[14] [女] 距離 izmeriti 〜：距離を測る Avtobus ima v razdalji dveh kilometrov dve postaji. バスは2キロの距離に停留所が2つある.

razdelítev[15] [女] 分離，分割，分類 〜 učencev v skupine：生徒のグループ分け

razdelíti[48] [完] L分詞：razdélil, -íla 分割する，分ける，分類する Razdelili so karte in začeli igrati. 彼らはカードを配り終え，ゲームを始めた.

razdeljeváti[50] ［不完］L 分詞：-àl, -ála 分割する，分ける，分類する

razdêrem → razdréti

razdòr[1] ［男］単生：-ôra 決裂，不和 poiskati vzroke ~a：不和の原因を見つける

razdrèm → razdréti

razdréti[49] ［完］現 1 単：razdrèm / -dêrem, L 分詞：razdŕl, -a 1. 分解する ~ uro：時計を分解する 2. 破壊する，取り壊す ~ zid：壁を壊す

razdŕl → razdréti

rázen ［前］+生 1. ~のほか，~を除いて Prišli so vsi razen enega. 一人を除いてみんな来た. Nima sorodnikov razen brata. その人には弟のほか親戚は誰もいない. 2. ~に加えて V tovarni dela, razen tega pa študira pravo. その人は工場で働いている. それに加えて法律を勉強している.

razgíban[38] ［形］比：bolj ~ 1. 動きのある，ダイナミックな ~ pogovor：活発な会話 2. 波乱万丈の ~o življenje：波乱万丈の生涯

razgíbanost[16] ［女］動き，動向

razgíbati[47/50] ［完］現 1 単：-am / -ljem 1. 揺らす，揺する 2. 刺激する，生き生きとさせる duševno ~：精神的に刺激する

razgíbljem → razgíbati

razglàs[1] ［男］単生：-ása 公表，発表 ~ rezultatov：結果の公表；uradni ~：公式な発表

razglasíti / razglásiti[48] ［完］現 1 単：-ím / -im, L 分詞：razglásil, -íla 公表する，公布する ~ ustavo：憲法を公布する

razglášati[47] ［不完］公表する，公布する

razglèd[1] ［男］単生：-éda 1. 景色 ~ na mesto in okolico：町とその周辺の景色 2. 総体的な知識 razširiti svoj ~ po sodobni glazbi：現代音楽に関する知識を

広げる

razglédnica[14] ［女］絵葉書

razgôvor[1] ［男］【複】会談，話し合い

razgrníti / razgŕniti[49] ［完］現1単：-em, L分詞：razgŕnil, -íla 1. 広げる ～ časopis：新聞を広げる 2. ばらまく

razhájati se[47] ［不完］1. 解散する Po tekmi so se gledalci zadovoljni razhajali. 試合の後，観客は満足して散って行った．2. 分かれる Od tu naprej se cesta in železniška proga razhajata. ここから先は道路と線路が分かれている．3. 離れていく Slovenska narečja so se razhajala. スロヴェニア語の方言は差が大きくなっていった．

razídem se → razíti se

raziskáti[49] ［完］現1単：razíščem, L分詞：raziskàl, -ála 調査する，研究する

raziskáva[14] ［女］調査，研究 načrtovati ~o：研究計画を立てる

raziskoválec[2] ［男］単生：-lca 研究者（男）

raziskoválka[14] ［女］研究者（女）

raziskováti[50] ［不完］L分詞：-àl, -ála 調査する，研究する

razíščem → raziskáti

razíti se[49] ［完］現1単：razídem se, L分詞：razšèl se, -šlà se 1. 解散する，別れる Razšla sta se brez pozdrava. 二人は挨拶もせずに別れた．2. 分かれる Poti se razidejo na vse strani. 道は四方八方に伸びる．3. z/s+造 関係を絶つ，袂を分かつ Z njim smo se razšli zaradi različnih pogledov na življenje. 私たちは彼とは人生に対する見方がいろいろと違うために別れた．

razjezíti se[48] ［完］L分詞：razjézil se, -íla se na+対 怒る，怒り出す

razkòl[1] [男] 単生:-ôla 相違, 対立

razkóšen[38] [形] 女単主:-šna, 比:-ejši 豪華な, 贅沢な stanovati v ~em hotelu：豪華なホテルに滞在する

razkríjem → razkríti

razkríti[50] [完] 現1単：razkríjem 1. 覆いを取る, 剥ぎ取る 2. 暴露する, 明らかにする ~ resnico：真実を明らかにする；~ mu skrivnost：秘密を彼に打ち明ける

razkrívati[47] [不完] 1. 覆いを取る, 剥ぎ取る 2. 暴露する, 明らかにする

razkuževálen[38] [形] 女単主:-lna 殺菌力のある, 消毒の

razkužílo[20] [中] 消毒剤, 消毒用アルコール

razlága[14] [女] 説明, 解説

razlágati[47] [不完] 1. 配置する, 配架する ~ knjige po policah：本を書棚に配架する 2. 説明する, 解説する ~ sodelavcu svoje načrte：同僚に計画を説明する

razlíčen[38] [形] 女単主:-čna, 比:-ejši 1. 異なる, 違う Različni so po izobrazni. 彼らは受けた教育が異なっている. 2.【複】さまざまな

razlíčica[14] [女] 異種, ヴァリアント（特に芸術作品における）

razlíka[14] [女] 違い, 差 bistvena ~：根本的な違い；časovna ~：時差

razlikováti[50] [不完] L分詞:-àl, -ála 区別する ~ užitne in neužitne gobe：食べられるきのこと食べられないきのこを区別する

razlikováti se[50] [不完] L分詞：-àl se, -ála se 違う, 異なる ~ po zunanjenosti：外見が異なる Naša doba se razlikuje od prejšnjih. 今の時代は前とは違う.

razlóčen[38] [形] 女単主:-čna, 比:-ejši はっきりした, 明瞭な govoriti z ~im glasom：はっきりした声で話

す

rázlog[1] ［男］単生：-óga 根拠，理由 ~i za in proti：賛成と反対の理由

razložíti[48] ［完］L 分詞：razlóžil, -íla 1. 配置する，配架する 2. 荷物を下ろす 3. 説明する，解説する

razméra[14] ［女］【複】環境 živeti v dobrih ~ah：よい環境で暮らす；prilagoditi se ~am：環境に適応する V takih razmerah ni mogoče delati. こんな環境では働けない．

razmérje[21] ［中］複生：razmérij 1. 関係 prijateljsko ~：友好関係 2. 割合 razdeliti vsoto v ~u 5：1：中身を5対1の割合に分ける

razméroma ［副］比較的 Promet v mestu je razmeroma gost. 街中の交通は比較的混んでいる．

razmetán[38] ［形］比：bolj ~ 散らかっている

razmík[1] ［男］すきま，間隙

razmísliti[48] ［完］検討する，結論を出す

razmíšljati[47] ［不完］検討する，思案する Dolgo je razmišljal, kaj naj stori. 彼は何をすべきか長いこと考えていた．

razmnožíti[48] ［完］L 分詞：razmnóžil, -íla 1. 増やす 2. 複写する

razočáran[38] ［形］比：bolj ~ がっかりした，失望した biti ~ nad sodelavci：同僚にがっかりする

razočárati[47] ［完］がっかりさせる，失望させる

razpàd[1] ［男］単生：-áda 1. 崩壊 2. 分解 ~ beljakovin：たんぱく質の分解

razpádel → razpásti

razpádem → razpásti

razpásti[49] ［完］現1単：razpádem, L 分詞：razpádel, -dla ばらばらになる，分解する

razpís[1] ［男］募集 objaviti ~ za učitelja：教師を募集する；prijaviti se na ~：応募する

razpísati / razpisáti[49] ［完］現1単：razpíšem, L分詞：razpísal, -ála 募集する

razpíšem → razpísati / razpisáti

razpóčiti se[48] ［完］砕ける，はじける Mehur se razpoči. 泡がはじける. ～ od jeze：激怒する

razpolága[14] ［女］自由に使えること，勝手に使えること biti mu na ~o：彼の自由になる

razpolágati[47] ［不完］z/s+造 自由に使う，勝手に使う ～ s premoženjem：財産を自由に使う

razpoložèn[38] ［形］女単主：-êna, 比：bolj ～ 1. ～な気持ちだ veselo ~i ljudje：陽気な気持ちの人々 2. ～ za +対 ～したい気持ちだ Nisem razpoložen za delo. 私は仕事をする気になれない.

razpoložênje[21] ［中］1. 気分，機嫌 biti v dobrem ~u：気分がいい 2. 雰囲気 Avtor je skušal v romanu prikazati razpoloženje tistega časa. 著者は小説の中で当時の雰囲気を伝えようとしていた.

razporedíti[48] ［完］L分詞：razporédil, -íla 1. 整理する，収納する ～ predmete po omari：物をたんすにしまう 2. 配置する ～ pohištvo v stanovanju：家具を家に配置する 3. グループ分けする ～ učence v skupine：生徒たちをグループに分ける

razporêjati[47] ［不完］1. 整理する，収納する 2. 配置する

razpótje[21] ［中］複生：razpótij 分かれ道，分岐点 priti do ~a：分かれ道にさしかかる

razpráva[14] ［女］討論，話し合い sodelovati v ~i：討論に参加する

razprávljati[47] ［不完］討論する，話し合う Odgovor je jasen in o tem ni treba več razpravljati. 回答は明白であり，これに関してこれ以上討論する必要はない.

razpredélnica[14] ［女］表，グラフ

razprodája[14] [女] 売り出し, バーゲンセール kupiti plašč na ~i：バーゲンセールでコートを買う

razprodájati[47] [不完] 売りつくす

razprodáti[52] [完] 売りつくす

razprtíja[14] [女] 不和

rázred[1] [男] 単生：-éda 1. 学年 učbenik za peti ~：5年生用の教科書 2. クラス, 学級 3. 教室 4. 階級 vladajoči družbeni ~：社会の支配階級

razréden[38] [形] 女単主：-dna 1. 学年の 2. クラスの, 学級の ~i učitelj：クラス担任 3. 教室の 4. 階級の ~i boj：階級闘争

razrešíti / razréšiti[48] [完] 現1単：-im, L分詞：razréšil, -íla 1. 解く, 解明する 2. 解任する

razstáva[14] [女] 展覧会, 展示会 iti na ~o：展覧会へ行く；kiparska ~：彫刻展

razstavíšče[21] [中] 展覧会場, 展示会場 na ~u：展覧会場で, 展示会場で

razstáviti[48] [完] 1. 展示する 2. 分解する

razstávljati[47] [不完] 1. 展示する 2. 分解する

razstrelívo[20] [中] 発射

razsújem → razsúti

razsúti[50] [完] 現1単：razsújem ばらまく, 撒き散らす ~ zrnje：種をまく

razsvetlíti[48] [完] L分詞：razsvétlil, -íla 1. 明るくする, 照らす Sobo je razsvetlila močna luč. 部屋を強い光が照らし出した. 2. 啓蒙する

razšèl se → razíti se

razšíriti[48] [完] 1. 広げる ~ cesto：道幅を広げる 2. 伸ばす ~ roke：両手を伸ばす 3. 普及する, 広く知らしめる

razšírjati[47] [不完] 1. 広げる 2. 伸ばす 3. 普及する, 広く知らしめる ~ dobre knjige med ljudmi：良書を人々の間に広める

raztégniti / raztegníti[49] [完] 現1単：-em, L分詞：raztégnil, -íla 1. 広げる，伸ばす 2. 延長する

raztézati[47] [不完] 1. 広げる，伸ばす 〜 kovino s segrevanjem：金属を暖めて伸ばす 2. 延長する

raztopína[14] [女] 溶液

raztopíti[48] [完] L分詞：raztópil, -íla 1. 溶かす 〜 sol v vodi：塩を水に溶かす；〜 vosek：ろうを溶かす 2. 強 消し去る Tema je razstopila podobe predmetov. 闇が物の形を消し去った．

raztréseno [副] ぼんやりと，不明瞭に

raztŕgan[38] [形] 比：bolj 〜 破れた，ぼろぼろの

razúm[1] [男] 理解，理性

razuméti[49] [完・不完] 現1単：razúmem, L分詞：-él, -éla / razúmel, -éla わかる，理解する

razumevajóč[38] [形] 比：bolj 〜 1. 理解している dobro 〜 svoj položaj：自分の立場をよく理解している 2. 理解のある Do hčerke je zelo razumevajoč. 彼は娘に対してとても理解がある．

razumljív[38] [形] 比：-ejši わかりやすい 〜a razlaga：わかりやすい説明

razúmnost[16] [女] 知性，知力

razúmski[38] [形] 比：bolj 〜 理解の，理性の 〜o gledanje na svet：世界に対する理性的な見方

razváda[14] [女] 悪習，悪癖

razvalína[14] [女] 1.【複】廃墟 Na hrbu so grajske razvaline. 丘の上に城の廃墟がある． 2. 強 荒廃，廃人

razvedrílo[20] [中] レクリエーション brati za 〜：楽しみで読む，気晴らしに読む

razveljáviti[48] [完] キャンセルする，無効にする

razveselíti[48] [完] L分詞：razveselíl, -íla 喜ばす Tvoje pismo me je razveselilo. 手紙をもらってうれしかったよ．

razveseljeváti[50] ［完］L 分詞：-àl, -ála 喜ばす

razvíjati[47] ［不完］1. ほどく 2. 発達させる，発展させる ～ šolstvo：学校制度を発達させる

razvíjem → razvíti

razvít[38] ［形］比：bolj ～ 発達した，発展した

razvíti[50] ［完］現 1 単：razvíjem 1. ほどく ～ paketo：小包をほどく 2. 発達させる，発展させる

razvnét[38] ［形］比：bolj ～ 興奮した

razvòj[2] ［男］単生：-ôja 発達，発展

razvpít[38] ［形］比：bolj ～ /-ejši 悪名高い

razvrstíti[48] ［完］L 分詞：razvŕstil, -íla 分類する，類別する

ráženj[2] ［男］単生：-žnja 串 peči na ～u：串に刺して焼く

rdèč[38] ［形］女単主：rdéča, 比：bolj ～ 1. 赤い R～i križ：赤十字 2. 強 共産主義の

rdéčka[14] ［女］1. 赤毛の動物，特に牛 2. 赤蟻 gnezdo rdečk：赤蟻の巣 3.【複】風疹 zboleti za ～ami：風疹にかかる

rdéčkast[38] ［形］比：bolj ～ 赤みがかった，赤らんだ

reagírati[47] ［完・不完］反応する，応える ～ na novico：知らせに反応する

reákcija[14] ［女］反応，応答

reálen[38] ［形］女単主：-lna, 比：-ejši 1. 現実の，実在の 2. 実現可能な 3. 現実的な ～ človek：現実的な人間

realízem[1] ［男］単生：-zma 1. 現実主義，リアリズム 2. 写実主義 ～ v slikarstvu：絵画における写実主義

rêbrast / rébrast[38] ［形］編み物や織物にうねのある ～i žamet：コーデュロイ

rêbro[20] ［中］複生：rêber あばら骨，あばら肉，リブ

recépcija[14] ［女］レセプション，受付 hotelska ～：ホテルのレセプション

recépt / recèpt[1] [男] 単生：-épta / -èpta 1. 処方箋，レセプト dobiti zdravilo na ~：処方箋で薬を手に入れる 2. レシピ ~ za potico：ポティーツァのレシピ

recéptor[3] [男] 受付係（男）

recéptorka[14] [女] 受付係（女）

reciklíranje[21] [中] リサイクル

réč[17] [女] 1. 物，こと pobrati svoje ~i in oditi：自分のものをまとめて出て行く 2. 心配事

réčen[38] [形] 女主：-čna 川の

rečèn[38] [形] 女単主：-êna 話された，言及された

rêči[49] [完] 現1単：rêčem, L分詞：rékel, rêkla いう，話す Recimo, da mi posodiš pet milijonov. 君が500万貸してくれるとしよう．

réd[1/5] [男] 1. きちんとしている状態，秩序 dati svoje stvari v ~：自分のものを片付ける；v ~u：大丈夫だ，順調だ 2. 順序 urediti po abecednem ~u：アルファベット順に並べる 3. vozni ~：時刻表

rédek[38] [形] 女単主：-dka, 比：-êjši / -ejši 1. 薄い，希薄な ~a omaka：さらっとしたソース 2. まばらな 3. 稀な，珍しい ~a knjiga：稀覯本；~i primeri：珍しい例

réden[38] [形] 女単主：-dna, 比：-ejši 1. 通常の ~i delovni čas：通常の労働時間 2. 正規の ~i profesor：正教授 3. 規則正しい，定期的な

redíti[48] [不完] 1. 飼育する，飼う ~ konje：馬を飼育する 2. 太らせる

redíti se[48] [不完] 太る

rêdkev[15] [女] ラディッシュ

rédko [副] 比：-êj(š)e / -ej(š)e 稀に

rédkokdàj [副] たまに Redkokdaj je doma. 彼はたまに家にいることがある．

redôvnica[14] [女] 修道女

redôvnik[1] [男] 修道士

referát[1]［男］報告書，レポート

referéndum[1]［男］国民投票 izvesti ~：国民投票をおこなう

referènt[1]［男］単生：-ênta 報告者，レポーター（男）

referêntka[14]［女］報告者，レポーター（女）

refórma[14]［女］改革 gospodarska ~：経済改革

régija[14]［女］地方

regionálen[38]［形］女単主：-lna 地方の

régíster[1]［男］単生：-tra 1. 登録簿 ~ prebivalstva：住民登録票 2. 本の奥付 3. ファイル

registratúra[14]［女］ファイルキャビネット，記録保管所

registrírati[47]［完・不完］1. 登録する ~ avtomobil：自動車を登録する 2. 簡潔に報告する 3. ファイルする

regístrski[38]［形］登録の ~a številka：登録番号

régrat[1]［男］タンポポ

rêja[14]［女］飼育，養育 dati otroka v ~o：子どもを里子に出す

rejênec[2]［男］単生：-nca 里子（男）

rejênka[14]［女］里子（女）

rejníca[14]［女］里親（女）

rejník[1]［男］里親（男）

réka[14]［女］川

rékel → rêči

reklám[14]［女］広告 ~ po televiziji：テレビコマーシャル；~ za čaj：お茶の広告

rekonstruírati[47]［完・不完］1. 再建する，復元する ~ besedilo：テキストを再建する 2. 修復する ~ cesto：道を修復する 3. 組織を変える ~ vlado：内閣の改造をおこなう

rekórd[1]［男］最高記録 imenik ~a：記録保持者

rekreácija[14]［女］レクリエーション

rekreacíjski[38]［形］レクリエーションの ~i center：

レクリエーションセンター

réktor³ [男] 学長（男）

rektorát¹ [男] 1. 学長職 2. 学長室 iti na ~：学長室へ行く

réktorica¹⁴ [女] 学長（女）

rekvizít¹ [男] 補助となるもの，必要なもの gladališki ~i：舞台の小道具

rélativen / relatíven³⁸ [形] 女単主：-vna, 比：bolj ~ / -ejši 1. 比較的，相対的 Okusi so relativni. 趣味は相対的なものだ． 2. 比例した

relief¹ [男] 1. 土地の起伏 2. レリーフ

relígija¹⁴ [女] 宗教，信仰

remónt¹ [男] 修復 skrajšati čas ~a：修復期間を短縮する；v ~u：修復中

renesánčen³⁸ [形] 女単主：-čna ルネサンスの ~i slog：ルネサンス様式

réntgen¹ [男] レントゲン slikati z ~om：レントゲン撮影をする

rèp¹ [男] 単生：rêpa 尾，しっぽ čakati v ~u：長い行列を為して待つ

répa¹⁴ [女] 蕪，根菜

repatíca¹⁴ [女] 彗星 Na nebu se je pojavila repatica. 空に彗星が現れた．

repertoár³ [男] レパートリー

reportáža¹⁴ [女] 現地からのレポート，ニュース

reprezentánca¹⁴ [女] 代表，代表団

repúblika¹⁴ [女] 共和国 Vse sosednje države so poznale novo republiko. 隣国はすべて新しい共和国を承認した．

rés [副] 本当に Ne morem verjeti, da je res. 本当だとは信じられない．

résen³⁸ [形] 女単主：-sna, 比：-ejši / -êjši 1. まじめな，責任感のある 2. 強 重篤な ~a bolezen：重病

résje[21] ［中］［集］ピース

resníca[14] ［女］真実，事実 v ~i：実は

resníčen[38] ［形］女単主：-čna, 比：-ejši 本当の，真実の Roman je napisan po resničnem dogodku. 小説は本当にあったできごとをもとにして書かれた．

resníčnost[16] ［女］真実，真正

restavrácija[14] ［女］レストラン iti v ~o na kosilo：昼食を取りにレストランへ行く

restavrácija[14] ［女］修復，復元 ~ in konzervacija spomenika：文献の修復と保存；francoska ~：フランスの王政復古

reševálec[2] ［男］単生：-lca 救助者，救命者（男）

reševálen[38] ［不完］女単主：-lna 救助の，救命の ~i avtomobil：救急車

reševálka[14] ［女］救助者，救命者（女）

reševáti[50] ［不完］L 分詞：-àl, -ála 1. 救い出す，救出する ~ ujetnike：人質を救出する 2. 解決する，解く Rada rešuje uganke. 彼女はなぞなぞを解くのが好きだ．

rešílen[38] ［形］女単主：-lna 救助の，解決の ~i avtomobil：救急車；~i čoln：救命ボート；~i jopič：救命胴衣

rešítelj[2] ［男］救助者，救命者（男）

rešíteljica[14] ［女］救助者，救命者（女）

rešítev[15] ［女］1. 救助，救出 čakati na ~：救出を待つ 2. 解決 vpisati ~e v križanko：クロスワードに答えを書き込む

rešíti / réšiti[48] ［完］現 1 単：-im, L 分詞：rešíl, -íla 1. 救い出す，救出する Zdravila so ga rešila. 薬のおかげで彼は助かった．2. 解決する，解く

réven[38] ［形］女単主：-vna, 比：-ejši 1. 貧しい，貧乏な postati ~：貧しくなる；~a zemlja：やせた土地 2. みすぼらしい 3. ［強］哀れな

révež² [男] 1. 貧乏人 2. 強 哀れな人

revíja¹⁴ [女] 1. 雑誌 prelistavati ~o：雑誌のページをめくる 2. レヴュー，ショー

révma¹⁴ [女] 医 リューマチ

revolúcija¹⁴ [女] 革命 boriti se za ~o：革命のために戦う；~ v slikarstvu：絵画の革命

révščina¹⁴ [女] 貧困，困窮 živeti v ~i：貧乏暮らしをする

rézanec² [男] 単生：-nca 1.【複】スープなどに入れる細く短いパスタ 2. zrezati na ~e：細切りにする

rézati⁴⁹ [不完] 現1単：réžem 1. 切る ~ z nožem：ナイフで切る 2. 去勢する 3. 強 痛めつける Mraz reže do kosti. 寒さが骨身にしみる．

rézek³⁸ [形] 女単主：-zka，比：-ejši 鋭い，きつい ~ glas：鋭い声；~a barva：きつい色

rezêrva¹⁴ [女] 1. たくわえ，備え，備蓄 imeti svinčnike v ~i：鉛筆の予備がある 2. 兵力 3. 補欠

rezervácija¹⁴ [女] 予約，予約券

rezêrven³⁸ [形] 女単主：-vna たくわえの，備えの ~a pnevmatika：スペアタイヤ

rezervírati⁴⁷ [完・不完] 予約する ~ mizo v restavraciji：レストランに席を予約する

rezervoár³ [男] 貯蔵所 vodni ~：貯水池

rezílo²⁰ [中] 刃

rezína¹⁴ [女] スライスしたもの，カットしたもの narezati na ~e：スライスする

rezlján³⁸ [形] 彫刻された，刻まれた

rezultát¹ [男] 1. 結果 razglasiti ~e glasovanja：投票結果を発表する 2. 成果 objaviti ~e raziskovanja：研究の成果を発表する 3. 計算の結果 4. スポーツの記録

réžem → rézati

režírati⁴⁷ [不完・完] 舞台や映画などの監督をする

režisêr³ [男] 舞台や映画などの監督（男）filmski ~：

映画監督

režisêrka[14] [女] 舞台や映画などの監督（女）

ríba[14] [女] 魚 zdrav kot ～：とても元気だ

ríbez[1] [男] カレンズ

ríbica[14] [女] 小魚 človeška ～：人類魚，プロテウス

ríbič[2] [男] 釣り人，漁師（男）

ríbička[14] [女] 釣り人，漁師（女）

ríbiški[38] [形] 釣りの，漁師の ~i čoln：釣り船

ríbji[38] [形] 魚の ~a konzerva：魚の缶詰

ríbnik[1] [男] 池

ribolòv[1] [男] 単生：-ôva 釣り，漁 rečni ～：川釣り

ríčet[1] [男] 1. リーチェト（大麦と豆のおかゆ）2. 乱雑な状態

Rím[1] [男] ローマ Vse poti vodijo v Rim. すべての道はローマに通ず.

ríma[14] [女] 韻，押韻

ringló[10] [男] 西洋スモモ

ríniti[49] [不完] 1. 押す 2. 強 押しつける，つきつける

risálen[38] [形] 女単主：-lna スケッチの，絵の ~i žebljiček：画鋲

rísanka[14] [女] 1. スケッチブック 2. アニメーション filmska ～：アニメ映画

rísati[49] [不完] 現1単：ríšem 線描きする，線で描く ～ v papir：紙に描く Letala rišejo bele črte na nebo. 飛行機が空に白い線を描いている.

rísba[14] [女] スケッチ，線描画，デッサン

ríšem → risáti

rítem[1] [男] 単生：-tma リズム，鼓動

ríziko[7] [男] 危険性，リスク

ríž[2] [男] 米 žeti ～：稲刈りをする

rížev[38] [形] 米の ～ kolač：餅；~o vino：酒

rižóta[14] [女] リゾット

rja / rjà[14] [女] 複生：ŕij 錆

rjàv[38] ［形］女単主：rjáva, 比：bolj ~ 1. 茶色の ~e oči：茶色い目 2. 回 国家社会主義の

rjúha[14] ［女］シーツ，敷布 pogrniti posteljo s svežo ~o：ベッドに新しいシーツを敷く

rób[5] ［男］単生：-a ふち，へり ~ovi deske：プレートのふち；živeti na ~u mesta：郊外で暮らす

róbček[1] ［男］単生：-čka ハンカチ (robec より小さい) čipkast ~：レースの縁取りのあるハンカチ；papirnat ~：ティッシュ

róbec[2] ［男］単生：-bca ハンカチ brisati se z ~em：ハンカチで拭く

robídnica[14] ［女］ブラックベリー

ročáj[2] ［男］取っ手 prijeti za ~：取っ手をもつ

rôčen[38] ［形］女単主：-čna 手の ~a prtljaga：手荷物；~a zavora：ハンドブレーキ

rôčka[14] ［女］ポット točiti čaj iz ~e v skodelice：ポットからカップにお茶を注ぐ

ród[5] ［男］単生：-ú/-a 1. 一族 2. 系統 biti francoskega ~u：フランス系だ

rodbína[14] ［女］家系 Ta bolezen je pogosta v njeni rodbini. この病気は彼女の家系に頻繁に現れる．

rodílnik[1] ［男］生格 postaviti samostalnik v ~：名詞を生格にする

rodíti[48] ［完・不完］1. 生む，生み出す Rodila je zdravega otroka. 彼女は元気な子どもを生んだ．2. 果実などができる Krompir v teh krajih dobro rodi. このあたりではじゃがいもがよくできる．

rodíti se[48] ［完・不完］1. 生まれる Rodil se je pred sto leti v Ljubljani. 彼は100年前にリュブリャーナで生まれた．2. 強 ~になる，出現する Na oceanu se je rodil nov otok. 海上に新しい島が出現した．

rodovíten[38] ［形］女単主：-tna, 比：-ejši 1. 肥沃な ~o polje：肥沃な畑 2. 実を多くつける ~e sorte pše-

nice：実を多くつける小麦の種類 3. 多産の
róg[5] ［男］単生：-a/-á　1. つの　2. つのぶえ，ホルン　angleški ～：イングリッシュホルン
rogljíček[1] ［男］単生：-čka クロワッサン
roják[1] ［男］同郷の人，同じ国の人（男）
rojákinja[14] ［女］同郷の人，同じ国の人（女）
rôjen[38] ［形］女単主：-êna　1. ～生まれだ Rojen je v delavski družini. 彼は労働者の家庭の生まれだ．2. za +対 強 天賦の才がある，～向きだ On je rojen za pilota. 彼はパイロットに向いている．
rôjsten[38] ［形］女単主：-tna 誕生の，出生の ~i dan：誕生日；~i kraj：出生地
rôjstvo[20]［中］複生：rôjstev 誕生，出生 plemič po ~u：貴族の家の出身；padanje rojstev：出生数の低下
rók / ròk[1] ［男］単生：róka 期限，期間 ～ uporabe：使用期間；skrajšati ～：期間を短縮する
rôka[14] ［女］1. 手，腕 dvigniti ~o：手を挙げる　2. 強 人手 potrebovati pridne ~e：勤勉な働き手が必要だ
rokáv[1] ［男］袖 Govori, kakor iz rokava stresal. 立て板に水で話す．
rokavíca[14] ［女］【複】手袋 natakniti ~e：手袋をはめる；sneti ~e：手袋をとる
rokobórba[14] ［女］レスリング tekmovati v ~i：レスリングの試合をする
rokobórec[2] ［男］単生：-rca レスラー，レスリングの選手（男）
rokobórka[14] ［女］レスラー，レスリングの選手（女）
rokokójski[38] ［形］ロココの ~i slog：ロココ様式
rokomèt[1] ［男］単生：-éta ハンドボール
rokopís[1] ［男］1. 手稿，原稿 popraviti ～：推敲する　2. 写本 srednjeveški ~i：中世の写本　3. 手書き，筆跡 imeti lep ～：字がきれいだ
roléta[14] ［女］雨戸，シャッター

roló[10] [男] シャッター dvigniti ~:シャッターを上げる
román[1] [男] 小説
rómanje[21] [中] 巡礼 iti na ~:巡礼に行く
románski[38] [形] 1. ロマネスクの ~i slog:ロマネスク様式 2. ローマ人の 3. 小説の ~i snov:小説の題材
romántičen[38] [形] 女単主:-čna, 比:bolj ~ / -ejši ロマンティックな, ロマン派の
Romún[1] [男] ルーマニア人（男）
Romúnija[14] [女] ルーマニア v ~i:ルーマニアで
Romúnka[14] [女] ルーマニア人（女）
romúnski[38] [形] ルーマニアの, ルーマニア語の, ルーマニア人の
romúnščina[14] [女] ルーマニア語
rópar[3] [男] 強盗（男）
róparka[14] [女] 強盗（女）
ropòt[1] [男] 単生:-ôta 騒音, がたがたという音
ropotárnica[14] [女] 物置小屋 dati kolo v ~o:物置小屋に自転車を入れる
rôsa[14] [女] 露 biti moker od ~e:露にぬれている
rótovž[2] [男] 市庁舎
ròv[1] [男] 単生:rôva 地下水路, 溝
róza [形] 不変・口 比:bolj ~ ピンク色の
rozína[14] [女]【複】レーズン
róža[14] [女] 1. 花 Roža cvete. 花が咲いている. 2. 文 バラ
róžmarin / rožmarín[1] [男] ローズマリー
róžnat[38] [形] 比:bolj ~ 1. ピンクの, 赤みがかった 2. 強 楽天的な, ばら色の
rubríka[14] [女] 1. 項目, 題目 2. 見出し
rúda[14] [女] 鉱石 železova ~:鉄鉱石
rudár[3] [男] 鉱夫（男）beli ~:石油採掘場の労働者
rudárka[14] [女] 鉱夫（女）
rudárstvo[20] [中] 鉱業

rúdnik¹ [男] 採掘場 ~ premoga：炭鉱
rújem → rúvati/ruváti
ruléta¹⁴ [女] ルーレット
rúm¹ [男] ラム酒
rumèn [形] 女単主：-êna, 比：bolj ~ 黄色の ~i tisk：タブロイド紙，スポーツ紙；~i strani：イエローページ
rumenják¹ [男] 卵黄
Rús¹ [男] ロシア人（男）
Rúsija¹⁴ [女] ロシア v ~i：ロシアで
Rúsinja¹⁴ [女] ロシア人（女）
rúski³⁸ [形] ロシアの，ロシア語の，ロシア人の ~a ruleta：ロシアンルーレット
rúščina¹⁴ [女] ロシア語
ruševína¹⁴ [女]【複】廃墟，残骸，遺跡 ~e rimskega mesta：ローマ時代の都市の遺跡
rúšiti/rušíti⁴⁸ [不完] 現1単：-im, L分詞：-il, -ila/-il, -íla 1. 破壊する，取り壊す 2. 強 打ち破る ~ nočni mir：夜の平安を打ち破る
rúta¹⁴ [女] スカーフ，風呂敷
rutína¹⁴ [女] 1. 巧妙さ，器用さ 2. 強 決まった手順
rúvati/ruváti⁵⁰/⁴⁷ [不完] 現1単：rújem/rúvam 根元から引き抜く，根こそぎにする
ŕž¹⁷ [女] ライ麦
ržén³⁸ [形] ライ麦の ~i kruh：ライ麦パン

S

s［前］= z 無声子音字で始まる語の前で用いる Ⅰ +生 ～から，～の表面から
Ⅱ +造 1. ～によって 2. ～と共に

sáblja[14]［女］複生：sábelj 1. サーベル，剣 2. 強 stara ～：戦友，長年の友

sabljánje[21]［中］フェンシング učiti se ~a：フェンシングを学ぶ

sád[5]［男］単生：-ú/-a 1. 果物 Sadovi se zorijo. 果物が熟している. 2. +生 強 成果 To so sadovi njegovega truda. これらは彼の努力の成果だ.

sáden[38]［形］女単主：-dna 果物の ~a kupa：フルーツパフェ；~i sok：フルーツジュース

sádež[2]［男］果物 morski ～：シーフード

sadíti[48]［不完］植える

sádje[21]［中］集 1. 果物，何種類かの果物 2. 果樹

sádjevec[2]［男］単生：-vca フルーツブランデー，フルーツリキュール

sadovnják[1]［男］果樹園

sádra[14]［女］石膏ギプス

sàj / saj［助］だって，だから Poznaš jo, saj je hodila s teboj v šolo. 君は彼女を知っているんでしょ．だって一緒に学校へ通っていたのだから. Saj veš,... 知ってのとおり……

sáje[14]［女複］煤

saláma[14]［女］サラミ

sáldo[7]［男］収支残高 izračunati ～：収支残高を計算

salón¹ [男] 客間, レセプションルーム, サロン peljati obiskovalca v 〜：訪問者を客間へ案内する；frizerski 〜：ヘアサロン

sám³⁸ [代] 1. 一人きり, 〜だけ Vsi so odšli, spet sem sam. みんな出て行ってしまって, また僕一人きりだ. Ostali smo sami sredi gozda. 私たちだけ森の中に残った. 2. 独力で, 一人で Otrok že sam hodi. 子どもはもう一人で歩く. 3. ひとりでに Lasje se mu sami kodrajo. 彼の髪は自然とカールしている.

sámec² [男] 単生：-mca 1. 動物の雄 2. 強 独身男性

samíca¹⁴ [女] 1. 動物の雌 2. 強 独身女性

samó [助] 〜のみ, たったの Zanj je pomembno samo delo. 彼にとって重要なのは仕事だけだ. Hotel je samo jesti in jesti. 彼はただただ食べることだけを望んでいた.

samodŕžec² [男] 単生：-žca 専制君主（男）

samodŕžka¹⁴ [女] 専制君主（女）

samoglásnik¹ [男] 母音

samogôvor¹ [男] 独白, モノローグ

sámolepílen³⁸ [形] 女単主：-lna 〜i trak：セロテープ

samomòr¹ [男] 単生：-ôra 自殺 narediti 〜：自殺する；〜 z obešenjem：首吊り自殺

samomorílec² [男] 単生：-lca 自殺者（男）

samomorílka¹⁴ [女] 自殺者（女）

sámoobrámba¹⁴ [女] 自衛

sámoplačníca¹⁴ [女] 保険に入っていない人, 医療費を自己負担する人（女）

sámoplačník¹ [男] 保険に入っていない人, 医療費を自己負担する人（男）

sámopostréžba¹⁴ [女] 1. セルフサーヴィス V tej trgovini so uvedli samopostrežbo. この店ではセルフ

サーヴィス方式を導入した. 2. スーパーマーケット kupovati v ~i：スーパーマーケットで買い物をする

samopostrežen[38]［形］女単主：-žna セルフサーヴィスの ~a trgovina：スーパーマーケット

samopostrežnica[14]［女］スーパーマーケット

samostálnik[1]［男］名詞

samostán[1]［男］修道院 iti v ~：修道院へ行く, 修道士になる

samostójen[38]［形］女単主：-jna, 比：-ejši 独立した, 自立した

samostójnost[16]［女］独立, 自立 izgubiti državno ~：国家としての独立を失う

samôta[14]［女］孤独 V samoti je še enkrat premislil svoj načrt. 一人きりでいるときにもう一度彼は自分の計画についてじっくり考えてみた.

samôten[38]［形］女単主：-tna, 比：-ejši 孤独な, 一人きりの

sámouméven[38]［形］女単主：-vna, 比：bolj ~ / -ejši 自明の, 当然の Te stvari so preproste in samoumevne. これらのことは単純で自明だ.

sámoupráva[14]［女］1. 自治 2. 自主管理

sámoupráven[38]［形］女単主：-vna 自治の ~e pravice：自治権

sámouprávljanje[21]［中］自主管理

samovóljen[38]［形］女単主：-ljna, 比：bolj ~ / -ejši 1. わがままな 2. 随意の

sámozavést[16]［女］自覚 pomanjkanje ~i：自覚の欠如

sámozavésten[38]［形］女単主：-tna, 比：-ejši 自覚している

sámski[38]［形］1. 独身の Ostala je samska. 彼女は独身を通した. 2. 独身者用の, 一人用の najeti ~o sobo：一人住まい用の部屋を借りる

sándal[1]［男］ビャクダン

sandál[1] ［男］【複】サンダル

sandála[14] ［女］【複】サンダル obuti ~e：サンダルを履く

sani[17] ［女複］そり voziti se s ~mi：そりに乗っていく

sanitáren[38] ［形］女単主：-rna 衛生の，衛生上の

sánja[14] ［女］【複】夢 imeti ~e：夢を見る；verjeti v ~e：夢を信じる；spremeniti ~e v resničnost：夢を現実に変える

sánjati[47] ［不完］夢を見る Sanjal je skoraj celo noč. 彼はほとんど一晩中夢を見ていた．

sánke[14] ［女複］そり

sápa[14] ［女］強 1. 息，呼吸 2. 風

sápnica[14] ［女］【複】気管支

sardéla[14] ［女］イワシ

satelít[1] ［男］1. 衛星 Zemljin ～：月 2. 衛星国

satelítski[38] ［形］衛星の ~a televizija：衛星テレビ

satíra[14] ［女］風刺文学

scéna[14] ［女］1. 光景，シーン 2. 舞台

scenárij[2] ［男］脚本，シナリオ ～ po znamem romanu：有名な小説に基づいたシナリオ

sceneríja[14] ［女］舞台装置 narediti ~o：舞台装置を作る

sčásoma ［副］少しずつ，徐々に

se, sêbe[31] ［代］自分自身 Pazi, da si ne zlomiš roke. 自分の手を折らないように気をつけて．Dežnik nosi vedno s seboj. その人は傘をいつでも持ち歩いている．za s sabo：テイクアウト，お持ち帰り

sebíčen[38] ［形］女単主：-čna, 比：-ejši 自己中心的な，エゴイスティックな

secesíja[14] ［女］1. アールヌーヴォー 2. 文 分離

secesíjski[38] ［形］アールヌーヴォーの，分離派の

séči[49] ［完］現1単：séžem, L 分詞：ségel, -gla 1. 手を伸ばして触れる Segla je na polico in vzela z nje knjigo. 彼女は本棚に手を伸ばしてそこから一冊の本

を取った. 2. 届く, 達する

sedàj [副] 今, 現在 Do sedaj je vedno molčala. 彼女は今までずっと黙っていた. Ti običaji so sedaj pozabljeni. これらの風習は現在では忘れられた.

sedánji[38] [形] 現在の umetnost ~ega časa：現代芸術

sedánjik[1] [男] 現在時制 spregati glagol v ~u：動詞を現在変化させる

sédati[47] [不完] 座る, 腰を下ろす

sédel → sésti

sédem[42] [数] 1. 7 Ura je sedem. 7時だ. 2. 強 いくつも, 何人も Sedem dolgih let je jo čakal. 彼は何年もの間彼女を待っていた.

sédem → sésti

sédemdeset[42] [数] 70

sédemdeseti[38] [数] 70番目の

sedemnájst[42] [数] 17 Predstava se bo začela ob sedemnajstih. 開演は17時だ.

sedemnájsti[38] [数] 17番目の

sédemsto[43] [数] 700 pred ~ leti：700年前

sédemstoti[38] [数] 700番目の

sedéti[48] [不完] 座っている Maček sedi na soncu. 猫が日向で座っている.

sédež[2] [男] 1. 席, 座席 2. 所在地

sédežnica[14] [女] スキー場などの（チェア）リフト

sêdlo[20] [中] 鞍, サドル

sêdmi[38] [数] 7番目の biti v ~ih nebesih：とても幸せだ

ségati[47] [不完] 1. 手を伸ばして触れる 2. 届く, 達する

ségel → séči

segrêjem → segréti

segréti[50] [完] 現1単：segrêjem 暖める Sonce je segrelo zrak. 太陽が空気を暖めた.

sêja[14] [女] 会議, 会合 udeležiti se ~e：会議に参加す

sejáti[50]［不完］現1単：sêjem 1. 種をまく ～ pšenico：小麦をまく 2. ふるいにかける ～ moko：小麦粉をふるいにかける

sêjem[1]［男］単生：-jma 見本市，展示会 iti na ～：見本市に行く

sêjem → sejáti

sékati[47]［不完］1. 斧や鉈などで切る ～ veje z drevesa：木の枝をはらう 2. 強 分断する Nova cesta seka kmetijo na dvoje. 新しい道が農場を2つに分断している．

sékcija[14]［女］セクション，部門

sekíra[14]［女］斧

sekretár[3]［男］1. 書記，書記官（男）2. 事務長官（男）3. 秘書（男）

sekretariát[1]［男］1. 書記局 2. 事務局 3. 秘書課

sekretárka[14]［女］1. 書記，書記官（女）2. 事務長官（女）3. 秘書（女）

sékta[14]［女］宗派，党派，派閥

séktor[3]［男］1. 部分 severni ～ mesta：町の北部 2. 分野，領域

sekúnda[14]［女］秒

sekundáren[38]［形］女単主：-rna 口 二次的な，副次的な ～a pomena：副次的な意味

sekúnden[38]［形］女単主：-dna 秒の ～i kazalec：秒針

sèl[1]［男］単生：slà 使者

selítev[15]［女］移動，（鳥の）渡り，移住

selíti[48]［不完］現1単：sélim, L分詞：sêlil, -íla 移動させる，動かす ～ delavce v nova stanovanja：労働者たちを新しい住居へ移す；～ knjige v nove prostore：本を新しい空間へ動かす

selotêjp[1]［男］口 セロテープ zalepiti s ～om：セロテープで貼る

sèm [副] こちらへ Pridi sem k meni. こちらの私のもとへ来なさい. Kupil je vozovnico za sem in tja. 彼は往復切符を買った.

sem → bíti

semafór[3] [男] 信号 Na semaforju je gorela zelena luč. 信号は青だった.

séme[22] [中] 種

seméster[1] [男] 単生：-tra 学期, セメスター

seminár[3] [男] 1. セミナー, 講習会 predavati na ~ju：セミナーで講演する 2.（大学の）演習, ゼミ literarnozgodovinski ~：文学史ゼミ

seminárski[38] [形] 1. セミナーの, 講習会の 2.（大学の）演習の, ゼミの ~a naloga：ゼミに提出するレポート

sémiš[2] [男] スエード torbica iz ~a：スエードのバッグ

sénca[14] [女] 影, 陰 postaviti mizo v ~o：テーブルを陰に置く

sencè/sènce[21] [中]【複】こめかみ čutiti bolečino v ~ih：こめかみが痛い

sénčen[38] [形] 女単主：-čna, 比：bolj ~ 影の, 影のある ~a stran ulice：道の影のある側

séndvič[2] [男] サンドウィッチ

senó[20] [中] 干草

septêmber[1] [男] 単生：-bra 9 月 Prišel bo sredi septembra. 彼は 9 月の半ばに来るだろう.

septêmbrski[38] [形] 9 月の

sêrija[14] [女] 1. 連続, 一続き opraviti ~o raziskav：一連の調査をおこなう 2.（テレビなどの）シリーズ posneti novo televizijsko ~o：新しいテレビシリーズを撮影する

serviéta[14] [女] ナプキン papirnata ~：紙ナプキン

sesálec[2] [男] 単生：-lca 1. 哺乳動物 2. 掃除機

sesálen[38] [形] 女単主：-lna 吸い上げる, 吸入の ~a moč sesalnika：掃除機の吸引力

sesálnik[1] [男] 掃除機 posesati tla s ~om：掃除機で

床を掃除する

sesáti[47] [不完] L 分詞：-àl, -ála 1. 乳を吸う Otrok sesa. 赤ちゃんが乳を吸っている. 2. 吸う Komar sesa kri. 蚊が血を吸っている. 3. 掃除機をかける ～ sobo dvakrat na teden：週 2 回部屋に掃除機をかける.

sesekljáti[47] [完] L 分詞：-àl, -ála 細かく刻む，みじん切りにする ～ čebulo：たまねぎをみじん切りにする

sestánek[1] [男] 単生：-nka 会議，ミーティング iti na ～：会議に出る

sestánem se → sestáti se

sestáti se[49] [完] 現 1 単：sestánem se, L 分詞：-àl se, -ála se 会う，会合を開く z/s＋造 Med uradnim obiskom se je sestal tudi s predsednikom. 彼は公式訪問の間に大統領とも会見した.

sestàv[1] [男] 単生：-áva 1. システム，体系 sončni ～：太陽系 2. 組み合わせ

sestáva[14] [女] 1. 組み立てること sodelovati pri ~i plana：計画の作成に参加する 2. 配合

sestavína[14] [女] 材料，要素

sestáviti[48] [完] 1. 組み立てる ～ uro：時計を組み立てる 2. 作り上げる，編纂する

sestávljati[47] [不完] 1. 組み立てる 2. 作り上げる，編纂する ～ slovar：辞書を編纂する

sésti[49] [完] 現 1 単：sédem, L 分詞：sédel, -dla 座る，腰を下ろす ～ h klavirju：ピアノに向かって座る Rad sede h knjigam. 彼は読書好きだ.

sestòp[1] [男] 単生：-ópa 1. 下ること ～ z vrha：下山 2. 下り坂

sêstra[14] [女] 複生：sêster / sestrá 1. 姉，妹 2. 看護師 3. 修道女

sestríčna[14] [女] 複生：sestríčen 従姉妹 ～ po materi：母方の従姉妹；mala / mrzla ～：またいとこ（女）

sesújem se → sesúti se

sesúti se[50] [完] 現1単：sesújem se 崩壊する，崩れる ～ v nič：無に帰する

seštêjem → seštéti

seštéti[50] [完] 現1単：seštêjem 合計する，足し算する

seštévanje[21] [中] 足し算

sevéda [助] もちろん，当然

séver[1] [男] 北，北部 Letalo se je usmerilo na sever. 飛行機は北へ向かった．

séveren[38] [形] 女単主：-rna, 比：-ejši 北の，北部の

Sévernica[14] [女] 北極星

seznàm / seznám[1] [男] 単生：-áma 一覧表，名簿 narediti si ～ potrebnih knjig：必要とする本の一覧表を作成する

seznaníti / seznániti[48] [完] 現1単：-im, L分詞：seznánil, -íla 紹介する，引き合わせる Seznanil me je s sodelavci. 彼は私を同僚に紹介した．

seznaníti se / seznániti se[48] [完] 現1単：-im se, L分詞：seznánil se, -íla se z/s+造 知り合う ～ z njo na potovanju：旅行で彼女と知り合う

sezóna[14] [女] 季節，シーズン ～ češenj：桜の季節；mrtva ～：オフシーズン；turistična ～：旅行シーズン

sezújem → sezúti

sezúti[50] [完] 現1単：sezújem 靴を脱がす ～ otroka：子どもの靴を脱がせる；～ si sandale in obuti si copate：サンダルを脱いでスリッパをはく

sêžem → séči

shrámba[14] [女] 食糧貯蔵室 iti v ~o po vino：ワインを取りに貯蔵室へ行く

shraníti / shrániti[48] [完] 現1単：-im, L分詞：shránil, -íla / -il, -íla 1. 貯蔵する，しまう ～ sadje za zimo：冬に備えて果物を貯蔵する 2. 保存する，保管する

shújšati[47] [完] やせる，体重が落ちる ～ za pet kilogramov：5キロやせる

sicèr / sícer［接］1. さもなければ，もしそうでないならば Brž pomagaj, sicer bo prepozno. すぐに手伝ってあげなさい．さもないと間に合わない．2. そうではなく，他の点では

sídro[20]［中］錨

sigúrno［副］口 きっと

síj[2]［男］輝き，光沢 polaren ～：オーロラ，極光

sijájen[38]［形］女単主：-jna, 比：-ejši 1. 輝きのある，光沢のある ～ lak：光沢のあるニス 2. 強 見事な

sijáti[50]［不完］現1単：síjem 1. 光る，輝く，光を発する Na nebu sije luna. 空には月が輝いている．2. 強 反射する Okna so sijala v soncu. 窓が太陽の光を受けて反射していた．

síjem → sijáti

síla[14]［女］力 smer ～e：力の方向；duševne ～e：精神力；telesne ～e：体力

síliti[48]［不完］強いる，強制する ～ otroka, naj jé：子どもに食べるよう強いる

silvéstrovo[38]［中］おおみそか zabava na ～：おおみそかのパーティー

simból[1]［男］シンボル，象徴 Oljkova vejica je simbol miru. オリーヴの枝は平和の象徴だ．

simpátičen[38]［形］女単主：-čna, 比：-ejši 感じのいい

sín[5]［男］単生：-a / -ú 息子

sinagóga[14]［女］会堂，シナゴーグ

sindikát[1]［男］労働組合 stopiti v ～：労働組合に入る

sinhronizíran[38]［形］比：bolj ～ 1. 吹き替えの ～i film：吹き替え映画 2. 同時に起こる，同時に発生する

sínji[38]［形］空色の，水色の

sinóči［副］ゆうべ Že od sinoči dežuje. もうゆうべからずっと降っている．

sinóčnji[38]［形］ゆうべの，前の夜の Spomnil se je sinočnjega pogovora. 彼は前の夜の会話を思い出した.

sintétičen[38] ［形］女単主：-čna 1. 総合的な ~a študija o gledališču：演劇に関する総合的な研究 2. 合成の ~a tkanina：合成繊維の織物

sintétika[14] ［女］合成繊維の製品

sípati[47/50] ［不完］現1単：-am / -ljem 細かなものを撒く，撒き散らす

sípljem → sípati

sìr[1] ［男］単生：síra チーズ

siréna[14] ［女］1. セイレン・(ギリシア神話) 2. サイレン，警報

siróta[14] ［女］孤児 vojna ~：戦災孤児

sírov[38] ［形］チーズの

sírup[1] ［男］1. シロップ 2. シロップ剤 ~ proti kašlju：咳止めシロップ

sistém[1] ［男］体系，システム

sìt[38] ［形］女単主：síta, 比：bolj ~ 1. 満腹の，満ち足りた ~ kot boben：おなかいっぱいだ 2. 強 うんざりした

síten[38] ［形］女単主：-tna, 比：bolj ~ / -ejši わずらわしい，迷惑な

sítnost[16] ［女］迷惑，トラブル delati mu ~i：彼に迷惑をかける

síto[20] ［中］ふるい presejati skozi ~：ふるいにかける

situácija[14] ［女］状況 priti v težko ~o：困難な状況に陥る

sív[38] ［形］比：bolj ~ 1. 灰色の 2. 白髪の 3. 強 これといった特徴のない，退屈な

skáčem → skákati / skakáti

skakálnica[14] ［女］1. スキーのジャンプ台 2. スキージャンプ 3. 跳躍のための準備，跳躍板

skákati / skakáti[49] ［不完］現1単：skáčem, L分詞：skákal, -ála 跳ねる，ジャンプする Otroci skačejo čez

skála

potok. 子どもたちは小川をジャンプして渡った.
skála[14] [女]【単】岩
skála[14] [女] 目盛り, スケール ～ na toplometru：温度計の目盛り
skálnat[38] [形] 比：bolj ～ 1. 岩がちの, 岩の多い ~a plaža：岩がちの海岸 2. 岩でできた 3. 強 断固とした, ゆらぎのない
skelét[1] [男] 骸骨, 骨格
skéner[3] [男] スキャナー
skíca[14] [女] スケッチ, アウトライン
skicírka[14] [女] スケッチブック
sklàd[1] [男] 単生：skláda 1. 地層 2. 基金 3. biti v ~u：調和している Hiša ni v skladu z okolico. 家は周囲と合っていない.
skladátelj[2] [男] 作曲家（男）
skladáteljica[14] [女] 作曲家（女）
skládati[47] [不完] 1. 積み重ねる, 積み上げる ～ na kup：山と積み上げる 2. 作曲する ～ opere：オペラを作曲する
skládba[14] [女] 曲
skláden[38] [形] 女単主：-dna, 比：-ejši 整った, 調和した, 洗練された
skladíšče[21] [中] 倉庫, 倉 iti v ～：倉庫へ行く
skládnja[14] [女] シンタクス, 統語論
sklanjátev[15] [女] 曲用, 格変化
sklánjati[47] [不完] 1. 傾ける ～ glavo in poslušati：首をかしげて聞く 2. 格変化させる, 曲用させる
skléda[14] [女] 深皿, ボウル ～ za solato：サラダボウル
skleníti[49] [完] 現1単：sklénem, L分詞：sklênil, -íla 1. まとめる, まとめあげる ～ pogodbo：条約を結ぶ 2. 終わらせる, 終了させる 3. 決定する
sklèp[1] [男] 単生：sklépa 1. 関節 bolečine v ~ih：関

節痛 2. 連結部 3. 推測, 推論 4. 結論

sklépati[47] [不完] 1. まとめる, まとめあげる 2. 終わらせる, 終了させる 3. 決める 4. 推測する Po govorjenju sklepam, da je tujec. 話し方から彼は外国人ではないかと思う.

sklícati[49] [完] 現 1 単：sklíčem 召集する, 招集する ~ delegate na sestanek: 代表を会議に招集する

sklicevátí se[50] [不完] L 分詞：-àl, -ála 1. 声を掛け合う 2. na+対 訴える, 上訴する

sklíčem → sklícati

sklòn[1] [男] 単生：sklôna 格 samostalnik v prvem sklonu ednine：単数 1 格（主格）形の名詞

skloníti[48] [完] 現 1 単：sklónim, L 分詞：sklônil, -íla 1. 傾ける 2. 格変化させる, 曲用させる

sklòp[1] [男] 単生：sklópa / sklôpa 連鎖, つながり

skočíti[48] [完] 現 1 単：skóčim, L 分詞：skôčil, -íla はねる, 跳ぶ

skodélica[14] [女] カップ kavna ~：コーヒーカップ

skódran[38] [形] 比：bolj ~ カールした, 縮れた

skòk[1] [男] 単生：skóka / skôka ジャンプ, 跳躍 ~ čez potok：小川をジャンプすること Cilj je samo skok daleč. ゴールはほんの少し先だ.

skomína[14] [女]【複】 1. 渋み dobiti ~e po nezrelem grozdju：熟れていないぶどうを食べた後に渋みを感じる 2. 強 渇望 S skominami je pomislil na večerjo. 彼は夕食をものすごく食べたかった.

skóp[38] [形] 比：bolj ~ 1. けちな ~ z denarjem：金にうるさい 2. 強 満足のいく量でない, 不充分な

skopáriti[48] [不完] 強 倹約する, 惜しむ

skópati / skopáti[47/50] [完] 現 1 単：-am / -ljem 入浴させる, 風呂に入れる ~ otroka：子どもを風呂に入れる

skópljem → skópati / skopáti

skopúh[1] [男] 強 けち（男）

skopúlja[14]［女］強 けち（女）

skôraj［助］およそ，大体 Mesto ima skoraj milijon prebivalcev. 町の住民はおよそ100万人だ．Cesta je bila skoraj suha. 道は大体乾いていた．

skórja[14]［女］複生：skórij 樹皮，果物の皮 ~ kruha：パンの皮，パンの耳

skovánka[14]［女］強 新造語

skozi/skoz［前］＋対 1. ~を通して，~を通って Skozi meglo so videli obrise stolpnic. 彼らは霧を通して塔の輪郭を見ていた．2. ~の間中 Tako konzervirana hrana se skozi vso zimo ne pokvari. このように密閉された食物は冬の間中悪くならない．

skrájen[38]［形］女単主：-jna 1. 端の razdalja med ~ima koncema：両端の間の距離 2. 極端な，甚だしい ~o stališče：極端な観点

skrájšati[47]［完］1. 短くする，短縮する ~ krilo：スカート丈を短くする；~ besedilo：テキストを短縮する 2. ＋与 短く感じる，あっという間に過ぎ去る Z branjem mu je skrajšal popoldan. 読書をしていたら，彼には午後があっという間に過ぎたように感じた．

skrátka［副］強 要するに，ひとことで言えば

skŕb[17]［女］1. 不安，心配 biti v ~eh：心配している 2. 配慮，世話

skŕben[38]［形］女単主：-bna, 比：-ejši 1. 世話好きな，心を砕く Bila skrbna mati svojim otrokom. 彼女は子どもたちに対してよく世話をやく母親だった．2. 強 慎重な Bil skrben pri delu. 彼は仕事のときは慎重だった．

skrbéti[48]［不完］1.【無人称】心配する，気にかける Začelo jo je skrbeti za zdravje. 彼女は健康を気にかけだした．2. 不安にさせる Kaj vas skrbi？どうして不安なのですか．3. za＋対 配慮する，心を砕く Starši morajo skrbeti za svoje otroke. 両親は自分の子ども

に配慮をすべきだ.

skrbníca[14] ［女］後見人（女）

skrbník[1] ［男］後見人（男）

skŕčiti[48] ［完］1. 縮める，引き締める ~ roko v pest：こぶしをにぎる 2. 減らす，短縮する ~ proizvodnjo：生産量を減らす；~ delovni čas：労働時間を短縮する 3. na+対 制限する

skríjem → skríti

skrínja[14] ［女］たんす，チェスト

skríti[50] ［完］現 1 単：skríjem 隠す，隠蔽する Brat mu je skril čevlje. 彼の弟は靴を隠した.

skriválnice[14] ［女複］かくれんぼ igrati se ~：かくれんぼをして遊ぶ

skrívati[47] ［不完］隠す，隠蔽する ~ svoja čuvstva：自分の感情を隠す

skríven[38] ［形］女単主：-vna, 比：-ejši 1. 隠れた，隠された Odšel je skozi skrivna vrata. 彼は隠し扉を使って外へ出た. 2. 秘密の，うちうちの na ~em：こっそりと

skrivnóst[16] ［女］1. 秘密 2. 謎，神秘

skrivnósten[38] ［形］女単主：-tna, 比：-ejši 1. 秘密の 2. 謎に満ちた，神秘的な

skrômen[38] ［形］女単主：-mna, 比：-ejši 1. 目立たない 2. 強 謙虚な Pri obleki je skromen. 彼は着るものに関しては欲がない. 3. 強 わずかな

skúhati[47] ［完］1. 煮る，ゆでる ~ jajca v trdo：卵を固ゆでにする；~ na plin：ガスにかける 2. 料理する Vsak dan skuha. その人は毎日料理する.

skúpaj ［副］1. 一緒に，ひとまとめに priti ~：会う 2. 同時に 3. 全部で Knjižnica ima skupaj milijon knjig. 図書館には全部で 100 万冊の本がある.

skúpen[38] ［形］女単主：-pna 1. 共同の ~i grob：共同墓地 2. 共通の

skupína[14] ［女］集合，集団，グループ ~ hiš：住宅群；potovati v ~i：集団で旅行する；krvna ~：血液型

skupínski[38] ［形］集合の，集団の，グループの

skúpnost[16] ［女］共同体，コミュニティ

skúpščina[14] ［女］1. 国会，議会 2. 執行部

skúša[14] ［女］鯖

skúšati[47] ［不完］試す，〜しようとする ~ prijatelja：友人を試す；~ doseči soglasje：意見の一致に達しようとする

skúšnja[14] ［女］複生：skúšenj リハーサル

skúta[14] ［女］カッテージチーズ

slàb[38] ［形］女単主：slába, 比：slábši 1. 悪い，劣った 2. 弱い Svetloba je bila slaba. 光は弱かった. 3. ~ 弱 ~a polovica：半分弱

slabokŕvnost[16] ［女］貧血

slabôten[38] ［形］女単主：-tna, 比：-ejši 弱い，弱った biti ~e volje：優柔不断だ

slábši → slàb

sládek[38] ［形］女単主：-dka, 比：slájši / -êjši 1. 甘い ~ kot med：蜜のように甘い 2. 淡水の ~o jezero：淡水湖

sladíca[14] ［女］甘いもの，デザート

sladkaríja[14] ［女］甘いもの，キャンディ，砂糖菓子

sladkáti[47] ［不完］L 分詞：-àl, -ála 甘くする，砂糖を加える ~ čaj：お茶に砂糖を入れる

sládkor[3] ［男］単生：-órja 砂糖 kristalni ~：グラニュー糖；sadni ~：果糖；~ v kockah：角砂糖

sladkórček[1] ［男］単生：-čka 飴，ボンボン

sladkóren[38] ［形］女単主：-rna 砂糖の ~a bolezen：糖尿病；~i bolnik：糖尿病患者

sladkórnica[14] ［女］1. 砂糖入れ，シュガーポット 2. 糖尿病患者（女）

sladkórnik[1] ［男］糖尿病患者（男）

sladkovôden[38] ［形］女単主：-dna 淡水の ~a riba：淡水魚

sladoléd[1] ［男］アイスクリーム lizati ~：アイスクリームをなめる

slájši → sládek

sláma[14] ［女］わら，むぎわら

slámica[14] ［女］ストロー piti po ~i / s ~o：ストローを使って飲む

slán[38] ［形］比：bolj ~ 塩辛い，塩分のある Hotel je zelo slan. ホテルはすごく高い．

slanína[14] ［女］ベーコン

sláp[5] ［男］単生：-a / -ú 滝

slást[17] ［女］楽しみ Kosilo mu ni bilo v slast. 昼食は彼の気に入らなかった．

slásten[38] ［形］女単主：-tna, 比：-ejši とてもおいしい，快い

slaščíča[14] ［女］菓子，甘いもの postreči s ~ami：お菓子でもてなす

slaščičár[3] ［男］菓子職人（男），パティシエ

slaščičárka[14] ［女］菓子職人（女），パティシエール

slaščičárna[14] ［女］菓子屋，ケーキ屋 iti v ~o：お菓子屋へ行く

slátina[14] ［女］1. ミネラルウォーター 2. 源泉

sláva[14] ［女］1. 栄誉，栄光 2. 高名

slávec[2] ［男］単生：-vca 1. ナイチンゲール 2. 歌の大変上手な人

sláven[38] ［形］女単主：-vna, 比：-ejši 栄えある，高名な postati ~：有名になる

slavíti[48] ［不完］1. 称える 2. 祝う Novo leto bomo slavili doma. 私たちは新年を家で祝うことになるだろう．

slávnost[16] ［女］祝祭

slávnosten[38] ［形］女単主：-tna, 比：bolj ~ 祝祭の，

厳粛な

slavolók[1] [男] 凱旋門

sléči[49] [完] 現1単：sléčem, L分詞：slékel, -kla 服を脱がせる Mati je slekla otroka. 母親は子どもの服を脱がせた．

sléd[5] [男] 単生：-ú/-a 1. 痕跡，足跡 Tat ni pustil sledov. 泥棒は痕跡を残さなかった． 2. 強 ごく少量

sléd[17] [女] 1. 痕跡，足跡 2. 強 ごく少量

sledíti[48] [不完] 1. ＋与 跡を追う，跡をつける Detektiv mu je sledil. 探偵は彼の跡をつけた． 2. 後を追う Odšel je v Ameriko, žena pa mu je sledila čez dve leti. 彼はアメリカへ行った．妻は2年後彼の後を追った．

slékel → sléči

slép[38] [形] 比：bolj ~ 1. 盲目の，目が見えない Fant je od rojstva slep. 少年は生まれつき盲目だ． 2. 出入り口が1つしかない ~a ulica：袋小路

slépec[2] [男] 単生：-pca 盲人（男）

slépič / slepìč[2] [男] 単生：slepíča 盲腸，虫垂 vnetje ~a：虫垂炎

slépka[14] [女] 盲人（女）

slepíti[48] [不完] 目がくらむ Z roko si je pokrila oči, ker jo je slepila luč. 彼女は光で目がくらんだので，手を額にかざしていた． Jeza ga slepi. 怒りのせいで彼はまともな判断ができなくなっている．

slíka[14] [女] 絵，絵画 oljnata ~：油絵

slíkanica[14] [女] 絵本

slikár[3] [男] 画家（男）

slikárka[14] [女] 画家（女）

slikárski[38] [形] 画家の，絵画の ~a razstava：絵画展

slikástvo[20] [中] 絵画

slíkati[47] [不完] 1. 絵を描く ~ pokrajino：風景を描く 2. 写真を撮る ~ otroka：子どもの写真を撮る 3. 強

生き生きと描き出す
slikovít[38] [形] 比：-ejši 絵のような，美しい
slína[14] [女] 唾液，つば
slíšati[48] [不完・完] 1. 聞こえる 2. 聞き取る
slíva[14] [女] プラム，西洋スモモ
slívovka[14] [女] プラムブランデー
slóg/slòg[1] [男] 単生：-óga 1. 様式，スタイル 2. 文体
slogôven[38] [形] 女単主：-vna 様式の，スタイルの，文体の
slòj[2] [男] 単生：slôja 層，階級
slòn[1] [男] 単生：slôna 1. 象 2. 大きくて不器用な人
slonéti[48] [不完] 1. よりかかる ～ ob zidu：壁によりかかる 2. na+前 依拠する，基づく Predavanje sloni na novih podatkih. 講義は新しいデータに基づいている。
slonovína[14] [女] 象牙
Slovák[1] [男] スロヴァキア人（男）
Slovákinja[14] [女] スロヴァキア人（女）
Slován[1] [女] スラヴ人（男）
Slovánka[14] [女] スラヴ人（女）
slovánski[38] [形] スラヴの，スラヴ人の ～i narodi：スラヴ民族
slovár[3] [男] 1. 辞書，辞典 2. 語彙
slovárček[1] [男] 単生：-čka 語彙集，小辞典 žepni ～：ポケット辞典
slovaropísje[21] [中] 語彙論
slovárstvo[20] [中] 語彙論
slováščina[14] [女] スロヴァキア語
Slováška[14] [女] スロヴァキア na ～em：スロヴァキアで
slováški[38] [形] スロヴァキアの，スロヴァキア語の，スロヴァキア人の
Slovénec[2] [男] 単生：-nca スロヴェニア人（男）

Slovénija[14] ［女］スロヴェニア v ~i：スロヴェニアで

Slovénka[14] ［女］スロヴェニア人（女）

slovénski[38] ［形］スロヴェニアの，スロヴェニア語の，スロヴェニア人の

slovénsko ［副］スロヴェニア語で govoriti ~：スロヴェニア語で話す

slovénščina[14] ［女］スロヴェニア語

slôves[1] ［男］単生：-ésa 1. 世評，評判 2. 声望，名声

slovésen[38] ［形］女単主：-sna，比：-ejši 1. 厳粛な，重々しい 2. 儀式の

slovésnost[16] ［女］儀式 ~ ob diplomi：卒業式

slovéti[48] ［不完］有名だ，高名だ ~ po lepoti：美しいことで有名だ Ta gostilna je nekdaj zelo slovela. このパブはかつてとても有名だった．

slôvnica[14] ［女］文法，文法研究 ~ slovenskega jezika：スロヴェニア語文法；primerjalna ~ slovanskih jezikov：スラヴ比較文法

slôvničen[38] ［形］女単主：-čna 文法の ~a pravila：文法規則

slovó[24] ［中］1. 別れの挨拶 oditi brez ~esa：別れの挨拶なしに発つ 2. ~ od＋生 ~の終わり，終焉 ~ od mladosti：青春の終わり

slóžen[38] ［形］女単主：-žna，比：-ejši 敵対しない，一致した，調和した

slučáj[2] ［男］偶然

slučájen[38] ［形］女単主：-jna 偶然の biti vesel ~ega srečanja：偶然の出会いを喜ぶ

slúh[1] ［男］聴覚 imeti oster ~：鋭い聴覚をしている，耳がいい；izginiti brez duha in ~a：杳として行方がわからない

slušálka[14] ［女］1.【複】イヤホン poslušati glasbo s ~ami：イヤホンで音楽を聴く 2. 電話の受話器 Dvignila je slušalko. 彼女は受話器を取った．

slušálo[20] ［中］1. 補聴器 2. 電話の受話器
slušátelj[2] ［男］聴講生（男）
slušátejica[14] ［女］聴講生（女）
slúšen[38] ［形］女単主：-šna 聴覚の ~a halucinacija：幻聴；~a priprava：補聴器
slutíti / slútiti[48] ［不完］現1単：-im, L分詞：slútil, -íla 予感がある，予測する
slútnja[14] ［女］複生：slútenj 予感 ~ smrti：死の予感
slúžba[14] ［女］職，仕事 dobiti ~o：職を得る
slúžben[38] ［形］比：bolj ~ 職の，仕事の ~o potovanje：出張
slúžiti / služíti[48] ［不完］現1単：-im, L分詞：slúžil, -íla 1. 勤める，仕事をする Takrat je še služil, zdaj pa je v pokoju. 当時彼は仕事をしていたが，今は年金生活だ．2. +与 仕える，奉仕する 3. 役に立つ Palica mu je na poti dobro služila. 杖は旅行中ずいぶん彼の役に立った．
smarágd[1] ［男］エメラルド
sméh[1] ［男］笑い v ~u / med ~om：笑いながら
smehljáj[2] ［男］微笑
smehljáti se[47] ［不完］L分詞：-àl se, -ála se 微笑む Mati se smehlja otroku. 母親が子どもに微笑みかけている．
smejáti se[50/48] ［不完］現1単：smêjem se / -ím se 笑う ~ do solz：涙が出るほど笑う
smêjem se → smejáti se
smém → sméti
smér[17] ［女］方向，方角 v vse ~i：四方八方へ
smérnik[1] ［男］方向指示板，方向指示器
smêšen[38] ［形］女単主：-šna, 比：-ejši おかしい，面白い ~ klovn：おかしなピエロ
sméšiti[48] ［不完］物笑いの種にする
smét[17] ［女］ごみ，がらくた koš za ~i：ゴミ箱

smétana[14]［女］1. 生クリーム，ホイップクリーム 2. 強 エリート層

smetár[3]［男］ごみ回収人，清掃業者（男）

smetárka[14]［女］ごみ回収人，清掃業者（女）

sméti[49]［不完］現1単：smém【+不定法】～してよい Zdravnik mu je obljubil, da bo smel čez nekaj dni domov. 医者は彼に，何日かしたら退院してよいと約束した．

smetíšče[21]［中］ごみ捨て場，ごみの山 odpadki na ~u：ごみ捨て場のごみ

smetíšnica[14]［女］ちりとり pomesti pepel na ~o：灰をちりとりに掃く

smetnják[1]［男］ゴミ箱

smísel[1]［男］単生：-sla 1. 意味，意義 v širšem ~u besede：広義の 2. センス imeti ~ za humor：ユーモアのセンスがある

smókva[14]［女］複生：smókev いちじく

smôla[14]［女］1. やに 2. 強 不運 imeti ~o：ついてない

smrád[5]［男］単生：-ú/-a 悪臭

smrčáti[48]［不完］現1単：-ím, L分詞：smŕčal, -ála いびきをかく

smrdéti[48]［不完］悪臭を放つ，くさい

smréka[14]［女］松，トウヒ

smŕt[16]［女］死，終焉 biti na ~ utrujen：死ぬほど疲れている

smŕten[38]［形］女単主：-tna 死の，致命的 ~a doza strupa：毒物の致死量；~a obsoda：死刑判決

smúč[17]［女］【複】スキー板

smúčanje[21]［中］スキー，スキーをすること alpsko ~：スキーのアルペン競技

smúčar[3]［男］スキーヤー，スキー選手（男）

smúčarka[14]［女］スキーヤー，スキー選手（女）

smúčarski[38]［形］スキーの，スキーヤーの ~i čevlji：スキー靴；~i skoki：スキーのジャンプ競技

smúčati[47]［不完］スキーをする

smučíšče[21]［中］スキー場

snáha[14]［女］息子の妻

snámem → snéti

snážen[38]［形］女単主：-žna, 比：-ejši 清潔な，けがれのない

snég[5]［男］単生：-á 雪 Verjetno bo spet sneg. きっとまた雪になるだろう．toplenje ~a：雪解け

snémanje[21]［中］1. はずすこと，おろすこと 2. 写真や映画の撮影，録音

snémati[47]［不完］1. はずす，おろす ~ obleke z obešalnikov：ハンガーから衣類をはずす 2. 写真や映画を撮影する，録音する ~ film po noveli：小説を映画化する

snéti[49]［完］現1単：snámem 1. はずす，おろす ~ ogrlico z vratu：ネックレスを首からはずす 2. 強 どこからか手に入れる Kje naj snamem toliko denarja？これほどのお金をどこで工面したらいいのだ．

snéžen[38]［形］女単主：-žna, 比：bolj ~ 雪の ~i vihar：吹雪

snežén[38]［形］比：bolj ~ 雪でできている，雪がちの，雪の多い ~a pokrajina：豪雪地帯；~i mož：雪だるま

snežíti[48]［不完］【単3】雪が降る

snôv[17]［女］物質，物体 učna ~：教材；hranilne ~i：栄養素

sôba[14]［女］部屋 bolniška ~：病室

sôbar[3]［男］ホテルなどの客室係（男）

sôbarica[14]［女］ホテルなどの客室係（女）

sôben[38]［形］女単主：-bna 部屋の

sobóta[14]［女］土曜日 v ~o：土曜日に；ob ~ah：土曜日ごとに

sociálen[38]［形］女単主：-lna, 比：bolj ~ 社会の，集

団の ~o zavarovanje：社会保障

socialíst[1] ［男］社会主義者（男）

socialístka[14] ［女］社会主義者（女）

socialízem[1] ［男］単生：-zma 社会主義

sociológ[1] ［男］社会学者（男）

sociologíja[14] ［女］社会学

sociológinja[14] ［女］社会学者（女）

sociolóški[38] ［形］社会の，社会学の，社会学者の

sóčen[38] ［形］女単主：-čna, 比：-ejši 1. ジューシーな，水気の多い 2. 強 よだれの出るような

sočútje[21] ［中］同情，哀れみ ~ do bolnikov：病人に対する同情心

sód[5] ［男］単生：-a 樽

sód[38] ［形］偶数の lih in ~：奇数と偶数の；~o števi-lo：偶数

sôdba[14] ［女］1. 判定，判決，判決文 2. 判断，意見

sodélavec[2] ［男］単生：-vca 協力者，同僚（男）

sodélavka[14] ［女］協力者，同僚（女）

sodelovánje[21] ［中］協力

sodelováti[50] ［不完］L 分詞：-àl, -ála 協力する

sóden[38] ［形］女単主：-dna 判決の，裁判の ~a dvora-na：法廷

sodíšče[21] ［中］裁判所 biti zaposlen na ~u：裁判所に勤務している

sodíti/sóditi[48] ［不完］現1単：-im, L 分詞：sódil, -íla 1. 判決を下す Sodnik mora soditi po zakonu. 裁判官は法にのっとって判決を下さなければならない． 2. 判断する，決定する ~ ljudi po videzu：外見で人を判断する 3. 試合の審判をつとめる

sodníca[14] ［女］1. 裁判官（女）2. 審判（女）

sodník[1] ［男］1. 裁判官（男）2. 審判（男）glavni ~：主審；stranski ~：副審

sodôben[38] ［形］女単主：-bna, 比：-ejši 現代の

soglásen[38] ［形］女単主：-sna 賛成の，同意見の biti ~ z/s+造 ~に賛成だ

soglásje[21] ［中］複生：soglásij 賛成，同意 dati ~ za zvišanje cen：値上げに同意する

soglásnik[1] ［男］子音 zveneči ~：有声子音

soglášati[47] ［不完］同意する，賛成する V tej stvari vsi soglašajo. その件についてはみんな同意している. ~ z idejo knjige：本の思想に賛成だ

sògovórnica[14] ［女］話し相手（女）

sògovórnik[1] ［男］話し相手（男）

sója[14] ［女］大豆

sójin[38] ［形］大豆の ~a omaka：醬油

sók[1/5] ［男］単生：-a ジュース，果汁 sadni ~：フルーツジュース

sôkol[1] ［男］単生：-ôla 鷹

sòkrívec[2] ［男］単生：-vca 共犯者（男）

sòkrívka[14] ［女］共犯者（女）

sôl[17] ［女］1. 塩 okus po ~i：塩味；kamena ~：岩塩 2. 塩基

soláta[14] ［女］1. レタス 2. サラダ

solíst[1] ［男］ソリスト（男）

solístka[14] ［女］ソリスト（女）

solíti[48] ［不完］塩辛くする，塩を振る ~ meso：肉に塩を振る

solníca[14] ［女］テーブルに置く小さな塩入れ

sôlza[14] ［女］涙

sôlzen / solzán[38] ［形］女単主：-zna, 比：bolj ~ 涙の，涙を流している

soméren[38] ［形］女単主：-rna 対称的な

sónce[21] ［中］太陽，日光 biti zagorel / ogorel od ~a：日に焼けている

sónčarica[14] ［女］日射病

sónčen[38] ［形］女単主：-čna, 比：-ejši 太陽の，晴れ

た ～ dan：晴れた日；～a očala：サングラス；～a opeklina：日燒け；～a ura：日時計

sónčenje[21] ［中］日光浴

sónčiti se[48] ［不完］日光浴をする

sónčnica[14] ［女］ひまわり

sónčnik[1] ［男］日傘 ～ na plaži：ビーチパラソル

sòobstájanje[21] ［中］囟 共存

soóčati[47] ［不完］向かい合わせる，対峙させる

soóčiti[48] ［完］向かい合わせる，対峙させる

sopáren[38] ［形］女単主：-rna, 比：-ejši 蒸し暑い ～ dan：蒸し暑い日

sôpel → sôpsti

sôpem → sôpsti

sòpoménka[14] ［女］同義語

sopótnica[14] ［女］1. 旅仲間，一緒に旅をする人（女）2. 思想・心情を同じくする人（女）

sopótnik[1] ［男］1. 旅仲間，一緒に旅をする人（男）2. 思想・心情を同じくする人（男）

soprán[1] ［男］ソプラノ peti ～：ソプラノで歌う

sopranístka[14] ［女］ソプラノ歌手

sopróg[1] ［男］配偶者（男）

sopróga[14] ［女］配偶者（女）

sôpsti[49] ［不完］現1単：sôpem, L分詞：sôpel, -pla あえぐ，息切れする

sorazmérje[21] ［中］割合，比率

soród[1] ［男］biti v ~u z županom：市長と親戚だ

soródnica[14] ［女］親戚（女）

soródnik[1] ［男］親戚（男）～ po očetovi strani：父方の親戚

soródstvo[20] ［中］複生：soródstev 親族

sórta[14] ［女］1. 植物の種（しゅ），品種 uvajati nove krompirjeve ~e：じゃがいもの新しい品種を導入する 2. 囗 種類 Za kosilo so imeli tri sorte mesa. 彼らは昼

食に3種類の肉をとった.

sôsed / sósed[1] ［男］単生：-éda, 複主：sosédje / sosédi 隣人，隣にいる人（男）Bil je moj sosed pri mizi. 彼は食卓で私の隣の席だった.

soséda[14] ［女］隣人，隣にいる人（女）

soséden[38] ［形］女単主：-dna 隣の，隣人の

sosédnji[38] ［形］隣の，隣人の imeti dobre odnose med ~imi državami：隣国と良好な関係を保つ

soséska[14] ［女］近所，近隣 trgovina v ~i：近所の店；prodajati sadje po ~i：果物を近隣に販売する

sòstanoválec[2] ［男］単生：-lca ルームメイト（男）

sòstanoválka[14] ［女］ルームメイト（女）

sošólec[2] ［男］単生：-lca 同級生（男）

sošólka[14] ［女］同級生（女）

sotéska[14] ［女］峡谷

sotóčje[21] ［中］川の合流点 Beograd leži ob sotočju Donave in Save. ベオグラードはドナウ川とサヴァ川が合流した所にある.

sôva[14] ［女］ふくろう

sovjétski[38] ［形］ソヴィエトの S~a zveza：ソヴィエト連邦

sovráštvo[20] ［中］複生：sovráštev 憎悪，嫌悪 čutiti ~ do njega：彼に憎悪を感じる

sovrážen[38] ［形］女単主：-žna, 比：-ejši 1. 憎んでいる，嫌悪を感じる ~ molk：敵意に満ちた沈黙 3. 敵の ~o letalo：敵機

sovražíti / sovrážiti[48] ［不完］現1単：-im, L分詞：sovrážil, -íla 憎む，嫌う

sovrážnica[14] ［女］嫌いな人，敵（女）

sovrážnik[1] ［男］嫌いな人，敵（男）Pes in mačka sta si sovražnika. 犬と猫は仲が悪い.

soznáčnica[14] ［女］同義語

sožálje[21] ［中］哀悼 izraziti mu globoko ~：彼に深い

哀悼の意を表する

spádati[47][不完] 1. 属する，所属する Kit spada k sesalcem. 鯨は哺乳類に属する. 2. ふさわしい Tako predavanje ne spada na kongres. そのような講演は国際会議にふさわしくない.

spájati[47][不完] つなげる，ひとつにする，統一する ~ podjetja：会社を統合する

spáka[14][女] 怪物，カリカチュア

spálen[38][形] 女単主：-lna 睡眠の，寝るための ~a vreča：寝袋；~i vagon：寝台車

spálnica[14][女] 1. 寝室，ベッドルーム 2. 寝室用の家具

spálnik[1][男] 寝台車

spánje[21][中] 眠ること，睡眠 rahlo ~：うたた寝；zimsko ~：冬眠

spáti[48][不完] 現1単：spím 眠る

speciálen[38][形] 女単主：-lna 特殊な，特別な dobiti ~o dovoljenje：特別休暇を得る

specialíst[1][男] 1. 専門家，スペシャリスト（男）~ za moderno književnost：近代文学の専門家 2. 専門医（男）~ za interno medicino：内科医

specialístka[14][女] 1. 専門家，スペシャリスト（女） 2. 専門医（女）

specialitéta[14][女] 1. 特製品 2. 名物料理

specializácija[14][女] 専門，専攻

specífičen[38][形] 女単主：-čna 1. 特殊な，特別な 2. 著しい，典型的な

spêči[49][完] 現1単：spêčem, L分詞：spékel, spêkla 1. 焼き上げる ~ meso v peči：オーヴンで肉を焼き上げる 2. やけどをさせる Goreča vžigalnica ga je spekla v prste. 燃えているマッチで彼は指をやけどした.

spékel → spêči

speljáti[50/47][完] 現1単：spéljem/-ám, L分詞：spêljal,

-ála 1. スタートさせる 2. 流れや人の考えを変える，一定の方向へ導く ~ pogovor na šport：話題をスポーツへもっていく；~ pozornost poslušalcev drugam：聴衆の注意を別のほうへひきつける

spéljem → speljáti

spenjáč² [男] ホチキス，ステープラー

spenjálen³⁸ [形] 女単主：-lna 留める，結びつける ~i stroj：ホチキス，ステープラー

spét [副] 再び，また

spéti⁴⁹ [完] 現1単：spnèm 1. 留める，結びつける，まとめる ~ liste papirja：紙を何枚か留める；~ lase v čop：髪をひとつにまとめる 2. たたむ，閉じる ~ dežnik：傘をたたむ；~ škarje：はさみを閉じる

spím → spáti

spís¹ [男] 1. エッセイ，書付 2.（学校の）作文

spláv / splàv¹ [男] 単生：-áva 1. いかだ most iz ~a：浮橋 2. 人工中絶

splèt¹ [男] 単生：-éta 1. 網 svetovni ~：インターネット 2. 編み目

spléten³⁸ [形] 女単主：-tna インターネットの ~a kavarna：インターネットカフェ

splézati⁴⁷ [完] よじのぼる

splòh [副] 1. 広く，すっかり To so sploh znane besede. これらはすっかり有名な語だ. 2. 一般に 3. 強 絶対，まったく

splôšen³⁸ [形] 女単主：-šna, 比：-ejši 一般の，広く広まった

spnèm → spéti

spočéti⁴⁹ [完] 現1単：spočnèm 1. 妊娠する 2. 文 生み出す，創設する Sam je spočel ta načrt. 彼はひとりでこの計画を立てた.

spočíjem se → spočíti se

spočíti se⁵⁰ [完] 現1単：spočíjem se 休む，休憩す

る Utrujen sem, moram se spočiti. 私は疲れた．休まなくては．

spočnèm → spočéti

spôdaj [副] 下に，下で Spodaj je garaža in klet, v prvem nadstropju pa stanovanje. 下はガレージと物置だが，2階は住居だ．

spodbudíti[48] [完] L 分詞：spodbúdil, -íla 1. 勇気づける，励ます Prijatelj ga je spodbudil. 友人は彼を励ました．2. 刺激する，促進する ~ rast las：髪の生長を促進する

spodbújati[47] [不完] 1. 勇気づける，励ます ~ z besedami：ことばをかけて励ます 2. 刺激する，促進する ~ tekmovanje：競争をあおる

spódnji[38] [形] 下の，下にある ~i del obraza：絵の下の部分；~e perilo：下着

spódnjice[14] [女複] パンツ（下着）

spodóben[38] [形] 女単主：-bna, 比：-ejši 1. 行儀のいい，品行方正な 2. 強 相当の，相応しい kupiti za ~o ceno：適正な値段で買う

spodóbiti se[48] [不完]【3人称】相応しい，適切だ Tako govorjenje se ne spodobi. そのような言い方はふさわしくない．

spojíti[48] [完] L 分詞：spójil, -íla つなげる，ひとつにする

spòl[1] [男] 単生：spôla 性，文法性 pravice za vse ljudi neglede na ~ in narodnost：性や民族に関係のない，あらゆる人のための権利；določiti samostalniku ~, sklon in število：名詞の性，格，数を確定する

spôlen[38] [形] 女単主：-lna 性の ~e razlike：性差

spôlzek[38] [形] 女単主：-zka, 比：bolj ~ 滑りやすい

spomeníca[14] [女] 覚書，メモ

spomeník[1] [男] 1. 記念碑 ~ slavnega pesnika / slavnemu pesniku：高名な詩人の記念碑 2.（＋形容詞）

過去における優れた文化的作品 glagolski ~i：グラゴール文字文献

spomín[1] [男] 1.【単】記憶 2. 記念 3. 思い出 ~i：回想録，メモワール

spomínček[1] [男] 単生：-čka 1. 思い出 2. おみやげ，みやげもの

spomínčica[14] [女] 忘れな草 oči, modre kot ~e：忘れな草のように青い目

spomínek[1] [男] 単生：-nka おみやげ，みやげもの

spomínjati se[47] [不完] ＋生 覚えている

spomínski[38] [形] 思い出の，記憶の

spomladánski[38] [形] 春の，春らしい

spomládi [副] 春に

spómniti se[48] [完] ＋生 思い出す，思いつく ～ svoje mladosti 自分の若いころを思い出す

spónka[14] [女] クリップ

spontán[38] [形] 比：bolj ～ / -ejši 自然発生的な，無意識の

spopàd[1] [男] 単生：-áda 1. けんか，争い 2. 紛争，戦闘 ～ z letali：空中戦

spopádati se[47] [不完] 1. 争う，けんかする 2. 交戦する，衝突する

spopádel se → spopásti se

spopádem se → spopásti se

spopásti se[49] [完] 現 1 単：spopádem se, L 分詞：spopádel se, -dla se 1. 争う，けんかする 2. 交戦する，衝突する

spòr[1] [男] 単生：spôra 口論，論争 rešiti ～：論争を解決する

sporazúm[1] [男] 合意，協定 doseči ～：合意に達する

sporazuméti se[49] [完] 現 1 単：sporazúmem se 1. 合意する 2. 理解しあう

sporazumévati se[47] [不完] 1. 合意する 2. 理解しあ

う

sporèd[1] ［男］単生：-éda プログラム，番組，演目 ～ tekmovanja：コンクールのプログラム；televizijski ～：テレビ番組 V gledališču je na sporedu slovenska drama. 劇場の演目にスロヴェニアの劇がかかっている．

sporóčati[47] ［不完］伝える，知らせる ～ podatke：情報を伝える；～ po telefonu：電話で知らせる

sporočílo[20]［中］情報，メッセージ，ニュース poslati ～：情報を発信する

sporočíti[48] ［完］L 分詞：sporóčil, -íla 伝える，知らせる V pismu sem mu sporočila, kako se je to zgodilo. 私は彼にことの顛末を手紙で知らせた．

sposóben[38] ［形］女単主：-bna, 比：-ejši 有能な，適している，できる ～ strokovnjak：有能な専門家；biti ～ prilagoditi se novemu okolju：新しい環境に適応できる

sposóbnost[16] ［女］能力

spoštován[38] ［形］比：bolj ～ 尊敬する S~i gospod Novak：（手紙で）拝啓ノヴァク様

spoštovánje[21] ［中］尊敬，敬意 izgubiti ～ do starejših：年長のものたちに対する敬意を失う；s ~em：（手紙で）敬具

spoštováti[50] ［不完］L 分詞：-àl, -ála 尊敬する，敬意を払う ～ očeta：父親を尊敬する

spotakníti se / spotákniti se[49] ［完］現1単：-em se, L 分詞：spotáknil se, -íla se 1. つまづく ～ ob kamen：石につまづく 2. ob+対/nad+造 強 批判する，悪くいう ～ ob njeno obleko：彼女の服装を批判する；～ nad njeno frizuro：彼女のヘアスタイルを悪くいう

spótoma ［副］途中 Kruh in mleko je kupila spotoma. 彼女はパンとミルクを途中で買った．

spôved[16] ［女］告解 iti k ~i：告解に行く
spoznánje[21] ［中］1. 認識，認知 2. 理解
spoznáti[47] ［完］L 分詞：spoznàl, -ála 1. 認める，認識する ~ ga krivnega：彼が悪いと断ずる 2. 気づく
spoznávati[47] ［不完］1. 認める，認識する 2. 気づく
spraševáti[50] ［不完］L 分詞：-àl, -ála 1. 問いただす 2. 試験する，試験で受験者に質問する 3. 尋問する
spraševáti[50] ［不完］L 分詞：-àl, -ála ほこりを払う
správiti[48] ［完］1. とりだす，ひっぱりだす 2. 導く，リードする ~ ga na boljše delovno mesto：彼をもっといいポストへと導く 3. ob+対 強 なくす，使い果たす ~ ob premoženje：財産を使い果たす 4. しまう，戻す ~ ključ：鍵をしまう
správljati[47] ［不完］1. とりだす，ひっぱりだす 2. 導く，リードする 3. ob+対 強 なくす 4. しまう，戻す
sprédaj ［副］前へ，前で iti ~：前へ行く；sedeti ~：前に座っている
sprédnji[38] ［形］前の，おもての ~a stran kovanca：コインの表側；~e kolo：前輪
spregátev[15] ［女］活用，動詞の語形変化
spreglédati[47] ［完］1. 見えるようになる Po operaciji je slepi spregledal. 手術を受けたら盲人は目が見えるようになった. 2. 知る，見て取る Laž so hitro spregledali. 嘘はすぐにばれた. 3. 見過ごす，見落とす Voznik je spregledal prometni znak. 運転手は交通標識に気づかなかった.
spregovoríti[48] ［完］L 分詞：spregovóril, -íla 1. 話しだす Nekaj časa je molčala, potem je spet spregovorila. 彼女はしばらく沈黙していたが，再び話し出した. 2. 意見を表明する V članku je spregovoril o pisateljevem življenju in delu. 論文の中で彼は作家の生涯と作品に関して意見を表明した.
sprehájati se[47] ［不完］散歩する ~ ob jezeru：湖の

ほとりを散歩する

sprehòd / sprêhod[1] ［男］単生：-óda 散歩，散策 peljati psa na ～：犬を散歩に連れて行く

sprehodíti[48] ［完］現1単：sprehódim, L分詞：sprehôdil, -íla 散歩させる ～ psa：犬を散歩させる

sprejèm[1] ［男］単生：-éma 1. 受け入れ，受容 2. レセプション

sprejémati[47] ［不完］1. 受け入れる，受理する ～ povabila：招待を受ける；～ nove besede iz tujih jezikov：新しい語を外国語から受け入れる 2. 迎える ～ goste：客人を迎える

sprejémen[38] ［形］女単主：-mna 受け入れの，受付の ～i izpit：入学試験

sprejémnik[1] ［男］受像機，受信機

sprejéti[49] ［完］現1単：sprêjmem 1. 受け入れる，受理する ～ pomoč pri delu：仕事の援助を受ける 2. 迎える ～ goste：客人を迎える

sprêjmem → sprejéti

spremémba[14] ［女］変化，変更 ～ mednarodnih odnosov：国際関係の変化；～ telefonske številke：電話番号の変更

spremeníti[48] ［完］L分詞：spreménil, -íla 変える，変更する ～ načrt：計画を変更する；～ sladkor v alkohor：糖をアルコールに変える

spremínjati[47] ［不完］変える，変更する ～ hitrost：速度を変える

spremíti / sprémiti[48] ［完］現1単：-im, L分詞：sprémil, -íla / -il, -ila 付き添う，同行する Spremil sem jo na postajo. 彼女と一緒に駅へ行った.

sprémljati[47] ［不完］1. 付き添う，同行する ～ otroka do šole：子どもに付き添って学校へ行く 2. 同時に引き起こす，同時進行させる 3. 伴奏する

spremljáva[14] ［女］伴奏 peti ob ～i klavirja：ピアノの

伴奏で歌う

spremljeválec[2] [男] 単生：-lca 同行者，相棒（男）

spremljeválka[14] [女] 同行者，相棒（女）

spréten[38] [形] 女単主：-tna, 比：-ejši 器用な

sprevòd/sprêvod[1] [男] 単生：-óda 列，行列，隊列 mrtvaški ~：葬列

sprevódnica[14] [女] 車掌（女）

sprevódnik[1] [男] 車掌（男）pokazati vozovnico ~u：切符を車掌に見せる

spričeválo[20] [中] 1. 成績表，通信簿 2. 成績 imeti dobro ~：成績がよい 3. 証明書 zdravniško ~：健康診断書

sprijázniti se[48] [完] z/s+造 和解する，折り合う

sprostítev[15] [女] リラックス

sprostíti se[48] [完] L 分詞：spróstil se, -íla se リラックスする，緊張がとれる，ほっとする

spróščati se[47] [不完] リラックスしている，緊張がとれている

sproščèn[38] [形] 女単主：-êna, 比：bolj ~ リラックスした，ほっとした，楽な

sproščêno [副] リラックスして，楽に

spróti [副] 同時に，一度に Govor so sproti prevajali v angleščino in nemčino. スピーチは英語とドイツ語に同時に訳された．

sprožíti/spróžiti[48] [完] 現1単：-im, L 分詞：spróžil, -íla 1. 引き金を引く 2. 引き起こす

sprt[38] [形] 比：bolj ~ 不和の biti z njem ~：彼との関係は悪い

spŕva [副] 最初は，初めは

spustíti[48] [完] L 分詞：spústil, -íla 1. 下ろす ~ rolete：ブラインドを下ろす 2. 落とす Letala so spustila bombe. 飛行機は爆弾を投下した．3. 放つ ~ čoln po vodi：ボートを水に放す 4. 行かせる ~ naprej：前へ

行かせる 5. 下げる ～ cene：価格を下げる

spúščati[47] ［不完］1. 下ろす 2. 落とす 3. 放つ ～ mrzel zrak v sobo：冷たい空気を部屋の中へ入れる 4. 行かせる Ne spuščaj neznancev v hišo. 知らない人を家の中に入れないで.

srájca[14] ［女］シャツ，ワイシャツ likati ~e：シャツにアイロンをかける

srám[5] ［男］単生：-ú/-a 恥 biti ～：恥ずかしい；občutiti ～：恥ずかしく思う

sramežljív[38] ［形］比：bolj ～ はにかんでいる

sramôten[38] ［形］女単主：-tna, 比：-ejši 恥ずべき，悪名高き

sramováti se[50] ［不完］L 分詞：-àl se, -ála se ＋ 生 恥ずかしい ～ svoje lahkovernosti：自分の信じやすさが恥ずかしい

Sŕb[1] ［男］セルビア人（男）

srbéti[48] ［不完］【3人称】かゆい Začelo ga je srbeti. 彼はかゆくなり始めた.

Sŕbija[14] ［女］セルビア v ~i：セルビアで

Sŕbkinja[14] ［女］セルビア人（女）

sŕbski[38] ［形］セルビアの，セルビア語の，セルビア人の

sŕbščina[14] ［女］セルビア語

srcé[21] ［中］1. 心臓 biti bolan na ~u：心臓が悪い 2. 心 iz dna ~a：心の底から 3. トランプのハート

sŕčen[38] ［形］女単主：-čna, 比：-ejši 1. 心臓の ~a mišica：心筋；~i infarkt：心筋梗塞；~i napad：心臓発作 2. 心の，心からの ~a želja：心からの願い

sŕd[1] ［男］激怒

srdít[38] ［形］比：-ejši 激怒している，ひどく怒っている

srebŕn[38] ［形］比：bolj ～ 1. 銀の，銀製の ～ kovanec：銀貨 2. 銀色の

srebró[20] [中] 銀 živo ~：水銀

sréča[14] [女] 幸福, 幸せ, 幸運 na ~o：幸いなことに

srečánje[21] [中] 1. 会うこと Že po prvem srečanju sta si bila všeč. 初めて会ったときから, 二人は好意をもっていた. 2. 会合 organizirati ~a：会合を主催する 3. 試合, レース košarsko ~：バスケットボールの試合

srečáti[47] [完] 会う, 出会う ~ soseda na ulici：道で隣人に会う

srečen[38] [形] 女単主：-čna, 比：-ejši / -êjši 幸福な, 幸せな, 幸運な S~o！お元気で！

srečevâti[50] [不完] L 分詞：-àl, -ála 何度も会う Takih ljudi v vsakdanjem življenju ne srečujemo veliko. そのような人々には毎日の生活の中でそうたくさんお目にかかるわけではない.

srečno pót [挿] よいご旅行を（いってらっしゃい）

sréda[14] [女] 1. 中間, 真ん中 priti do ~e mostu：橋の真ん中までやってくる Vrnil se je v sredi noči. 彼は真夜中に帰ってきた. 2. 水曜日 Sestanek bo v sredo. 会議は水曜日にある.

srédi [前] ＋生 1. ～の中間に, 真ん中に Opoldne stoji sonce točno sredi nebeskega obloka. 正午には太陽が空のちょうど真ん中にある. 2. ～のただなかに, 最中に Sredi glasnega smeha se je zaslišal krik. 大声で笑っているあいだに叫び声が聞こえた.

sredína[14] [女] 1. 真ん中, 中央 označiti ~o：真ん中に印をつける 2. 中庸, 平均 3. 中道 leva ~：中道左派

srédinec[2] [男] 単生：-nca 中指

srédinski[38] [形] 1. 真ん中の, 中央の 2. 中庸な, 中道の

sredíšče[21] [中] 1. 中心, 中央 2. 中心地 preseliti se v ~：中心地に引っ越す 3. 本質

srednjevéški[38] ［形］中世の

srédnji[38] ［形］1. 真ん中の，中間の 2. 中等教育の 3. 中性の

sredozémski[38] ［形］地中海の，地中海沿岸の ~a kultura：地中海文化

srédstvo[20] ［中］複生：srédstev 1. 手段，方法 2.【複】資金

srhljív[38] ［形］比：-ejši 鳥肌の立つような

srhljívka[14] ［女］ホラー映画，怪談

sŕkati[47] ［不完］すする ~ vroč čaj iz skodelice：熱いお茶をカップからすする

sŕna[14] ［女］鹿

sŕp[1] ［男］円形鎌

stabílen[38] ［形］女単主：-lna, 比：-ejši しっかりした，安定した

stádion[1] ［男］スタジアム na ~u：スタジアムで

stája[14] ［女］家畜のおり，囲い zapreti ovce v ~o：羊を囲いにとじこめる

stakníti/stákniti[49] ［完］現 1 単：-em, L 分詞：stáknil, -íla 強 手に入れる，見つけ出す ~ prehlad：風邪を引く Ne ve, kje bi staknil denar. 彼はどこでお金を手に入れたらいいかわからなかった．

stálen[38] ［形］女単主：-lna, 比：-ejši いつもの，固定した ~a razstava：常設展；~i magnet：永久磁石；~i naslov：定住所；~i zob：永久歯

stálež[2] ［男］1. 囡 地位，身分 socialni ~：社会的地位 2. 従業員数 zmanjšati ~ rudarjev：鉱夫の数を減らす

stalíšče[21] ［中］見地，立場 Z njegovega stališča je to razumljivo. 彼の立場から見れば当然のことだ．

stán[5] ［男］単生：-ú 1. 階級 2. 既婚・独身などの状態

stándard[1] ［男］1. 標準 mednarodni ~：国際標準 2. 水準，生活水準

stándarden[38] ［形］女単主：-dna 1. 標準の，標準的

な~a kakovost:標準的な質 2. 一般的な Penicilin je postal standardno zdravilo. ペニシリンは一般的な薬になった.

stánem → státi

stánje[21] [中] 状態 ~ hiše po postresu:地震の後の家の状態;bolezenska ~a:病状

stanoválec[2] [男] 単生:-lca 住人(男)

stanoválka[14] [女] 住人(女)

stanovánje[21] [中] 住居,アパートのフラット

stanovánjski[38] [形] 住まいの,住居の

stanováti[50] [不完] L 分詞:-àl, -ála 住む,滞在する ~ v mestu:町で暮らす;~ v hotelu:ホテルに滞在する

stàr[38] [形] 女単主:stára, 比:-êjši 1. 年取った,老齢の 2. 古い,昔からある 3. 古代の

stárati se[47] [不完] 年を取る,年を重ねる,古くなる Človek se hitreje stara telesno kot duševno. 人は精神よりも肉体のほうが早く老いる.

stárec[2] [男] 単生:-rca 老人(男)

starêjši[38] [形] → stàr 1. より年を取った,より古い Poročena je s pet let starejšim moškim. 彼女は5歳年上の男性と結婚している. 2. 年配の ~i ljudje:年配の人々

stárem → stréti

starína[14] [女] 1. 骨董品,アンティーク 2.【単】ヴィンテージワイン

starinárna[14] [女] 骨董屋,アンティークショップ

starinárnica[14] [女] 骨董屋,アンティークショップ

starinoslôvec[2] [男] 単生:-vca 考古学者(男)

starinoslôvje[21] [中] 考古学

starinoslôvka[14] [女] 考古学者(女)

starínski[38] [形] 比:bolj ~ 1. 昔の,古風な,アンティークの 2. 古びた,時代遅れの

stárka[14] ［女］老人（女），老女

starokopíten[38] ［形］女単主：-tna, 比：-ejši 1. 保守的な ～ časopis：保守的な雑誌 2. 時代遅れの ~i nazori：時代遅れの意見

stárost / staróst[16] ［女］1. 老い bati se ~i：老いを恐れる 2. 年齢，年 Za svojo starost je velika. 彼女は年のわりに大きい．

stárosten / starósten[38] ［形］女単主：-tna 1. 老いの，老齢の ~a oslabenost：老齢による衰え 2. 年の Vsi njegovi starostni vrstniki so že poročeni. 彼と同年の人たちはみなもう結婚している．

stárši[2] ［男複］両親 stari ～：祖父母

státi[49] ［不完］現 1 単：stánem, L 分詞：stàl, -ála 費用がかかる，～という値段だ Koliko stane ta knjiga ? この本はいくらですか．Počitnice na morju so nas stale dva milijona. 私たちが休暇を海辺で過ごすのに 200 万かかった．

státi[48] ［不完］現 1 単：stojím, L 分詞：stál, -a 1. 立っている Nekateri so sedeli, drugi stali. 座っている者もいれば立っている者もいた．2. ある Hiša stoji ob cesti. 家は道に面していた．3. 止まっている Nekaj časa je stal, potem pa je spet začel teči. 彼はしばらく立ち止まっていたが，再び駆け出した．4. 使用できる To pecivo stoji dalj časa. このパンはわりと長くもつ．

statíst[1] ［男］エキストラ（男）

statístičen[38] ［形］女単主：-čna 統計上の ~a analiza：統計分析

statístika[14] ［女］統計，統計学 pregledovati ~e iz prejšnjih let：過去数年の統計をチェックする；poslušati predavanja iz ~e：統計学の講義を聴講する

statístka[14] ［女］エキストラ（女）

stáva[14] ［女］賭金，賭け

stávba[14] ［女］1. 建物 graditi ~o：建物を建てる 2. ［文］

構成

stávčen[38][形] 女単主：-čna 文の ~a intonacija：文のイントネーション

stávek[1][男] 単生：-vka 文，センテンス izjavni ~：平叙文；vprašalni ~：疑問文

stáviti[48][完・不完] 賭ける Stavila sta za tisoč tolarjev. 二人は 1000 トーラル賭けた．

stávka[14][女] ストライキ generalna ~：ゼネスト；gladovna ~：ハンガーストライキ

stávkati[47][不完] ストライキをする ~ za povišanje mezd：賃金の引き上げを求めてストライキをする

stáž[2][男] 研修，研修期間，インターン biti na ~u：研修中だ

steber / stèber[1][男] 単生：-brà / -bra 1. 柱 2. 強 根幹，もっとも重要なもの・人

stêblo[20][中] 茎

stečáj[2][男] 倒産，破産 priti v ~：倒産する；napovedovati ~：破産を宣告する

stêči[49][完] 現 1 単：stêčem, L 分詞：stékel, stêkla 1. 走り出す 2. 走る ~ po stopnicah：階段を走る 3. 流れる 4. 機械やモーターが動き出す，作動する 5. 逃げる

stêgno[20][中] 腿（もも）

stékel → stêči

steklár[3][男] ガラス職人（男）

steklárka[14][女] ガラス職人（女）

steklárstvo[20][中] ガラス工業

steklén[38][形] ガラスの，ガラス製の ~ drobec：ガラスのかけら

steklenica[14][女] ビン，ボトル litrska ~：1 リットルビン

steklenína[14][女] 集 ガラス製品

stêklo[20][中] ガラス povečevalno ~：虫眼鏡，拡大

鏡 Steklo je padlo na tla in se razbilo. ガラスが床に落ちて割れた.

sténa[14] [女] 壁 obesiti sliko na ~o：絵を壁に掛ける；zabiti žabelj v ~o：釘を壁に打ち込む

sténčas[1] [男] 壁新聞

sténski[38] [形] 壁の ~i časopis：壁新聞；~i koledar：壁掛けのカレンダー

stépa[14] [女] 草原, ステップ živeti v ~i：ステップで暮らす

stépski[38] [形] 草原の, ステップの

sterílen[38] [形] 女単主：-lna 1. 殺菌した 2. 繁殖力のない, 不妊の

stévard[1] [男] スチュワード

stevardésa[14] [女] スチュワーデス

stezà/stèza[14] [女] 複生：stèz/stezá 小道

stík[1] [男] 1. 接触 prepovedati vsak ~ z bolnikom：病人とのあらゆる接触を禁じる 2. 電流などの接続 3. 【複】関連, 関係 gospodarski ~i：経済的な関係

stikálo[20] [中] スイッチ pritisniti na ~：スイッチを押す

stíl[1] [男] 文体, スタイル, 様式

stilístika[14] [女] 文体論

stíska[14] [女] 困窮 živeti v ~i：貧乏暮らしをする

stískati[47] [不完] 1. しめつける, おしつける ~ nasprotnika za vrat：敵の首をしめる 2. 握り締める, 抱きしめる ~ denar v roki：手にお金を握り締める 3. 絞る ~ sok iz limone：レモン果汁を絞る

stísniti[49] [完] 1. しめる, おしつける 2. 握り締める, 抱きしめる ~ roko v slovo：別れの握手をする 3. 絞る

stó[43] [数] 100

stojálo[20] [中] 立てて入れる容器 ~ za dežnike：傘立て

stojím → státi

stojíšče[21] ［中］1. 立見席 gledalec na ~u：立見の客 2. 駐車スペース

stójnica[14] ［女］屋台，売店 prodajati zelenjavo na ~i：屋台で野菜を売る

stòl[1] ［男］単生：stôla 椅子 ponuditi ~：椅子をすすめる

stolétje[21] ［中］複生：stolétij 世紀

stólnica[14] ［女］司教座聖堂

stòlp[1] ［男］単生：stôlpa 1. 塔 kontrolni ~ na letališču：空港の管制塔 2. チェスのルーク

stôlpec[2] ［男］単生：-pca 1. 小さな塔 2. コラム，欄

stôlpnica[14] ［女］高層建築，ビル

stopálo[20] ［中］足の裏

stóparica[14] ［女］ストップウォッチ

stópati[47] ［不完］1. 歩く Previdno stopaj, da ne padeš. 転ばないように気をつけて歩きなさい．2. 踏む 3. 表面に現れる，浮かぶ Pot mu je stopal na čelo. 彼の額に汗が浮かんでいた．4. 一員となる

stopínja[14] ［女］1. 足跡 2. 歩み Pri vsaki stopinji ga je zabolelo. 彼は一歩歩くごとに痛みが走った．3. 度 Bilo je minus dvajset stopinj. マイナス20度だった．

stopíti[48] ［完］L分詞：stópil, -íla 1. 歩く，踏む 2. 踏み出す 3. 表面に現れる，浮かぶ Pri teh besedah so ji stopile solze v oči. そのことばを聞いて彼女は目に涙を浮かべた．4. 一員となる ~ v samostan：修道士となる

stopíti se[48] ［完］L分詞：stópil se, -íla se 1. 溶ける Sladkor se je v kavi hitro stopil. 砂糖はコーヒーの中ですぐに溶けた．~ kot vosek：蝋のように溶ける 2. z/s+造 とけこむ，なじむ

stopníca[14] ［女］階段の一段，ステップ Prestopal je po dve stopnici. 彼は階段を2段ずつ登った．stati na prvi ~i vagona：車両の1段目のステップに立つ；te-

stopníšče[21] ［中］手すりなどを含めた階段（全体として）srečati se na ~u：階段のところで出会う

stôpnja[14] ［女］複生：stôpenj 1. 程度 ugotavljati ~o poškodovanosti：損害の程度を確定する 2. 段階

stopnjevánje[21] ［中］1. 段階を追って増すこと 2. 比較級

stopnjeváti[50] ［不完］L 分詞：-àl, -ála 1. 段階を追って増す ~ proizvodnjo：生産を段階的に増やす 2. 比較級にする

storílec[2] ［男］犯罪をおかす人，加害者（男）

storílka[14] ［女］犯罪をおかす人，加害者（女）

storílnost[16] ［女］生産高，出来高

storítev[15] ［女］1. 勤め，業務 2. 業績，達成

storíti[48] ［完］L 分詞：stóril, -íla 1. する，おこなう ~ proti svoji volji：自分の意思に反してする 2. 何か不愉快なことを引き起こす Otrok ji je nekaj storil. 子どもは彼女に対して何かをしでかした．

stòrž[2] ［男］単生：stôrža 球果（松かさやソテツの実など）

stôti[38] ［数］100 番目の

stráh[5] ［男］単生：-ú / -a 恐れ，恐怖 biti bled od ~u：恐怖で青ざめている Strah me je. 怖い．

strahopéten[38] ［形］女単主：-tna, 比：-ejši 臆病な

strahôta[14] ［女］残忍，非道

strán[17] ［女］1. 側 desna ~ ceste：道の右側；zadnja ~ medalje：メダルの裏側 2. 面 oceniti prevod z jezikovne ~i：翻訳を言語面から評価する 3. ～方 Po očetovi strani je Hrvat. 父方はクロアチア人だ． 4. ページ Knjiga ima dvesto strani. 本は 200 ページある．

straníšče[21] ［中］トイレ iti na ~：トイレへ行く

stránka[14] ［女］1. 党 2. 党員 3. 顧客

stránski[38] ［形］1. 脇にある，側面の 2. 副次的な，二

次的な ~i učinek：副作用

strást[17] [女] 情熱 biti suženj ~i：情熱の虜だ

strásten[38] [形] 女単主：-tna, 比：-ejši 情熱的な，熱烈な

strášen / strášen[38] [形] 女単主：-šna, 比：strašnêjši / stràšnejši 1. 恐ろしい，こわい 2. 強 ひどい

strašílo[20] [中] かかし

strašíti / strášiti[48] [不完] 現1単：-ím / -im, L分詞：-íl, -íla / -il, -ila 怖がらせる，恐怖を与える

stráža[14] [女] 1. ガード，警備 stati na ~i：警備につく 2. 警備員，衛兵

stražár[3] [男] 警備員，ガードマン（男）

stražárka[14] [女] 警備員，ガードマン（女）

stréči[49] [不完] 現1単：stréžem, L分詞：strégel, -gla 1. 給仕する ~ gostom s pijačo：お客さんたちに飲み物をふるまう 2. +与 介護する，仕える ~ bolniku：病人を介護する

strégel → stréči

stréha[14] [女] 屋根 slamnata ~：わらぶき屋根

strél[1] [男] 1. 発射，発砲 ~ iz bližine：至近距離からの発砲 2. シュート，ショット

stréla[14] [女] 1. 落雷，雷 Strela je udarila v drevo. 雷が木に落ちた. 2. 強 悪人 3. 強 青天の霹靂 Strela, saj to si ti. おやおや，君とはね.

strélec[2] [男] 単生：-lca 発砲する人，シュートを打つ人（男）

stréljati / streljáti[47] [不完] 現1単：-am, L分詞：stréljal, -ála / -al, -ala 1. 発射する，発砲する ~ v tarčo：的を撃つ 2.[完・不完] シュートをうつ

strélka[14] [女] 1. 発砲する人，シュートを打つ人（女）2. S~：いて座

strèm → stréti

strésel → strésti

strésem → strésti

strésti[49] [完] 現1単：strésem, L分詞：strésel, -sla 1. ゆらす，振る Veter je stresel veje. 風が枝をゆらした. 2. 強 集中して現れる 3. ふるい落とす，払いのける ~ sadeže z drevesa：木をゆすって実を落とす

stréti[49] [完] 現1単：strèm / stárem, L分詞：strl, -a 1. たたきつぶす，おしつぶす 2. 壊す

stréžem → stréči

strgálnik[1] [男] すりおろし器

stríc[2] [男] おじ，おじさん

stríči[49] [不完] 現1単：strížem, L分詞：strígel, -gla 1. 髪を切る Frizerka jo striže. 美容師は彼女の髪を切っている. 2. はさみで切る ~ si nohte：爪を切る Iz papirja striže različne figure. 紙からさまざまな形を切り抜いている.

strígel → stríči

strínjati se[47] [不完] 同意する，賛成する

stríp[1] [男] 漫画，コミックス brati ~e：漫画を読む

strížem → stríči

stríženje[21] [中] 1. 髪を切ること，ヘアカット 2. 羊の毛を刈ること

strl → stréti

strm[38] [形] 比：-ejši 険しい，急な Pot je zelo strma. 道はとても険しい. Hiša je imela strmo streho. 家は勾配の急な屋根をしていた.

strméti[48] [不完] L分詞：-èl, -éla 1. 見つめる，凝視する ~ predse：目の前を見つめる 2. 立ち尽くす，その場に凍りつく ~ od začudenja：驚きのあまり立ち尽くす

strníti / strŕniti[49] [完] 現1単：-em, L分詞：strnil, -ila / -il, -ila 1. 間隔をあけずに並べる 2. 1つにする，結びつける ~ kmetijska zemljišča：農地を統合する 3. 簡潔にまとめる

stróg[38] ［形］比：stróžij 厳しい，厳格な biti ~ do njega：彼に対して厳しい

stròj[2] ［男］単生：strôja 1. 機械 sestaviti ~：機械を設置する；šivalni ~：ミシン 2. 執行部

strôjen[38] ［形］女単主：-jna 機械の ~a puška：マシンガン；~o olje：機械油

strôjništvo / strójništvo[20] ［中］1. 機械の動かし方 2. 機械工学

stròk[1] ［男］単生：strôka 1. 豆のさや 2. ~ česna：にんにくひとかけ

stróka[14] ［女］専門，専攻

strokôven[38] ［形］女単主：-vna，比：bolj ~ 専門の，専門家の ~a literatura：専門文献

strokovnják[1] ［男］専門家，エキスパート（男） ~ za jezikoslovje：言語学の専門家；vprašati ~a za mnenje：専門家の意見を求める

strokovnjákinja[14] ［女］専門家，エキスパート（女）

stròp[1] ［男］単生：strôpa 天井

stróšek[1] ［男］単生：-ška【複】費用，コスト ~i zdravljenja：治療費；efektivni ~i：実費 To gre na moje stroške. これは私もちです.

stróžji → stróg

stŕpen[38] ［形］比：-ejši 寛容な biti ~ do drugače mislečih ljudi：異なった考え方をする人たちに寛容だ

strúja[14] ［女］囡 流れ，潮流

struktúra[14] ［女］構造，構成

strúna[14] ［女］弦 ~ kitare：ギターの弦

strúp[1] ［男］毒 Strup je začel takoj delovati. 毒はすぐさま効き始めた.

strupén[38] ［形］比：bolj ~ 毒の，毒を含む ~a kača：毒蛇；~a snov：毒性の物質

studênec[2] ［男］単生：-nca 1. 井戸 2. 情報などの出所

stvár[17][女] 1. 物 2. 事

stváren[38][形] 女単主：-rna, 比：-ejši 1. 物の navesti ~e dokaze：物的証拠を提示する 2. 現実の, 現実的な ~a literatura：ノンフィクション

stvarjênje[21][中] 神による創造, 創造物 Človek je božje stvarjenje. 人は神の創造物だ.

stvárnost[16][女] 現実, 実在

subjektíven[38][形] 女単主：-vna, 比：bolj ~ 1. 人的な ~i vzroki nesreč：事故の人的な原因 2. 主観的な

súčem se → súkati se

súh[38][形] 比：bolj ~ 1. 乾いた, 乾燥した Ceste so že suhe. 道はすでに乾いている. Zrak je zelo suh. 空気は非常に乾燥している. ~o sadje：ドライフルーツ 2. やせた Bil je velik in suh. 彼は背が高くてやせていた. 3. 強 無味乾燥な

súkati se[47/49][不完] 現 1 単：-am se / súčem se 1. 渦を巻く Dim se suka proti nebu. 煙が空に向かって渦を巻いている. 2. うろうろと歩き回る Sukal se je po sobi. 部屋中を歩き回った.

súknja[14][女] 複生：súkenj コート

súknjič[2][男] ジャケット

súm[1][男] 疑惑, 疑い imeti ga na ~u：彼に疑いを持つ

súmiti[48][不完] 疑う, 疑わしく思う Sumijo, a dokazati ne morejo. 彼らは疑ってはいるが, 証明できない. Sumjo, da je nesrečo povzročila nepazljivost. 事故は不注意で起きたのではと疑われている.

sumljív[38][形] 比：-ejši 疑わしい, あやしい

sumníčav / sumničàv[38][形] 女単主：-a / -áva, 比：bolj ~ 疑り深い

supêrga[14][女]【複】スニーカー

suròv[38][形] 女単主：-ôva, 比：-ejši 1. 加工をほどこしていない, 磨いていない ~i diamant：ダイアモンドの原石 2. 生の ~o jajce：生卵 3. 荒っぽい, 乱暴な

surovína[14] ［女］【複】原料，材料 nafta kot ～ za bencin：ガソリンの原料としての石油

súša[14] ［女］日照り，旱魃 V hudi suši potok usahne. ひどい日照りで小川が干上がる．

sušílnica[14] ［女］乾燥室，乾燥機

sušílnik[1] ［男］ドライヤー ～ za lase：ヘアドライヤー

sušíti[48] ［不完］乾かす，干す ～ na soncu：日光で乾かす

suverén[38] ［形］比：bolj ～ 1. 政治的に独立した ~a država：独立国 2. 頂点の，最高の 3. 文 至高の，卓越した

súženj[2] ［男］単生：-žnja 奴隷（男）

súženjstvo[20] ［中］複生：súženjstev 奴隷制度

súžnja[14] ［女］複生：súženj 奴隷（女）

svák[1] ［男］義理の兄弟（姉・妹の夫）

svákinja[14] ［女］義理の姉妹（兄・弟の妻）

sváljek[1] ［男］単生：-jka 1. 巻物，巻き軸 2. ロールパン

svarílo[20] ［中］警告

svaríti[48] ［不完］警告する Mati ga je svarila, naj ne hodi tja. 母親は彼にそこへ行かないよう警告した．

svátba[14] ［女］複生：svátеb 結婚のお祝い iti na ～o：結婚披露宴に行く

svéča[14] ［女］1. ろうそく prižgati ~o：ろうそくに火をつける 2. ろうそく状のもの S streh so visele ledene sveče. 屋根からつららが下がっていた．

svečán[38] ［形］比：bolj ～ 荘厳な，祝祭の

svéčka[14] ［女］1. 小さなろうそく 2. 点火プラグ 3. 座薬

svéder[1] ［男］単生：-dra ドリル，穴あけ機

svét[5] ［男］単生：-á 1. 天体 2. 世界 na ～u：世界で

svèt[1] ［男］単生：svéta 1. 助言，アドヴァイス vprašati za ～：助言を求める 2. 評議会

svét[38]［形］比：-êjši 聖なる，神聖な ~o pismo：聖書

svêtel / svètel[38]［形］女単主：-tla, 比：-êjši 1. 明るい 2. 光にあふれた

svetílka[14]［女］電灯，スタンド cestna ~：街灯

svetílnik[1]［男］灯台

svetíšče[21]［中］聖域，教会，寺院

svetíti / svétiti[48]［不完］現1単：-im, L分詞：svétil, -íla 輝く，光を発する Sonce sveti. 太陽が輝いている．

svetlôba[14]［女］1. 光 sončna ~：日光 2. 光線

svetlôben[38]［形］女単主：-bna 光の

svetlolás / svetlolàs[38]［形］女単主：-ása 髪の色の明るい

svetníca[14]［女］聖人（女），聖女

svetník[1]［男］聖人（男）

svetoválec[2]［男］単生：-lca 1. アドヴァイザー，忠告者，助言者（男）2. 参事官（男）

svetoválka[14]［女］1. アドヴァイザー，忠告者，助言者（女）2. 参事官（女）

svetováti / svétovati[50]［不完・完］現1単：-újem / -ujem, L分詞：-àl, -ála / -al, -ala アドヴァイスする，忠告する，助言する Natakar jim je svetoval, naj si naročijo ribe. ウェイターは彼らに魚を注文するようにアドヴァイスした．

svetôven[38]［形］女単主：-vna 世界の ~a vojna：世界大戦；~i prvak：世界チャンピオン；~i splet：www（ワールドワイドウェブ）；~o prvenstvo ワールドカップ

svetovljánstvo[20]［中］世界主義，コスモポリタニズム

svéž[38]［形］比：bolj ~ 1. 新鮮な，できたての ~a jajca：新鮮な卵；~a številka časopisa：新聞の最新号 2. 強 爽やかな，涼やかな

svéženj[2][男] 単生:-žnja 束 ～ papirja:紙の束
svíla[14][女] 絹, 絹糸 umetna ～:レーヨン Bluza je iz modre svile. ブラウスは青の絹地でできている.
svilén[38][形] 絹製の ～a obleka:絹の服
svinčár[3][男] 配管工
svinčén[38][形] 1. 鉛の, 鉛のような色の 2. 重苦しい
svínčnik[1][男] 鉛筆 pisati s ～om:鉛筆で書く; barvni ～:色鉛筆
svínec[2][男] 単生:-nca 鉛
svinína[14][女] 豚肉, 豚皮
svínja[14][女] 豚
svinjína[14][女] 豚肉, 豚皮
svínjski[38][形] 1. 豚の ～a mast:ラード; ～a pečenka:ローストポーク; ～o maso:豚肉 2. 強 ひどい ～a vročina:ひどい暑さ
svít[1][男] 1. 夜明け 2. 文 光, 明かり
svítanje[21][中] 夜明け, 夜が明けること
svobôda[14][女] 自由 verska ～:信仰の自由
svobôden[38][形] 女単主:-dna, 比:-ejši 1. 自由な 2. 強 独身の
svòd[1][男] 単生:svóda 文 アーチ, 丸天井
svój[38][代] 女単主:svôja 自身の, 自分の
svojílen[38][形] 女単主:-lna 所有の ～i zaimek:所有代名詞
svojína[14][女] 文 所有, 所有物

Š

šáh[1] [男] チェス igrati ~: チェスをする
šahôvnica[14] [女] チェス盤
šáhovski[38] [形] チェスの ~i prvak: チェスのチャンピオン
šál[1] [男] マフラー oviti si vrat s ~om: 首にマフラーを巻く
šála[14] [女] 冗談, ジョーク v ~i vprašati: 冗談で尋ねる
šalíti se / šáliti se[48] [不完] 現1単: -im se, L分詞: šálil se, -íla se / -il se, -ila se ふざける, 冗談を言う
šaljív[38] [形] 比: -ejši 1. 冗談好きな 2. ユーモアの ilustracije v ~em časopisu: ユーモア雑誌の挿絵
šalótka[14] [女] エシャロット
šálter[3] [男] 口 窓口
šampánjec[2] [男] 単生: -jca 口 シャンパン
šampón[1] [男] シャンプー umiti si lase s ~om: シャンプーで髪を洗う
šánk[1] [男] 口 バーカウンター
šápa[14] [女] 動物の足 (通常前足を指す) medvedja ~: 熊の足
šára[14] [女] がらくた
šárenica / šareníca[14] [女] 虹彩
ščétka[14] [女] ブラシ zobna ~: 歯ブラシ
ščipálka[14] [女] 洗濯ばさみ
ščípati[47/50] [不完] 現1単: -am / -ljem 1. つねる Ščipal me je v roko. 彼は私の手をつねった. 2. 強 きりきり

と痛む Lakota jo ščipa v želodcu. 空腹のせいで彼女の胃はきりきり痛くなっている.

ščípljem → ščípati

ščít[1] ［男］盾

ščítiti[48] ［不完］守る，防御する Sončna očala ščitijo pred premočno svetlobo. サングラスは強すぎる光から（目を）守る.

ščúka[14] ［女］カワカマス

ščúrek[1] ［男］単生：-rka ごきぶり Bilo jih je kot ščurkov. 彼らはごきぶりのようにたくさんいた.

šè/še ［助］1. まだ On še dela. 彼はまだ働いている. Tega še nisem videl. これを僕はまだ見たことがない. 2. また Zvečer se bomo še videli. 夜また会いましょう. 3. さらに Tam so ostali še dva meseca. 彼らはそこにさらに2ヶ月残っていた. Prinesite še eno pivo. ビールをあと1つ持ってきてください. Še enkrat！アンコール！

šéf[1] ［男］上司，〜長（男） 〜 postaje：駅長

šéfinja[14] ［女］上司，〜長（女）

šéga[14] ［女］【複】習慣，慣習 ~e ob poroki：結婚式の習慣

šèl → íti

šelè/šéle ［副］やっと Vrnil se je šele okrog polnoči. 彼は夜中近くになってやっと帰ってきた.

šelestéti[48] ［不完］L 分詞：-èl/-él, -éla 葉や紙などがさらさらと音を立てる

šépati[47] ［不完］1. びっこをひく Zaradi rane na nogi šepa. 怪我のせいで片足を引きずって歩いている. 2. 強 ことがぎくしゃくと進む，うまく進捗しない Izvoz je začel šepati. 輸出が滞り始めた.

šepéčem → šepetáti

šepetáti[47/49] ［不完］現 1 単：-ám/-éčem, L 分詞：-àl, -ála 1. ささやく 2. 俳優にせりふを小声で教える，

プロンプターをつとめる

šést[42] ［数］6　šest mesecev star otrok：6ヶ月の赤ちゃん

šéstdeset[42] ［数］60　voziti šestdeset kilometrov na uro：時速 60 キロで運転する

šéstdeseti[38] ［数］60 番目の

šêsti[38] ［数］6 番目の

šestílo[20] ［中］コンパス　risati krog s ~om：コンパスで円を描く

šestnájst[42] ［数］16

šestnájsti[38] ［数］16 番目の

šéststo[43] ［数］600

šéststoti[38] ［数］600 番目の

šíba[14] ［女］棒, むち

šíbek[38] ［形］女単主：-bka, 比：-êjši　1. 弱い, 脆弱な　~a točka：弱点　V nogah je še šibek. 彼は足がまだ弱い.　2. 未発達の

šífra[14] ［女］暗号

šílček[1] ［男］単生：-čka　鉛筆削り　šiliti s ~om：鉛筆削りを使って削る

šíliti[48] ［不完］削ってとがらせる

šimpánz[1] ［男］チンパンジー

šíniti[49] ［完］強　1. さっと通り過ぎる　~ v sobo：部屋の中へ駆け込む　2. ぴょんと飛び起きる　3. 一瞬現れる　Ta misel mi je šinila skozi možgane. この考えは一瞬頭の中をよぎった.

šintoistíčen[38] ［形］女単主：-čna　神道の　~i hram：神社

šintoízem[1] ［男］単生：-zma　神道

šípa[14] ［女］窓ガラス

šírína[14] ［女］幅　izmeriti ~o：幅を測る

šíriti[48] ［不完］1. 広げる　~ cesto：道幅を広げる；~ roke：両手を広げる　2. 広く見せる　Modri barvni odtenki širijo prostor. 明るい青の色合いは空間を広く見せる. 3. 普及させる, 宣伝する

širòk[38] ［形］女単主：-ôka, 比：šírši 1. 広い klobuk s ~imi krajci：つばの広い帽子 2. 普及した, 広まった

šírši → širòk

šív[1] ［男］1. 縫い目 2. 手術の縫合用の糸

šiválen[38] ［形］女単主：-lna 裁縫の ~i stroj：ミシン

šivánka[14] ［女］縫い針 vdeti nit v ~o：針に糸を通す

šívati[47] ［不完］縫う ročno ~：手で縫う；~ bluzo：ブラウスを縫う

šivílja[14] ［女］ドレスメーカー（女）, 婦人用の衣服の仕立て屋（女）

škàf[1] ［男］単生：škáfa 木桶 Dežuje kot iz škafa. たらいの水をぶちまけたように降っている.

škàmp[1] ［男］単生：škámpa くるまえび

škandál[1] ［男］醜聞, スキャンダル

škárje[14] ［女複］生：škárij 鋏 rezati s ~ami：鋏で切る

škátla[14] ［女］複生：škátel 箱 šivalna ~：裁縫箱；pojesti ~o piškotov：ビスケットを一箱食べてしまう

škátlica[14] ［女］小さな箱 ~ za prstan：指輪を入れるケース

škóda[14] ［女］1. 損害 Na avtomobilu je za več tisoč tolarjev škode. 車は 1000 トーラル以上の損害を被った. 2. 残念 3. 無駄, 値しないもの Škoda časa za to. それは時間の無駄だ.

škóditi[48] ［不完・完］+与 害する, 傷つける ~ zdravju：健康を害する

škodljív[38] ［形］比：-ejši 害を与える ~ plin：人体に害を与えるガス, 毒ガス；~e žuželke：害虫 Ta snova je škodljiva zdravju. この物質は健康に悪い.

škodováti[50] ［不完］L 分詞：-àl, -ála +与 害する, 傷つける Vročina mu škoduje. 熱で彼は弱っている. To mu bo politično škodovalo. それは彼にとって政治的

škòf¹ [男] 単生：škôfa / škófa, 複主：škôfi / škôfje, škófi / škófje 司教

škóljka¹⁴ [女] 1. 貝 2. 貝殻

škórenj² [男] 単生：-rnja【複】長靴，ブーツ obuti ~e：長靴を履く

škorpijón¹ [男] さそり Š~：さそり座

Škót¹ [男] スコットランド人（男）

Škótinja¹⁴ [女] スコットランド人（女）

Škótska¹⁴ [女] スコットランド na ~em：スコットランドで

škótski³⁸ [形] スコットランドの，スコットランド人の ~i viski：スコッチウィスキー

škrípljem → škrípati

škrípati⁵⁰/⁴⁷ [不完] 現1単：-ljem / -am 1. きしる，ぎーぎーと鳴る 2. 強 うまくいかない，順調に進展しない

škrlatínka¹⁴ [女] 猩紅熱 zboleti za ~o：猩紅熱にかかる

škropílnica¹⁴ [女] じょうろ

škropíti⁴⁸ [不完] 1. 水撒きする，散布する ~ s škropilnico：じょうろで水をまく 2. とびちる

šmáren³⁸ [形] 女単主：-rna マリアの，聖母の

šmárnica¹⁴ [女] すずらん

šmènt¹ [男] 単生：šménta / šmênta 婉 悪魔

šmínka¹⁴ [女] 口 1. 化粧品 2. リップスティック

šofêr³ [男] 口（プロの）運転手（男）

šofêrka¹⁴ [女] 口（プロの）運転手（女）

šofêrski³⁸ [形] 口 運転手の ~o dovoljenje：運転免許

šofírati⁴⁷ [不完] 口 運転する

šók / šòk¹ [男] 単生：šôka ショック，衝撃 biti v ~u：ショックだ，衝撃を受けている；zdravljenje s ~om：ショック療法

šóla[14] [女] 1. 学校 hoditi v ~o：学校に通う 2. 学派 ruska formalistična ~ v poeziji：詩学におけるロシアフォルマリズム派；nemška romantična ~：ドイツロマン派

šólar[3] [男]（小中学校の）生徒（男）

šólarka[14] [女]（小中学校の）生徒（女）

šólati[47] [不完] 1. 教育する ~ svoje otroke：自分の子どもたちを教育する 2. 訓練する

šolnína[14] [女] 学費 biti oproščen ~e：学費を免除されている

šólski[38] [形] 学校の ~a tabla：黒板；~i avtobus：スクールバス；~o leto：年度

šólstvo[20] [中] 複生：šólstev 学校制度

šòp[1] [男] 単生：šôpa 束

šôpek[1] [男] 単生：-pka 1. 花束 2. 束 kupiti ~ redkvic：ラディッシュを一束買う

šôtor[1] [男] 単生：-óra / -ôra テント spati v ~u：テントで眠る

špagét[1] [男]【複】スパゲッティ krožnik ~ov：一皿のスパゲッティ

Špánec[2] [男] 単生：-nca スペイン人（男）

Špánka[14] [女] スペイン人（女）

Španija[14] [女] スペイン v ~i：スペインで

špánski[38] [形] スペインの, スペイン語の, スペイン人の ~i bezek：ライラック

špánščina[14] [女] スペイン語

špárgelj[2] [男] 単生：-glja 口 アスパラガス

špecerija[14] [女] 口 食料品, 食料品店

specialitéta[14] [女] 名物料理

špináča[14] [女] ほうれん草

špórt[1] [男] スポーツ, 競技 borilni ~i：格闘技

špórten[38] [形] 女単主：-tna, 比：bolj ~ スポーツの, 競技の, スポーツ用の, 競技用の ~i avtomobil：スポーツカー；~i copati：スニーカー；~i čevlji：ス

ポーツシューズ

špórtnica[14] ［女］スポーツ選手（女）

špórtnik[1] ［男］スポーツ選手（男）

špránja[14] ［女］裂け目, 隙間

štádion[1] ［男］スタジアム

štaféta[14] ［女］1. リレー 〜 v plavanju：水泳のリレー競技 2. 口 リレー用バトン predati ~o：バトンを渡す

štedílnik[1] ［男］こんろ, レンジ plinski 〜：ガスレンジ

štêjem → štéti

štéti[50] ［不完］現 1 単：štêjem 数える 〜 od ena do sto：1 から 100 まで数える；〜 na prste：指を折って数える；〜 hiše ob cesti：道路沿いの家の数を数える

številčen[38] ［形］女単主：-čna 数の, 数の上の zapisati s ~imi šiframi：数字の暗号で書き記す

štévilen[38] ［形］女単主：-lna, 比：-ejši たくさんの, 多数の imeti ~o knjižnico：立派な書斎をもっている Številna mesta v knjigi so nerazumljiva. 本の中の多くの箇所がわからない.

številka[14] ［女］1. 数字, 番号 〜 čevljev：靴のサイズ 2. 巻, 号 Prva številka je že razprodana. 第 1 巻目はもう売り切れました.

števílo[20] ［中］数, 数字 priti v velikem ~u：大人数でやってくる

štévnik[1] ［男］数詞 glavni 〜基数詞；ločilni 〜：集合数詞；množilni 〜：倍数詞；vrstilni 〜：順序数詞

štipéndija[14] ［女］奨学金

štipendíst[1] ［男］奨学生（男）

štipendístka[14] ［女］奨学生（女）

štiríca[14] ［女］1. 口 番号の 4 2. 口 成績の 4（上から 2 番目）3. トランプの 4 pikova 〜：スペードの 4

štírideset[42] ［数］40 voziti 〜 kilometrov na uro：時速 40 キロメートルで運転する

štirídeseti[38] [数] 40番目の praznovati ~i rojstni dan：40歳の誕生日を祝う

štirinájst[42] [数] 14 Sedem in sedem je štirinajst. 7たす7は14だ.

štirinájsti[38] [数] 14番目の Bilo je štirinajstega marca. 3月14日だった.

štíristo[43] [数] 400 pred ~ leti：400年前

štíristoti[38] [数] 400番目の

štírje[41] [数] 4 Tekma se je končala s štiri proti ena. 試合は4対1で終わった.

štírka[14] [女] 囗 1. 番号の4 napisati ~o：4と書く 2. 囗 成績の4（上から2番目）3. トランプの4

štóparica[14] [女] ストップウォッチ

štórast[38] [形] 比：bolj ~ 不器用な, ぎこちない

štórklja[14] [女] 複生：štorkelj こうのとり

štrúca[14] [女] パンの一塊

štrúkelj[2] [男] 単生：-klja パイ（イースト生地の中にジャムなどを巻き込んで焼いた菓子）

študènt[1] [男] 単生：-ênta, 複主：študênti / študêntje 学生（男）

študêntka[14] [女] 学生（女）

študêntski[38] [形] 学生の ~i dom：学生寮

štúdij[2] [男] 1. 学業 končati ~：学業を終える 2. 勉学, 勉強

štúdija[14] [女] 1. 研究ノート, 研究 primerjalna ~：比較研究 2. 習作

štúdijski[38] [形] 学業の, 勉学・勉強の ~i program：（大学などの）カリキュラム；~o potovanje：研修旅行

študírati[47] [不完] 1. 高等教育を受ける Njegov najstarejši sin študira. 彼の一番年上の息子は学生だ. 2. 勉強する, 学習する ~ za izpit：試験勉強をする

šúm[1] [男] 1. 物音, 雑音, ノイズ povzročati ~e：物音

を立てる 2. 強 ざわめき 3. 文 突然の出来事

šuméti[48] ［不完］葉や紙などがさらさらと音を立てる Drevje šumi v vetru. 風で木がざわざわと音を立てている.

šúnka[14] ［女］口 ハム

Švéd[1] ［男］スウェーデン人（男）

Švédinja[14] ［女］スウェーデン人（女）

Švédska[14] ［女］スウェーデン na ~em：スウェーデンで

švédski[38] ［形］スウェーデンの，スウェーデン語の，スウェーデン人の

švédščina[14] ［女］スウェーデン語

Švíca[14] ［女］スイス v ~i：スイスで

Švícar[3] ［男］スイス人（男）

Švícarka[14] ［女］スイス人（女）

švícarski[38] ［形］スイスの，スイス人の

T

t.j. = to je つまり，すなわち

tá[32] ［代］この Čigav je ta nož？このナイフは誰のですか.

tabéla[14] ［女］表，グラフ prikazati rezultate v ~ah：結果を表にして示す

tábla[14] ［女］1. 看板，プレート ~ čokolade：板チョコ 2. 黒板，ボード pisati na ~o：黒板に書く

tabléta[14] ［女］錠剤 vzeti ~o aspirina：アスピリンの錠剤を飲む

tábor[1] ［男］キャンプ，野営 urediti ~ za turiste：観

光客用のキャンプを設営する；begunski ～：難民キャンプ

taboríšče[21] ［中］1. キャンプ場 2. 収容所 pobeg iz ~a：収容所からの脱走

tábornica[14] ［女］ガールスカウト

tábornik[1] ［男］ボーイスカウト

táca[14] ［女］動物の足 Medved se je postavil na zadnje tace. 熊は後ろ足で立った．

tájati[47] ［不完］溶かす，解凍する Sonce taja led. 太陽は氷を溶かしている．

tájen[38] ［形］女単主：-jna 秘密の

tajíti[48] ［不完］隠す，秘める

tájnica[14] ［女］1. 秘書，秘書官（女）2. telefonska ～：留守番電話

tájnik[1] ［男］秘書，秘書官（男）

tájništvo[20] ［中］複生：tájništev 秘書課，秘書の職

Tájec[2] ［男］単生：-jca タイ人（男）

Tájka[14] ［女］タイ人（女）

Tájska[14] ［女］タイ na ~em：タイで

tájski[38] ［形］タイの，タイ語の，タイ人の

ták[38] ［代］このような，こんな Tako vreme je primerno za sprehod. こんな天気は散歩にぴったりだ．Tak človek je, da vse oprosti. すべてを許してしまうような人だ．

takó ［副］1. このように Poglej, tako se obrni. 見てごらん，こんな風に回るんだよ． 2. ～と同様に Tako je storil tudi njegov sosed. 彼の隣人も同じようにした．3. そんなに，それほどまでに Tako so hiteli, pa so bili vseeno prepozni. 彼らはあれほど急いだのに，結局遅刻した． 4. ある方法で

takój / takòj ［副］すぐに，ただちに Malo počakajte, takoj bo prišel. 少々お待ちください．彼はすぐにまいります．Takoj je opazil, da nekaj ni v redu. 彼は何か

がおかしいことにすぐに気づいた.

takóle［副］強 こんなふうに，このように

takràt［副］1. 当時 Takrat sem se šdudiral, zdaj pa že delam. 当時私はまだ学生でしたが今はもう働いています. 2. ～ in ～：かつて Te živali so živele takrat in takrat. これらの動物はかつて生息していた.

táksi[10]［男］タクシー poklicati ～：タクシーを呼ぶ；sesti v ～：タクシーに乗り込む

taksíst[1]［男］タクシー運転手（男）

taksístka[14]［女］タクシー運転手（女）

tákšen[38]［代］女単主：-šna 1. そのような Takšne rože, kot jih tu vidim, so mi všeč. ここで見ているような花が好きです. Bila je vsa razburjena, takšne je še ni videl. 彼女はものすごく怒った. それほどまでに怒った彼女を彼は見たことがなかった. 2. ～と同じような Ima takšne oči kot brat. その人はお兄さんと同じような目をしている. 3. それほどまでの Takšne nevihte že dolgo ni bilo. それほどまでの嵐は長い間なかった.

táktika[14]［女］戦略，戦術

tálec[2]［男］単生：-lca 捕虜（男）vzeti ga za ～a：彼を捕虜に取る

talènt[1]［男］単生：-ênta 1. 才能 imeti ～ za glasbo：音楽の才能がある 2. 才能のある人 odkrivati nove talente：才能のある人を新たに発見する

tálka[14]［女］捕虜（女）

tàm［副］そこで，そこに Tu v sobi je prijetno toplo, tam zunaj pa je mraz. ここ，部屋の中は心地よく暖かいが，そこ，外はひどく寒い.

tàmle［副］ちょうどそこで，ちょうどそこに

tának[38]［形］女単主：-nka, 比：tanjši 1. 細い ～a nit：細い糸 2. 薄い ～a knjga：薄い本 3. 文 繊細な，鋭敏な imeti ～ čut za lepoto：美に対する感覚が鋭い

tánjši → tánek
tánk[1] [男] 1. 戦車 2. タンク，水槽
tapéta[14] [女] 壁紙
tárča[14] [女] 的，標的 streljati v ~o：標的を撃つ
tárem → tréti
tárnati[47] [不完] 不平を言う，愚痴をこぼす
tást[1] [男] 舅
tášča[14] [女] 姑
tát[5] [男] 単生：-ú/-a, 複主：-ôvi/-jé 泥棒（男）varovati pred ~ovi：泥棒に対して警戒する
tatíca[14] [女] 泥棒（女）
tatvína[14] [女] 盗み，窃盗
tečáj[2] [男] 1. ちょうつがい natakniti okno na ~e：窓のちょうつがいを閉める 2. 極点 3. コース，講座 vpisati se v začetni ~ angleščine：英語の初級コースに申し込む 4. 為替，レート
têči[49] [不完] 現1単：têčem, L 分詞：tékel, têkla 1. 流れる 2. 進行する 3. 流転する 4. 経過する，過ぎる Pet let teče, odkar je odešel. 彼が立ち去ってから5年が過ぎている. 5. 走る ~ po cesti：道を走る
tedàj [副] そのとき Od tedaj je preteklo mnogo let. そのときから何年も経った. Tedaj bo gotovo veselo. そのときはきっと楽しいことだろう.
téden[1] [男] 単生：-dna 週 vsak ~：毎週；ob koncu ~a：週末に
tédenski[38] [形] 週の
tédnik[1] [男] 週刊誌，週刊紙
téhničen[38] [形] 女単主：-čna 技術の，技術的な ~a napaka：技術上のミス；~a pomoč：技術支援
téhnika[14] [女] 技術 izboljšati ~o：技術を革新する
tehnologíja[14] [女] 科学技術，工学
tehnolóški[38] [形] 科学技術の，工学の ~i inštitut：工科大学

téhtati⁴⁷ [不完] 1. 重さを量る ～ meso：肉の目方を計る 2. 重さがある Novorojenček je tehtal tri kilograme. 新生児は3キログラムあった．

ték¹ [男] 1. 流れ，進行 2. 走ること，走り 3. 競走

ték¹ [男] 食欲 imeti ～：食欲がある

tekáč² [男] 1. ランナー（男）2. 階段や廊下に敷かれる細長いカーペット 3. チェスのビショップ

tekáčica¹⁴ [女] ランナー（女）

tékati⁴⁷ [不完] 走る，走り回る Otroci tekajo po travniku. 子どもたちは草地を走り回っている．Vsak večer tekam. 私は毎晩走る．

tékel → têči

tékma¹⁴ [女] 複生：tékem 1. 試合 igrati ~o：試合をする Tekma se je končala s tri proti ena. 試合は3対1で終了した．izgubiti ~o：試合に負ける；zmagati v ~i：試合に勝つ 2. 競争 ～ med državami：国家間の競争

tékmec² [男] 1. 対戦相手，試合の出場者（男）2. ライヴァル（男）

tékmica¹⁴ [女] 1. 対戦相手，試合の出場者（女）2. ライヴァル（女）

tekmovánje²¹ [中] 1. 競技 atletska ~a：陸上競技 2. 競争 spodbujati ～：競争をあおる 3. コンクール，コンテスト ～ pevskih zborov：合唱コンクール

tekmováti⁵⁰ [不完] L分詞：-àl, -ála 競争する，争う，張り合う ～ pri delu：仕事の上で張り合う；～ za svetovnega prvaka：世界チャンピオンの座を争う

tekóč³⁸ [形] 比：bolj ～ 流れる，流れている ~a hrana：流動食；~e stopnice：エスカレーター

tekočína¹⁴ [女] 液体

tekstíl¹ [男] 生地，布地

têle²³ [中] 1. 仔牛 2. 若造

teléčji³⁸ [形] 1. 仔牛の ~i zrezek：仔牛のカツレツ

2. 若造の

telefón[1]［男］電話 prenosni ~：携帯電話；napeljati ~ v hišo：家に電話を引く；pogovarjati se po ~u：電話でおしゃべりをする

telefonírati[47]［完・不完］電話する，電話をかける ~ na številko 330 021：330021 へ電話する Telefonirala sem mu, pa se nihče ne oglasi. 私は彼に電話をかけたが誰も出なかった．

telefónski[38]［形］電話の ~a celina / ~a govorilnica：電話ボックス；~a kartica：テレフォンカード；~a tajnica：留守番電話；~i imenik：電話帳

telegráf[1]［男］電信，電報

telegrám[1]［男］電報 oddati ~：電報を打つ

télekártica[14]［女］テレフォンカード

telésen[38]［形］女単主：-sna，比：bolj ~ 1. 身体の，肉体の ~a vzgoja：体育；~o delo：肉体労働 2. 頑強な

telétina[14]［女］仔牛肉

televizíja[14]［女］テレビ，テレビ放送 kabelska ~：ケーブルテレビ；gledati film po ~i：テレビで映画を見る

televizíjski[38]［形］テレビの ~i program：テレビ番組；~i sprejemnik：テレビ，テレビ受像機

televízor[3]［男］テレビ，テレビ受像機 izključiti ~：テレビを消す；preživeti večer ob ~ju：テレビを見て夜を過ごす

teló[24]［中］1. 体，身体 2. 婉 死体

telovádba[14]［女］体育，体操

telovádnica[14]［女］体育館，屋内競技場 igrati tekmo v ~i：体育館で競技をおこなう

telôvnik[1]［男］ヴェスト reševalni ~：救命胴衣

téma[14]［女］テーマ，題目 glavna ~：主題

temà / tèma[14]［女］1. 闇 Nastala je tema. 暗くなった．

tême / téme 420

2. 文 心の闇
têmə / témə[22] ［中］単生：-éna / -na 頭頂，頭頂部
têmelj[2] ［男］1. 土台 kopati ~e na novo stavbo：新しい建物のための土台を掘る 2. 基礎，基盤 postaviti ~e za nadaljnji razvoj：さらなる発展のための基礎を築く
têmeljen[38] ［形］女単主：-jna，比：-ejši 1. 土台の 2. 基礎の，基盤の ~e raziskave：基盤研究；~i pojmi：基本概念 3. 本質的な ~a napaka：本質的な誤り
temeljít[38] ［形］比：-ejši 本質的な
temeljíti[48] ［不完］基礎を置く，基づく
tèmen / temèn[38] ［形］女単主：-mna / -mnà，比：-êjši 1. 暗い ~a ulica：暗い道 2. 強 ネガティヴな 3. 濃い，濃い色の
temperamènt[1] ［男］単生：-ênta 気性，気質
temperatúra[14] ［女］温度，気温，体温
tèmveč / temvèč ［接］1.（前に否定文が来て）そうではなく Ni rodila doma, temveč v bolnišnici. 彼女は家ではなく，病院で出産したのだった。2. ne samo / le ... temveč tudi：～ばかりか～も Je ne le odločen, temveč tudi izredno potrpežljiv človek. 彼は意志が強いばかりでなく大変我慢強い人だ.
ténis[1] ［男］テニス igrati ~：テニスをする；tekmovanje v ~u：テニスの競技会
téniški[38] ［形］テニスの ~i lopar：テニスラケット；~i turnir：テニストーナメント
tenór[3] ［男］テノール peti ~：テノールで歌う
teológ[1] ［男］神学者（男）
teologíja[14] ［女］神学 predavanja iz ~e：神学の講義
teológinja[14] ［女］神学者（女）
teorétski[38] ［形］理論の ~a fizika：理論物理学
teoríja[14] ［女］理論 postaviti novo ~o：新しい理論を打ち立てる
tépel → têpsti

têpem → têpsti

têpsti[49] ［不完］現1単：têpem, L分詞：tépel, têpla 1. 打つ，ぶつ ~ po glavi：頭をぶつ 2. 強 傷つける

ter ［接］(inと共に) ~と，および kupiti sladkor in moko ter olje：砂糖と小麦粉と油を買う

terán[1] ［男］テラン（ワインの銘柄）

terása[14] ［女］1. テラス sedeti na ~i：テラスに座っている 2. 土手

terén[1] ［男］1. 土地 2. 地域 3.【単】現場 zbirati podatke na ~u：現場でデータを収集する

térjati[47] ［不完］1. 請求する Terjal jih je, naj mu vrnejo denar. 彼は彼らに金を返すよう請求していた．2.【3人称】文 要する Problem terja hitro rešitev. 問題はすばやく解決する必要がある．

termométer[1] ［男］単生：-tra 温度計 meriti temperaturo s ~om：温度計で温度を測る

têrmovka[14] ［女］ポット，魔法瓶 napolniti ~o z vročim čajem：熱いお茶でポットをいっぱいにする

teroríst[1] ［男］テロリスト（男）

terorístka[14] ［女］テロリスト（女）

terorízem[1] ［男］単生：-zma テロリズム

tesár[3] ［男］大工

têsen[38] ［形］女単主：-sna, 比：-ejši 1. きつい Čevlji so mi tesni. 靴は私にはきつい．2. 密接な，親密な biti v ~em stiku s njim：彼と親密な関係にある 3. 息苦しい，狭苦しい

tesnôba[14] ［女］不安，苦悩

tést[1] ［男］テスト，検査

testenína[14] ［女］【複】パスタ，パスタ類

testírati[47] ［完・不完］1. 調査する 2. 検査する，テストする 3. 証言する

testó[20] ［中］パンやクッキーなどの生地 Testo naraste / vzhaja. 生地がふくらむ．

têta[14] ［女］おば stara ～：大叔母

téza[14] ［女］1. テーゼ，論題 2. 区 思想 3. 区 学位論文，博士論文

téža[14] ［女］1. 重さ，重量 Teža stvari se z oddaljenostjo od zemlje spremlja. 物質の重量は地面からの距離が大きくなるにつれて変化する．2. 心や体の重み V želodcu sem čutil težo. 僕は胃が重かった．3. つらさ 4. 重点

težáva[14] ［女］1. つらさ lajšati ~e：つらさを慰める 2. 困難，問題 denarne ~e：金銭の問題

težáven[38] ［形］女単主：-vna，比：-ejši つらい，困難な，骨の折れる ~e obdobje po vojni：戦後のつらい時代

tézek[38] ［形］女単主：-žka，比：téžji 1. 重い ～ zimski plašč：重い冬用のコート；~i koraki：重い足取り 2. 難しい 3. 重篤な ~a bolezen：重病

težíti[48] ［不完］1. 重みがある，重くのしかかる Nahrbtnik ga teži, zato hodi počasi. 彼のリュックザックは重いのでゆっくり歩いている．2. 精神的な圧力をかける Skrbi ga težijo. 彼はものすごく心配している．

téžji → težek

ti[29] ［代］君，おまえ

tičáti[48] ［不完］L 分詞：tíčal, -ála 1. ある，いる Ključ tiči v ključarnici. 鍵が鍵穴にある．～ do kolen v blatu：膝まで泥につかっている（不愉快な状態にある）2. 強 v＋前：履いている，着ている Nogi sta ji tičali v copatah. 彼女は足にスリッパを履いていた．3. 強 いつく，いすわる 4. 強 いれこむ，没頭する

tíčem se → tíkati se

tíger[1] ［男］単生：-gra 虎

tíh[38] ［形］比：tíšji 静かな T~i ocean：太平洋

tího ［副］比：tíšje / tíše 静かに

tihožítje[21] ［中］複生：tihožítij 静物画

tík [副] ごく近くに（時間的・空間的に）hoditi ～ za njo：彼女のすぐ後ろを歩く；～ preden：ほんの少し前に

tíkati[47] [不完] ti で呼ぶ

tíkati se[49/47] [不完] 現1単：tíčem se / -am se + 生 関係ある Kar se mene tiče, je vse urejeno. 私に関していえば，万事 OK です.

tílnik[1] [男] うなじ，首筋 zavezati ruto na ~u：首にスカーフを巻く

tím[1] [男] 図 チーム，専門家集団

tímski[38] [形] チームの，集団の

típ[1] [男] 1. タイプ，型 2. 触覚

típati[47/50] [不完] 現1単：-am / -ljem 1. 触れる ～ s prsti：指で触れる 2. 触診する 3. 強 感じる，予感がする

típičen[38] [形] 女単主：-čna, 比：-ejši 典型的な

típkati[47] [不完] 1. タイプで打つ 2. 印字する

tipkôvnica[14] [女] キーボード

típljem → típati

tír[1] [男] 1. 軌条，レール 2. ～番線 Vlak stoji na tretjem tiru. 列車が3番線に止まっている.

tísk[1] [男] 1. 印刷 dati rokopis v ～：原稿を印刷に出す 2.【単】出版活動，出版業 3. 出版物

tiskálnik[1] [男] プリンタ laserski ～：レーザープリンタ

tiskárna[14] [女] 印刷所

tískati[47] [不完] 印刷する

tiskôven[38] [形] 女単主：-vna 印刷の，出版の ~a napaka：ミスプリント，誤植

tísoč[44/2] [数] 1. 千 2. 強 多数，大勢 Tisoč in tisoč jih je bilo. 彼らはものすごくたくさんいた.

tisočlétje[21] [中] 複生：tisočlétij ミレニアム，千年紀

tísti[32] [代] 1. その 2. それ，その人

tiščáti[48] ［不完］L分詞：tíščal, -ála 1. 押しつける Tiščal sem ga k steni. 僕は彼を壁に押しつけた. 2. 握りしめる ～ roke v žepu：ポケットの中で両手を握りしめる 3. しめつける，きつい Čevlji me tiščijo. 靴がきつい. 4. 押し寄せる

tíše → tího

tišína[14] ［女］静けさ

tíšje → tího

tíšji → tíh

tjà ［副］そこへ，そちらへ

tkáti[49] ［不完］現1単：tkèm, L分詞：tkàl, -ála 1. 織る ～ iz bombažne niti：綿糸から織る 2. くもの巣をはる V kotu tke pajek. 隅の方でくもが巣を作っている. 3. 強 作成する ～ načrte za prihodnost：将来計画を作成する

tkèm → tkáti

tkanína[14] ［女］織物

tlà[27] ［中複］1. 地面 2. 床 čistiti ～：床を掃除する；na ～eh：最低の状態

tláčiti / tlačíti[48] ［不完］現1単：-im, L分詞：-il, -ila / tláčil, -íla 1. 押し込む，詰め込む 2. 圧縮する 3. 抑える ～ solze：涙をこらえる

tlák[1] ［男］圧力 krvni ～：血圧；zračni ～：気圧；～ vode：水圧

toaléta[14] ［女］1. ドレス 2. 化粧室，トイレ iti v ～o：化粧室に行く

toaléten[38] ［形］女単主：-tna 1. ドレスの 2. 化粧室の，トイレの

tobák[1] ［男］タバコ，タバコの葉 natlačiti pipo s ～om：パイプにタバコの葉を詰める

tóča[14] ［女］霰，雹 Toča pada. 雹が降っている.

točáj[2] ［男］バーテンダー（男）

točájka[14] ［女］バーテンダー（女）

tóčen[38][形] 女単主：-čna, 比：-ejši 1. 時間通りの ~ prihod letala：飛行機の定刻通りの着陸 2. 正確な ~a analiza：正確な分析

tóčen[38][形] 女単主：-čna 電の, 霰の

tóčen[38][形] ~o pivo：生ビール

točílnica[14][女] バー, 酒場 piti pivo v ~i：バーでビールを飲む

točíti[48][不完] 現1単：tóčim, L分詞：tôčil, -íla 1. つぐ, 注ぐ ~ vino v kozarec：グラスにワインをつぐ 2.（居酒屋やバーで）飲み物を販売する ~ alkoholne in brezalkoholne pijače：アルコール飲料とノンアルコール飲料を販売する

tóčka[14][女] 1. 点 narisati ~o：点を打つ 2. 地点 razdalja od ~e A do ~e B：A地点からB地点までの距離 3. 点, 点数 devetdeset od stotih mogočih točk：100点満点中90点

tód[副] 1. ここを通って Tod smo že hodili. この道はもう歩いた. 2. このあたりに Tod imamo dosti znancev. このあたりには知り合いがたくさんいる.

tóda/toda[接] でも, しかし Rekel je, da bo pomagal, toda obljube ni izpolnil. 彼は助けてあげるよと言ったのに, 約束を守らなかった. mlad, toda tako izkušen：若いのに経験豊かだ

togôten[38][形] 女単主：-tna, 比：-ejši 1. 激怒した 2. 怒りっぽい

tók[5/1][男] 1. 流れ plavati proti ~u：流れに逆らって泳ぐ Sredi reke je tok najmočnejši. 川の真ん中は流れが一番強い. 2. električni ~：電流 3.（人や物の）流れ glavni prometni ~ovi：主要な交通の流れ 3. 潮流 literarni ~ovi v 19. stoletju：19世紀における文学潮流

tòk/tók[1][男] 単生：tóka 小さなものを収めるケース spraviti očala v ~：めがねをケースにしまう

tókrat[副] 今回, このとき

tólar[3][男] トーラル（通貨単位）

tolážba[14][女] 慰め，いやし

tolažíti / tolážiti[48][不完] 現1単：-im, L分詞：tolážil, -íla / -il, -ila 1. 慰める 2. 飲み物や食べ物で癒す ~ lakoto：飢えをしのぐ

tôlči[49][不完] 現1単：tôlčem, L分詞：tôlkel, -kla 1. 打つ，叩く ~ po bobnu：太鼓を叩く；~ po vratih：ドアを叩く 2. 殴る，ぶつ

tóliko[副] 1. ~と同じくらい多く Število postelj se je povečalo za sedemkrat, za prav toliko število osebja. ベッド数は7倍に増えたが，その数はちょうどスタッフの数に見合ったものだった. 2. 強 とてもたくさん Hči nam je povzročila toliko skrbi. うちの娘はとにかくたくさん心配をかけた. 3. ~なほど多く Toliko ima, da sam, ne ve koliko. 彼は自分でもわからないくらいたくさん持っている. Zdaj ne sejejo toliko ajde kot včasih. 今日そばはかつてほど栽培されていない.

tólikšen[38][代] 女単主：-šna 1. ~と同じくらい多い・大きい Hiša je bila tolikšna, da so imeli vsi dovolj prostora. 家はみんなが十分な空間をもつほどの大きさだった. 2. 強 とてもたくさんの Po tolikšnem času se spet vidiva. 本当にお久しぶりです.

tolkáč[2][男] 1. 槌 lesen ~：木槌 2. ドアのノッカー potrkati s ~em：ノッカーでノックする 3. 打楽器のスティック，ばち 4. 泡だて器

tolkálo[20][中]【複】打楽器

tôlkel → tôlči

tolmáč[2][男] 通訳（男）pogovarjati se po ~u：通訳を通じて会話する

tolmáčka[14][女] 通訳（女）

tómbola[14][女] ビンゴゲーム

tón[1][男] 1. 音や色のトーン，音調，音色 2. 話し方，表現のしかた v prijateljskem ~u napisano pismo：友

好的な調子で書かれた手紙

tóna[14] ［女］トン

tòp[5] ［男］単生：tôpa 大砲 streljati s ~ovi：大砲で撃つ

tòp[38] ［形］女単主：tôpa, 比：bolj ~ 1. 切れ味の悪い ~ nož：切れ味の悪いナイフ 2. 丸まった ~ svinčnik：先の丸まった鉛筆 3. ぼんやりした，鈍い ~a bolečina：鈍痛 4. 無関心な Top je za vse. 彼はすべてに対して無関心だ．5. 文 愚鈍な ~ človek：愚鈍な人間

tôpel / tópel[38] ［形］女単主：tôpla, 比：-êjši 1. 温かい，暖かい od sonca ~ zid：太陽で温かくなった壁；~o vreme：暖かい天気；~a obleka：暖かい服 2. 人柄が温かい，温情のこもった ~ človek：温かい人

topíti[48] ［不完］溶かす ~ sladkor：砂糖を溶かす Sonce hitro topi sneg. 太陽は瞬く間に雪を溶かしている．

toplíce[14] ［女複］温泉，温泉地 iti v ~：温泉に行く

toplomér[1] ［男］温度計 meriti temperaturo s ~om：温度計で温度を測る Toplomer kaže minus dvajset stopinj. 温度計はマイナス20度を示している．

toplôta[14] ［女］1. 熱量 2. 温かさ，暖かさ

tôpol[1] ［男］単生：-ôla ポプラ

tórba[14] ［女］かばん，バッグ šolska ~：通学かばん

tórbica[14] ［女］ハンドバッグ

tórej ［助］1. だから，したがって Vse je negotovo, kako naj torej komu zaupamo. すべてがはっきりしていない．だから誰を信用すべきだろうか．2. 強 さあ，ほら Torej, le pojdi. ほら，行きなさい．

tôrek[1] ［男］単生：-rka 火曜日 v ~：火曜日に；ob ~ih：火曜日ごとに，毎週火曜日に

tórta[14] ［女］ケーキ ~ za rojstni dan：バースデーケーキ

továriš[2] ［男］1. 仲間，同志（男）vojni ~：戦友 2. 同僚（男）

tovarišíca[14] [女] 1. 仲間，同志（女）2. 同僚（女）

továrna[14] [女] 工場 delati v ~i：工場で働く

továrniški[38] [形] 工場の ~i delavec：工場労働者

tôvor[1] [男] 単生：-óra / -ôra 荷物，貨物

tovóren / tovôren[38] [形] 女単主：-rna 荷物の，貨物の ~a ladja：貨物船；~i vlak：貨車

tovornják[1] [男] トラック pettonski ~：5 トントラック

tožílec[2] [男] 単生：-lca 原告，告発人（男）

tožílka[14] [女] 原告，告発人（女）

tožílnik[1] [男] 対格 postaviti samostalnik v ~：名詞を対格にする

tožíti / tóžiti[48] [不完] 現 1 単：-im, L 分詞：tóžil, -íla 1. 不平を言う，文句を言う ~ sošolce učitelju：同級生たちのことを先生に言いつける 2. 訴える，訴訟を起こす iti ga tožit：彼を訴えに（裁判所へ）行く 3. 嘆く

tradícija[14] [女] 伝統

tradicionálen[38] [形] 女単主：-lna, 比：bolj ~ 伝統的な

trafíka[14] [女] タバコ屋 kupiti cigarete v ~i：タバコをタバコ屋で買う

tragédija[14] [女] 悲劇 nastopati v ~i：悲劇に出演する；doživeti ~o：悲劇を経験する

trágičen[38] [形] 女単主：-čna, 比：bolj ~ / -ejši 悲劇的な

trájati[47] [不完] 1. 続く Njuno prijateljstvo je trajalo do pozne starosti. 二人の友情は晩年まで続いた. 2. 永続する Nobena stvar ne traja večno. どんなものも永遠に続くことはない.

trajékt[1] [男] フェリー

trájen[38] [形] 女単主：-jna, 比：-ejši 長持ちする，長く続く

trájna[14] ［女］パーマ hladna ~：コールドパーマ；dati si delati ~o：パーマをかけてもらう

trájnica[14] ［女］多年草植物

trák[5] ［男］単生：-ú/-a 1. 紐 ~ za čevlje：靴紐 2. リボン 3. テープ samolepilni ~：セロテープ

tráktor[3] ［男］トラクター

trámvaj / tramváj[2] ［男］路面電車，トラム

transákcijski[38] ［形］業務の，商取引の，業務処理の

transfêr[3/1] ［男］1. 財産・権利などの譲渡 2. 移動，移転

transpórt[1] ［男］輸送 letalski ~：空輸

tranzícija[14] ［女］移行，変換，体制変換

tráta[14] ［女］芝生 igrati na ~i：芝生で遊ぶ

tráva[14] ［女］草，草地 požeti ~o v vinogradu：ブドウ畑の草刈をする

travestíja[14] ［女］茶番劇

trávnat[38] ［形］草の生えた，草地の，草の多い

trávnik[1] ［男］牧草地 iti na ~：牧草地へ行く

tŕčiti[48] ［完］1. ぶつける ~ na zdravje nevesti：グラスをあわせて花嫁の健康を願う 2. ぶつかる，衝突する Vlaka sta trčila. 列車どうしが衝突した． 3. 強 出くわす V gledališču sem trčila na znanca. 私は劇場で知人に偶然会った．

tŕd[38]［形］比：trši 1. 固い・硬い ~a postelja：硬いベッド 2. 強 ぎくしゃくした，ぎこちない 3. 強 厳格な biti ~ do otrok：子どもたちに対して厳格だ

tŕden[38] ［形］女単主：-dna，比：-ejši/-êjši 1. 堅固な，堅い Hiša ima trdne temelje. 家の土台はしっかりしている． 2. 強力な ~o orodje：強力な武器 3. しっかりした，手堅い

trdílen[38] ［形］女単主：-lna ~i stavek：肯定文

trdítev[15] ［女］主張

trdíti / tŕditi[48] ［不完］現 1 単：-im, L 分詞：trdil,

-íla 1. 主張する pogumno ～：果敢に主張する 2. 固める，硬くする

trdnjáva[14] ［女］1. 要塞 2. チェスのルーク

trdovráten[38] ［形］女単主：-tna, 比：-ejši 頑固な

tréba ［副］1. +不定法 ～すべきだ，しなくてはならない Roke je treba večkrat umiti. 手は何度も洗わなくてはならない．Ni mu treba plačevati davkov. 彼は税金を払う必要がない．2. +生 必要とする Povej, česa mu je najbolj treba. 彼にとって何が一番必要か言ってごらん．

trébuh[1] ［男］単生：-úha 腹

trèm → tréti

trenêr[3] ［男］トレーナー，コーチ，インストラクター（男）

trenêrka[14] ［女］トレーナー，コーチ，インストラクター（女）

trenírati[47] ［不完］1. トレーニングする ～ pod vodstvom najboljših strokovnjakov：最高の専門家たちの指導の下でトレーニングする 2. 強 訓練する，しつける ～ psa za lov：犬を狩猟用に訓練する

trenírka[14] ［女］トレーニングウェア

trenútek[1] ［男］単生：-tka 瞬間，一瞬 v ~u：すぐに，まもなく

trenúten[38] ［形］女単主：-tna 瞬間の，一瞬の

trenútno ［副］今，今のところ

trepálnica[14] ［女］まつげ umetne ~e：つけまつげ Trepalnica mi je padla v oko. まつげが目に入った．

trepéčem → trepetáti

trepetáti[47/49] ［不完］現1単：-ám / -éčem, L分詞：-àl, -ála 1. 震える ～ po vsem telesu：体中が震える 2. 強 怖がる，恐れる

trésti[49] ［不完］現1単：trésem, L分詞：trésel, -sla ゆする，揺らす ～ drevo：木をゆする

trésti se[49] ［不完］現1単：trésem se, L 分詞：trésel se, -sla se 1. 揺れる 2. 震える 3. 強 怖がる，恐れる

tréščiti[48] ［完］1.【無人称】爆発する，爆発音を立てる 2. 騒音を立てる 3. 強 殴る ～ nasprotnika po glavi：敵の頭を殴る 4. 強 投げつける

tréti[49] ［不完］現1単：trèm / tárem, L 分詞：tŕl, -a 1. 割る，砕く ～ jajca：卵を割る 2. こする 3. 苦しめる

trétji[38] ［数］3番目の Sedeli smo v tretji vrsti. 私たちは3列目に座っていた．

tretjína[14] ［女］3分の1 Potrebni sta dve tretjini glasov. 3分の2の投票が必要とされる．

trézen[38] ［形］女単主：-zna, 比：-ejši しらふの，酔っていない ～ načrt：実現可能な計画

trezór[3] ［男］金庫 nočni ～：夜間金庫

tŕg[1] ［男］1. 市場，市 iti po zelenjavo na ～：野菜を買いに市場へ行く 2. 広場 Na trgu se je zbralo več tisoč ljudi. 広場には千人以上の人が集まった．

tŕgati[47] ［不完］1. 破る，もぎ取る 2. つぶす，壊す 3. 摘む ～ češnje：さくらんぼを摘む

trgováti[50] ［不完］L 分詞：-àl, -ála 売り買いをする，商売する

trgôvec[2] ［男］単生：-vca 商人，商店主（男）～ na debelo：卸し売り業者

trgovína[14] ［女］1. 商売，商業，ビジネス ukvarjati se s ~o：商業に従事する 2. 店，商店 vstopiti v ~o：店の中に入る；～ s čevlji：靴屋

trgôvka[14] ［女］商人，商店主（女）

trgôvski[38] ［形］商売の，商業の ～a korespondenca：ビジネスレター；~i center：ショッピングセンター；~i agent / ~i potnik：セールスマン

tribúna[14] ［女］1. 演壇 2. 観覧席，スタンド gledalci na ~ah：スタンドの観客

trídeset[42] [数] 30

trídeseti[38] [数] 30番目の v ~ih letih 20. stoletja：20世紀30年代

tríje[40] [数] 3

trikótnik[1] [男] 1. 三角形 enakostranični ~：正三角形 2. 三角定規 vleči črte s ~om：三角定規で線を引く

tríkrat [副] 3度，3倍 Trikrat dve je šest. 3かける2は6.

trinájst[42] [数] 13

trinájsti[38] [数] 13番目の

trísto[43] [数] 300 obrniti se za ~ šestdeset stopinj：360度回転する

trístoti[38] [数] 300番目の

tŕkati[47] [不完] 1. ノックする ~ na vrata：扉をノックする 2. 軽く叩く ~ s svinčkom po mizi：鉛筆で机をこつこつと叩く 3. 軽く振り払う

tŕl → tréti

tŕn[1] [男] とげ izpuliti mu ~ iz prsta：彼の指からとげを抜く

tŕnje[21] [中] 集 とげのある潅木

trobénta[14] [女] トランペット igrati (na) ~o：トランペットを演奏する

trobéntica[14] [女] 1. 小さなトランペット 2. サクラソウ

tróbiti / trobíti[48] [不完] 現1単：-im, L分詞：tróbil, -íla ラッパ・トランペットを吹く，演奏する

trofêja[14] [女] トロフィー

trój[38] [数] 1. 3種類の V tej gostilni točijo troje vino. この居酒屋では3種類のワインを出す． 2. ＋複数形名詞 3つの，3組の ~e hlače：3本のズボン

trójen[38] [数] 女単主：-jna 1. 3倍の 2. 3種類の，3つの部分からなる

trójka[14] [女] 1. 回 番号の3 Na tej progi vozi trojka.

この路線は3番（のバス・路面電車）が通っている．2. 口 成績の3 V angliščini ima trojko. 英語の成績は3だ．3. 3人組，トリオ

trópski[38] ［形］熱帯の ~i gozd：熱帯林

tŕpen[38] ［形］女単主：-pna, 比：bolj ~ 受動の ~i deležnik：受動分詞，~i način：受動態

trpéti[48] ［不完］L 分詞：-èl/-él, -éla/tŕpel, -éla 1. 苦しむ 2. 耐える

tŕska/trskà[14] ［女］複生：tŕsk/trsák 鱈

Tŕst[1] ［男］トリエステ v ~u：トリエステで

tŕši → tŕd

tŕta[14] ［女］ぶどう，ぶどうの木

trúd[1] ［男］努力 z velikim ~om：大変な努力をして

trudíti se/trúditi se[48] ［不完］現1単：-im se, L 分詞：trúdil se, -íla se 努力する，奮闘する

trúp[1] ［男］胴体

trúplo[20] ［中］複生：trúpel 死体

tŕženje[21] ［中］商取引，取引をすること

tržíšče[21] ［中］1. 市場 zahteva ~a：市場の需要 2. 商取引，ビジネス mednarodno ~：国際的なビジネス

tŕžnica[14] ［女］市場（普通建物の中にある）

tù ［副］ここに，ここで

túba[14] ［女］1. チューブ，管 ~ majoneze：マヨネーズのチューブ 2. チューバ igrati ~o：チューバを演奏する

tuberkulóza[14] ［女］結核 zboleti za ~o：結核に罹る

túdi ［助］～も Mi gremo tudi. 私たちも行きます．Ni samo lepa, je tudi pametna. 彼女は美しいばかりではなく，賢い．

túj[38] ［形］比：bolj ~ 1. 他人の sesti na ~ sedež：他人の席に座る 2. 他の 3. 外国の učiti se ~i jezik：外国語を勉強する

tújec[2] ［男］単生：-jca 1. 外国人（男）2. 見知らぬ人

（男）

tujína[14]［女］外国 živeti v ~i：外国で暮らす

tújka[14]［女］1. 外国人（女）2. 見知らぬ人（女）3. 外来語 slovar tujk：外来語辞典

túkaj［副］ここで，ここに

túlipan / tulipán[1]［男］チューリップ

tún[1]［男］マグロ

túna[14]［女］マグロ

tunél[1]［男］囗 トンネル

túnika[14]［女］1. チュニック 2. 女性用のオーヴァーブラウス 3. 典礼用の祭服

Túrčija[14]［女］トルコ v ~i：トルコで

Túrek[1]［男］単生：-rka トルコ人（男）

turíst[1]［男］旅行者（男）

turístičen[38]［形］女単主：-čna 旅行者の，旅行の，観光の ~i ček：トラヴェラーズチェック

turístka[14]［女］旅行者（女）

turízem[1]［男］単生：-zma 1. 旅行，観光 individualni ~：個人旅行 2. 観光業

Túrkinja[14]［女］トルコ人（女）

turnêja[14]［女］ツアー，巡業 odpotovati na ~o：巡業に出かける

turnír[3]［男］1. 勝ち抜き戦，トーナメント zmagati na ~ju：トーナメントで勝利する；teniški ~：テニストーナメント 2. 馬上試合

túrnus[1]［男］順番，番，交替 nočni ~：夜勤；v ~u：交替で

turôben[38]［形］女単主：-bna, 比：-ejši 囗 悲しげな

túrščina[14]［女］トルコ語

túrški[38]［形］トルコの，トルコ語の，トルコ人の ~a kava：トルココーヒー

túš[2]［男］1. 墨 pisati s ~em：墨で書く；rizba v ~u：水墨画 ~ za trepalnice：マスカラ 2. 囗 シャワー stopiti pod 〜：シャワーを浴びる

tvégati[47]［完・不完］危険にさらす，思い切ってやる

tvój[38]［代］君の，お前の

tvórba[14]［女］1. 形成 2. 創造物

tvóren[38]［形］女単主：-rna, 比：-ejši 図 創造の，生産的な 〜i način：能動態

tvóriti[48]［不完］図 1. 作り出す，創造する 〜 pojme：概念を作り出す 2. 成す，形成する

U

ubádati se[47]［不完］z/s＋造 図 1. 従事する，たしなむ 2. 世話をする

ubêrem → ubráti

ubijálec[2]［男］単生：-lca 殺人者（男）ujeti 〜a：殺人者を捕まえる

ubijálka[14]［女］殺人者（女）

ubíjati[47]［不完］殺す 〜 dolgčas s klepetom：おしゃべりをして退屈をまぎらわす

ubíjem → ubíti

ubíti[50]［完］現1単：ubíjem, L 分詞：ubìl, -íla 殺す 〜 z nožem：ナイフで殺す Lovec je medveda ubil šele s tretjim strelom. 狩人は熊を3発目でやっとしとめた.

ubóg[38]［形］比：bolj 〜 図 1. かわいそうな，気の毒な 〜a sirota：かわいそうな孤児 2. 弱々しい，衰弱した Njegove uboge noge ga ne držijo več. 彼の衰弱した足はこれ以上持ちこたえられない. 3. 欠乏している 4. 質素な

ubógati[47]［完・不完］従う，いうことをきく Otrok

uboga starše. 子どもは親のいうことをきく.

ubogljív[38] ［形］比：-ejši 従順な，おとなしい

ubòj[2] ［男］単生：-ôja 殺人

ubraníti/ubrániti[48] ［完］現1単：-im, L分詞：ubránil, -íla 1. 防衛する，守る ~ mesto pred napadalci：侵略者から町を守る 2. 妨げる Nisem ji mogel ubraniti, da ne bi vsega povedala. 僕は彼女が全部しゃべろうとするのを阻止できなかった.

ubráti[49] ［完］現1単：ubêrem 1. 調整する ~ barve pohištva：家具の色を合わせる 2. 強 演奏・演技を始める 3. 強 (pot, smer と共に) ルートを取る ~ najbližjo pot v dolino：谷までの最短コースを取る

účbenik[1] ［男］教科書 ~ slovenščine / za slovenščino：スロヴェニア語の教科書

účen[38] ［形］女単主：-čna 授業の，教えることの ~o gradivo：教材

učèn[38] ［形］女単主：-êna, 比：bolj ~ 強 教育を受けた，教養のある

učênec[2] ［男］単生：-nca 1. 生徒（男）Šola ima tisoč učencev. 学校の生徒は1000人だ. 2. 弟子（男）

učênje[21] ［中］1. 教えること，学習 Učenje otroka zahteva potrpežljivost. 子どもを教えるには忍耐強さが要求される. ~ iz napak：間違いからの学習 2. 教え

učênka[14] ［女］1. 生徒（女）2. 弟子（女）

učínek[1] ［男］単生：-nka 1. 作用 stranski ~i zdravila：薬の副作用 2. 効果 imeti ~：効果がある

učinkováti[50] ［不完］L分詞：-ál, -ála【3人称】na+対 1. 影響を及ぼす 2. 効果がある Film učinkuje vzgojno na učence. 映画は生徒に教育的な効果を与える.

učinkovít[38] ［形］比：-ejši 効果のある，効果的な ~a pomoč：効果的な支援

učítelj[2] ［男］先生，教師（男）domači ~：家庭教師

učíteljica[14] ［女］先生，教師（女）~ matematike：

数学の先生

učíti[48] ［不完］（対）に（生/対）を教える ～ otroka voziti kolo：子どもに自転車の乗り方を教える；～ deklico angleščino / angleščine：女の子に英語を教える；～ na osnovni šoli：小学校で教える

učíti se[48] ［不完］1. 教わる ～ od očeta：父に教わる 2. 学ぶ

úd[1] ［男］複主：údi/údje 手足，四肢 dolgi udje：長い手足

udár / udàr[1] ［男］単生：-ára 1. 殴打 2. 一撃 3. クーデター

udárec[2] ［男］単生：-rca 1. 殴打 Udarec po glavi je bil smrten. 頭を殴られたのが致命的だった． 2. 叩くこと ～ po palico：杖で叩くこと

udáriti[48] ［完］1. 打つ Udarilo ga je v noge. 彼は足を打った． 2. 叩く ～ s pestjo po mizi：こぶしで机を叩く 3. 殴る

udárjati[47] ［不完］1. 打つ 2. 叩く 3. 殴る

udelézba[14] ［女］参加 ～ na tekmovanju：コンテストへの参加

udelézenec / udeležênec[2] ［男］単生：-nca 参加者（男）

udelézenka / udeležênka[14] ［女］参加者（女）

udeleževáti se[50] ［不完］L 分詞：-àl se, -ála se ＋生 参加する

udeležíti se[48] ［完］L 分詞：udelézil se, -íla se ＋生 Pogreba se je udeležilo mnogo ljudi. 葬儀には大勢の人が参列した．

udóben[38] ［形］女単主：-bna, 比：-ejši 1. 便利な 2. 快適な

udóbno ［副］比：-ej(š)e 1. 便利に 2. 快適に

udòr[1] ［男］単生：-ôra 地すべり

ugájati[47] ［不完］＋与 1. 好きだ，気に入っている Goveja juha mi ugaja. ビーフスープが好きだ. 2. 成長に適している Tem rastlinam ugaja peščena zemlja. これらの植物には砂地が適している.

uganíti/ugániti[49] ［完］現1単：-em, L 分詞：ugánil, -íla 1. 推量する，当てる Po njenih očeh je uganil resnico. 彼女の目を見て真実を悟った. 2. なぞを解く，解決する

ugánka[14] ［女］謎，なぞなぞ zastaviti mu ~o：彼に謎をかける

ugásniti[49] ［完］1. 火を消す ～ vžigalico：マッチの火を消す 2. 明かりを消す Ulične luči so ugasnile. 街灯が消えた.

ugášati[47] ［不完］1. 火を消す 2. 明かりを消す

ugíbati[47/50] ［不完］現1単：-am /-ljem 1. 推量する，推測する ～, kaj se je zgodilo：何が起きたのか思い巡らす 2. なぞなぞなどを解く

ugíbljem → ugíbati

uglasíti[48] ［完］L 分詞：uglásil, -íla 調律する ～ klavir：ピアノの調律をする

uglèd[1] ［男］単生：-éda 評判，声望 izgubiti ～：評判を落とす

uglédati[47] ［完］目にとめる，見る

ugnáti[49] ［完］現1単：užênem, L 分詞：ugnàl, -ála 強 追い立てる

ugóden[38] ［形］女単主：-dna, 比：-ejši 1. 気持ちのいい，心地よい 2. 好ましい 3. 都合のいい

ugodíti[48] ［完］L 分詞：ugódil, -íla +与 応ずる，同意する ～ prošnji：頼みに応じる Težko mi je ugoditi. 同意しかねる.

ugotávljati[47] ［不完］調査などをして定める ～ kvaliteto kruha：パンの品質を定める

ugotovítev[15] ［女］結論，定めること

ugotovíti[48] ［完］L 分詞：ugotôvil, -íla 調査などをし

て定める，結論を出す ～ s kemično analizo：化学分析によって結論を出す

ugovárjati[47]［不完］+与 反対する，異論を唱える ～ sodbi：判決に異議を申し立てる

ugôvor[1]［男］異論，異議

ugrabítelj[2]［男］誘拐犯（男）～ letala：ハイジャック犯

ugrabíteljica[14]［女］誘拐犯（女）

ugrabítev[15]［女］誘拐，奪取 ～ letala：ハイジャック

ugrabíti/ugrábiti[48]［完］現1単：-im, L分詞：ugrábil, -íla/-il, -ila 1.誘拐する，連れ去る 2.奪取する

ugrízniti[49]［完］1.噛む，かじる ～ v jabolko：りんごをかじる 2.噛みつく Pes je ugriznil otroka. 犬は子どもに噛みついた．

uhájati[47]［不完］1.逃げる，逃亡する Otroci so pogosto uhajali. 子どもたちはしょっちゅう逃げていた．2.強 漏れる，思わず出る Iz ust so mu uhajale ostre besede. 彼の口から思わず鋭いことばが出た．

uhàn[1]［男］単生：-ána【複】イヤリング pripeti si ~e：イヤリングをつける

uhó[25]［中］1. 耳 gluh na eno ～：片方の耳が聞こえない 2.取っ手 3.【複】強 折れた角の部分

uídem → uíti

uíti[49]［完］現1単：uídem, L分詞：ušèl, ušlà 1.逃げる，逃亡する ～ v tujino：国外に逃亡する 2. 強 さっと出る 3. 強 漏れる，思わず出る

ujámem → ujéti

ujémati se[47]［不完］1.調和する Barve se ujemajo. 色彩の調和が取れている．2.一致している，合う Računi se ujemajo. 計算は合っている．3.（意見が）一致する Z njim se v glavnih trditvah ujemamo. 彼らとわれわれは主な主張が一致している．

ujéti[49]［完］現1単：ujámem 捕らえる，つかまえる

ujétnica / ujetníca[14] ［女］1. 捕虜，人質（女）2. 囲 虜（女）

ujétnik / ujetník[1] ［男］1. 捕虜，人質（男）osvoboditi ~a：人質を解放する 2. 囲 虜（男）~ ljubezni：恋の虜

ukàz[1] ［男］単生：-áza 命令，指令 izdati ~：指令を出す

ukázati / ukazáti[49] ［完］現 1 単：ukážem, L 分詞：ukázal, -ála 命じる，命令する ustno ~：口頭で命令する

ukazováti[50] ［不完］L 分詞：-àl, -ála 命じる，命令する

ukážem → ukázati / ukazáti

ukíniti[49] ［完］廃止する，取り消す Šolo so ukinili. 廃校になった．

ukòr[1] ［男］単生：ukôra 叱責，非難

ukrádel → ukrásti

ukrádem → ukrásti

ukrásti[49] ［完］現 1 単：ukrádem, L 分詞：ukrádel, -dla 1. 盗む ~ potni list：パスポートを盗む 2. 囲 無駄に過ごす

ukrèp[1] ［男］単生：-épa 対策，方策

ukrépati[47] ［不完］方策を講ずる，手を打つ

ukvárjati se[47] ［不完］z/s＋造 1. 従事する，たしなむ ~ s trgovino：ビジネスに従事する 2. 世話をする ~ z bolnici：病人たちの世話をする 3. 専攻である ~ z zgodovino slovenskega jezika：スロヴェニア語史を専攻する

uléči se[49] ［完］現 1 単：uléžem se, L 分詞：ulégel se, ulêgla se 横たわる ~ na posteljo：ベッドに横たわる；~ na hrbet：仰向けに横たわる；~ na trebuh：腹ばいになる

ulégel se → uléči se

uléžem se → uléči se

úlica[14] [女] 通り，道 Ulica pelje na grad. 道は城へと続いている．Na ulicah je veliko ljudi. 通り中たくさんの人がいる．slepa 〜：袋小路

ulómek[1] [男] 単生：-mka 分数

ulovíti[48] [完] L 分詞：ulóvil, -íla 1. 猟をする 〜 srno v past：鹿をわなで取る 2. 捕らえる，つかまえる Policija je ulovila tatu. 警察は泥棒をつかまえた．

úm[1] [男] 知恵，知性

umakníti/umákniti[49] [完] 現1単：-em, L 分詞：umáknil, -íla 1. 取り去る，どける 〜 vazo z mize：花瓶をテーブルからどける 2. 遠ざける 〜 čoln od obale：ボートを岸辺から遠ざける 3. 回収する，廃止する 4. 退ける 〜 predlogo za spremembo zakona：法律改正案を退ける

umázan[38] [形] 比：bolj 〜 汚い，汚れた

umázati[49] [完] 現1単：umážem 汚す 〜 čevlje z blatom：靴を泥で汚す

umážem → umázati

uméšan[38] [形] ~a jajca：スクランブルエッグ

uméten[38] [形] 女単主：-tna 1. 人工の，イミテーションの ~i sneg：人工雪；~a noga：義足；~a snov：プラスチック 2. 芸術的な

umétnica[14] [女] 芸術家（女）

umétnik[1] [男] 芸術家（男）

umétniški[38] [形] 芸術家の，芸術の

umétnost[16] [女] 1. 芸術 2. 芸術活動

umétnosten[38] [形] 女単主：-tna 芸術の ~o drsanje：フィギュアスケート

uméven[38] [形] 女単主：-vna, 比：-ejši わかる，理解できる

umíjem → umíti

umíkati[47] [不完] 1. 取り去る，どける 2. 遠ざける

3. 回収する，廃止する 4. 退ける

umírati[47] ［不完］危篤状態になる，重体だ ~ za ranami：大怪我をして重体だ

umiríti se[48] ［完］1. 静まる，穏やかになる Voda se je počasi umirila. 水はゆっくりと静まっていった． 2. おとなしくなる，落ち着く

umírjen[38] ［形］比：bolj ~ 穏やかな，控えめな

umíti[50] ［完］現1単：umíjem, L分詞：-il, -íla 洗う ~ bolniku obraz：病人の顔を洗ってあげる；~ posodo：食器を洗う

umiválnik[1] ［男］洗面台 umiti se v ~u：洗面台で顔を洗う

umívati[47] ［不完］洗う

umljív[38] ［形］比：-ejši 囚 わかりやすい，当然の

umôlkniti[49] ［完］黙る，黙り込む Otroci so umolknili. 子どもたちは黙り込んだ． Koraki so umolknili. 足音が止まった．

umòr[1] ［男］単生：-ôra 殺人，殺し zagrešiti ~：殺人を犯す

umoríti[48] ［完］L分詞：umóril, -íla 殺す ~ ga z nožem：彼をナイフで殺す

umrèm → umréti

umŕjem → umréti

umréti[49/50] ［完］現1単：umrèm / umŕjem, L分詞：umŕl, -a 死ぬ ~ v prometni nesreči：交通事故で死ぬ；~ od lakote：飢え死にする；~ zaradi raka：癌で死ぬ Starši so mu umrli pred enim letom. 彼は両親に1年前に死なれた．

umŕl → umréti

úmski[38] ［形］知恵の，知性の ~i delavci：頭脳労働者

uničevátí[50] ［不完］L分詞：-àl, -ála 破壊する，壊す Toplota uničuje vitamine. 高温はヴィタミンを破壊する．

uníčiti[48] ［完］破壊する，壊す Mesto je uničil potres. 町を破壊したのは地震だった．

unifórma[14] ［女］制服 vojaška ~：軍服

uníja / únija[14] ［女］囚 連合，団体

univêrza[14] ［女］大学 študirati na ~i：大学で学ぶ

unizerzálen[38] ［形］女単主：-lna, 比：-ejši 1. 統括的な，全体の 2. 全方向的な，オールマイティーな

univerzitéten[38] ［形］女単主：-tna 大学の ~a knjižnica：大学図書館；~o poslopje：大学の建物

úp[1] ［男］1. 望み Upi so se izpolnili. 望みがかなった．2. 希望 Malo upa je, da bo ozdravel. 彼が回復する見込みはあまりない．na ~：信用貸しで，掛けで

upádel → upásti

upádem → upásti

úpanje[21] ［中］1. 希望 gojiti ~：希望する 2. 望み na ~：信用貸しで，掛けで

upásti[49] ［完］現1単：upádem, L 分詞：upádel, -dla 1. 低くなる，低下する Reka je upadla. 川の水位が下がった．2. やせる Lica so mu upadla. 彼の頬がこけた．

úpati[47] ［不完］1. 望む，希望する Niso več upali, da ga bodo našli živega. 彼を生きて発見できる希望はもはやなかった．2. （何かいいことがあると）思う Upam, da si boste premislili. 考え直してくださるといいのですが．

úpati si[47] ［不完］= úpati se ＋不定法 敢えてする，勇気をもってする，危険を顧みずにする Ni si upal plavati čez zaliv. 彼は入り江を突っ切って泳ごうとはしなかった．

upijániti se[48] ［完］1. 酔う 2. 強 感動する，感銘を受ける

upírati se[47] ［不完］1. 体を支える，つっぱる 2. ＋与 抵抗する，妨げる Arestirani se ni upiral. 逮捕されたも

のは抵抗しなかった．~ tujim vplivom：外国の影響にあらがう 3.【3人称】げんなりする Njegovo prazno govorjenje se jim upira. 彼の内容のない話に彼らはうんざりしている．4. 強く照りつける Sonce se mu je upiralo v hrbet. 太陽が彼の背中をじりじりと照りつけていた．

úpnica[14] ［女］債権者（女）

úpnik[1] ［男］債権者（男）

upočásniti / upočasníti[48] ［完］現1単：-im / -ím 速度を落とす ~ korak：ペースをゆるめる

upokojênec / upokójenec[2] ［男］単生：-nca 年金生活者（男）

upokojênka / upokójenka[14] ［女］年金生活者（女）

upokojítev[15] ［女］年金生活

upokojíti se[48] ［完］L分詞：upokójil se, -íla se 1. 年金生活に入る，定年退職する 2. 図 静まる，静かになる

upòr[1] ［男］単生：upôra 1. 抵抗すること 2. 反乱

uporába[14] ［女］使用

uporáben[38] ［形］女単主：-bna, 比：-ejši 1. 適する，適切な za šolo ~e knjige：学校に適した本 2. 使い物になる，使える 3. 応用できる

uporabíti / uporábiti[48] ［完］現1単：-im, L分詞：uporábil, -íla 1. 使う，使用する Smem uporabiti vaš telefon？お宅の電話を使っていいですか．2. 利用する koristno ~ odpadke：ごみを有効に利用する

uporábljati[47] ［不完］1. 使う，使用する ~ pri jedi pribor：食事の際ナイフやフォークを使う 2. 利用する

uporábnica[14] ［女］使用者（女）

uporábnik[1] ［男］使用者（男）~ jezika slovenskega：スロヴェニア語話者

upóren[38] ［形］女単主：-rna, 比：-ejši 1. 反抗的な，

反抗の ~ otrok：反抗的な子 2. 強情な，頑固な ~a vera v lepoto：美に対する頑固な信仰

upoštévati[47]［不完・完］1. 考慮する，考慮に入れる ~ okoliščine nesreče：事故の状況を考慮する 2. 参加させる，仲間に入れる Pri delitvi pomoči ga niso upoštevali. 遺産を分ける際，彼は入れてもらえなかった．

uprávа[14]［女］1. 行政 2. 行政機関，理事会 3. 管理 priti pod državno ~o：国家の管理下に入る

upráven[38]［形］女単主：-vna 行政の，管理の ~i odbor：重役会，理事会

upravíčenost[16]［女］合法性，適法性

upravítelj[2]［男］1. 指導者，経営者（男）~ zgradbe：（建設の）現場主任 2. 学芸員，キュレーター（男）

upravíteljica[14]［女］1. 指導者，経営者（女）2. 学芸員，キュレーター（女）

uprávljati[47]［不完］1. 行政管理する 2. 管理する ~ hišo：家の管理をする 3. 操縦する，機器を使う ~ motorno kolo：バイクを運転する

uprèm se → upréti se

upréti se[49]［完］現1単：uprèm se, L分詞：upŕl se, -a se 1. 体を支える，つっぱる Konj se je uprl s prednjima nogama v tla in se ni dal premakniti. 馬は前足でつっぱって，動こうとしなかった．2. +与 抵抗する，妨げる 3.【3人称】げんなりする 4. 強く照りつける

uprizoríti[48]［完］L分詞：uprizoril, -íla 1. 上演する，舞台化する 2. 強（デモなどを）進める ~ demonstracije：デモを進める；~ sodni proces：訴訟を進める

upŕl se → upréti se

úra[14]［女］1. 時間 Minila je ura, pa še ni prišel. 1時間が過ぎたが彼は来なかった．2. ~時 Sonce vzide ob peti uri in dvajset minut. 太陽は5時20分に昇る．

3. 授業の1コマ，時間（通常45分）Danes imamo pet ur. 今日は5コマある．4. 強 時 Prišla je ura odločitve. 決断の時が来た．5. 時計 Po moji uri je točno tri. 私の時計ではちょうど3時だ．

urád[1] ［男］単生：-áda 1. 役所 biti v službi na ~u：役所勤めをしている；davčni ~：税務署 2. 国際機関の事務局 3. 事務所，オフィス turistični ~：旅行代理店

uráden[38] ［形］女単主：-dna, 比：bolj ~ 1. 事務の，事務仕事の ~i stil：事務的な文体 2. 役所の ~o obvestilo：公報 3. 公の ~a oseba：公人

urádnica[14] ［女］役人，事務員（女）

urádnik[1] ［男］役人，事務員（男）bančni ~：銀行員

urán[1] ［男］ウラン

urár[3] ［男］時計屋，時計職人（男）

urárka[14] ［女］時計屋，時計職人（女）

uravnávati[47] ［不完］1. まっすぐにする，まっすぐに並べる 2. 整える ~ si kravato：ネクタイを調える 3. 調整する，調節する ~ cene：値段を調整する

uravnotéžiti[48] ［不完］バランスを取る

uravnovésiti[48] ［不完］バランスを取る

urbanízem[1] ［男］単生：-zma 都市計画 napake v ~u：都市計画上の失敗

urédba[14] ［女］法令，条例

uredítev[15] ［女］1. 整理整頓 ~ po abecedi：アルファベット順の配列 2. 解決，合意

uredíti[48] ［完］L 分詞：urédil, -íla 1. 整理整頓する ~ znamke：切手を整理する 2. 整える，片付ける 3. 編集する，校正する ~ revijo：雑誌を編集する

urédnica / urednéica[14] ［女］編集者（女）

urédnik / uredník[1] ［男］編集者（男）

urêjati[47] ［不完］1. 整理整頓する ~ knjižnico：書斎を整理する 2. 整える，片付ける 3. 編集する，校正する

urejèn[38] ［形］女単主：-êna, 比：bolj ~ きちんとした，

整備された

úren[38] ［形］女単主：-rna, 比：-ejši 1. 時計の ~i stolp：時計台 2. すばやい，速い ~a hoja：速い歩み

uresničeváti[50] ［不完］L 分詞：-àl, -ála 実行する，実現する ~ načrte：計画を実行する

uresníčiti[48] ［完］実行する，実現する ~ obljubo：約束を果たす

uresničljív[38] ［形］比：-ejši 実行できる，実現可能な To ni uresničljivo. それは実現不可能だ.

urgénca[14] ［女］1. 緊急，至急 2. 救急病棟

urín[1] ［男］尿 preiskava ~a：尿検査

úrnik[1] ［男］1. 時間割，時間表 Po urniku je v torek prvo uro biologija. 時間割によると火曜日の1時間目は生物だ. 2. スケジュール

uròk[1] ［男］単生：-óka 呪文，呪縛

usédel se → usésti se

usédem se → usésti se

usésti se[49] ［完］現1単：usédem se, L 分詞：usédel se, -dla se 座る，着席する ~ h klavirju：ピアノに向かう（弾き始める）

uskladíti/uskláditi[48] ［完］現1単：-ím / -im, L 分詞：uskládil, -íla / -il, -ila 調節する，調和させる

usklajeváti[50] ［不完］L 分詞：-àl, -ála 調節する，調和させる

uslúga[14] ［女］1. 好意 narediti mu ~o：彼に好意をかける 2. サーヴィス hotelske ~e：ホテルのサーヴィス

uslúžbenec[2] ［男］単生：-nca 事務職員（男）~ v muzeju：博物館員；~ pri okencu：窓口係

uslúžbenka[14] ［女］事務職員（女）

usmériti[48] ［完］1. 向ける ~ čoln proti pristanišču：ボートを波止場へ向ける 2. 方向づける

usmérjati[47] ［不完］1. 向ける 2. 方向づける

usmíliti se[48] ［完］+生 哀れむ，哀れみをかける ~

usmíljen

ranjencev：けが人をかわいそうに思う

usmíljen[38]［形］比：bolj ～ 慈悲深い，親切な ～i samarijan：よきサマリア人

usmŕtitev[15]［女］1. 判決などの執行 2. 死刑執行

usmŕtiti[48]［完］L 分詞：usmŕtil, -íla 1. 殺す，死を招く 2. 死刑を執行する

úsnje[21]［中］1. 皮革 čevlji iz ～a：革靴 2. 囲 サッカーボール

usnjén[38]［形］革の，皮革からできた trgovina z ～o konfekcijo：革製の服を扱う店

usóda[14]［女］運命 igra ～e：運命のいたずら

usóden[38]［形］女単主：-dna, 比：-ejši 強 1. 運命の，運命的な ～i trenutki：決定的な瞬間 2. 不吉な

uspávanka[14]［女］子守唄 Mati poje otroku uspavanko. 母親が子どもに子守唄を歌っている．

uspèh[1]［男］単生：-éha 成功 veseliti se ～a：成功を喜ぶ

uspèm → uspéti

uspéšen[38]［形］女単主：-šna, 比：-ejši 成功した，思い通りの biti ～ v poklicu：仕事で成功した

uspéti[49]［完］現 1 単：uspèm 成功する，思い通りになる finančno ～：経済的に成功する

uspévati[47]［不完］成功している，思い通りにいく Trgovina dobro uspeva. 店はうまくいっている．

ústa[20]［中複］口 nesti kozarec k ～om：コップを口へもっていく

ustáliti se / ustalíti se[48]［完］現 1 単：-im se / -ím se, L 分詞：-il se, -ila se / ustálil se, -íla se 1. 安定する Vreme se je ustalilo. 天気が安定した．2. 図 定住する，住みつく

ustanávljati[47]［不完］基礎を築く，創設する

ustanôva[14]［女］施設，機関

ustanovítev[15]［女］創設 100. obletnica ustanovitve

naše šole：私たちの学校の開校100周年記念
ustanovíti[48]［完］L分詞：ustanôvil, -íla 基礎を築く，創設する ～ državo：国を築く
ustáva[14]［女］憲法 izdati ~o：憲法を発布する
ustáven[38]［形］女単主：-vna 憲法の，法の ~e spremembe：憲法改正
ustáviti[48]［完］止める ～ avtomobil：車を止める；～ motor：モーターを止める
ustáviti se[48]［完］1. 止まる Dvigalo se je ustavilo. エレベーターが止まった．Če ne bo surovin, se bo tovarna ustavila. 材料がなくなれば工場（の操業）は止まるだろう．2. とどまる ～ pri stricu：おじのもとにとどまる 3. こだわる，固執する
ustávljati[47]［不完］止める ～ promet：交通の流れを止める
ustávljati se[47]［不完］1. 止まる Kri se ranjencu že ustavlja. けが人の血はもう止まりかけている．2. とどまる
ústen[47]［形］女単主：-tna 口の，口頭の ~e mišice：口角筋；~i izpit：口述試験，面接試験
ústje[21]［中］複生：ústij 河口
ústnica[14]［女］唇 spodnja ~：下唇；zgornja ~：上唇
ustrašíti[48]［完］L分詞：ustrášil, -íla 怖がらせる，脅す
ustréči[49]［完］現1単：ustréžem, L分詞：ustrégel, -gla ＋与（要求などに）応える ～ prošnji：頼みに応える
ustrégel → ustréči
ustrelíti[48]［完］L分詞：ustrélil, -íla 1. 撃つ ～ v tarčo：的を撃つ 2. 強 z očmi / s pogledom ～：にらみつける
ustrézati[47]［不完］＋与 1. 相応しい，適している Podatki ustrezajo resnici. データは事実に則している．2. （要求などに）応える

ustrézen[38] [形] 女単主：-zna, 比：-ejši 適当な，適切な，望ましい

ustréžem → ustréči

ustròj[2] [男] 単生：-ôja 文 1. 構造，体系 2. 構成

ustváriti[48] [完] 1. 作り上げる ~ velik industrijski kompleks：大きな産業複合体を作り上げる 2. 創造する ~ opero：オペラを創造する

ustvárjati[47] [不完] 1. 作り上げる ~ prijatelske stike：友好的な関係を築く 2. 創造する ~ slike：絵画を描く 3. 決定的な影響を及ぼす Ti možje so ustvarjali zgodovino. この男たちが歴史を動かしていたのだ．

úš[17] [女] シラミ

ušèl → uíti

ušésen[38] [形] 女単主：-sna 耳の

utegníti / utégniti[49] [完・不完] 現1単：-em, L分詞：utégnil, -íla 【＋不定法】1. ~する時間がある Samo zvečer utegnem gledati televizijski program. 私は夜だけしかテレビ番組を見る時間がない．Zdaj ne utegnem. 今時間がありません．2. ~できる Pri našem delu utegne to zelo koristiti. 私たちが仕事をするときにはそれがとても役立つ．3. ~する可能性が高い Popoldne utegne deževati. 午後はきっと雨が降るだろう．

utéha[14] [女] 慰め，安らぎ V tujini je misel na domovino velika uteha. 外国にあっては祖国への思いが大きな慰めになる．

utemeljeváti[50] [不完] L分詞：-àl, -ála 1. 基礎を築く 2. 立証する

utemeljíti[48] [完] L分詞：uteméljil, -íla 1. 基礎を築く ~ teorijo：理論の基礎を築く 2. 立証する znanstveno ~ trditev：主張の正しさを科学的に立証する

utíhniti[49] [完] 静かになる，静まる Vas je po deveti uri utihnila. 村は9時を過ぎると静まり返った．Veter je utihnil. 風が静かになった.

utoníti[49] [完] 現 1 単：utónem, L 分詞：utônil, -íla 1. 溺れる 〜 v ribniku：池で溺れる 2. 囲 消える

utrdíti / utŕditi[48] [完] 現 1 単：-ím / -im, L 分詞：-íl, -íla / utŕdil, -íla 固くする，強化する

utŕgati[47] [完] もぐ，むしりとる 〜 list z veje：枝から葉をむしりとる；〜 jabolko：りんごをもぐ

utrínek[1] [男] 単生：-nka 1. ろうそくの芯，焦げて黒くなった部分 2. 流れ星

utríp[1] [男] 脈，鼓動 srčni 〜：心臓の鼓動

utrudíti se / utrúditi se[48] [完] 現 1 単：-im se, L 分詞：utrúdil se, -íla se 疲れる，疲労する

utrújati se[47] [不完] 疲れる，疲労する

utrújen[38] [形] 比：bolj 〜 疲れた，疲労した postati 〜：疲れる

uvájati[47] [不完] 1. 紹介する 2. 導く 〜 ga v politiko：彼を政治の世界へ導く 3. 導入する 〜 nove davke：新税を導入する 4. 囲 前置きをする，序を述べる

uvážati[47] [不完] 輸入する

uvêdel → uvêsti

uvêdem → uvêsti

uveljavítev[15] [女] 強制，押しつけ

uveljáviti[48] [完] 1. 強制する，押しつける 〜 svoje mnenje：自分の意見を押しつける 2. 普及させる

uveljávljati[47] [不完] 1. 強制する，押しつける 2. 普及させる

uvêsti[49] [完] 現 1 単：uvêdem, L 分詞：uvêdel, -dla / uvédel, uvêdla 1. 紹介する 2. 導く 3. 導入する 〜 obvezno šolanje：義務教育を導入する 4. 囲 序を述べる，前置きをする

uvòd[1] [男] 単生：-óda 1. 前置き povedati nekaj besed za 〜：前置きとして一言述べる 2. 序 〜 članka：論文の序 3. v+対 入門 〜 v filozofijo：哲学入門

uvòz[1] [男] 単生：-ôza 輸入，輸入量

uvozíti[48] [完] 現1単：uvózim, L分詞：uvôzil, -íla 1. 輸入する 2.（列車が）到着する 3. 稼動させる，（エンジンを）かける

uvrstíti[48] [完] L分詞：uvŕstil, -íla 1. 入れる ～ ovce med koze：羊を山羊の間に入れる 2. 挿入する ～ članek v knjigo：論文を本の中に入れる

uvŕščati[47] [不完] 1. 入れる 2. 挿入する

užáljen[38] [形] 比：bolj ～ 怒った oditi ～：怒って出て行く

užênem → ugnáti

užíten[38] [形] 女単主：-tna, 比：-ejši 1. 食用の，食べられる ~e gobe：食用きのこ 2. 強 良質の

užívati[47] [不完] 1. 食事を取る，食べる ～ krompir：じゃがいもを食べる；～ zdravila：薬を服用する 2. 楽しむ，満喫する ～ bogastvo：富を楽しむ 3. 得る ～ štipendijo：奨学金を得る

V

v [前] Ⅰ＋対（人称代名詞短形を伴うときはvá-） 1. ～の中へ・に priti v hišo：家（の中）に着く 2. ～（の方向）へ gledati vanj：彼を見る；streljati v tarčo：的を射る 3. ～に（ある状態が見られる場所）zrediti se v trebuh：腹に肉がつく 4. ～に（時間）v nedeljo：日曜日に；delati pozno v noč：夜遅く働く 5. ～で（動作の様式）igrati v troje：3人で演奏する 6. ～のために（目標）povedati v opravičilo：謝罪のために語る 7. ～に（変わる）Pomlad prehaja v poletje. 春

が夏に変わる．preračunati iz dolarja v evro：ドルをユーロに換算する

Ⅱ＋前 1. 〜の中で・に ostati v hiši：家の中に残る 2. 〜で zlomiti se v sredini：真ん中で折れる；oglašati se v javnosti：公の場で応ずる 3. 〜の一部として biti v vladi：閣僚である 4. 〜に（時間）umreti v mladosti：若くして死ぬ；v prihodnjem letu：来年に；vrniti se v treh mesecih：3ヶ月で戻る 5. 〜（の状況下）で potovati v dežju：雨の中旅をする；delo v vročini：暑さの中での作業 Vse je v redu. すべては順調だ．6. 〜で（手段）pomagati v denarju：金銭の援助をする 7. 〜で（分量）udeležiti se v majhnem številu：少数で参加する 8. 〜の状態で živeti v pokoju：穏やかに暮らす；biti v prodaji：販売中だ 9.（ある限られた範囲内）で zmagati v teku：競走に勝つ；v vsakem pogledu：あらゆる点を鑑みて

vabílo[20] ［中］1. 招待，招き 〜 na kosilo：昼食への招待 2. 招待状 vstop samo z 〜om：招待状をお持ちの方のみ入場可

vabíti / vábiti[48] ［不完］現 1 単：-im, L 分詞：vábil, -íla 1. 招く，招待する 〜 na svatbo：結婚式に招待する 2. 誘う 〜 na ogled razprave：展覧会を見に行こうと誘う；〜 jest：食事をしようと誘う 3. 呼び寄せる Koklja glasno vabi piščance. おやどりは声でひよこを呼び寄せている．4. 強 ひきつける Dogodki vabijo pisatelja, da jih popiše. 事件は作家をひきつけ，書いてみようという気にさせている．

vadítelj[2] ［男］トレーナー，コーチ（男）smučarski 〜：スキーのトレーナー

vadíteljica[14] ［女］トレーナー，コーチ（女）

váditi[48] ［不完］練習する，訓練する 〜 igranje na klavir：ピアノの練習をする；〜 papigo govoriti：オウムが話せるよう訓練する

vagón[1] ［男］車両 jedilni ～：食堂車；ležalni ～：寝台車

vája[14] ［女］練習，訓練 telesne ~e：運動

vájen[38] ［形］比：bolj ～ 慣れた kuhanja ～ človek：料理に慣れた人 On je vajen samostojno misliti. 彼は一人で考えることに慣れている．

vájin[38] ［代］あなたがた二人の

vál[5] ［男］単生：-a，複主：valôvi / váli 1. 波 Zaradi vetra so nastali valovi. 風のせいで波が起こった．2. 波状のもの merjenje potresnih ~ov：地震波の測定 3. 頭髪のウェーヴ 4. +生 強 一気に押し寄せる大量のもの ～ beguncev：難民の波

válček[1] ［男］単生：-čka 1. ワルツ plesati ～：ワルツを踊る 2. 小さな波

váljar[3] ［男］1. のし棒 razvaljati testo z ~jem：生地をのし棒で伸ばす 2. ローラー

váljati[47] ［不完］1. 伸ばす，平らにする ～ testo：生地を伸ばす 2. あちこちへ動かす ～ svinčnik v roki：手の中で鉛筆をもてあそぶ

váljati se[47] ［不完］1. あちこち動く，ごろごろする Valja se po postelji, spati pa ne more. ベッドでごろごろしているけれど，眠れない．2. 強 あちこちにある Časopisi se valjajo po policah. 新聞があちこちの棚にある．

valobrán[1] ［男］防波堤

valôven[38] ［形］女単主：-vna 波の，ウェーヴの ~a dolžina：波長，周波数

valovít[38] ［形］比：bolj ～ / -ejši 1. 波打つ，うねりのある ~o jezero：波のある湖 2. 波状の ~a črta：波線；~i lasje：ウェーヴのかかった髪

valúta[14] ［女］1. 通貨 japonska ～：日本の通貨；zlata ～：金本位制 2. 強 外貨 menjati ~o：外貨を換える

vàmp[1] ［男］単生：vámpa 1. 反芻動物の胃 2.【複】も

つ煮込み料理 3. 反芻動物の腹
vanílija[14] ［女］ヴァニラ
vanílja[14] ［女］ヴァニラ
várati[47] ［不完］z/s＋造 欺く，惑わす ～ prijatelja z lepimi besedami：言葉巧みに友人をだます
várčen[38] ［形］女単主：-čna, 比：-ejši つつましい，けちな biti ～ pri obleki：衣服にお金をかけない
varčeváti[50] ［不完］L 分詞：-àl, -ála 節約する，倹約する ～ za hišo：家を買うために倹約する；～ pri hrani：食べ物にお金をかけない
váren[38] ［形］女単主：-rna, 比：-ejši 安全な，守られている biti ～ pred radovednimi pogledi：好奇の視線から守られている
varílec[2] ［男］単生：-lca 溶接工（男）
varílka[14] ［女］溶接工（女）
várnost[16] ［女］安全 zagotoviti mu ～：彼に安全を保証する
várnosten[38] ［形］女単主：-tna 安全の，安全のための ~i pas：シートベルト；V~i svet：(国連) 安全保障理事会
varoválka[14] ［女］安全装置，ヒューズ ～ na puški：銃の安全装置；zamenjati pregorelo ~o：飛んだヒューズを交換する
varováti / várovati[50] ［不完］現1単：-újem / -ujem, L 分詞：-àl, -ála / -al, -ala 守る，保護する
várstvo[20] ［中］複生：várstev 保護，防護
várščina[14] ［女］保釈金
váruh[1] ［男］保護者，後見人（男）
váruhinja[14] ［女］保護者，後見人（女）
váruška[14] ［女］保母
vás[17] ［女］村 živeti na ~i：村で暮らす 強 To je zame španska vas. 何がなんだかさっぱりわからない．
vàš[38] ［代］女単主：váša あなたの，君たちの

vaščàn / vaščán¹ [男] 単生：-ána 村人（男）

vaščánka¹⁴ [女] 村人（女）

váški³⁸ [形] 村の

váta¹⁴ [女] 脱脂綿 dati si ~o v uho：耳に綿をつめる

váterpólo⁷ [男] 水球 igrati ~：水球をする

váza¹⁴ [女] 花瓶 dati šopek v ~o：花束を花瓶に生ける

vážen³⁸ [形] 女単主：-žna, 比：-ejši 1. 重要な To zame ni važno. それは私にとってたいしたことではない. 2. 口 真面目な

včásih [副] 1. 時々 Včasih gremo v gledališče. 私たちは時々劇場に行く. 2. かつて Včasih je tu stala hiša. かつてここには家が建っていた.

včéraj [副] 1. 昨日 2. 強 ほんの少し前

včérajšnji³⁸ [形] 1. 昨日の ~i časopis：昨日の新聞; ~i dan：昨日 2. 強 ほんの少し前の

vdáti se⁵² [完] 降伏する，屈服する ~ nasprotniku：敵に降伏する

vdêrem → vdréti

vdíhniti⁴⁹ [完] 息を吸う，吸いこむ

vdírati⁴⁷ [不完] 1. 浸透する，入り込む 2. 侵略する 3. 押し入る

vdôva¹⁴ [女] 未亡人，寡婦

vdôvec² [男] 単生：-vca 寡夫

vdrèm → vdréti

vdréti⁴⁹ [完] 現1単：vdrèm / vdêrem, L分詞：vdŕl, -a 1. 浸透する，入り込む 2. 侵略する 3. 押し入る

vdŕl → vdréti

vèč [副] 1. もっと，より多く imeti ~ škode kot koristi：利益よりも損害のほうが大きい 2. いくつか V nalogi je več napak. 宿題にはまちがいがいくつかある. 3. ~ ali manj：多かれ少なかれ

véčati⁴⁷ [不完] 増やす，拡大する

vèčbárven[38][形]女単主：-vna 多色の，いくつもの色をもちいた

véčen[38][形]女単主：-čna 永遠の，終わりなき ~o mesto：永遠の都，ローマ

večér[1][男] 1. 夜，夕方 Pride proti večeru. その人は夕方ごろやってくる．2. 夜の催し物 literarni ~：文学の夕べ 3. 強 晩年，衰退期

večéren[38][形]女単主：-rna 夜の，夕方の ~a toaleta：夜会服，イヴニングドレス；~a zarja：夕焼け

večérja[14][女]夕食 povabiti na ~o：夕食に招待する；□ jesti ~o：夕食をとる

večérjati[47][不完]夕食をとる ~ doma：夕食を家でとる；~ ribe：夕食に魚を食べる

večérnik[1][男] 1. 夕刊紙 2. 夕方に吹く冷たい風

večína[14][女]大多数 Prebivalci so po večini delavci. 住民の大多数は労働者だ．

večínoma[副] 1. 大抵，ほとんどの場合 2. 普段

véčji[38][形] 1. より大きい Moja torba je večja kot tvoja. 私のかばんは君のより大きい．2. 大きめの

vèčkrat[副]何度も，たびたび

véčnost[16][女]永遠，永遠性

véda[14][女]学問，~学 humanistične ~e：人文科学；naravoslovne ~e：自然科学

védenje[21][中]態度，振る舞い

véder[38][形]女単主：vêdra / védra, 比：vêdrejši / védrejši 1. 晴れ渡った Nebo je vedro. 空は晴れ渡っている．2. 陽気な ~e melodije：陽気なメロディー

védeti[55][不完]知っている Vem, da si bil doma. 君が家にいたことは知っている．To dobro vedo poklicni šoferji. そんなことはプロの運転手ならよく知っている．

vedeževálec[2][男]単生：-lca 占い師（男）

vedeževálka[14][女]占い師（女）

védno [副] 1. ずっと，絶えず Vedno ima dosti dela. その人は絶えず忙しい. 2. いつも，何度も 3. še ～：相変わらず；za ～：永遠に Za vedno je zaspal. 彼は亡くなった. 4. ＋比較級 ますます Prihajal je vedno bližje. 彼はますます近づいてきた.

védnost[16] [女] 知識

vêdro[20] [中] 複生：vêder バケツ nositi vodo z ~om：水をバケツで運ぶ；～ za smeti：ごみバケツ

vêja[14] [女] 1. 枝 skakati z ~e na ~o：枝から枝へと飛び移る Živi kot ptiček na veji. 気ままに生きる. 2. 部門 3. 分家

vêjica[14] [女] 1. 小枝 2. コンマ 3. 【複】囡 まつげ

vék[1] [男] 1. 時代 antični ～：古代 2. 固 世紀

véka[14] [女] まぶた Veke so mu postale težke. 彼のまぶたは重くなった（眠くなった）.

vékomaj [副] 永遠に，果てしなく

velblód[1] [男] らくだ enogrbi ～：ひとこぶらくだ；dvogrbi ～：ふたこぶらくだ；jezditi na ~u：らくだに乗って行く

vèleblagôvnica[14] [女] デパート kupovati v ~i：デパートで買い物をする

velélen[38] [形] 女単主：-lna 命令の ～i naklon：命令法

velélnik[1] [男] 命令法

vèleposlánica[14] [女] 大使（女）

vèleposlánik[1] [男] 大使（男）

vèleposláništvo[20] [中] 複生：vèleposláništev 大使館 uslužbenec ~a：大使館員；sprejem v ~u：大使館でのレセプションパーティー

veléti[48] [完] L分詞：vêlel, -éla 指示する，命令する ～ vojakom v napad：兵士たちに攻撃を命ずる

vèletók[1] [男] 1. 大河 2. 強 大群，大群衆 ～ turistov：旅行者の大群

veličásten[38][形]女単主:-tna, 比:-ejši 壮大な, 堂々たる, 偉大な

vêlik[38] [形] 女単主:-íka, 比:véčij 大きい zabava v ~em stilu:豪華なパーティー

Vélika[38] **Británjija**[14] [女] イギリス, グレートブリテン

vélika[38] **nóč**[17] [女] 復活祭, イースター

velikán[1] [男] 巨人, 偉大な人(男)

velikánka[14] [女] 巨人, 偉大な人(女)

velikánski[38] [形] 強 巨大な

véliki[38] [形](限定形)1. 大きい 2. 偉大な~i slovenski pesnik:スロヴェニアの偉大な詩人

velíko [副] 1. 多く, たくさん ~ ljudi:多くの人たち; ~ brati:たくさん読む; imeti ~ pod palcem:大金持ちだ 2. +比較級 ずっと Nova pot je veliko krajša. 新しくできた道はずっと短い.

Velikobritánec[2] [男] 単生:-nca イギリス人(男)

Velikobritánka[14] [女] イギリス人(女)

velikobritánski[38] [形] イギリスの, グレートブリテンの

velikodúšen[38][形] 女単主:-šna, 比:-ejši 気のいい, 寛大な biti ~ do +生:~ に対して寛大だ

velíkokrat [副] 1. 何度も, 頻繁に 2. 強 +比較級 ずっと, はるかに

velikonôčen[38] [形] 女単主:-čna 復活祭の, イースターの

velikóst[16] [女] 大きさ meriti ~:サイズを測る; človek srednje ~i:中肉中背の人

veljá [間] OK, 大丈夫

veljáti[47] [不完] L 分詞:-àl, -ála 1. 有効だ, 効力を発する Zakon velja od novega leta. 法律は新年から施行される. Potni list ne velja več. パスポートはもう有効期限が切れている. 2. 真実だ 3.【無人称文】~

すべきだ，価値がある To lepoto velja videti. この美しさは一見の価値がある 4. 強 〜という値段である Počitnice so nas veliko veljale. 休暇は私たちにとって高くついた.

veljáva[14] ［女］1. 有効期間 2. 価値

veljáven[38] ［形］女単主：-vna, 比：-ejši 1. 有効な，効力のある 〜 potni list：有効なパスポート 2. 価値のある 3. 真実の 4. 高価な，尊敬すべき

vém → védeti

vèn ［副］外へ Stoji pri oknu in gleda ven. 窓辺に立って外を見ている. iti 〜：外へ行く

vèndar ［助］1. それでもやはり On mi je vendar brat. 彼はそれでも私にとって兄なのだ. 2. とにかく Odpri vendar! とにかく開けなさい!

vèndar ［接］しかし Primera sta podobna, vendar ne enaka. 2つの例は類似しているが，同一ではない.

vèndarle ［助］［接］強 1. それでもやはり 2. とにかく 3. しかし，しかしながら

vênec[2] ［男］単生：-nca 花輪，リース plesti 〜：リースを編む；〜 z nageljni：カーネーションの花輪

ventilátor[3] ［男］扇風機

véra[14] ［女］1. 信仰 2. 信念 3. 迷信

veríga[14] ［女］1. 鎖 spustiti psa z 〜e：犬の鎖をはずしてやる 2. 鎖状のもの 3. 【複】強 束縛するもの，拘束するもの politične 〜e：政治的束縛 4. つながり，連鎖

verížen[38] ［形］女単主：-žna 1. 鎖の，鎖状の 2. 連鎖の 〜a eksplodija：連続爆発；〜a reakcija：連鎖反応；〜a trgovina：チェーン店；〜a žaga：チェーンソー

verížica[14] ［女］小さな鎖

verjámem → verjéti

verjéti[49] ［不完・完］現1単：verjámem 1. 信じる Verjamem to, kar vidim. 私は目に見えるものを信じ

る．2. +与（人）その人のいうことが真実と信じる，信頼する ～ zdravniku：医者の言うことを信じる 3. v +対 ～の成功・効力を信じる ～ v svoje otroke：自分の子どもたちの成功を信じる

verjétno [助] きっと，おそらく Zelo verjetno je, da jih ne bo. 彼らが来ないことはまず間違いない．

verjétnost[16] [女] 蓋然性，確実性 po vsej ~i：十中八九

vérnica[14] [女] 1. 信者（女）2. 信奉者（女）

vérnik[1] [男] 1. 信者（男）2. 信奉者（男）～ v revolucijo：革命の信奉者

veroizpóved[16] [女] 信条

verováti[50] [不完・完] L 分詞：-àl, -ála 1. 神や超自然の存在を信じる Ateisiti ne verujejo. 無神論者は信仰心をもたない．2. v +対 ～の存在・効力を信じる ～ v posmrtno življenje：死後の世界を信じる

vérski[38] [形] 信仰の，宗教の

vérstvo[20] [中] 複生：vérstev 宗教 zgodovina verstev：宗教史

vêrzija[14] [女] 版，ヴァージョン

vès[37] [代] 女単主：vsà 1. すべての，全部の zbrati ~ pogum：ありったけの勇気を集める Vsi drugi so odšli. ほかの人は皆出かけた．po vsej sili：全力で；na ~ glas：声を限りに 2.（中・単）すべて Dali so mu vse. 彼はすべてを与えられた．3.（複）全員，あらゆる要素 Mi vsi to vemo. 私たちみんながそれを知っている．

vesél[38] [形] 比：-êjši 1. 楽しい，陽気な 2. うれしい

veselíca[14] [女] パーティー iti na ~o：パーティーに行く

veselíti se[48] [不完] 1. 喜ぶ，楽しい 2. +生 楽しみにする ～ počitnic：休暇を楽しみにする

vesêlje[21] [中] 喜び，楽しさ z ~em：喜んで；強 da

vesláti

je ~：ものすごく Zdravi so, da je veselje. 彼らはそれはもうものすごく元気だ.

vesláti[47][不完] L 分詞：-àl, -ála 1. 漕ぐ 2. 水鳥やビーバーなどが泳ぐ，水上を移動する

vêslo[20] [中] オール, 櫂

vesólje[21] [中] 宇宙

vesóljski[38] [形] 宇宙の ~a ladja：宇宙船；~a postaja：宇宙ステーション

vést[17] [女] 1. 良心 2. 強 imeti za ~i / ležati na ~i：気にかかる，良心がとがめる

vést[17] [女] ニュース，知らせ širiti lažne ~i：嘘の知らせを広める

vésten[38] [形] 女単主：-tna, 比：-ejši 実直な，真面目な

vésti / vêsti[49] [不完] 現 1 単：vézem / vêzem, L 分詞：vézel, vêzla 刺繍をする

véšča[14] [女] 蛾

véter[1/5] [男] 単主：-tra, 複主：vetrôvi / vétri 風 Veter piha. 風が吹いている. Veter mu je odnesel klobuk. 風が吹いて彼の帽子を吹き飛ばした.

veterinár[3] [男] 獣医（男）

veterinárka[14] [女] 獣医（女）

vétrc[2] [男] そよ風，微風

vetrôven[38] [形] 女単主：-vna, 比：bolj ~ / -ejši 風の強い ~ dan：風の強い日

vétrovka[14] [女] ウィンドジャケット

véverica[14] [女] りす

véz[17] [女] 1. 結ぶこと，つなげること 2. 連結，連結部 3. 結び目 4.（人との）つながり，縁

vezáj[2] [男] ハイフン,（音楽の）タイ, 連結符

vezálen[38] [形] 女単主：-lna つながりのある，つなげるための

vezálka[14] [女] 靴紐 čevlji na ~e：紐靴

vézati / vezáti[49]［不完］現 1 単：véžem, L 分詞：vézal, -ála 1. 束ねる ～ lase：髪を束ねる 2. 結ぶ，つなぐ 3. 結合する

vézel → vésti

vézem / vêzem → vésti

vézen[38]［形］女単主：-zna つなぎの，結びつける

vézenje / vêzenje[21]［中］刺繍

véznik[1]［男］1. 連結，連結するもの 2. 接続詞

vêža[14]［女］エントランスホール stopiti v ～o：エントランスホールに入る

véžem → vézati / vezáti

vgradíti[48]［完］L 分詞：vgrádil, -íla 作りつける，はめ込む，組み込む

vgrajèn[38]［形］女単主：-êna 作りつけの，組み込みの，内蔵の

vhòd[1]［男］単生：-óda 入り口 skrivni ～ v grad：城への秘密の入り口

ví[29]［代］1. 君たち，あなたがた 2. あなた

víd[1]［男］1. 視覚 imeti dober ～：いい目をしている 2. (動詞の) 体 dovršni ～：完了体；nedovršni ～：不完了体

víden[38]［形］女単主：-dna, 比：-ejši 1. 見える，可視の 2. 識別できる，見分けがつく 3. 目につくほど大きい，はっきりした

videokaséta[14]［女］ヴィデオ (テープ) vložiti ～o：ヴィデオをセットする

videorekórder[3]［男］ヴィデオ (デッキ) posneti televizijsko oddajo z ～jem：テレビ番組をヴィデオに撮る

vídeti[48]［不完・完］1. 見える 2. 気づく 3. biti ～：～のようだ Bil je videti utrujen. 彼は疲れているようだった。 4. vidiš, vidite：ほらね

vídez[1]［男］外見，見た目 Na videz / Po videzu je zdrav.

見たところ元気そうだ.

vídra[14] [女] 複生：víder かわうそ

vídva[29] [代] 君たち二人，あなたがた二人

Víetnam[1] [男] ヴェトナム v ~u：ヴェトナムで

Víetnamec[2] [男] 単生：-mca ヴェトナム人（男）

Víetnamka[14] [女] ヴェトナム人（女）

víetnamski[38] [形] ヴェトナムの，ヴェトナム語の，ヴェトナム人の

vihár[3] [男] 1. 嵐 peščeni ~：砂嵐 2. 強 大騒ぎ，大騒動

viják[1] [男] ねじ，スクリュー ladijski ~：船のスクリュー

víjem → víti

vijólica[14] [女] すみれ

vijóličast[38] [形] 比：bolj ~ すみれ色の，紫色の

vijúgast[38] [形] 比：bolj ~ 1. らせん状の 2. 曲がりくねった

víkati[48] [不完] vi で呼ぶ，丁寧形を用いる Bil je v dmovih, ali naj jo vika ali tika. 彼は，彼女のことを「あなた」と呼ぶか「君」と呼ぶか悩んでいた.

víkend[1] [男] 1. 別荘 2. 口 週末 Kam greš za vikend? 週末はどこへ行くの.

víla[14] [女] 邸宅

víla[14] [女] 妖精

vílice[14] [女複] フォーク nabosti meso na ~：フォークに肉を刺す；jesti z ~ami：フォークで食べる

vinárna[14] [女] ワインセラー

víno[20] [中] ワイン belo ~：白ワイン；gazirano ~ / penečе ~：スパークリングワイン；rdeče ~：赤ワイン

vinógrad[1] [男] （主としてワイン用の）ぶどう畑，ぶどう園

vinográdništvo[20] [中] ぶどう栽培

vínski[38] ［形］ワインの ~a karta：ワインリスト

vióla[14] ［女］ヴィオラ

violína[14] ［女］ヴァイオリン igrati (na) ~o：ヴァイオリンを演奏する

violiníst[1] ［男］ヴァイオリニスト，ヴァイオリン奏者（男）

violinístka[14] ［女］ヴァイオリニスト，ヴァイオリン奏者（女）

vír[1] ［男］ 1. 泉 piti vodo iz ~a：泉の水を飲む 2. 根源，源 Nafta je pomemben vir energije. 石油は重要なエネルギー源だ. 3. 情報源

viróza[14] ［女］ウィルスによる感染

vírus[1] ［男］【複】ウィルス

viséti[48] ［不完］L 分詞：vísel, -éla 1. 掛かっている，下がっている Slika visi na steni. 絵が壁に掛かっている. 2. 傾く，傾斜する 3. 強 立ち寄る

víski[10] ［男］ウィスキー

visòk[38] ［形］女単主：-ôka, 比：víšji 1. 高い ~a gora：高い山；peti z ~im glasom：高い声で歌う 2. 高度な

víšek[38] ［男］単生：-ška 一番高いところ，クライマックス，ピーク

višína[14] ［女］高さ，高度

víšji → visòk

víšnja[14] ［女］複生：víšenj サワーチェリー

víšnjev[38] ［形］比：bolj ~ 1. サワーチェリーの ~o drevo：サワーチェリーの木 2. 紫がかった青色の ~e oči：紫がかった青色の目

víšnjevec[2] ［男］単生：-vca 1. サワーチェリーから作ったブランデー・蒸留酒 2. ラピスラズリ

vitálen[38] ［形］女単主：-lna, 比：-ejši 1. 生命を保つのに必要な 2. 生きることのできる 3. 生き生きした，生命力あふれる

vitamín[1] ［男］ヴィタミン

vítek[38] [形] 女単主：-tka, 比：-ejši すらりとした, すらりと伸びた

vítez[1] [男] 騎士

víti[50] [不完] 現1単：víjem 1. 巻きつける 2. 巻く ～ papír：紙を巻く 3. 文 編む

vitráj[2] [男] ステンドグラス

vitráža[14] [女] 1. 文 窓ガラス, ガラスのドア 2. ステンドグラス

vitrína[14] [女] 陳列ケース, ショーケース

víza[14] [女] 口 ヴィザ, 査証

vizítka[14] [女] 名刺

vízum[1] [男] ヴィザ, 査証 podaljšati ～：査証を延長する

vključeváti[50] [不完] L分詞：-àl, -ála 1. スイッチを入れる ～ ventilator s pritiskom na gumb：ボタンを押して扇風機を動かす 2. 含める, 入れる ～ rezultate analiz v raziskavo：分析結果を研究に入れる 3. 入会・入部させる

vkljúčiti[48] [完] 1. スイッチを入れる 2. 含める, 入れる 3. 入会・入部させる

vklopíti / vklópiti[48] [完] L分詞：vklópil, -íla 1. スイッチを入れる ～ računalnik：コンピューターを作動させる 2. ギアを入れる

vkŕcanje[21] [中] 乗船, 搭乗

vkùp [副] 一緒に, まとめて Pogosto so bili vkup. 彼らはよく一緒にいた.

vláda[14] [女] 政府, 内閣 sestaviti ~o：組閣する

vládati[47] [不完] 1. +与 支配する, 治める ~ deželi：国を治める 2. 広くいきわたる

vláden[38] [形] 女単主：-dna 政府の ~a delegacija：政府代表団

vlága[14] [女] 湿気, 湿り気

vlágati[47] [不完] 1. 入れる, 挿入する 2.（食物を）保

存する，保存加工する ～ v kis：酢漬けにする 3. 預金する 4. 投資する ～ denar na premičnine：不動産に資金を投資する

vlák[1] ［男］1. 汽車，列車 voziti se z ~om：汽車で行く 2. 渡り鳥などの群れ golobij ～：鳩の群れ

vlákno[20] ［中］複生：vláken 繊維

vlakovódja[9] ［男］車掌

vlážen[38] ［形］女単主：-žna, 比：-ejši 湿っている，湿っぽい

vléči[49] ［不完］現1単：vléčem, L分詞：vlékel, -kla 引く，引っ張る ～ črte：線を引く

vléčnica[14] ［女］スキーリフト

vlékel → vléči

vljúden[38] ［形］女単主：-dna, 比：-ejši 礼儀正しい，丁寧な

vlóga[14] ［女］1. 役 igrati glavno ~o：主役を演じる 2. 役割，使命 Vloga šole se spreminja. 学校の役割は変わりつつある．

vlóga[14] ［女］1. 願書，申込書 2. 預金 bančna ～：銀行預金

vlomílec[2] ［男］単生：-lca 強盗，押し込み（男）

vlomílka[14] ［女］強盗，押し込み（女）

vlomíti[48] ［完］現1単：vlómim, L分詞：vlômil, -íla こじ開ける，押し入る ～ v banko：銀行強盗に入る

vlóžek[1] ［男］単生：-žka 挿入物，封入物

vložíti[48] ［完］L分詞：vlóžil, -íla 1. 入れる，挿入する ～ videokaseto：ヴィデオをセットする 2.（食物を）保存する，保存加工する 3. 預金する ～ denar v banko：銀行に預金する 4. 投資する

vmés ［副］1. 間に，間へ（空間）postaviti ga ～：彼を間に立てる Trava je precej redka, vmes rastejo jagode. 草はかなりまばらに生えていて，その間にいちごが育っている．2. その間（時間）Lilo je, vmes pa je grmelo in se bliskalo. 大雨が降っていた．その間雷が鳴って稲光がした．

vmešati se / vmešáti se[47]［完］現1単：-am se, L分詞：vméšal se, -ála se　v＋対　割ってはいる，仲裁する　～ v pogovor：会話に割ってはいる；～ v prepir：けんかを仲裁する

vnánji[38]［形］1. 外の，外側の 2. 屋外の 3. 外部の Vnanjim obiskovalcem vstop ni dovoljen. 外部からの訪問者は立ち入り禁止．4. 外見の

vnaprêj［副］前もって，あらかじめ plačati najemnino ～：家賃を前払いする

vnášati[47]［不完］運び入れる，記録する

vnebohòd / vnébohod[1]［男］単生：-óda / -a 1. キリストの昇天 2. キリスト昇天祭（復活祭から40日後）

vnebovzétje[21]［中］聖母被天 Marijino ～：聖母マリアの被天

vnéma[14]［女］熱意

vnêsti[49]［完］現1単：vnêsem, L分詞：vnésel, vnêsla 運び入れる，記録する

vnét[38]［形］比：bolj ～　1. 腫れた，炎症を起こした 2. 強 熱心な

vnétje[21]［中］複生：vnétij　1. 熱くなること，熱狂 2. 炎症　～ pljuč：肺炎

vnúk[1]［男］孫

vnúkinja[14]［女］孫娘

vòd[1]［男］単生：vóda　1. 管 plinski ～：ガス管 2. 電線 3. 腺 solzni ～：涙腺 4. 分隊

vôda[14]［女］水

vôden[38]［形］女単主：-dna 水の ~a para：水蒸気；~e ptice：水鳥

vodén[38]［形］比：bolj ～　1. 水分を多く含む 2. 水っぽい ~o vino：水っぽいワイン

vodìč[2]［男］単生：-íča　1. 案内人，ガイド（男）2. ガ

イドブック ～ po Ljubljani：リュブリャーナのガイドブック

vodíčka[14] ［女］案内人，ガイド（女）

vodílen[38] ［形］女単主：-lna 指導的な

vodítelj[2] ［男］（あるグループや団体の）指導者，リーダー（男）

vodíteljica[14] ［女］（あるグループや団体の）指導者，リーダー（女）

vodíti[48] ［不完］現 1 単：vódim, L 分詞：vôdil, -íla 1. 導く，連れて行く 2. 案内する ～ goste v hotelske sobe：客人たちをホテルの部屋へ案内する 3. 指導する

vódja[9] ［男］1. 指導者，主任 2. 師

Vodnár[3] ［男］みずがめ座

vodníca[14] ［女］案内人，ガイド（女）

vodník[1] ［男］案内人，ガイド（男）

vodnják[1] ［男］1. 井戸 kopati ～：井戸を掘る 2. 噴水

vodomèt[1] ［男］単生：-éta 噴水

vodoráven[38] ［形］女単主：-vna, 比：-ejši 1. 水平の ～i let：水平飛行 2. 一定の，変わることなき

vodovòd[1] ［男］単生：-óda 水道，水道管

vódstvo[20] ［中］複生：vódstev リーダーシップ，指導，指揮

vogál[1] ［男］1. 角 2. すみ

vóh[1] ［男］嗅覚

vohún[1] ［男］スパイ（男）

vohúnka[14] ［女］スパイ（女）

voják[1] ［男］兵士，軍人（男）

vojákinja[14] ［女］兵士，軍人（女）

vojáški[38] ［形］軍の，軍人の ～a uniforma：軍服；～i rok：兵役期間

vôjen[38] ［形］女単主：-jna 戦争の Bila sta vojna tovariša. 二人は戦友だった．

vôjna[14] ［女］戦争 hladna ～：冷戦

vôjska[14] [女]【単】1. 軍隊，軍 biti v službi v ~i：軍隊での勤務についている 2. 軍事行動，戦争 3. 口 兵役 Po diplomi je šel v vojsko. 卒業後兵役についた．

vójvoda[9] [男] 公爵

vójvodina[14] [女] 公国

vójvodinja[14] [女] 公爵夫人

vòl[1/5] [男] 単生：vôla 牡牛

volán[1] [男] ハンドル zavrteti ~ v desno：ハンドルを右に切る

volán[1] [男] フリル prišiti ~e na krilo：フリルをスカートに縫いつける

volána[14] [女] フリル

vôlčji[38] [形] 1. 狼の，狼のような 2. 強 ものすごい jesti z ~em tekom：ものすごい食欲でたべる，がつがつ食べる 3. 強 na+対 ~に対して貪欲な biti ~i na denar：お金に対して貪欲だ

volílen[38] [形] 女単主：-lna 選挙の ~a pravica：選挙権

volíšče[21] [中] 投票所 priti na ~：投票所にやってくる

volítev[15] [女]【複】選挙 zmagati na ~ah / pri ~ah：選挙に勝つ

volíti[48] [不完・完] 現 1 単：vólim, L 分詞：vôlil, -íla 選挙をする，選出する

volívec[2] [男] 単生：-vca 有権者，投票者（男）

volívka[14] [女] 有権者，投票者（女）

vólja[14] [女] 1. 意志 2. 意向 3. 心の状態 biti dobre ~e：機嫌がいい

vôlk[5] [男] 単生：-a 狼

vôlna[14] [女] 羊毛，ウール，毛糸

volnén[38] [形] ウールの，毛糸の ~e nogavice：毛糸の靴下

vónj[2] [男] におい，香り ~ po dimu：煙のにおい；~ po parfumu：香水の香り

vósek[1] ［男］単生：-ska ろう，蜜蝋
voščén[38] ［形］ろうの，蜜蝋の muzej ~ih lutk v Londonu：ロンドンの蝋人形館
voščílnica[14] ［女］グリーティングカード božična ~：クリスマスカード
voščílo[20] ［中］祝辞，お祝い
voščíti / vóščiti[48] ［完・不完］現1単：-im, L分詞：vóščil, -íla 祝辞を述べる，お祝いを述べる ~ za rojstni dan：誕生日のお祝いを述べる
vótel[38] ［形］女単主：-tla, 比：bolj ~ 1. 中身のない 2. うつろな 3. 強 漠然とした
vóz[5] ［男］単生：-á/-u 1. 車（馬や牛などに曳かせる） 2. 文 車両 3. 口 自動車
vôzel[1] ［男］単生：-zla 1. 結び目 razvezati ~：結び目をほどく 2. 強 難問 3. 要所
vózen[38] ［形］女単主：-zna 車両のための，乗車の ~i pas：車線；~i red：時刻表
vozíček[1] ［男］単生：-čka 小さな車 invalidski ~：車椅子
vozílo[20] ［中］運送手段
vozíti[48] ［不完］現1単：vózim, L分詞：vôzil, -íla 1. 運転する Brez izpita je vozil avtomobil. 彼は試験も受けずに車を運転していた．2. 乗る ~ kolo：自転車に乗る 3. 運行する Avtobus vozi vsako uro. バスは1時間ごとに運行する．
vozíti se[48] ［不完］現1単：vózim se, L分詞：vôzil se, -íla se 電車や車などを使って移動する ~ z avtobusom：バスで移動する
voznica[14] ［女］運転手（女）
voznik[1] ［男］運転手（男）
vozníški[38] ［形］運転手の ~o dovoljenje：運転免許
vozôvnica[14] ［女］乗車券，切符 povratna ~：往復切符

vôžnja[14] ［女］複生：vôženj 1. 乗り物での移動 2. 運転 ～ po desni strani：右側運転

vpeljáti[50/47] ［完］現 1 単：vpéljem／-ám, L 分詞：vpêljal, -ála 1. 人を新しいものに接触させる，経験させる Oče je vpeljal sina v lov. 父親は息子に狩猟の手ほどきをした. 2. 紹介する，引き合わせる Vpeljala ga je v visoko družbo. 彼女は彼を上流社会に引き合わせた. 3. 導入する ～ novo valuto：新しい通貨を導入する

vpéljem → vpeljáti

vpíjem → vpíti

vpís[1] ［男］1. 書き込み 2. 登録

vpísati／vpisáti[49] ［完］現 1 単：vpíšem, L 分詞：vpísal, -ála 1. 書き込む，書き入れる 2. 登録する ～ otroka v šolo：子どもの入学手続きをする

vpisováti[50] ［不完］L 分詞：-àl, -ála 1. 書き込む，書き入れる 2. 登録する

vpíšem → vpísati／vpisáti

vpíti[50] ［不完］現1単：vpíjem, L 分詞：vpìl, -íla 1. 叫ぶ 2. 強 目立つ，はっきりしてくる Iz časopisov vpijejo same slabe novice. 新聞から見えてくるのは悪いニュースばかりだ. 3. po＋前 強 求める，渇望する Ulice vpijejo po čistoči. 道路は掃除が必要だ.

vpíti[50] ［完］現1単：vpíjem 吸い込む，吸収する

vplív[1] ［男］影響 učiteljev ～ na učence：生徒たちに対する先生の影響

vplívati[47] ［不完］影響を与える ～ na javno mnenje：世論に影響を与える

vplíven[38] ［形］女単主：-vna, 比：-ejši 影響力のある

vprašáj[2] ［男］1. 疑問符，クエスチョンマーク 2. 強 質問

vprašálen[38] ［形］女単主：-lna 質問の，疑問の ～i stavek：疑問文；～i zaimek：疑問代名詞

vprašánje[21] [中] 1. 質問, 質問をすること 2. 問題

vprášati / vprašáti[47] [完] 現1単：-am, L分詞：vprášal, -ála 尋ねる, 質問する Vprašala ga, kdaj se bo vrnil. 彼女は彼にいつ帰ってくるのか尋ねた.

vpraševáti[50] [不完] L分詞：-àl, -ála 尋ねる, 質問する Za denar ne vprašujem. お金のことは訊かない（重要ではない）.

vpríčo [前] +生 1. ～の目の前で, いるところで 2. ～のせいで

vrábec[2] [男] 単生：-bca すずめ

vráčati[47] [不完] 1. 返す, 戻す ~ izposojene knjige：借りていた本を返す 2.（返礼として）お返しをする

vráčati se[47] [不完] 帰る, 戻る ~ s sprehoda：散歩から帰る

vrág[1] [男] 1. 婉 悪魔 2. 強 ひどい奴 3. 強・口 騒動, 大騒ぎ Ta novica je naredila vraga in pol. そのニュースは大騒ぎを引き起こした.

vrán[1] [男] からす

vránica[14] [女] 脾臓 z operacijo odstraniti ~o：手術で脾臓を切除する

vrát[5] [男] 単生：-ú/-a 1.（人体）首 obesiti si ogrlico okrog ~u：首にネックレスをする 2.（物の）首, 細くなった部分

vráta[20] [中複] 1. 門, ドア, 戸 Soba ima dvoje vrat. 部屋の2ヶ所にドアがある. 2.（スポーツの）ゴール braniti ~：ゴールを守る

vratár[3] [男] 1. 門番, ドアマン（男）Vratar ga ni spustil v stavbo. 門番は彼を建物の中に入れてくれなかった. hotelski ~：ホテルのドアマン 2. ゴールキーパー（男）

vrataríca[14] [女] 1. 門番（女）2. ゴールキーパー（女）

vráten[38] [形] 女単主：-tna 1. 首の, 喉の 2. 門の, ドアの

vrážji[38] [形] 1. 悪魔の，悪魔のような 2. 強 とても難しい 3. 強 ものすごい

vŕba[14] [女] 柳 ~ žalujka：しだれ柳

vŕč[2] [男] 1. 水差し，ピッチャー 2. マグ

vŕček[1] [男] 単生：-čka マグ ~ za pivo：ビアマグ

vréča[14] [女] 袋 kupiti ~o moke：小麦粉を一袋買う

vréči[49] [完] 現1単：vržem, L分詞：vŕgel, -gla 1. 投げる 2. 捨てる 3. 急に動かす

vréčka[14] [女] 小さい袋 plastična ~：ビニール袋，レジ袋

vred [副]（+前置詞 z / s）一緒に，共に zasmejati se z drugimi ~：他の人と一緒に笑う

vréden[38] [形] 女単主：-dna, 比：-ejši 1. 価値がある biti malo ~：たいした価値がない 2. +生 ~に値する sočutja ~ človek：同情に値する人 3. 強 立派な

vrédnost[16] [女] 価値，値打ち

vrednôta[14] [女] 価値，真価

vrèl / vrél[38] [形] 女単主：vréla 沸騰している，沸いている

vrélec[2] [男] 単生：-lca（温泉などの）源泉

vrèm → vréti

vréme[22] [中] 天気，天候 Vreme se je izboljšalo. 天気はよくなった．

vremenoslôvec[2] [男] 単生：-vca 気象学者（男）

vremenoslôvje[21] [中] 気象学

vremenoslôvka[2] [男] 気象学者（女）

vremenoslôvski[38] [形] 気象の，気象学の

vreménski[38] [形] 天気の，気候の ~a napoved：天気予報

vrésje[21] [中]【単】ヒース

vréti[49] [不完] 現1単：vrèm 1. 沸く，沸騰する Juha vre. スープが沸騰している．2. 強 押し寄せる，広まる Iz dimnika vre gost dim. 煙突からもくもくと煙が

出ている．Ljudje so vreli iz hiš. 人が家々からどっと出てきた．

vŕgel → vréči

vŕh[5] ［男］単生：-a / -á 頂上，上の部分

vŕh ［前］+生 1. ~の頂上で，上方に grad vrh hriba：丘の上の城；pogled z vrh gore：山の頂上からの眺め 2. ~に加えて Vrh vse nesreče so jih še okradli. そのような不幸があった事に加えて彼らは泥棒にも遭った．

vŕhnji[38] ［形］1. 一番上にある ~i gumb na plašču：コートの一番上のボタン 2. 外側の，表面の

vrhúnski[38] ［形］トップレヴェルの

vrníti / vŕniti[49] ［完］現1単：vŕnem, L分詞：vŕnil, -íla 1. 返す，返却する ~ denar：お金を返す 2. お返しをする ~ mu dobroto：彼にごちそうになったお返しをする

vrníti se / vŕniti se[49] ［完］現1単：vŕnem se, L分詞：vŕnil se, -íla se 帰る，戻る

vróč[38] ［形］比：bolj ~ 1. 熱い，暑い ~a voda：お湯；~i poletni dnevi：暑い夏の日々 2. ほてっている 3. 強 かっとしやすい，興奮しやすい

vróčati[47] ［不完］手渡す

vročíca[14] ［女］熱気，ほてり

vročína[14] ［女］1. 猛暑 2. 熱 imeti ~o：熱がある Bolniku vročina pada. 病人の熱が下がっている． 3. 熱気

vročíti[48] ［完］L分詞：vróčil, -íla 手渡す

vŕsta[14] ［女］1. 列 vključiti se v ~o：列に加わる 2. 行 natipkati štiriindvajset vrst na stran：1ページ24行でタイプを打つ 3. +生 多くのもの，一連 ~ dogodkov：一連の事件 4. 【複】社会階層 5. 種類 uporabiti dve ~i črk za tiskanje：印刷に2種類の文字を使う 6. 順番 biti na ~i：~の番だ；priti na ~o：順番がくる 7. 品質の等級 blago prve ~e：第1級の商品

vrstíca[14] ［女］1. 行 2.【複】強 文, 文章

vrstílen[38] ［形］女単主：-lna 順番の ~i številnik：順序数詞

vrstíti se[48] ［不完］1.（同種のものが）並んでいる Po stenah se vrstijo najrazličnejše slike. 壁に実にさまざまな絵が並んでいる. 2. 次から次へと起こる Govorniki se vrstijo drug za drugem. 演説者が次から次へと壇上に上がる. 3. 列に並ぶ

vrstníca[14] ［女］1. 同年輩の人（女）2. 同じような立場・環境の人（女）

vrstník[1] ［男］1. 同年輩の人（男）2. 同じような立場・環境の人（男）

vŕt[5] ［男］単生：-a 庭, 庭園 delati na ~u：庭仕事をする；botanični ~：植物園；živalski ~：動物園

vŕtec[2] ［男］単生：-tca 1. 小さな庭 2. otroški ~：幼稚園

vŕten[38] ［形］女単主：-tna 庭の ~a veselica：ガーデンパーティー

vrtéti[48] ［不完］1. 回す Voda vrti mlinsko kolo. 水が水車を回している. ~ klobuk v roki：手の中で帽子を回す 2.（レコードを）かける,（映画を）上映する 3. 強 自由に操る

vrtéti se[48] ［不完］1. 回る, 回転する 2. 強 うろうろする 3. めまいがする Od pijače se mi vrti. 飲んだせいで目が回る.

vrtínec[2] ［男］単生：-nca 1. 渦 2. 回転, 旋回

vrtnár[3] ［男］庭師（男）

vrtnaríca[14] ［女］庭師（女）

vrtnárjenje[21] ［中］ガーデニング, 庭仕事

vŕtnica[14] ［女］バラ diši po ~ah：バラの香りがする

vrtoglàv / vrtogláv[38] ［形］女単主：-áva, 比：bolj ~ 1. めまいがする, くらくらする 2. 強 ぼうっとしている 3. 強 大きな, 偉大な

vrtoglávica[14]［女］めまい

vŕv[17]［女］ひも，ロープ plezarna 〜：ザイル；voditi žival na 〜：動物をひもでつないで連れ歩く；pobrati perilo z ~i：洗濯物を取り込む

vŕžem → vréči

vsáj［助］1. 少なくとも Vsaj eden se me je spomnil. 少なくとも一人は私を覚えていた．2. せめて Če bo odgovoril, boš vsaj vedel, kaj misli. もし彼が答えれば，せめて何を考えているかぐらいはわかるだろう．

vsák[38]［代］それぞれの，個々の

vsakdánji[38]［形］1. 日常の Pogovarjala sva se o vsakdanjih stvareh. 私たちは日々の出来事を話し合った．2. 毎日の hoditi na ~i sprehod：日課の散歩に行く

vsákdo[33]［代］それぞれの人，みんな Vsakdo ima pravico do počitka. みんなが休む権利をもっている．

vsakoléten[38]［形］女単主：-tna 毎年の Sejem je vsakoleten. 見本市は毎年開催される．

vsebína[14]［女］1. 中身 〜 vreče：袋の中身 2. 内容 povedati ~o berila s svojimi besedami：読み物の内容を自分のことばで語る

vsebínski[38]［形］中身の，内容の，内的な

vsebováti[50]［不完］L 分詞：-àl, -ála 含む，内部にもつ，〜という内容である Ruda vsebuje dosti železa. 鉱石は相当量の鉄を含んでいる．Poročilo vsebuje natančen opis raziskave. レポートの内容は調査の詳細な記述である．

vseêno［副］1. どうでもいい，どちらでもいい Meni je vseeno, kako živi. 彼がどう暮らしていようと私にはどうでもいいことだ．2. それでもやはり Bil je dober delavec, a je moral vseeno oditi. 彼はいい労働者だったというのに，それでも出て行かなくてはならなかった．

vsèkakor / vsekàkor［副］1. 絶対に Nesreča se je

vsekakor zgodila zaradi malomarnosti. 事故は不注意が原因で起こったに違いない. 2. 強 とにかく Knjigo vsekakor prinesi še danes. とにかく今日のうちに本をもってきなさい.

vsèlej [副] 絶えず, 常に

vselíti se[48] [完] 現1単：vsélim se, L分詞：vsêlil se, -íla se 引っ越してくる ~ v novo stanovanje：新しいアパートに引っ越してくる

vsemogóčen[38] [形] 女単主：-čna 全能の

vsènaokróg [副] 周り中

vsestránski[38] [形] 1. 全面的な, オールマイティな nuditi ~o pomoč：全面的な支援を申し出る；~i športnik：オールマイティなスポーツマン 2. 多面的な

vsiljeváti[50] [不完] L分詞：-àl, -ála 押しつける, 強いる

vsiljív[38] [形] 比：-ejši 1. 押しの強い, 押しつけがましい 2. 割り込んでくる

vsôta[14] [女] 総計, 総額 plačati zahtevano ~o：請求された全額を支払う

vstájati[47] [不完] 1. 起き上がる, 立ち上がる 2. 強 od + 生 座ってする動作を中断する Nerad vstaja od branja. 彼は読書を中断するのが好きではない.

vstánem → vstáti

vstáti[49] [完] 現1単：vstánem, L分詞：vstàl, vstála 1. 起き上がる, 立ち上がる 2. 強 od + 生 座ってする動作を中断する ~ od dela：仕事を中断する

vstáviti[48] [完] 差し込む, 挿入する ~ disketo v računalnik：コンピューターにディスクを入れる

vstòp[1] [男] 単生：-ópa 入ること, 入場, 乗車 ~ v višji letnik：進級

vstópati[47] [不完] 1. 乗る, 乗車する ~ v avtobus：バスに乗る 2. 入る 3. 一員となる, メンバーになる

vstópen[38] [形] 女単主：-pna 乗車の ~a postaja：乗

車駅；~i kupon：搭乗券

vstopíti / vstópiti[48] [完] 現1単：-im, L分詞：vstópil, -íla 1. 乗る, 乗車する 2. 入る 3. 一員となる, メンバーになる Na univerzo je vstopil z dvajsetimi leti. 彼は20歳で大学に入った.

vstópnica[14] [女] 入場券, チケット ~ za gledališče：劇場のチケット

vstopnína[14] [女] 入場料

vstrán [副] 1. 脇に 2. 離れて

všéč [副] 気に入る Darilo mi je všeč. プレゼントは気に入っている.

vtakníti / vtákniti[49] [完] 現1単：-em, L分詞：vtáknil, -íla 1. 入れる, つっこむ ~ bankovec v žep：お札をポケットに入れる 2. 強 着せる, はめる ~ ujetnika v verige：捕虜に鎖をつける 3. 強 滑り込ませる

vtič[2] [男] 単生：vtíča プラグ

vtíčnica[14] [女] コンセント vtakniti vtič v ~o：プラグをコンセントに差し込む

vtípkati[47] [完] キーボードで入力する, 打ち込む

vtís[1] [男] 1. 印象 2. 刻印

vtísniti[49] [完] 1. 押さえつける 2. 刻印を残す 3. 印象づける

vulkán[1] [男] 火山 izbruh ~a：火山の噴火

vzajémen[38] [形] 女単主：-mna, 比：-ejši 1. 相互の, 互いの 2. 文 共同の

vzámem → vzéti

vzbudíti[48] [完] L分詞：vzbúdil, -íla 引き起こす ~ zanimanje za študij：学問に対する興味を引き起こす

vzbújati[47] [不完] 引き起こす Tako govorjenje vzbuja dvome. そういう話し方は疑いをもたれる.

vzdévek[1] [男] 単生：-vka あだ名, ニックネーム Poznam ga po vzdevku. 彼はニックネームで知っている.

vzdíh[1][男]ため息

vzdíhniti[49][完]ため息をつく

vzdihováti[50][不完] L 分詞：-àl, -ála ため息をつく 強
～ po počitnicah：休みを待ち望む

vzdržáti[48][完] L 分詞：vzdŕžal, -ála 耐える，持ちこたえる Most vzdrži pet ton. 橋は5トンの重量に耐える．

vzdrževalnína[14][女]維持費 ～ za avtomobil：車の維持費

vzdrževáti[50][不完] L 分詞：-àl, -ála 1. 維持する，いい状態に保つ ～ cesto：道路のメンテナンスをする 2. 養う ～ družino：家族を養う

vzdúšje[21][中]複生：vzdúšij 雰囲気 Vzdušje je postalo napeto. 雰囲気はぴりぴりとした．

vzéti[49][完]現1単：vzámem 1. 取る ～ kamen v roko：手に石を取る 2. 受ける，受け取る ～ darilo：贈り物を受ける 3. 取り上げる Vse so mu vzeli, kar je imel. 彼は持っているものすべてを取り上げられた．4. 採用する V šolo so vzeli le učence z odločnim uspehom. 学校に入学できたのはすばらしい成績をおさめた生徒だけだった．

vzgájati[47][不完] 1. しつける 2. 教育する，養成する ～ strokovnjake：専門家たちを養成する

vzgója[14][女] 1. しつけ 2. 教育，養成 telesna ～：体育

vzgójen[38][形]女単主：-jna, 比：bolj ～ しつけの，教育の，教育的な Tako ravnanje ni vzgojno. そのような待遇は教育的ではない．

vzgojíti[48][完] L 分詞：vzgójil, -íla 1. しつける 2. 教育する，養成する

vzhájati[47][不完] 1. 太陽や月が昇る Sonce vzhaja. 太陽が昇っていく．Dežela vzhajajočega sonca：日本（＝太陽の昇る国）2. 文（音などが）上がる，沸き起

こる 3. 膨れ上がる Kruh vzhaja. パンが膨らんでいる.

vzhòd[1] ［男］単生：vzhóda 1. 太陽や月が昇ること sončni ～：日の出 2. 東 Letalo leti na vzhod. 飛行機は東へ向かって飛んでいく.

vzhóden[38] ［形］女単主：-dna, 比：-ejši 東の, 東側の

vzídan[38] ［形］作りつけの, はめ込まれた ～a omara：押入れ

vzídem → vzíti

vzíti[49] ［完］現1単：vzídem, L分詞：vzšèl, -šlà 1. 太陽や月が昇る 2. 文 (音などが) 上がる, 沸き起こる 3. 膨れ上がる

vzklíkniti[49] ［完］叫ぶ

vzljubíti / vzljúbiti[48] ［完］現1単：-im, L分詞：vzljúbil, -íla 好きになる

vzmét[17] ［女］ばね

vzmétnica[14] ［女］マットレス

vznemíriti se[48] ［完］心配する, どきどきする

vznemírjati se[47] ［不完］心配する, どきどきする Za vsako malenkost se vznemirja. どんな些細なことにもどぎまぎしている.

vzòr[1] ［男］単生：vzôra 手本, 模範 biti ～ mladih：若者たちの模範である

vzórčen[38] ［形］女単主：-čna 見本の ～i izdelek：見本品

vzórec[2] ［男］単生：-rca 1. 見本, 手本 2. 型 3. 模様 4. サンプル vzeti ～：サンプルを取る

vzpòn[1] ［男］単生：vzpôna 1. 上ること ～ in sestop：上り下り；gospodarski ～ državе：国の経済成長 2. 上り坂

vzporéden[38] ［形］女単主：-dna 平行の, 平行する ～i črti：平行線

vzporédnica[14] ［女］1. 平行線 2. 系列校

vzpostáviti[48] [完] 打ち立てる,築く ～ mir:平和を築く

vzpostávljati[47] [不完] 打ち立てる,築く

vzròk[1] [男] 単生:vzróka 原因,理由 iskati ～ gospodarskih neuspehov:経済がうまくいかなくなった理由をさぐる

vzšèl → vzíti

vztrájati[47] [不完] 1.(困難な状況の中で)居残る,居続ける ～ pri bolniku:病人のそばに付き添う 2. し続ける ～ pri delu:仕事を続ける

vztrájen[38] [形] 女単主:-jna, 比:-ejši 根気強い,ずっと続く

vzvíšen[38] [形] 比:bolj ～ 1. 高くなった ～ sedež:高くなった座席 2. 高貴な

vzvòd[1] [男] 単生:-óda てこ,レバー

vžigálica[14] [女] マッチ prižgati ~o:マッチに火をつける

vžigálnik[1] [男] ライター prižgati si cigareto z ~om:ライターでタバコに火をつける

vživéti se[48] [完] L 分詞:vžível se, -éla se v+対 適応する,慣れる Otrok se je kmalu vživel v novo družino. 子どもは新しい家族にまもなく適応した.

Z

z [前] (母音字および有声子音字の前で)
 Ⅰ +生 ～から,～の表面から Veter mu je odnesel klobuk z glave. 風が彼の帽子を頭から吹き飛ばした. pismo z dne 5. decembra:12 月 5 日づけの手紙

Ⅱ+造 1. ～によって potovati z vlakom：列車で旅行する 2. ～と共に čaj z lomono：レモンティー

za [前] Ⅰ+生 ～の世に，～の治世に za časa Marije Terezije：マリア・テレジアの治世に

Ⅱ+対 1. ～の後ろへ，向こうへ Sonce je zašlo za goro. 太陽は山の向こうへ沈んだ. sesti za mizo：テーブルにつく 2. ～行き avtobus za Maribor：マリボル行きのバス 3. (動作を受ける主体の部分) ～で vleči za lase：髪を引っ張る 4. ～として biti za pričo：証人として Nimam ga za genija. 私は彼を天才と考えていない. 5. ～にとって Zame je to vseeno. 私にとってそれはどうでもよいことです. 6. ～のために boj za obstanek：存亡をかけた戦い

Ⅲ+造 1. ～の後ろに，向こうに Za hišo imajo lep vrt. 家の裏手に美しい庭がある. 2. ～の後で Za torkom je sreda. 火曜日の後は水曜日だ. 3. 強 連続して dan za dnem：日ごとに，日に日に 4. ～のために，～のせいで zboleti za gripo：インフルエンザに罹る；umreti za rakom：ガンで死ぬ

zabáva[14] [女] 1. 楽しみ，気晴らし za ~o：おもしろ半分に 2. パーティー ～ za rojstni dan：バースデーパーティー；iti na ~o：パーティーに行く

zabávati[47] [不完] 楽しませる Zabaval je otroke z branjem pravljic. その人はお話を朗読して子どもたちを楽しませていた.

zabávati se[47] [不完] 楽しむ，楽しく過ごす ～ z igranjem kart トランプをして楽しむ

zabáven[38] [形] 女単主：-vna, 比：-ejši 1. 楽しい，愉快な 2. 娯楽の，娯楽のための

zabávno [副] 比：-ej(š)e 楽しく，愉快に

zabeléžiti[48] [完] 1. 書きとめる，メモを取る 2. 注目する

zableščáti se[48] [完] L分詞：zablêščal se, -ála se 火

花を放つ，輝く Oči so se ji zableščale. 彼女の目が輝いた．

zabòj[2] [男] 単生：-ôja 木箱，箱 zlagati knjige v ~：本を箱につめる

zaboléti[48] [完] L 分詞：zabôlel, -éla【3人称・無人称】痛くなる Od svetlobe so ga zabolele oči. 光のせいで彼の目は痛くなった. Zabolelo ga je pri srcu. 彼は心臓に痛みを感じた．

zabúhel[38] [形] 女単主：-hla, 比：bolj ~ むくんでいる

začásen[38] [形] 女単主：-sna 仮の，暫定的な，一時的な

začénjati[47] [不完] 始める
začénjati se[47] [不完] 始まる
začétek[1] [男] 単生：-tka 始まり，開始 na ~u：始めに；za ~：第一に，まず

začéten[38] [形] 女単主：-tna 初めの，最初の ~i tečaj：初級コース

začéti[49] [完] 現1単：začnèm 始める
začéti se[49] [完] 現1単：začnèm se 始まる
začétnica[14] [女] 1. イニシャル，頭文字 človek z veliko ~o：重要人物 2. 入門書 šahovska ~：チェスの入門書 3. 創始者（女）4. 初心者，入門者（女）

začétnik[1] [男] 1. 創始者（男）2. 初心者，入門者（男）~ pri delu：仕事を始めたばかりの人；smučar ~：スキーの初心者

začímba[14] [女] 香辛料，スパイス dodajati hrani ~e：食べ物にスパイスを加える

začínjen[38] [形] 比：bolj ~ 香辛料，スパイスが加わった，香辛料，スパイスが効いた

začnèm → začéti
začnèm se → začéti se
začúden[38] [形] 比：bolj ~ 驚いた，びっくりした

začúdenje[21] ［中］驚き，驚愕 na ～：驚いたことに
začútiti / začutíti[48] ［完］現1単：-im, L分詞：začútil, -íla 感じる，気づく
zád ［副］口 後ろに，背後に
zadàh / zadáh[1] ［男］単生：-áha 悪臭
zádaj ［副］口 後ろに，背後に od ～：後ろから
zadáviti[48] ［完］窒息させる
zadénem → zadéti
zadéti[49] ［完］現1単：zadénem 1. ぶつける ～ z glavo ob zid：頭を壁にぶつける；～ z glavo v strop：頭を天井にぶつける 2. 当てる，打つ ～ tarčo：的を打つ；～ v sredino：真ん中に当てる 3. na+対 背負う，かつぐ ～ puško na ramo：銃を肩にかつぐ；～ nahrbtnik：リュックを背負う 4. 引き当てる ～ glavni dobitek na loteriji：くじで1等を引き当てる 5. 影響する，作用する ～ mu kaj hudega：彼に何か悪い影響が及ぶ；～ bistvo：本質をつかむ；～ v črno：要点をつく
zadéva[14] ［女］1. 事 2. 業務，件
zadévati[47] ［不完］1. ぶつける 2. 当てる，打つ 3. na+対 背負う，かつぐ 4. 影響する，作用する 5. 関係している，関連がある Ti problemi zadevajo različna področja človekovega življenja. これらの問題は人間の生活の様々な面と関連している. kar zadeva + 対：～に関しては Kar zadeva mene, so stvari urejene. 私は大丈夫です.
zádnji[38] ［形］1. 後ろの，背後の ~a stran hiše：家の後ろ側 2. 最後の ~e poglavje knjige：本の最終章 3. 最近の v ~ih treh letih：ここ3年で；~i krajec：下弦の月
zádnjica[14] ［女］臀部，尻
zádnjič ［副］1. 最後に 2. 先ごろ，この間
zádnjik[1] ［男］1. 肛門 2. 後ろ身ごろ

zádnjikrat [副] 最後に

zadôsti [副] 充分に

zadostováti[50] [不完] L分詞：-àl, -ála, +与 満足させる，充分だ Naši razlogi mu niso zadostovali. 私たちの説明では彼は満足しなかった．

zadóščati[47] [不完] 1. +与 満足させる，充分だ Plača mu ne zadošča. 給料に彼は満足していない．2. +対 満たす ～ potrebe kupcev：購買客の要求を満たす

zadovóljen[38] [形] 女単主：-jna, 比：-ejši z/s+造 ～に満足している biti ～ s samim seboj：自分自身に満足している

zadovoljíti[48] [完] L分詞：zadovóljil, -íla 1. +与 満足させる 2. +対 満たす

zadovóljno [副] 比：-ej(š)e 満足して

zadréga[14] [女] 当惑，困難 spraviti dekle v ～o：女の子を当惑させる

zadrémati[50/47] [完] 現1単：-ljem / -am, L分詞：-al, -ala / zadrémal, -ála うとうとする，まどろむ ～ od utrujenosti：疲れてついうとうとする

zadrémljem → zadrémati

zadŕga[14] [女] ジッパー，ファスナー

zádruga[14] [女] 組合 vstopiti v ～o：組合に入る

zadržán[38] [形] 比：bolj ～ 1. 押さえた 2. 自制する biti ～e narave：自制のきいた性格だ 3. 保留の 4. 目立たない，地味な

zadržáti[48] [完] L分詞：zadŕžal, -ála 1. 押さえる，押さえ込む 2. 保留する，差し控える 3. 抑制する ～ jezo：怒りを押さえる 4. 引き留める

zadrževáti[50] [不完] L分詞：-àl, -ála 1. 押さえる 2. 保留する，差し控える 3. 抑制する 4. 引き留める ～ goste, da ne odidejo：お客さんたちを立ち去らないように引き留める

zadúšen[38] [形] 女単主：-šna, 比：bolj ～ 息苦しく

なるほどの
zadušíti[48] ［完］L 分詞：zadúšil, -íla 1. 窒息死させる，絞殺する 2. 強 抑圧する，弾圧する ～ revolucijo：革命を弾圧する 3. 強 押さえる，抑制する ～ solze：涙を押さえる 4.（音や声を）小さくする Bojazen mu je zadušila glas. 恐怖で彼の声は小さくなった．5. 吹き消す
zadúšnica[14] ［女］死者のためのミサ ～ za ponesrečenci：犠牲者のための追悼ミサ
zaênkrat / zaenkràt ［副］口 今のところ，とりあえず
zaglávje[21] ［中］複生：zaglávij 1. 後頭部 2. 文 雑誌や新聞の表題，題目
zaglédati[47] ［完］目にとめる ～ luč sveta：生まれる
zaglédati se[47] ［完］1. 目をやる ～ predse：前に目をやる；～ v+対：見つめる začudeno ～ v plakat：驚いたようにポスターを見つめる 2. 強 v+対 恋に落ちる
zagnáti[49] ［完］現 1 単：zažênem, L 分詞：-àl, -ála 1. 起動させる 2. 投げる，投げつける ～ kozarec ob tla：コップを床に投げつける ～ žogo visoko v zrak：ボールを空中高く投げ上げる 3. 追いたてる 4. 文 芽吹く
zagôrel / zagorèl[38] ［形］女単主：-éla, 比：bolj ～ 日に焼けた od sonca ~a koža：日に焼けた肌
zagoréti[48] ［完］L 分詞：zagôrel, -éla 1. 焼け始める，燃え出す 2. 輝き出す 3. 強 za+対 熱中する ～ za nov načrt：新しい計画に熱中する 4. za+対 好きになる，恋をする 5. 日焼けする
zagotávljati[47] ［不完］保証する，請合う
zagotovílo[20] ［中］保証，確言
zagotovíti[48] ［完］L 分詞：zagotôvil, -íla 保証する，請合う

zagovárjati[47] ［不完］1. とりなす，とりもつ 2. 主張する，弁護する 3. 審査を受ける ~ diplomsko nalogo：学位論文の審査を受ける

zagovórnica[14] ［女］嘆願者，支持者，弁護人（女）

zagovórnik[1] ［男］嘆願者，支持者，弁護人（男）

zagózda[14] ［女］楔

zagrabíti / zagrábiti[48] ［完］現1単：-im, L 分詞：zagrábil, -íla / -il, -ila 1. つかむ，握る ~ ga za lase：彼の髪をつかむ Zagrabila ga je bolezen. 彼は病気にかかった. 2. 園 覆う，埋める

zagráda[14] ［女］1. 柵，フェンス 2. 柵やフェンスに囲われたところ

zagrešíti[48] ［完］L 分詞：zagréšil, -íla（事故などを）起こす，（罪を）犯す ~ umor：殺人を犯す

zagrozíti[48] ［完］L 分詞：zagrózil, -íla 脅かす

zahájati[47] ［不完］1.（太陽や月が）沈んでゆく 2.（いつのまにか）それる 3. よく出入りする

zahóčem se → zahotéti se

zahòd[1] ［男］単生：-óda 1.（日や月が）沈むこと sončni ~：日没 2. 西 na ~u：西で

zahóden[38] ［形］女単主：-dna, 比：-ejši 西の

zahotéti se[49] ［完］現1単：zahóčem se, L 分詞：zahôtel se, -éla se【無人称】（与）が（生）を切望する Zahotelo se mu je pijače. 彼は飲み物が欲しくなった.

zahtéva[14] ［女］1. 要求 na ~o：要求に応じて 2. 要求書

zahtévati[47] ［不完・完］1. 要求する Ta učitelj od učencev veliko zahteva. この教師は生徒たちに多大な要求をする. 2.【3人称】要する Ta zadeva zahteva hitro rešitev. この件は早急に解決すべきである.

zahtéven[38] ［形］女単主：-vna, 比：-ejši 1. 貪欲な，要求の多い 2. 厳格な，骨の折れる

zahtévno ［副］比：-ej(š)e 貪欲に

zahvála[14] ［女］1. 感謝 v ~o za njega：彼に感謝して 2. 謝辞

zahválen[38] ［形］女単主：-lna 感謝の，お礼の ~i dan：感謝祭；~o pismo：お礼状

zahvalítev[15] ［女］感謝

zahvalíti se / zahváliti se[48] ［完］現1単：-im se, L分詞：zahválil se, -íla se 感謝する，お礼を言う

zahvaljeváti se[50] ［不完］L分詞：-àl se, -ála se 感謝する，お礼を言う

zaídem → zaíti

zaigráti[47] ［完］L分詞：zaigràl, -ála 1. 演じる，演奏する 2. 演じ始める，演奏し始める 3. 賭けで負ける，賭けで失う 4. 強 ふりをする ~ zmagovalca：勝者をよそおう，勝ったふりをする

zaímek[1] ［男］単生：-mka 代名詞 kazalni ~：指示代名詞；nedoločni ~：不定代名詞；osebni ~：人称代名詞；povratni ~：再帰代名詞；svojilni ~：所有代名詞；vprašalni ~：疑問代名詞

zaiskríti se[48] ［完］L分詞：zaískril se, -íla se 輝く，きらめく

zaíti[49] ［完］現1単：zaídem, L分詞：zašèl, -šlà 1. (太陽や月が) 沈む 2. 道に迷う，道を間違える Letalo je zašlo iz smeri. 飛行機が航路をはずれた．3. いつのまにか知らないうちにたどり着く Med sprehodom je zašel v stari del mesta. 散歩をしているうちに旧市街に来てしまった．

zajámem → zajéti

zájec[2] ［男］単生：-jca 1. ウサギ lov na ~e：ウサギ狩り；sliši kot ~：耳がとてもよい；spi kot ~：眠りが浅い；teče kot ~：足がとても速い 2. 臆病者 3. 長靴脱ぎ（＝靴のかかとを押さえて脱ぎ易くする器具）

zajedávec[2] ［男］単生：-vca 1. 寄生虫 2. ヤドリギ

zajemálka[14] ［女］ひしゃく，杓子，レードル

zajémati[47] ［不完］1. ひしゃくなどを使ってすくう z žlico ～ krompir v juhi：スプーンでスープの中のジャガイモをすくう 2. ～ zrak：息を吸う 3. 含んでいる Organizacija zajema tisoč članov. 組織にはメンバーが 1000 人いる．～ v zbirko najboljše sodobne romane：選集に良質の現代小説が含まれている

zajéti[49] ［完］現 1 単：zajámem 1. ひしゃくなどを使ってすくう，取り込む 2. ～ zrak：息を吸う 3. 含める，受け入れる Stavka je zajela več tisoč delavcev. ストライキには 1000 人以上の労働者が参加した．4. 捕らえる ～ tihotapce：密輸人を捕らえる

zajóčem → zajókati / zajokáti

zajókati / zajokáti[47/49] ［完］現 1 単：-jókam / -jóčem 泣き出す

zájtrk[1] ［男］朝食 jesti ～：朝食をとる

zajtrkováti[50] ［不完］L 分詞：-àl, -ála 朝食をとる

zakáj ［副］1. なぜ，どうして 2. (le, pa を伴い) まさか Se bojiš？-Zakaj le. こわい？-まさか．3. (否定文と共に) もちろん Bi šel z nami？-Zakaj pa ne. 一緒に来てくれる？-もちろん．

zakàj ［接］～だから，～なので

zakajèn[38] ［形］女単主：-êna, 比：bolj ～ けむい

zaklàd[1] ［男］単生：-áda 1. 富，宝 najdeni ～：埋蔵物，埋蔵金，宝庫 2.【複】財産 kopičiti ～e：財産を貯めこむ Tega ne bi storil za vse zaklade sveta. そんなことは絶対にしないだろう．3. besedni ～：語彙

zakládnica[14] ［女］宝物庫，金庫 državna ～：国庫

zakláti[50] ［完］現 1 単：zakóljem, L 分詞：zaklàl, -ála 1. 屠殺する 2. 囲 刺し殺す

zakleníti[49] ［完］現 1 単：zaklénem, L 分詞：zaklênil, -íla 鍵をかける，錠を下ろす

zaklépati[47] ［完］鍵をかける

zaklícati[49] ［完］現 1 単：zaklíčem, L 分詞：-al, -ala /

-ála 1. 叫ぶ, 大声で呼ぶ Zaklicali so mu, naj pohiti. 彼は急げと声を掛けられた. ~ prijateljem, naj počaka：待つように友人に叫ぶ 2. 固 呼ぶ

zakíčem → zaklícati

zaljúček[1] [男] 単生：-čka 1. 終わり 2. 結論 priti do ~a：結論に達する

zaljúčen[38] [形] 女単主：-čna 最後の, 終わりの ~i račun：決算；~i izpit：最終試験

zaključeváti[50] [不完] L 分詞：-àl, -ála 1. 終わらせる, 終結させる 2. 結論を出す

zaljúčiti[48] [完] 1. 終わらせる, 終結させる ~ kosilo s črno kavo：最後にブラックコーヒーを飲んで昼食を終える 2. 結論を出す

zakóljem → zakláti

zákon[1] [男] 単生：-óna 1. 婚姻, 婚姻関係 skleniti ~：結婚する 2. 法律, 法 postaviti ga izven ~a：彼から法律の保護を奪う 3. 法則 Mendlovi ~：メンデルの法則

zakónec[2] [男] 単生：-nca 配偶者（双数形で）zakonca：夫婦

zakonít[38] [形] 法にかなった, 合法的な

zakonodája[14] [女] 立法, 法律制定

zakónski / zákonski[38] [形] 法律の ~i osnutek：法案, 議案

zakónski[38] [形] 1. 婚姻の, 結婚の ~i par：夫婦 2. 配偶者の

zakóten[38] [形] 女単主：-tna, 比：-ejši 1. 目立たない, 人目につかない 2. 強 地下組織の, 闇の

zakótje[21] [中] 複生：zakótij 目立たない場所, 人目につかない所 živeti v ~u：辺鄙な所で暮らす

zakristíja[14] [女] 聖具室, 聖物納堂

zakrívljen[38] [形] 比：bolj ~ 曲がった, 湾曲した, 鉤型の ~ nož：鉤鼻

zál[38] [形] 比：záljši 固 顔立ちのよい

zalepíti / zalépiti[48] [完] 現1単：-im, L分詞：zalépil, -íla / -il, -íla 1. 貼る，貼りつける 2. くっつける

zaletéti se[48] [完] L分詞：zalêtel se, -éla se 1. v+対 ぶつかる，衝突する 〜 z avtomobilom v drevo：車で木に衝突する 2. 駆け出す 3.（問題などに）ぶつかる，いきあたる

zalíjem → zalíti

zalíti[50] [完] 現1単：zalíjem 1.（植物に）水をやる 2. 注ぐ 3.（液体で）覆う 4. 強 z/s+造 大量に飲ませる Sosed ga je zalil z vinom. 隣人は彼にワインを大量に飲ませた．

zalív[1] [男] 湾，入り江

zalívati[47] [不完] L分詞：-al, -ala / -ála 1.（植物に）水をやる 2. 注ぐ 3.（液体で）覆う 4. 強 z/s+造 大量に飲ませる

zalízek[1] [男] 単生：-zka【複】もみあげ

zaljúbiti se / zaljubíti se[48] [完] 現1単：-im se, L分詞：zaljúbil se, -íla se 好きになる，愛するようになる 〜 na prvi pogled：一目で好きになる，一目ぼれする；〜 do ušes：大好きになる Zaljubila sta se drug v drugega. 彼らはお互いに恋に落ちた．

zalóga[14] [女] 1. 蓄積，備蓄 2. 在庫

zalotíti / zalótiti[48] [完] 現1単：-im, 分詞：zalótil, -íla とらえる，つかまえる

založba[14] [女] 1. 出版社 urednik pri 〜i：出版社勤務の人 2. 出版 〜 knjig：書籍の出版

založníca[14] [女] 出版業者，発行人（女）

založník[1] [男] 出版業者，発行人（男）

zamàh / zamáh[1] [男] 単生：-áha 打つこと

zamàn [副] 無駄に，虚しく Vse je bilo zaman. すべては無駄だった．

zamášek[1] [男] 単生：-ška 栓 zapreti z 〜om：栓でふ

たをする；~ za ušesa：耳栓

zamêjstvo[20]［中］スロヴェニアとの国境近くにある隣国のスロヴェニア語話者地域

zaménjati / zamenjáti[47]［完］現1単：-am, L分詞：-al, -ala / zaménjal, -ála 1. 交換する ~ enosobno stanovanje za dvosobno：一部屋の住まいと二部屋の住まいを交換する；~ denar v banki：銀行でお金を（外貨に）替える 2. 交代させる ~ ga na straži：彼を見張りに交代させる 3. 変える 4. 見間違える，取り違える V temi je zamenjal okna za vrata. 暗がりで窓とドアを間違えた．

zamenjáva[14]［女］交換，交替

zamenjeváti[50]［不完］L分詞：-àl, -ála 1. 交換する 2. 交替させる 3. 変える

zamériti[48]［完］+与 ~に対して腹を立てる，憤慨する ~ mojstru neodgovornost pri delu：親方の仕事の無責任さに腹を立てる

zamerljív[38]［形］比：bolj ~ / -ejši 怒りっぽい，激し易い

zamísel[16]［女］単生：-sli 1. 考え，イメージ 2. 意図，意思

zamísliti se[48]［完］考えはじめる

zamísliti si[48]［完］想像する，イメージする Ali si lahko zamisliš, kako bo potekal ta poskus ? この実験がどうなるか想像できる？

zamíšljati si[47]［不完］想像する，イメージする

zamíšljen[38]［形］比：bolj ~ 1. 想像の，想定された 2. 考え深い

zamôlkel[38]［形］女単主：-kla, 比：bolj ~（色，音，光などが）鈍い，くすんだ

zamótan / zamotán[38]［形］比：bolj ~ からまった，もつれた ~ problem：こみいった問題

zamŕzniti[49]［完］1. 氷が張る 2. 凍る 3.（凍りついた

ように)動けなくなる Računalnik je zamrznil. コンピューターがフリーズした. 4. 凍らせる, 氷づけにする 5. 凍結する

zamrzoválnik[1] [男] 冷凍庫, フリーザー

zamúda[14] [女] 遅れ imeti ~o：遅れている；priti z ~o：遅れて到着する, 遅刻する

zamúden[38] [形] 女単主：-dna, 比：-ejši 多くの時間がかかる, 時間浪費の

zamudíti[48] [完] L分詞：zamúdil, -íla 遅れる, 遅刻する ~ pet minut：5分遅れる；~ vlak：列車に乗り遅れる；~ h kosilu：昼食に遅れる；~ s plačilom davka：税金の支払いが遅れる

zamudíti se[48] [完] L分詞：zamúdil se, -íla se 居続ける

zamúdnica[14] [女] 遅刻者（女）

zamúdnik[1] [男] 遅刻者（男）

zamúdno [副] 比：-ej(š)e のろのろと

zamújati[47] [不完]（繰り返し）遅れる, 遅刻する

zamújati se[47] [不完] 居続ける

zanemáriti[48] [完] 1. 無視する, 軽んずる 2. 放置する, 手入れを怠る

zanemárjati[47] [不完] 1. 無視する, 軽んずる 2. 放置する, 手入れを怠る

zanemájren[38] [形] 比：bolj ~ ほったらかしの, ちらかっている

zanesljív[38] [形] 比：-ejši 1. 信頼に足る biti ~ pri delu：仕事のときは信頼できる 2. 確かな, 確実な

zanesljívo [副] 比：-ej(š)e 確かに, 確実に

zanêsti[49] [完] 現1単：zanêsem, L分詞：zanésel, -nêsla 1. 持ち去る, 運び去る Prah je zaneslo v vsako špranjo. 埃はすきまというすきまに吹き寄せられた. 2. 一部を動かす, 位置を少し変える drugi konec klopi ~ še malo k zidu：ベンチのもう一方の端をも

う少し壁のほうへ動かす 3. 夢中にさせる, 我を忘れさせる Jeza ga je zanesla. 彼は怒りで我を忘れた. 4. もたらす ~ razdor med prijatelje：友人たちの間に亀裂ができる

zanìč [形] 不変 比：bolj ~ 1. 強 ひどく悪い ~ cesta：ひどい悪路 Ta zdravila so zanič. これらの薬は全然効かない. 2. (これ以上) 全く役に立たない ~ stvari odpeljati na odpad：使えないものをゴミにする

zaničevánje[21] [中] 軽蔑, さげすみ

zaníkati[47] [完] 否定する

zaníkrn[38] [形] 比：bolj ~ / -ejši 無頓着な, 不注意な

zanímanje[21] [中] 興味, 関心 ~ za + 対：(対)に対する興味, 関心；z ~em：興味を持って

zanímati[47] [不完] 興味をひく, 関心をひく Zanima me mnenje drugih o tem. 私はこれについて他の人がどう思っているか知りたい. Zanimalo ga je, kje je oče. 彼は父がどこにいるのか, 尋ねてまわった.

zanímati se[47] [不完] za + 対 ~に興味, 関心がある ~ za vzroke nesreče：事故の原因に関心を持つ

zanimív[38] [形] 比：-ejši 1. おもしろい, 興味深い 2. 適切な ~e cene：適正価格

zanimívo [副] 比：-ej(š)e 興味深く

zanimívost[16] [女] 興味, 関心

zánka[14] [女] 1. 落とし穴 2. (編物の) ループ 3. 強 危険, わな ujeti ga v ~o：彼を陥れる

zaokrožíti / zaokróžiti[48] [完] 現1単：-im, L分詞：zaokróžil, -íla 1. 丸くする, 角を取る 2. 差し引く 3. 土地をひとつにまとめる 4. 完成させる, 完全なものにする

zaostájati[47] [不完] 1. 遅れている Bolna žival zaostaja za čredo. 病気の動物は群れから遅れている. ~ v rasti：成長が遅れている；~ s plačilom：支払いが遅延している 2. (質や量で) 劣っている Prevod ne zaostaja za izvirkom. 翻訳はオリジナルに劣っていない.

zaostánem → zaostáti

zaostáti[49] ［完］現1単：zaostánem, L分詞：-àl, -ála 1. 遅れる 2. 留年する ～ v petem razredu：5年生に留年する

zaostríti[48] ［完］L分詞：zaóstril, -íla 1. 図 尖らせる 2. 強 緊張する

zapackán[38] ［形］比：bolj ～ インクのしみのついた，よごれた

zapádel → zapásti

zapádem → zapásti

zapádlost[16] ［女］満期，支払い期日

zapàh[1] ［男］単生：-áha 差し錠，かんぬき odmakniti / odriniti ～：錠をはずす；spraviti ga za ~e：彼を監禁する

zapásti[49] ［完］現1単：zapádem, L分詞：zapádel, -dla 1. (snegと共に用いて) 雪が降る，雪が覆い尽くす 2. 強 ある状態に陥りだす ～ črnoglednosti：悲観的になりだす；～ alkoholizmu：アルコール依存症になり始める；～ v napake：間違いを犯し始める 3. 支払い期限がくる 4. 有効期限が切れる Viza mu je zapadla. 彼の査証が切れた.

zapeljáti[47/50] ［完］現1単：-ám / -péljem, L分詞：zapêljal, -ála 1. 乗り物に乗せてゆく 2. 乗り物で移動する 3. そそのかす，誘惑する～ ga v zločin：彼を犯罪へとそそのかす 4. 惹きつける

zapéljem → zapeljáti

zapeljív[38] ［形］比：-ejši 魅惑的な

zapeljívo ［副］比：-ej(š)e 魅惑的に

zapésten[38] ［形］女単主：-tna 手首の，手首につける ~a ura：腕時計；~i gumb：カフスボタン

zapéstje[21] ［中］複生：zapéstij 手首

zapéstnica[14] ［女］1. ブレスレット，バングル 2. 手首

の骨 3. 強 ~e：手錠 4.【複】文 シャツの袖口

zapéti[49]［完］現1単：zapnèm 1.（ボタンや留め金を）かける，はめる ~ si pas：ベルトをする 2. 鉤状のものでひっかける

zapéti[50]［完］現1単：zapôjem 1. 歌いだす，歌い始める 2. 強 ことばで表現する 3. 強 歌うように語る

zapiráč[2]［男］弁，栓

zapirálen[38]［形］女単主：-lna 閉じた，閉鎖の

zapírati[47]［不完］1. 閉める，閉じる 2. 閉じこめる ~ mu pot / vrata do izobrazbe：彼が教育を受けられないようにする，教育を受ける道を閉ざす

zapís[1]［男］1. 記録，メモ 2. 記録すること，メモを取ること

zapísati / zapisáti[49]［完］現1単：zapíšem, L分詞：zapísal, -ála 1. メモを取る，書きつける，記録する 2. +与 遺言で定める ~ sinu hišo：息子が家屋を相続すべく定める

zapísek[1]［男］単生：-ska メモ，記録，書き置き

zapísnik[1]［男］覚書，記録，会議録，議事録

zapisováti[50]［不完］L分詞：-àl, -ála メモを取る，書きつける，記録する

zapíšem → zapísati / zapisováti

zapleníti / zapléniti[48]［完］現1単：-im, L分詞：zaplénil, -íla 1. 押収する，没収する，差し押さえる 2. 発禁処分にする

zaplésati / zaplesáti[49]［完］現1単：zaplešem, L分詞：zaplésal, -ála 1. 踊りだす 2. 踊りながら移動する，踊るように移動する 3. 強 軽やかに現れる

zaplêsti se[49]［完］現1単：zaplêtem se, L分詞：zaplétel se, -plêtla se 1. からまる，もつれる 2. 強 ~ v +対 始める ~ v prepir：けんかをしだす 3. 強 ~ z/s +造 つきあいはじめる

zaplešem → zaplésati / zaplesáti

zaplétel se → zaplêsti se

zaplêtem se → zapsêsti se

zapletèn[38] ［形］女単主：-êna, 比：bolj ~ / -ejši 1. からみあった，もつれた 2. 強 複雑な，こみいった

zapnèm → zapéti

zapôjem → zapéti

zapôlniti / zapolníti[48] ［完］現1単：-im, L分詞：zapôlnil, -íla（隙間を）埋める，充たす ~ špranje s kitom：隙間をパテで埋める

zapómniti si[48] ［完］1. 思いだす 2. 覚えこむ 3. （命令法で）ほら（警戒を呼びかける），いいですか（確認する）Zapomni si, če bo nesreča, boš ti kriv. もし事故が起きたら，君のせいだからね. Dobro si zapomnite, mene ne bo. いいですか，私はいませんよ.

zapónka[14] ［女］バックル，ピン varnostna ~：安全ピン

zapòr[1] ［男］単生：-ôra 1. 投獄，監禁 obsoditi ga na več let ~a：彼を数年の禁固刑に処する 2. 刑務所 izpustiti ga iz ~a：彼を刑務所から釈放する

zapóra[14] ［女］1. 障害物，封鎖する物 2. 封鎖，ブロック trgovinska ~：経済封鎖 3. 閉鎖，閉じること

zaporédje[21] ［中］複生：zaporédij 連続，継続

zaporédoma ［副］次から次へ，続いて

zapórnica[14] ［女］1. 障害物 železniške ~e：踏切 2. 受刑者，囚人（女）

zapórnik[1] ［男］1. 受刑者，囚人（男）2. 閉鎖音

zaposlèn[38] ［形］女単主：-êna 1. 忙しい 2. 雇われている

zaposlênost[16] ［女］雇用，就職率

zaposlítev[15] ［女］1. 雇用，雇うこと 2. 職

zaposlíti[48] ［完］L分詞：zapóslil, -íla 1. 雇う，雇用する 2. 忙しくさせる，活動の中心となる Vsakdanji opravki so ga tako zaposlili, da je pozabil na prijatelje.

毎日の仕事があまりにも忙しかったので，彼は友人たちのことを忘れてしまった．

zaposlováti[50] [不完] L 分詞：-àl, -ála 1. 雇う，雇用する 2. 忙しくさせる，活動の中心となっている

zapôved[16] [女] 命令，指図 deset božjih ~i：十戒

zapráviti[48] [完] 使い果たす，失う ~ priložnost：機会をのがす

zaprèm → zapréti

zapréti[49] [完] 現1単：zaprèm, L 分詞：zapŕl, -a 閉じる，閉める，閉鎖する

zapretíti[48] [完] L 分詞：zaprétil, -íla 脅かす，こわがらせる

zapŕl → zapréti

zaprosíti[48] [完] 現1単：zaprósim, L 分詞：zaprôsil, -íla za+対　頼む，懇願する ~ prijatelja za pomoč：友人に助けを求める

zapŕt[38] [形] 比：bolj ~ 閉じた，閉まった

zapustíti[48] [完] L 分詞：zapústil, -íla 1. 離れる Vlak je zapustil postajo. 列車は駅を出発した. 2. 放す 3. 別れる 4. 遺産を残す

zapúščati[47] [不完] 1. 離れる 2. 放す 3. 別れる 4. 遺産を残す

zaračúnati[47] [完] 請求する

zarádi [前] +生 1. ～のために，～のせいで（原因）Najboljši igralec zaradi poškodbe ni nastopil v tekmi. 一番よい選手が怪我のために試合に出場しなかった. 2. ～のために（目的）Šli so v klet zaradi pijače. 彼らは飲み物を取りに地下室へ行った.

zarés [副] 1. 本当に，実際に 2. 実に

zarésen[38] [形] 女単主：-sna, 比：bolj ~ / -ejši 強 真実の，本当の，実際の

zaréza[14] [女] 1. 刻み目，裂け目 2. 文 亀裂，転換期 Novi nazori so povzročili zarezo v umetniškim ustva-

rjanju. 新思潮は造形芸術に転換期をもたらした.
zárja[14] ［女］ 複生：zárij 1. 朝焼け，夕焼け 2. 兆候
zaróčen[38] ［形］ 女単主：-čna 婚約の ~i prstan：エンゲージリング
zaročèn[38] ［形］ 女単主：-êna 婚約している
zaročênec[2] ［男］ 単生：-nca 婚約者，フィアンセ（男）
zaročênka[14] ［女］ 婚約者，フィアンセ（女）
zaródek[1] ［男］ 単生：-dka 1. 胚，胎児 2. 図 萌芽，初期段階
zaróta[14] ［女］ 陰謀，共謀 ~ proti kralju：王に対する陰謀
zasében[38] ［形］ 女単主：-bna, 比：bolj ~ 私有の，民間の，プライヴェートな ~a cesta：私道；~i tajnik：私設秘書
zasébnica[14] ［女］ 私人（女）
zasébnik[1] ［男］ 私人（男）
zasébnost[16] ［女］ 私有，プライヴァシー
zaséči[49] ［完］ 現1単：zaséžem, L分詞：zaségel, -gla 没収する，押収する
zasédati[47] ［不完］ 1. 出席中だ 2. 占める 3. ある地位についている
zasédel → zasésti
zasédem → zasésti
zaséden[38] ［形］ 比：bolj ~ ふさがっている，忙しい
zaségel → zaséči
zasésti[49] ［完］ 現1単：zasédem, L分詞：zasédel, -dla 1.（席に）つく ~ mizo pri oknu：窓側のテーブルにつく；~ mu prostor na vlaku：彼に電車の席を取ってあげる 2. 占める Med prazniki so turisti zasedli vse hotele. 休みの間どのホテルも旅行者でいっぱいになった. 3. 占拠する，侵攻する 4.（ある地位に）つく，就任する ~ vlogo：役につく
zaséžem → zaséči

zasílen[38][形]女単主:-lna 1. 緊急時の,無理強いの ~i izhod:非常口;~i pristanek:緊急着陸 2. 当座の,一時使用のための ~i most:仮橋

zaskrbéti[48][完]【無人称】心配かける Dolg ga je zaskrbel. 借金のせいで彼は心配になった. Zaskrbelo ga je za otroke. 彼は子どもたちのことを心配した.

zaskrbljênost[16][女]心配,不安

zaslédíti[48][完]L 分詞:zaslédil, -íla 追跡する,尾行する

zaslíšati[48][完] 1. 耳にする 2. 審査する,尋問する

zasliševáti[50][不完]L 分詞:-àl, -ála 審査する,尋問する

zaslòn[1][男]単生:-ôna 1. 遮蔽物,衝立 večdelen ~:屏風 2. 画面,スクリーン projicirati diapozitve na ~:スライドをスクリーンに映し出す;pomikanje po ~u:スクロール 3. mali ~:テレビ;nastopiti na malem ~u:テレビに出演する

zaslúga[14][女]功績,手柄 po njegovi ~i:彼のおかげで

zaslúžek[1][男]単生:-žka 収入,給料 tedenski ~:週給 To je lahek zaslužek. それってぼろもうけだね.

zaslúžiti / zaslužíti[48][完]現1単:-im, L 分詞:zaslúžil, -íla 稼ぐ,収入を得る Koliko zaslužiš na mesec? 月にいくら稼いでいるの.

zaslužíti / zaslužíti[48][完・不完]現1単:-im, L 分詞:zaslúžil, -íla 資格がある,値する ~ oceno:称賛に値する;~ kazen:処罰に値する

zasmejáti se[50/48][完]現1単:zasmêjem se / -ím se, L 分詞:-ál se, -ála se / zasmêjal se, -ála se +与 笑う ~ na vse grlo / na vsa usta:大笑いする

zasnováti[50][完]計画を立てる

zaspán[38][形]比:bolj ~ 眠い,眠そうな postati ~:眠くなる

zaspáti[48]［完］現1単：zaspím 1. 寝入る 2. 寝過ごす ～ vlak：寝過ごして電車に乗り遅れる 3. ［強］完全に動きを止める Reforma je po prvih uspehih zaspala. 改革は最初にある程度成功した後，進まなくなってしまった． 4. ［婉］死ぬ，亡くなる 5. しびれる Od dolgega sedenja so mu zaspale noge. 長いこと座っていたために彼は足がしびれてしまった． Roka ji je zaspala. 彼女の手はしびれた．

zaspím → zaspáti

zastaréti[48]［完］廃れる

zastáva[14]［女］旗，国旗 spustiti ~o na pol droga：半旗を掲げる

zastáva[14]［女］担保，抵当

zastáviti[48]［完］1. 遮る，ふさぐ 2. 囲む 3. (しかるべき位置に) 設置する，置く

zastáviti[48]［完］1. 質に入れる，抵当に入れる 2. 誓約する，賭ける

zastávljati[47]［不完］1. 遮る，ふさぐ 2. 囲む 3. (しかるべき位置に) 設置する，置く

zastávljati[47]［不完］1. 質に入れる，抵当に入れる 2. 誓約する，賭ける

zastòj[2]［男］単生：-ôja 1. 停滞 2. 交通渋滞 3. 停止

zastónj［副］1. 無料で，ただで 2. ［口］無駄に Nismo se bali zastonj. 私たちはわけもなくけんかをしていたわけではない．

zastópati[47]［不完］1. 代表する 2. 代理人を務める

zastópnica[14]［女］1. 代表者 2. 代理人 (女)

zastópnik[1]［男］1. 代表者 2. 代理人 (男)

zastrupítev[15]［女］中毒，毒物混入 ～ s hrano：食中毒

zastrupljèn[38]［形］女単主：-êna 中毒を引き起こす，中毒にかかった

zaščítiti[48]［完］守る，防御する ～ roke pred mrazom：ひどい寒さから両手を守る

zašèl → zaíti

zatakníti / zatákniti[49]［完］現1単：-em, L分詞：zatáknil, -íla 突っ込む，さしこむ

zatêči[49]［完］現1単：zatêčem, L分詞：zatékel, -têkla 1. むくむ，はれる 2. 圃 とらえる，つかまえる

zatékel → zatêči

zatém / zatèm［副］当時，そのあとで

zató［副］1. だから 2. そのため Prišli so zato, da bi mu pomagali. その人たちは彼を助けようとしてやってきた．3. だからといって Če prebere vse knjige, zato še ne bo pameten. 彼が本を全部読んだからといって賢くなるわけでもない．

zató［接］1. だから，そのため Ne razumete jih, zato se jezite. 彼らのことがわからないから怒っているのですね．2. ～ pa：そうとはいえ Ta proces ne bo kratkotrajen ne lahek, zato pa je zgodovinsko neizogiben. この裁判は短期間で終了しそうもないし容易ではないだろうが，歴史的にはやむをえない．3. ～ ker：なぜなら To pismo je pomembno, zato ker avtor v njem opredeljuje svoj odnos do sveta. この手紙は重要だ．なぜならその中で著者は世間に対する自分の立場を明らかにしているからだ．

zatočíšče[21]［中］避難所

zatórej［副］1. だから 2. そのため 3. だからといって

zatrdíti / zatŕditi[48]［完］現1単：-im, L分詞：zatŕdil, -íla 主張する

zaúpanje[21]［中］信頼

zaúpati[47]［不完・完］1. +与/v+対 信用する，信頼する Zaupam mu, da govori resnico. 彼は真実を語っていると信じている．～ v razum：理性を信じる

zaúpati[47]［完］1. 打ち明ける Mojca ji je zaupala resnico po telefonu. モイツァは彼女に真実を電話で打

ち明けた. 2. 委任する
zaúpen[38] ［形］女単主：-pna, 比：-ejši 1. 内々の, 親密な 2. 機密の ~ dokument：機密文書
zaupljív[38] ［形］比：-ejši 1. 信頼できる, 頼りがいのある 2. ~ do+生 信じやすい ~ do znancev：知り合いを信じやすい
zaúpno ［副］比：-ej(š)e 内々に
zaustáviti[48] ［完］少しの間止める ~ kri：止血する
zavaroválnica[14] ［女］保険会社
zavarovalnína[14] ［女］保険金
zavarovánje[21] ［中］1. 保護 2. 保険 brezposelno ~：失業保険；življensko ~：生命保険
zavarováti[50] ［完］L 分詞：-àl, -ála 1. 守る, 保護する ~ rastlino pred mrazom：厳寒から植物を保護する 2. 保険をかける ~ avtomobil：車に保険をかける
zavédati se[47] ［不完］1. 意識がある nejasno ~：意識がはっきりしていない 2. +生 意識している, 認識している ~ svojega izvora：自身の出自を認識している
zavêdel → zavêsti
zavêdem → zavêsti
zavéden[38] ［形］女単主：-dna, 比：-ejši 意識している, 自覚している, わきまえている
zavédeti se[55] ［完］1. 意識をとりもどす 2. 気づく, 認識する
zavédno ［副］比：-ej(š)e 意識して
zavésa[14] ［女］カーテン ogrniti ~o：カーテンを開ける Na oknih visijo zavese. 窓にはカーテンがかかっている.
zavést[16] ［女］1. 意識, 知覚 biti brez ~i：意識がない；izgubiti ~：意識を失う；priti k ~i：意識が戻る 2. 意識, 受け止め方 kolektivna ~：集団意識；~ krivde：罪の意識
zavêsti[49] ［完］現 1 単：zavêdem, L 分詞：zavêdel, -dla

そそのかす,誘惑する

zavéza[14] [女] 1. 義務,責任 izpolniti 〜:責務を果たす 2. 取り決め ustna 〜:口約束 3. 聖書 stara 〜:旧約聖書;nova 〜:新約聖書

zavézati / zavezáti[49] [完] 現1単:zavéžem, L分詞:zavézal, -ála 1. (紐などで) 縛る,束ねる 〜 si lase v čop:髪を束ねる;〜 mu oči z ruto:彼をスカーフで目隠しする 2. 結びつける 〜 si kravato:ネクタイを結ぶ;〜 si predpasnik:エプロンをかける 3. 束縛する,義務を負わせる 〜 ga k plačilu / na plačilo:彼に払わせる

zavéznica[14] [女] 味方 (女)

zavéznik[1] [男] 1. 味方 (男) 2. 同盟国

zavézništvo[20] [中] 複生:zavézništev 協定,同盟 skleniti 〜:同盟を結ぶ;vojaško 〜:軍事協定

zavezováti[50] [不完] L分詞:-àl, -ála 1. (紐などで) 縛る,束ねる 2. 結びつける 3. 束縛する,義務を負わせる

zavéžem → zavézati / zavezáti

zavíjati[47] [不完] 1. 曲がる,カーヴする 〜 na desno / v desno:右に曲がる 2. 強 立ち寄る,寄り道する Na poti domov pogosto zavija v gostilne. 家の帰り道によくパブに立ち寄る. 3. 包む,くるむ 〜 darilo:プレゼントを包む 4. 吠える,鳴く 5.【無人称】断続的に痛む Zavija me po trebuhu. お腹が痛い. 6. 歪曲する Ne zavijaj besede. 言ったことを歪曲するな.

zavíjem → zavíti

zavírati[47] [不完] 1. (止まるために) ブレーキをかける,速度を落とす Avtomobil zavira. 自動車がブレーキをかけている. 2. 弱くなる Sneg je zaviral hojo. 雪の降りが弱くなっていった.

zavíst[16] [女] 嫉妬,ねたみ 〜 ob uspehu:成功に対

zavítek

する嫉妬

zavítek[1] ［男］単生：-tka 1. 小包，パック kupiti ~ cigaret：タバコを1箱買う；poslati ~ po pošti：小包を郵便で送る 2. シュトゥルーデル，パイ

zavíti[50] ［完］現1単：zavíjem 1. 曲がる，カーヴする ~ na križišiču：交差点でカーヴする；~ okrog vogala：角を曲がる；~ na levo / v levo：左に曲がる 2. 強 立ち寄る，寄り道する 3. 吠える，鳴く 4. くるむ，包む 5.【無人称】断続的に痛む

zavládati[47] ［完］1. +与 支配をはじめる，統治を始める 2. 普及する，広まる

zavléči[49] ［完］ 現1単：zavléčem, L分詞：zavlékel, -kla 1. 引きずって運び込む，連れ込む ~ deblo na tvornjak：木の幹を引きずってトラックへ運び込む；~ deželo v vojni spopad：国を戦闘へ引きずり込む 2. 延長する，長引かせる ~ študij za eno leto：修学を一年延長する 3. 延期する ~ odhod / z odhodom：出発を延長する

zavlékel → zavléči

závod[1] ［男］単生：-óda / -a 1. 研究所 delati na ~u：研究所で働く 2. 施設，機関 denarni ~：金融機関 3. 教育施設

zavóra[14] ［女］1. ブレーキ zavreti z ~o：ブレーキをかける 2. 強 抑制

zavpíjem → zavpíti

zavpíti[50] ［完］現1単：zavpíjem, L分詞：zavpìl, -íla 叫ぶ，大声を上げる

zavráčati[47]［不完］1.（動物を）追い払う，退ける 2.（人を）退ける 3. 断る，拒否する 4. 否認する

zavréči[49] ［完］ 現1単：zavŕžem, L分詞：zavŕgel, -gla 1. 廃棄する，処分する 2. 強 絶交する 3. 強 拒否する，拒絶する

zavrèm → zavréti

zavréti[49]［完］現1単：zavrèm, L分詞：zavrèl, -éla 1. 沸かす,沸騰させる 2. 沸き始める,沸騰し始める 3. 泡立つ

zavréti[49]［完］現1単：zavrèm, L分詞：zavŕl, -a ブレーキをかける

zavŕgel → zavréči

zavŕl → zavréti

zavrnítev[15]［女］1. 回すこと,向きを変えること 2. 拒否,拒絶

zavŕniti / zavrníti[49]［完］現1単：zavŕnem, L分詞：zavŕnil, -íla 拒否する,拒絶する

zavrtéti[48]［完］回す ～ gumb radijskega sprejemnika：ラジオのつまみを回す；～ ruleto：ルーレットを回す

zavŕžem → zavréči

zavzámem → zavzéti

zavzémati[47]［不完］占領する,征服する

zavzémati se[47]［不完］za+対 得ようと努める,努力する

zavzéti[49]［完］現1単：zavzámem 占領する,征服する

zazdéti se[48]［完］L分詞：zazdèl se, -éla se【3人称】+与 ～のようだ,思われる Zazdelo se mu je, da se v grmovju nekdo skriva. 彼は,茂みの中に誰かが隠れているような気がした.

zaznamováti[50]［完・不完］L分詞：-àl, -ála 1. 印や記号をつける ～ premik vojaških enot na zemljevidu：地図に部隊の移動を印でつける 2. 意味する,表す Glagoli najpogosteje zaznamujejo dejavnost ali stanje. 動詞は動作あるいは状態を表すことがもっとも多い. 3. 強 顕著だ,典型的だ To razpravo zaznamujeta jasnost in nazornost. このディスカッションに顕著なのは明瞭さと明白さである. 4. 強 跡を残す 5. 注目する

zaznáti[47] ［完］L 分詞：-àl, -ála 1. 気づく，感知する 2. 認める

zaželéti si[48] ［完］L 分詞：zažêlel, -éla 望む

zažênem → zagnáti

zažgáti[49] ［完］現1単：zažgèm 燃やす

zažgèm → zažgáti

zbêrem → zbráti

zbežáti[48] ［完］L 分詞：zbéžal, -ála 1. 逃げる ～ v gozd：森へ逃げる；～ od doma：家出する 2. 強 過ぎ去る Čas hitro zbeži. 時は早く過ぎ去る.

zbírati[47] ［不完］集める，収集する ～ rastline v študijske namene：研究目的で植物を収集する；～ delavce za delo na polju：作業のために畑に労働者を集める

zbírka[14] ［女］1. 収集物，コレクション 2. ～集，（書籍の）シリーズ

zbôdel → zbôsti

zbôdem → zbôsti

zboléti[48] ［完］L 分詞：zbôlel, -éla 病気になる ～ na pljučih：肺を悪くする

zbòr[1] ［男］単生：zbôra 1. 集会，会合 2. コーラス，合唱団 peti v pevskem ～u：合唱団で歌う

zbóren[38] ［形］女単主：-rna 1. 集会の，会合の 2. コーラスの，合唱団の

zbórnica[14] ［女］1. 職員室 2. 会議場 3.【+形容詞】同業者団体 gospodarska ～：商工会議所 4. (イギリスやイタリアなどの) 議院 lordska ～：（イギリスの）上院；poslanska ～：（イギリスの）下院

zbórnik[1] ［男］文集，アンソロジー ～ predavanj：講義録

zbôsti[49] ［完］現1単：zbôdem, L 分詞：zbôdel, -dla 1. ちくりとする，刺すような痛みを覚える Nekaj ga je zbodlo v prst. なにかのせいで彼の指はちくりとし

た. 2. 突く, 刺す ～ z iglo：針で刺す Ta beseda ga je zbodla. このことばは彼に突き刺さった.

zbráti[49] ［完］現1単：zbêrem 集める, 収集する ～ dokaze：証拠を集める；～ ljudi na trg：人々を広場に集める Zbrala je pogum in mu vse povedala. 彼女は勇気をふりしぼってすべてを彼に語った.

zbrísati[49] ［完］現1単：zbríšem 拭き取る, 拭いて乾かす ～ posodo s kuhinjsko brisačo：食器を布巾で拭く

zbríšem → zbrísati

zbudíti[48] ［完］L分詞：zbúdil, -íla 1. 起こす, 覚醒させる 2.（感情などを）刺激する, 呼び起こす ～ jezo：怒りを呼び起こす

zbudíti se[48] ［完］L分詞：zbúdil se, -íla se 起きる, 目を覚ます ～ ob šestih：6時に起きる Od udarca po glavi se dolgo ni zbudil. 彼は頭を殴られてしまい, 長いこと意識が戻らなかった.

zbújati[47] ［不完］1. 起こす 2.（感情などを）刺激する, 呼び起こす

zbújati se[47] ［不完］起きる, 目を覚ます

zdàj ［副］今, 現在

zdàjšnji[38] ［形］今の, 現在の

zdávnaj ［副］ずっと前から

zdélanost[16] ［女］疲れ, 疲労

zdélati[47] ［完］1. 強 疲れさせる, 衰弱させる Lakota ga je zdelala. 飢えのために彼は衰弱した. 2. 強 袋叩きにする 3. 強 批判する Zdelali so ga v časopisu. 彼は新聞で批判された. 4. 強 損害を与える 5. 学業を終える, 卒業試験に合格する Peti razred je zdelal z odličnim uspehom. 彼は5年次をすばらしい成績で修了した.

zdéti se[48] ［不完］L分詞：zdèl se, zdéla se【3人称】+与 1. ～のようだ, 思われる, 気がする Zdelo se mu je, kot da plava po zraku. 彼はまるで宙を泳いでい

るような気がした. Zdi se mi, da sem to knjigo že prebral. 私はこの本を全部読んだように思える. 2. 望む Ne zdi se mi čakati toliko časa. 長時間待ちたくない.

zdràv[38] ［形］女単主：zdráva, 比：bolj ～ 1. 健康な biti ~ega videza：見た目は健康そうだ 2. 健全な 3. 健康的な, 健康によい

zdravíca[14] ［女］乾杯の辞

zdravilíšče[21] ［中］療養所, サナトリウム iti v ～：療養所へ行く, 入院する

zdravílo[20] ［中］薬 ～ proti kašlju：咳止め薬；jemati ~a vsak dan：薬を毎日服用する

zdráviti[48] ［不完］治療する, 回復させる ～ bolnika z antibiotiki：病人を抗生物質で治療する

zdrávje[21] ［中］健康 biti pri ~u：健康だ；piti na ～：乾杯する

zdrávljenje[21] ［中］治療, 回復

zdravníca[14] ［女］医師（女）

zdravník[1] ［男］医師（男）dežurni ～：当直医

zdravníški[38] ［形］~i pregled：診察

zdrávo ［間］やあ, じゃあね（親しい人どうしの挨拶）

zdrávstven[38] ［形］健康の, 健康上の, 衛生面の ~a izkaznica：保険証；~o zavarovanje：健康保険

zdrávstvo[20] ［中］1. 健康管理, 保健 2. 健康管理センター, 医療センター

zdròb[1] ［男］ひき割り pšenični ～：ひき割り小麦

zdŕsniti[49] ［完］滑る, 滑り落ちる

zdrúžen[38] ［形］統合した, 連合した Organizacija ~ih narodov：国際連合（OZN）

združeváti[50] ［不完］L 分詞：-àl, -ála 1. 集める, まとめる 2. 統合する, 統一する

zdrúžiti / združíti[48] ［完］現1単：-im, L 分詞：zdrúžil, -íla / -il, -ila 1. 集める, まとめる 2. 統合する, 統一

する ～ države v konfederacijo：国を統合して連邦を作る

zdržáti[48]［完］L 分詞：zdržal, -ála 続く，持ちこたえる，耐える

zébe → zébsti

zébel → zébsti

zébra[14]［女］1. しまうま 2.口 横断歩道

zébsti[49]［不完］現3単：zébe, L 分詞：zébel, -bla【無人称】寒い，凍える Zebe me. 私は寒い．Po hrbu me zebe. 背中がぞくぞくする．

zelèn[38]［形］女単主：-êna, 比：bolj ～ 1. 緑の，緑色の ~a solata：レタス 2. 未熟な

zélena / zêlena[14]［女］セロリ

zelenjádar[3]［男］八百屋，青果商（男）

zelenjádarica[14]［女］八百屋，青果商（女）

zalenjáva[14]［女］野菜 gojiti ~o：野菜を育てる

zelenjáven[38]［形］女単主：-vna 野菜の ~i sok：野菜ジュース；~i trg：青物市場，青果市場

zelíšče[21]［中］ハーブ zdravilna ~a：薬草

zelíščen[38]［形］女単主：-čna ハーブの ~i čaj：ハーブティー

zélje[21]［中］キャベツ kislo ～：ザワークラウト；kitajsko ～：白菜

zeló［副］とても，非常に

zêmeljski / zémeljski[38]［形］1. 地球の 2. 地上の，地面の 3. 土の 4. 土地の 5. この世の，現世の

zêmlja[14]［女］複生：zêmelj / zemljá 1. 地球 2. 地上，地面 3. 土 4. 土地 5. この世，現世

zemljepís[1]［男］地理，地理学

zemljepísen[38]［形］女単主：-sna 地理の，地理学の ~a dolžina：経度；~a širina：緯度

zemljevíd[1]［男］地図

zeníca[14]［女］瞳，瞳孔

zèt[1] ［男］単生：zéta, 複主：zétje / zéti 婿，娘の夫

zglèd[1] ［男］単生：zgléda 1. 手本，模範 dati dober ～：よい手本を示す 2. 手本となる人，模範となる人

zglédati[47] ［完］囗 思われる，～のようだ

zgódaj ［副］1. 早朝に 2.（予定より）早く

zgódba[14] ［女］1. 話 To je že druga zgodba. それはもう話が別だ．2. 物語

zgodíti se[48] ［完］L 分詞：zgódil se, -íla se【3人称】起こる，起きる Zgodilo se mu je nekaj hudega. 彼の身に何か悪いことが起きた．

zgódnji[38] ［形］比：bolj ～ 早い，早期の

zgodovína[14] ［女］1. 歴史，変遷 2. 歴史学

zgodovínar[3] ［男］歴史家，歴史研究者（男）

zgodovínarka[14] ［女］歴史家，歴史研究者（女）

zgodovínski[38] ［形］歴史の，歴史的な

zgôraj ［副］1. 上で，上に 2. 上部に，上側に 3. 強 上層部で

zgórnji[38] ［形］1. 上の，上部の 2. 上層部の

zgoščênka[14] ［女］CD

zgovóren[38]［形］女単主：-rna, 比：-ejši おしゃべりな，饒舌な

zgrábiti / zgrabíti[48] ［完］現 1 単：-im, L 分詞：-il, -ila / zgrábil, -íla 1. レーキで集める 2. つかむ 3. 強 捕まえる 4. とりかかる

zgrádba[14] ［女］1. 建物，建築物 2. 構造 stilna ～ romana：小説の文体構造

zgradíti[48] ［完］L 分詞：zgrádil, -íla 1. 建てる，敷設する ～ predor：トンネルを敷設する 2. 製造する ～ atomsko bombo：原子爆弾を製造する

zgrešíti[48] ［完］L 分詞：zgréšil, -íla 1.（的を）はずす 2.（目標などを）見失う，失う ～ pot：道に迷う；～ smer：方向感覚を失う Predstava zgrešila svoj namen. 公演は目的を達しなかった 3. 強 誤る ～ poklic：職業の選択を誤る

zíbelka[14]［女］1. ゆりかご 2. 強 揺籃の地，発祥地

zíd[5]［男］単生：-a / -ú 壁 obesiti na 〜：壁に掛ける；Kitajski 〜：万里の長城

zidák[1]［男］煉瓦，ブロック

zidár[3]［男］煉瓦積み職人（男）

zidárka[14]［女］煉瓦積み職人（女）

zíma[14]［女］冬

zímski[38]［形］冬の ~i šport：ウィンタースポーツ

zímzelèn[38]［形］女単主：-êna 常緑の ~i gozd：常緑林

zjútraj［副］朝

zlágati[47]［不完］1. たたむ 〜 padalo：パラシュートをたたむ 2. 積み上げる 〜 stolp iz kock：積み木で塔を作る 3. 取り出す 〜 zvezke iz torbe：かばんからノートを取り出す 4. 作曲する 〜 opere：オペラを作曲する

zlágati se[49]［完］現1単：zlážem se, L分詞：-àl se, -ála se ＋与 嘘をつく

zláhka［副］容易に，簡単に

zlásti［副］特に，とりわけ

zlàt[38]［形］1. 金の najti v pesku ~a zrna：砂の中に金の粒を見つける 2. 金色の 3. 50周年の ~i jubilej organizacije：組織の50周年；praznovati ~o poroko：金婚式を祝う 4. 強 すばらしい，とても善良な Bil je zlat človek. その人はとてもいい人だった．5. 強 非常に価値のある，とても貴重な To so zlate besede. 貴重なおことばです．6. 強 最盛期の，黄金期の ~i vek italjanskega slikarstva：イタリア絵画の黄金期 7. 強 よく響く，よく輝く Ima zlat glas. その人はよく響く声をしている．

zlatár[3]［男］金細工師（男）

zlatárka[14]［女］金細工師（女）

zlaténica[14] ［女］1. 黄疸 Pri bolniku se je pojavila zlatenica. 病人に黄疸が出た. 2. 肝炎 preboleti ~o：肝炎に罹る

zlatník[1] ［男］金貨

zlató[20] ［中］1. 金，黄金 2. 強 金色に輝くもの 3. 強 すばらしいもの，傑作

zlážem se → zlágati se

zlésti[49] ［完］現 1 単：zlezem, L 分詞：zlezel, -zla 1. 這う 2. ずれる Očala so mu zlezla na nos. 彼のめがねが鼻にずり落ちた. 3. 強 雛などが孵る

zlézel → zlésti

zlézem → zlésti

zlíkati[47] ［完］1. アイロンをかける ~ hlače：ズボンにアイロンをかける 2. 文 推敲する Članek bo še treba zlikati. 記事はもっと推敲する必要がある. 3. 文 人格形成をする，育む

zlíjem → zlíti

zlíti[50] ［完］現 1 単：zlijem 注ぎ込む ~ mleko v lonec：牛乳をなべに注ぐ

zlô[20] ［中］1. 悪，悪いこと 2. 害，害悪

zlôba[14] ［女］悪意

zločín[1] ［男］犯罪，罪 narediti / storiti ~：犯罪を犯す

zločínec[2] ［男］単生：-nca 犯罪者（男）

zločínka[14] ［女］犯罪者（女）

zlódej[2] ［男］単生：-a/-dja 1. 婉 悪魔 2. 強 悪魔のような人，極悪人 Hudo je, če moraš biti pokoren takemu zlodeju. 君があんな悪い奴の言いなりにならなければならないとしたら，ひどいことだ. 3. 強 癪に障る人・物 Ugasni radio, ne bom več poslušal tega zlodeja. ラジオを消してくれ．これ以上この癪に障る音を聞いていたくない. 4. 強 ひどいこと・状態 Dež bo, pa boš imel zlodeja. 雨になるよ，君にとっては最悪だね. 5. 強 大騒ぎ，騒音 Delali so takega zlodeja, da nihče ni mogel spati. 彼らはあまりに大騒ぎしたものだから,誰も眠れなかった.

zlòg[1] [男] 単生：zlóga 音節

zoglásen[38] [形] 女単主：-sna, 比：-ejši 評判の悪い

zlomíti[48] [完] 現1単：zlómim, L分詞：zlômil, -íla 1. 折る 2. 鎮圧する ～ uporne jetnike：反抗する囚人たちを押さえ込む 3. 強 ものすごく～する Jeza ga je zlomila. 彼はものすごく怒った.

zlorába[14] [女] 悪用,不正使用

zlovéšč[38] [形] 比：bolj ～ 不吉な,縁起の悪い

zložíti[48] [完] L分詞：zložil, -íla 1. 折りたたむ ～ stol：いすを折りたたむ 2. 集めたり,積み上げたりして形作る ～ liste：紙を積み上げる 3. 置く,配置する ～ knjige po policah：本を棚に立てる 4. 作曲する ～ opero：オペラを作曲する

zložljív[38] [形] 折りたたみ式の ~i dežnik：折りたたみ傘

zmága[14] [女] 勝利,勝ち

zmágati[47] [完] 1. 勝つ,勝利する ～ na tekmovanju：競争に勝つ 2. 勝ち取る

zmagoválec[2] [男] 単生：-lca 勝利者,優勝者（男）

zmagoválen[38] [形] 女単主：-lna 勝利の

zmagoválka[14] [女] 勝利者,優勝者（女）

zmagováti[50] [不完] L分詞：-àl, -ála 1. 勝つ,勝利する 2. 凌駕していく

zmáj / zmàj[2] [男] 単生：zmája 1. 竜 2. 凧

zmánjkati[47] [完] 1. +生 不足する,足りなくなる Zmanjkalo mu je denarja. 彼はお金が足りなくなってしまった. 2.【3人称】婉 盗まれる,取られる Spet mu je zmanjkala ena knjiga. 彼はまた本を盗まれた.

zmanjkováti[50] [不完] L分詞：-àl, -ála 1. +生 不足している,足りない 2.【3人称】婉 盗まれる,取られる

zmánjšati[47] ［完］減らす，切り詰める～ hitrost：スピードを落とす

zmanjševáti[50] ［不完］L 分詞：-àl, -ála 減らす，切り詰める

zmečkáti[47] ［完］L 分詞：-àl, -ála 1. しわくちゃにする ～ papir：紙をしわくちゃにする 2. つぶす，粉砕する ～ med prsti：指でつぶす；～ z roko：手でつぶす；zmečkan krompir：マッシュポテト

zméljem → zmléti

zmének[1] ［男］単生：-nka デート imeti ～：デートする

zmeníti se / zméniti se[48] ［完］現 1 単：-im se, L 分詞：zménil se, -íla se / -il se, -ila se 1.（会合・面会などの）約束，取り決めをする 2.【否定】za＋対 心に留めない，気にもかけない Nihče se ni zmenil za njegove ideje. 誰も彼のアイディアに注意を払わなかった．

zménjati / zmenjáti[47] ［完］現 1 単：-am, L 分詞：zménjal, -ála / -al, -ala お金をくずす，両替する Nimam drobiža, moram zmenjati. 小銭がないから両替しなくてはならない．

zméraj ［副］1. いつも 2. 絶えず 3. še ～：相変わらず 4. za ～：ずっと，永遠に 5. ＋比較級 ますます

zméren[38] ［形］女単主：-rna, 比：-ejši 1. 適度の，ほどよい，穏健な 2. 中くらいの

zméšati / zmešáti[47] ［完］現 1 単：-am, L 分詞：zméšal, -ála 1. 混ぜる ～ cement, pesek in vodo：セメント，砂，水を混ぜる 2. 囲 混乱させる Ko je prišla na križišče, jo je zmešalo, da ni vedela kam. 彼女が交差点に来たとき，混乱してしまってどこへ行ったらいいのかわからなかった．

zmléti[50] ［完］現 1 単：zméljem 1. 挽く，すりつぶす ～ pšenico：小麦を挽く 2. 囲 つぶす，小さくする

3. 強 破壊する Potres je zmlel celo naselje. 地震は居住地全体を破壊した.

zmôči[49] [完] 現1単：zmórem, L分詞：zmógel, zmôgla できる, うまく～する

zmočíti[48] [完] 現1単：zmóčim, L分詞：zmôčil, -íla 濡らす ～ brisačo：タオルを濡らす

zmógel → zmôči

zmogljív[38] [形] 比：-ejši 1. 有能な 2. 効果のある

zmórem → zmôči

zmóta[14] [女] 間違い, 誤り popraviti ~o：誤りを正す

zmotíti / zmótiti[48] [完] 現1単：-im, L分詞：zmótil, -íla 1. 邪魔をする ～ ga pri delu：彼の仕事の邪魔をする 2. 割り込む, 乱す ～ pogovor：会話に割り込む Njen prihod je zmotil mirno življenje. 彼女がやって来たことで, 静かな生活が乱された. 3. 不快な思いをさせる Njegove besede so jih zelo zmotile. 彼のことばによって彼らはとても不愉快になった.

zmotíti se / zmótiti se[48] [完] 現1単：-im se, L分詞：zmótil se, -íla se 1. 間違える, 誤りを犯す 2. 強 +与 めまいがする Zmotilo se ji je v glavi. 彼女は頭がくらくらした.

zmóžen[38] [形] 女単主：-žna, 比：-ejši 1. 有能な, 利口な ～ strokovnjak：有能な専門家 2. za+造 向いている ～ za to delo：この仕事に向いている 3. できる Zaradi bolezni ni zmožen delati. 病気のせいで働けない.

zmóžnost[16] [女] 能力

zmŕzel[38] [形] 女単主：-zla, 比：bolj ～ 凍った, いてついた

zmrzoválnik[1] [男] 図 冷凍庫, フリーザー

značáj[2] [男] 1. 性格 2. 強 ある性格の持ち主 So značaji, ki so zelo nedostopni. ひどく近寄りがたい人がいるものだ.

značájen[38] ［形］女単主：-jna, 比：bolj ～ 1. きっぱりとした，しっかりとした 2. 性格の

značílen[38] ［形］女単主：-lna, 比：-ejši 特徴的な，特有の ～ vonj po senu：干草特有のにおい；stavba, ~a za secesijo：アールヌーヴォーに特徴的な建築物

značílnost[16] ［女］特徴

znáčka[14] ［女］記章

znad ［前］+生 ～の上から

znájdem se → znajti se

znájti se[49] ［完］現1単：znajdem se, L分詞：znašel se, -šla se 1. 気づかないうちにある場所に行き着く ～ na robu prepada：崖っぷちに出る Po naključju sta se znašla v istem avtobusu. 二人は偶然同じバスに乗り合わせた. 2. どこにいるのか分かる V temi se je težko znajti. 暗闇だと自分がどこにいるのか分かりづらい. 3. 周囲の情勢が分かる，心得る Fant je pamaten, se bo že znašel. 少年は賢いから，すぐに周りの様子が分かることだろう.

znák[1] ［男］1. 記号，マーク Ta znak pomeni bolnišnico. この記号は病院を意味する. knjižni ～：しおり 2. 合図 dati mu ～ z roko：彼に手で合図を送る 3. 兆候 dobri ~i：いい兆候 4.【+形容詞】特徴 bivstveni ~i kakega pojma：ある現象に本質的な諸特徴

znamenít[38] ［形］比：-ejši 有名な，著名な biti ～ po lepoti：美しさで有名だ

znamenítost[16] ［女］1. 有名な物，名所 turistične ~i：観光名所 2. 重要性

známenje[21] ［中］1. 兆候 Vsa znamenja kažejo, da bo delo kmalu končano. あらゆる兆候が仕事はじきに終わることを示している. 2. 前兆，きざし 3. +生 印 To so prva znamenja starosti. それらは老化の最初のサインだ. 4. 合図，何かを伝達するための動きや音 5. マーク，シンボル

známka[14] ［女］1. 切手 2. 商標，ブランド parfum priznane ~e：有名ブランドの香水

znàn / znán[38] ［形］女単主：znána, 比：bolj ~ 1. 有名な 2. 既知の，既に存在が知られている ~e in nanovo odkrite rastline：既知の植物と新たに発見された植物 3. 個人的に知っている，おなじみの Po telefonu se je spet oglasil znani glas. 電話を取るとまた覚えのある声が聞こえた. 4. 知り合いの

znánec[2] ［男］単生：-nca 知人，知り合い（男）~ iz študentskih let：学生時代からの知り合い

znánje[21] ［中］知識，見聞 odliv ~a v tujino：頭脳流出

známka[14] ［女］知人，知り合い（女）

znánost[16] ［女］1. 学問 2. 科学

znánstven[38] ［形］学問の，科学の ~a fantastika：SF

znánstvenica[14] ［女］科学者（女）

znánstvenik[1] ［男］科学者（男）~ sociolog：社会科学者

znášati[47] ［不完］1. 集める Nosači znašajo prtljago v letalo. ポーターたちは荷物を飛行機の中へ集めた.
2. 合計〜となる Račun je znašal več, kot so pričakovali. 請求額は予想されていたよりも多かった.

znášel se → znájti se

znáten[38] ［形］女単主：-tna, 比：-ejši かなりの，相当な

znáti[47] ［不完］L 分詞：znàl, znála 1.（習い覚えた結果）できる ~ abecedo：アルファベットの読み書きができる 2.【+不定法】（〜することが）できる Ne zna plavati. その人は泳げない. 3. 固 知っている

znebíti se[48] ［完］L 分詞：znébil se, -íla se ＋生 1. 追い払う ~ nezaželenega gosta：招かれざる客を追い払う 2. 免れる，脱する ~ dolga：借金から逃れる Ni se mogel znebiti misli, da ga nadzirajo. 彼は自分が見張られているような思いを退けることができなかっ

た.

znések[1] ［男］単生：-ska 合計，総額

znêsti[49] ［完］L 分詞：znésel, znêsla 1. 運ぶ，運んで1箇所に集める ～ na kup：山と積み上げる 2. 合計～となる Škoda znese nekaj milijonov. 被害総額は数百万になることだろう. 3. 卵を産む Kokoš je že znesla. 雌鳥はもう卵を産んだ.

znížati[47] ［完］1. 下げる，低くする ～ glas：声を低める 2. 減らす，下げる ～ cene：価格を下げる；～ telesno težo：体重を減らす

znótraj ［副］内側に，中に

znótraj ［前］＋生 ～の内側に，～の中に

znôva ［副］再び，改めて 強 ～ in ～：またしても

zób[6] ［男］単生：-á/-a, 複主：zobjé 1. 歯 Zob me boli. 私は歯が痛い. mlečni ～：乳歯；stalni ～：永久歯；krema za ～e：歯磨き 2.（物の）歯 zlomiti ～ na glavniku：櫛の歯を折る

zóben[38] ［形］女単主：-bna 歯の ～a ščetka：歯ブラシ；□ ～a pasta：歯磨き

zobobòl / zoboból[1] ［男］単生：-ôla/-óla 歯痛 tablete proti ～：歯痛止めの錠剤

zobotrébec[2] ［男］単生：-bca 楊枝 nabadati sir z ～i：チーズを楊枝で刺す

zobôvje[21] ［中］奥 歯

zobozdravníca[14] ［女］歯科医，歯医者（女）

zobozdravník[1] ［男］歯科医，歯医者（男）iti k ～u：歯医者に行く；biti na pregledu pri ～u：歯科検診を受ける

zófa[14] ［女］ソファ sesti na ～o：ソファに座る

zoper ［副］対して，反対して glasovati ～：反対票を投ずる

zóper ［前］＋対 1. ～に対して，～に反対して nastopiti zoper rasno razlikovanje：人種差別に反対を表明

する 2. ～に対する，～どめの Posebnega zdravila zoper gripo ni. インフルエンザに対する特効薬はない.
3. ～に反する To je zoper običaje. それは慣習に反する.

zópet [副] 1. 再び，また začeti ～ vse od začetka：最初からまたすべてを始める 2. 強 ～ in ～：何度でも 3. 強 (否定文で) 決して，これ以上～ない Tako hudo pa zopet ni. それにしてもこれ以上悪くはない.

zóprn[38] [形] 比：-ejši 1. ひどい，ぞっとするような 2. 不快な 3. 好みに合わない

zôra / zóra[14] [女] 夜明け，曙

zoráti[50] [完] 現 1 単：zôrjem / zórjem 耕す

zôrjem / zórjem → zoráti

zráčen[38] [形] 女単主：-čna 空気の ~a temperatura：気温；visok ~i tlak：高気圧

zráčnica[14] [女] タイヤ ～ za kolo：自転車のタイヤ

zràk[1] [男] 単生：zráka 1. 空気 Ali je tudi na drugih planetih zrak? 他の惑星にも空気はあるのだろうか. izpustiti ～ iz balona：風船の空気を抜く 2. (前置詞と共に) 外 iti malo na ～：ちょっと外へ出る

zrásel → zrásti

zrásem → zrásti

zrástel → zrásti

zrástem → zrásti

zrásti[49] [完] 現 1 単：zrástem / zrásem, L 分詞：zrástel, -tla / zrásel, sla 1. 育つ，成長する Zrasla / Zrastla je v lepo dekle. 彼女は長じて美しい娘になった.
2. 生える Zrasel / Zrastel mu je prvi zob. 彼は最初の歯が生えた. 3. 大きくなる Hrup je še zrasel / zrastel. 騒音がますます大きくなった.

zráven [副] 1. 隣に，そばに 2. 出席している，参加している Bil je zraven, kot so jih obsodili. 彼らに判決が下されたとき，彼はそこにいた. 3. しかも，その上

zráven［前］+生 1. 〜の隣に，そばに Sedela sta drug zraven drugega. 彼らは隣り合って座っていた. 2. 〜に加えて Zraven dobrih lastnosti je imela tudi slabe. よいところに加えて彼女には悪いところもあった.

zrcáliti[48]［不完］反射する，（物を）映す Jezero zrcali zvezde. 湖が星を映し出している.

zrcálo[20]［中］1. 鏡 pogledati se v 〜：鏡を見る 2. 強 鏡に似たもの modro 〜 jezera：鏡のように青い湖面 3. 強（転義）鏡 Časopisi so zrcalo svojega časa. 新聞は時代の鏡だ.

zredíti se[48]［完］L分詞：zrédil se, -íla se 太る 〜 v trebuh：腹に肉がつく

zrèl / zrél[38]［形］女単主：zréla, 比：zrélejši / zrerêjši 1. 熟した，熟れた 2. 成熟した vsestransko 〜a osebnost：あらゆる方面に成熟した人物 3. 中年の

zrèm → zréti

zréti[49]［不完］現1単：zrèm, L分詞：zrl, -a 文 見る smelo 〜 v prihodnost：将来を恐れない，未来に対して楽観的だ

zrézek[1]［男］単生：-zka ステーキ telečji 〜：仔牛のカツレツ

zŕl → zréti

zŕno[20]［中］1. 種（の粒），穀粒 Zrna že padajo iz klasov. 実がもう穂から落ちている. pražiti 〜a kave：コーヒー豆を炒る 2. 粒 〜 peska：砂粒 Zrno do zrna – pogača. ちりも積もれば山となる. 3. 強 +生 ごく少量 V trditvi je zrno resnice. 主張にはほんの少しだけ真実が含まれている.

zrúšiti / zrušíti[48]［完］現1単：-im, L分詞：-il, -ila / zrúšil, -íla 1. 破壊する，壊す Potres je zrušil velik del mesta. 地震は町の大半を破壊した. 2. 強 乱す 〜 ravnotežje v naravi：自然のバランスを乱す 3. 強

打ち砕く，覆す ~ ideale：理想を打ち砕く；~ teorijo：理論を覆す

zrúšiti se / zrušíti se[48] ［完］現1単：-im se, L分詞：-il se, -ila se / zrúšil se, -íla se 1. 崩壊する 2. 強力な力によって高いところから落ちる，墜落する 3. 強 倒れこむ

zúnaj［副］1. 外に，外側に Nekaj stvari je zložil v omaro, druge pa pustil zunaj. 彼はあるものはたんすの中にしまったが，外に残しておいたものもあった．2. 戸外で，屋外で 3. 故郷を離れて，外国で

zúnaj［前］+生 1. ~の外に 2. 一定期間の外に ~ sezone：オフシーズン

zunánji[38] ［形］1. 外の，外側の ~i zidovi：外壁 2. 裏の，離れた 3. 戸外の，屋外の ~a dela：外仕事 4. 国外の 5. 外部の 6. 外見上の，見た目の ~i znaki bolezni：病気の外見上の諸特徴 7. 外面の

zunánjščina[14] ［女］外側，外部，外面

zvečér［副］夕方，夜 Danes zvečer me ne bo doma. 今夜は家にいません．

zvedàv[38] ［形］女単主：-áva, 比：bolj ~ 好奇心旺盛な ~ deček：好奇心旺盛な子ども

zvédeti[55] ［完］読んだり聞いたりして知る

zvelíčar[3] ［男］救済者

zvenèč[38] ［形］女単主：-éča, 比：bolj ~ 1. 有名な，音に聞こえる 2. 有声の

zvenéti[48] ［不完］1. 大きな音を立てる 2. 響く 3. 強 声や音などから分かる Iz glasu je zvenela jeza. 声には怒りがにじんでいた．

zvér[17] ［女］野獣，獣

zvést[38] ［形］比：-êjši 1. 好感のもてる 2. 信頼のおける 3. 忠実な 4. 長年の ~i bralci revije：雑誌の長年の読者

zvéza[14] ［女］1. つながり ~ med kostema：骨と骨の

つながり 2. 関係 trgati ~e s preteklostjo：過去との関係を断ち切る 3.（交通機関などの）接続 železniška ~：鉄道の接続 4. 連合 5. 連邦

zvézati / zvezáti[49]［完］現 1 単：zvéžem, L 分詞：zvézal, -ála 1. しばる ~ pisma s trakom：手紙をリボンでしばる 2. 結びつける，統合する，ひとつにする 3. 接続する

zvézda[14]［女］1. 星 2. 星印 3. スター

zvezdárna[14]［女］天文台 delati v ~i：天文台で働く

zvezdoslôvec[2]［男］単生：-vca 天文学者（男）

zvezdoslôvka[14]［女］天文学者（女）

zvezdoslôvje[21]［中］天文学

zvézek[1]［男］単生：-zka 1. ノート pisati v ~：ノートに書く 2.（辞書などの）巻 pet ~ov slovarja：5 巻本の辞書

zvéžem → zvézati / zvezáti

zvíjati[47]［不完］1. 巻く ~ papir：紙を巻く 2. 折る，曲げる 3. 強 高じる Jeza ga zvija. 彼の怒りが高じていく． 4. 強 痛みを引き起こす Po trebuhu / V trebuhu me zvija. 私はお腹が痛い．

zvíjem → zvíti

zvíšati[47]［完］1. 高くする ~ glas：声を高める 2. 上げる ~ cene：価格を上げる

zvíška［副］1. 高いところから ~ pasti na tla：高いところから床に落ちる 2. 高慢に，不遜に ~ govoriti：不遜な話し方をする

zvítek[1]［男］単生：-tka 1. 巻物，巻いてあるもの zviti plakat v ~：ポスターをくるくると巻く；rokopisni ~：手書きの巻物 2. シュトゥルーデル

zvíti[50]［完］現 1 単：zvíjem 1. 巻く 2. ねじる 3. 強 説き伏せる，強いる Zvil jo je, da mu je vse povedala. 彼はすべて話すよう彼女を説き伏せた． 4. 強 高じる 5. 強 痛みを引き起こす

zvóčen[38] [形] 女単主：-čna, 比：-ejši 1. 音の, 音の出る ~i efekti：音響効果 2. よく響く

zvóčnik[1] [男] 1. 拡声器, スピーカー 2. 有声子音

zvók[1] [男] 音

zvón[5] [男] 単生：-a/-á 1. 鐘, 鐘の音 2. 鐘の形をした物

zvônček[1] [男] 単生：-čka 1. 小さな鐘, ハンドベル 2. ユキノハナ（植物）

zvônec[2] [男] 単生：-nca 1. 呼び鈴, ベル pritisniti na ~ pri vratih：ドアの呼び鈴を鳴らす；telefonski ~：電話のベル 2. 鈴 3. ベル型のもの hlače na ~：ベルボトム

zvoník[1] [男] 鐘楼 iti zvonit v ~：鐘楼へ鐘を鳴らしに行く

zvoníti[48] [不完] 1. 鐘を鳴らす, 鐘が鳴る Zvonilo je, da se je slišalo po vsej dolini. 谷中に聞こえるほどの鐘の音が鳴っていた. 2. 呼び鈴を鳴らす 3. 合図の音が鳴る ~ začetek šolske ure：授業の開始を合図する 4. 強 話す

zvŕst[17] [女] 1. 種類 2. književna ~：文学のジャンル

zvrstíti[48] [完] L 分詞：zvŕstil, -íla 分類する, 仕分けする ~ račune po datumih：日付によってレシートを分ける

Ž

žába[14] [女] 1. 蛙 Žabe kvakajo. 蛙が鳴いている. piti kot ~：多量に飲む 2. 口 ゴミ箱 3. človek ~：潜水夫, 潜水工作員, 囲 ちび 4. 口 シトロエン（車種）

žábji

voziti ~o：シトロエンに乗り込む 5. plavati ~o：平泳ぎをする

žábji[38]［形］蛙の，蛙のような ~a perspektiva：下からの眺め，観察，仰視図；強 plavati po ~e：平泳ぎをする

žafrán[1]［男］サフラン dati okus po ~u：サフランで味や色をつける；drag kot ~：とても高価だ，貴重だ

žága[14]［女］のこぎり pognati ~o：のこぎりを押す；verižna ~：チェーンソー

žágati[47]［不完］1. のこぎりで切る ~ deske：板を切る 2. 強 弦楽器の弓を動かす，弦楽器を弾く；~ na violino：ヴァイオリンを弾く Violinist žaga po strunah. ヴァイオリニストは弓を弦に滑らせている．3. 単調な音や声を挙げる ~ skladbo：曲を下手に演奏する 4. 口 解雇する，解任する

žájbelj[2/4]［男］単生：-blja / -na セージ

žàl［助］1. 残念だ ~ mi je：私は残念だ 2. +生 気の毒に思う，哀れに思う Žal mu je fanta, ki je tako osamljen. 彼はそんなにも孤独な少年を気の毒に思っている 3. +生 不足している Za knjige mu ni žal denarja. 彼は本のためには金に糸目をつけない．4. po+前 / za+造 ~が無くて・~を失って悲しい Izgubili so psa, še zdaj jim žal za njim. 彼らは犬を失って，今でもまだ悲しく思っている．5.（間投詞的に）残念ながら Boš šel z nami ? -Žal, ne morem. 僕たちと一緒に来る？-残念だな，行けないよ．

žálen[38]［形］女単主：-lna 哀悼の ~a obleka：喪服；~a slovesnost：葬式

žalíti / žáliti[48]［不完］現1単：-im, L分詞：žálil, -íla 攻撃する，侮辱する，傷つける ~ čast predstojnika：社長の名誉を傷つける

žaloígra[14]［女］悲劇

žálost[16]［女］1. 悲しみ，悲嘆 od ~i se razjokati：悲嘆

のあまり泣き出す 2. 喪,忌中 3. na ~：残念ながら

žálosten[38]［形］女単主：-tna, 比：-ejši 1. 悲しい,悲しげな 2. 陰鬱な 3. 嘆かわしい,ひどい biti v ~em stanju：危篤状態だ

žalostínka[14]［女］哀歌,挽歌,エレジー

žalostíti se[48]［不完］悲しむ ~ zaradi neuspeha：失敗して悲しむ,悲しく思う

žalovánje[21]［中］哀悼,嘆き,悲しみ biti v ~u za očetom：父の喪に服している

žalováti[50]［不完］L 分詞：-àl, -ála 1.（何か／誰か）を失って嘆く,悲しむ ~ po domovini：故郷を失って悲しむ；~ za nekdanjimi časi：かつてを思って嘆く 2. 死者を悼む,喪に服す Eno leto je žalovala po možu / za možem. 1年間夫の喪に服していた.

žaluzíja[14]［女］【複】ブラインド,日よけ dvigniti ~e：ブラインドを上げる；spustiti ~e：ブラインドを下ろす

žámet[1]［男］ベルベット,ビロード rebrast ~：コーデュロイ；obleka iz ~a：ベルベット製の衣装

žámeten[38]［形］女単主：-tna, 比：bolj ~ / -ejši 1. ベルベットの,ビロードの 2. ベルベットのような,ビロードのような

žánjem → žéti

žánr[1]［男］ジャンル

žár[1]［男］1. 炎 peči jedi na ~u / nad ~om：食べ物を炙る,グリルする 2. 熱情,情熱 govoriti z ~om：情熱を込めて話す

žárek[1]［男］単生：-rka 光線 sončni ~i：太陽光線；rentgenski ~i：エックス線

žárek[38]［形］女単主：-rka, 比：-ejši 強い光を発する,炎のように熱い

žaréti[48]［不完］1. 白熱する,光を放つ,輝く Sonce žari. 太陽が輝く. 2. 火照る Lica ji žarela od mrzlega

vetra. 彼女の頬は冷たい風に当たって赤くなった.
žárnica[14] [女] 電球
žaromèt[1] [男] 単生：-éta サーチライト，ヘッドライト，スポットライト
že / žé / žè [助] 1. すでに，もう Mi smo že končali. 私たちはもう終わりました. Danes je že trikrat telefoniral. 彼は今日もう3回電話した. 2. まさに，ちょうど To je že res, toda…それはそうだが… 3. 多分，きっと Bodo že našli kak izhod. 彼らは何らかの糸口を見出すに違いない.
žebèlj / žêbelj[2] [男] 単生：-bljà / -blja 釘, 鋲 zabiti ～：釘を打つ; pribiti z ～em：鋲で留める
žebljíček[1] [男] 単生：-čka 小さな釘，小さな鋲 risalni ～：画鋲
žêja[14] [女] 1. 喉の渇き，脱水状態 umreti od ～e：脱水症状を起こして死ぬ 2. 強 渇望 imeti ～o po resnici：真実を渇望している
žêjen[38] [形] 女単主：-jna, 比：bolj ～ 1. 喉が乾いている 2. 強 ＋生 ～を渇望している Množica je žejna pravice. 大勢が権利を求めている.
želatína[14] [女] ゼラチン
želatínast[38] [形] ゼラチンの，ゼラチンでできた ～i bomboni：ゼリービーンズ
želatínski[38] [形] 粘着性の
želé[10] [男] 単生：-éja 1. ゼリー pomarančni ～：オレンジゼリー 2. ジェル namazati lase z ～jem：髪にジェルを塗る
želéti[48] [不完] L分詞：žêlel, -éla 1. 望む Starši želijo otrokom srečno prihodnost. 両親は子どもたちの幸せな将来を望んでいる. Želi mu, da bi bil zdrav. 彼が健康であるように祈る. 2. 欲しい Gost želi sobo v prvem nadstropju. 客は二階の部屋を希望している.
železárna[14] [女] 鉄工所, 製鉄所 delati v ～i：鉄工所

で働いている

želézen[38] ［形］女単主：-zna 1. 鉄の，鉄製の 2. 強 鉄のように堅い，強い

želéznica[14] ［女］鉄道 potovati z ~o：鉄道で旅をする；podzemejska ~：地下鉄

želézničar[3] ［男］鉄道員（男）

želézničarka[14] ［女］鉄道員（女）

železnína[14] ［女］集 1. 鉄製品，金物 2. 金物屋

želézniški[38] ［形］鉄道の ~a nesreča：鉄道事故；~a postaja：鉄道駅；~a proga：鉄道路線；~e zapornice：踏切

želézo[20] ［中］鉄，鉄製品 biti za (med) staro ~：役に立たない，使い物にならない Kuj železo, dokler je vroče. 鉄は熱いうちに打て．

železobetón[1] ［男］鉄筋コンクリート

želja[14] ［女］複生：želj/željá 望み，欲望 ~ po miru：平和への願い；na ~o：依頼にこたえて，要望に応じて

želódčen[38] ［形］女単主：-čna 胃の ~a kislina：胃酸；~i krči：胃痙攣

želódec[2] ［男］単生：-dca 胃 rak na ~u：胃癌；imeti ga v ~u：彼が嫌いだ

želva[14] ［女］亀 morska ~：海がめ

želvovína[14] ［女］べっ甲 glavnik iz ~e：べっ甲の櫛

žémlja[14] ［女］複生：žémelj ロールパン

žêna[14] ［女］複生：žên/žená 1. 妻 Vzel jo je za ženo. その人は彼女と結婚した 2. 女 dan žená：女性の日（3月8日）

žênem → gnáti

žénin[1] ［男］花婿

ženíten[38] ［形］女単主：-tna 花婿の ~a ponudba：求婚，プロポーズ

ženítev[15] ［女］結婚

ženíti se[48][不完]現1単：žénim se, L分詞：ženil se, -íla se 1.（男性が）結婚する 2.強 つがいになる

ženska[14][女]女性，女

ženski[38][形]比：bolj ~ 1. 女性の，女の 2. 婦人用の ~a revija：女性誌

žêp[1][男]単生：žêpa ポケット notranji ~：内ポケット；imeti plitev ~：お金を少ししかもっていない；globoko seči v ~：大枚をはたく；plačati iz svojega ~a：ポケットマネーで支払う

žêpar[3][男]すり（男）

žêparka[14][女]すり（女）

žêpen[38][形]女単主：-pna ポケットの，ポケットに収まるくらいの ~a knjiga：文庫本；~a svetilka：懐中電灯；~i format：ポケットサイズ；~i nož：ポケットナイフ

žepnína[14][女]こづかい

žerjàv[1][男]単生：-áva 1. 鶴 2. クレーン

žétev[15][女]収穫

žéti[50][不完]現1単：žánjem 収穫する，刈る ~ na roke：手で刈る；~ s kombajnom：コンバインで刈る

žetón[1][男]バスやゲーム機などで用いる代用硬貨

žétven[38][形]収穫の，刈り取りの ~i praznik hvaležnosti：勤労感謝の日

žgánec[2][男]単生：-nca【複】かための粥，粥状の食べ物 ajdovi ~i：そばがき；krompirjevi ~i：マッシュポテト

žganína[14][女]シュナップス

žgánje/žganjè[21][中]蒸留酒，ブランデー

žgáti[49][不完]現1単：žgèm 1. 燃やす，焦がす 2. 煎る，ローストする ~ kavo：コーヒー豆を煎る 3. 焼けつくような痛みを与える Rana ga je začela žgati. 彼の傷がひりひりと痛み出した.

žgèm → žgáti

žíca[14] [女] コード，ワイヤー telefonske ~e：電話線

žíčnica[14] [女] ケーブルカー，ロープウェイ

žíd[1] [男] 複主：žídje / žídi ユダヤ教徒（男）

Žíd[1] [男] 複主：Žídje / Žídi ユダヤ人（男）

žídinja[14] [女] ユダヤ教徒（女）

Žídinja[14] [女] ユダヤ人（女）

žídovski[38] [形] ユダヤの，ユダヤ教の，ユダヤ教徒の，ユダヤ人の

žíg[1] [男] 1. スタンプ，印 poštni ~：消印 dati / odtisniti ~：スタンプを押す 2. 図 刻印，特質 sramotni ~：汚名

žíla[14] [女] 1. 血管 dati injekcijo v ~o：血管注射をする 2. 強 才能 prirojena trgovska ~：生まれながらの商才 3. 葉脈 4. 幹線道路，重要な輸送路 življenska ~：ライフライン

žímnica[14] [女] マットレス ležati na ~i：マットレスの上に横になる

žítarica[14] [女]【複】穀物，穀類

žítnica[14] [女] 穀倉，穀倉地帯 spraviti žito v ~o：穀物を倉に蓄える

žíto[20] [中] 穀物

žív[38] [形] 比：bolj ~ 1. 生きている 2. 生き生きしている，活発な ~a oddaja：中継放送；~o srebro：水銀；~ vulkan：活火山 3. 活動体の

živáhen[38] [形] 女単主：-hna，比：-ejši 1. 元気のよい，活発な，生き生きした 2. 強 にぎやかな

živál[16] [女] 動物 gojiti ~i：動物を飼う

živálski[38] [形] 動物の ~i krog：黄道，黄道十二宮；~i vrt：動物園

žívčen[38] [形] 女単主：-čna，比：bolj ~ 1. 神経の ~a slabost：神経衰弱症；~i sistem：神経系統 2. 神経質な

žívec[2] [男] 単生：-vca 神経 izgubiti ~e：我を失う；

iti na ~e：気に障る，いらいらさせる

živéti[48]［不完］L 分詞：žível, -éla 1. 生きる，生きている ～ ob kruhu in krompirju：パンとじゃがいもだけで生きている 2. 生息する 3. 暮らす

žívijo → žívjo

živílo[20]［中］【複】食物 trgovina z ~i：食料品店

živílski[38]［形］食物の ~a industrija：食品工業

živína[14]［女］1.［集］（馬，牛などの）家畜 imeti dvajset glav ~e：家畜を 20 頭所有している 2.［強］重要人物 politična ～：政界の大物

živinorêja[14]［女］畜産

živinozdravníca[14]［女］獣医（女）

živinozdravník[1]［男］獣医（男）

žívio［挿］1. やあ 2. じゃあね

življênje[21]［中］1. 生活 način ~a：生活様式 2. 人生 v cvetu ~a：人生の最盛期，若い頃 3. 命，生命 izgubiti ～：命を失う，死ぬ

življenjepís[1]［男］1. 伝記 lastni ～：自叙伝 2. 履歴書

življênski[38]［形］比：bolj ～ 1. 生活の ~a modrost：生活の知恵，世才 2. 人生の ~o delo：ライフワーク 3. 命の，生命の ~a moč：生命力

žívjo → žívio

žláhten[38]［形］女単主：-tna, 比：-ejši 1.［文］高貴な，気品のある ~i kamen：宝石 2. 品種改良された

žléb[5]［男］単生：-a/-á 1. とい，雨どい 2. 水路，溝

žléza[14]［女］腺 mlečna ～：乳腺；～ ščitnica：甲状腺

žlíca[14]［女］1. スプーン odložiti ~o：食べるのをやめる；vzeti ~o v roko：食べ始める 2. スプーン一杯分 z veliko ~o：たっぷりと［文］roditi se s srebrno ~o v ustih：裕福な家庭に生まれる 3. くつべら

žlíčka[14]［女］1. 小さなスプーン čajna ～：ティースプーン 2. みぞおち

žlíklof[1]［男］【複】ジュリクロフ（水餃子やラビオリ

に似た食べ物)

žmígavec² [男] 単生：-vca 口 ウィンカー

žóga¹⁴ [女] ボール，まり nogometna ～：サッカーボール

žógica¹⁴ [女] 小さなボール，小さなまり

žôlč² [男] 1. 胆汁 2. 強 怒り bled od ~a：怒りで蒼白の

žôlčnik¹ [男] 胆嚢

žôlna¹⁴ [女] 1. きつつき 2. 強 酒飲み

žréb¹ [男] くじ，抽選 izbrati z ~om：抽選で選び出す

žrêlo²⁰ [中] 1. 食道 2.（動物の）口，のど 3. 深淵，深い地割れ，クレーター ～ vulkana：火口

žrèm → žréti

žréti⁴⁹ [不完] 現1単：žrèm, L分詞 žŕl, -a 1. 強 むさぼる，がつがつ食べる 2. 口（ga と共に）アルコールを大量に飲む Kadar je slabe volje, ga žre. その人は機嫌が悪いと深酒をする。3. 強 虫が刺す，食う 4. 強 侵食する

žŕl → žréti

žŕtev¹⁵ [女] いけにえ，犠牲

žrtvováti⁵⁰ [不完・完] L分詞：-ál, -ála いけにえを捧げる，犠牲にする ～ hčer boginji：娘を女神にいけにえとして捧げる；～ počitnice za dokončanje naloge：課題を終わらせるために休暇を犠牲にする

žúlj² [男] みずぶくれ，（皮膚の）まめ

župàn¹ [男] 単生：-ána 口 1. 市長（男）2. 市議会の議長（男）

župánja¹⁴ [女] 口 1. 市長（女）2. 市議会の議長（女）

župnjíja¹⁴ [女] 教区

žúpnik¹ [男] 1. 教区司祭 2. キリスト教の祝日に焼かれる儀式用のパン

žúr¹ [男] 口 ホームパーティー，パーティー iti na ～：パーティーに行く

žužélka[14] [女] 虫, 昆虫 škodljive ~e：害虫
žvečílen[38] [形] 女単主：-lna 咀嚼の, 嚙む ~i gumi：チューインガム
žvêplo[21] [中] イオウ
žvížgati[47] [不完] 1. 口笛を吹く, 口笛のような音を立てる 2. 強 (劇場などで) シーシーと音をたて不満を表明する

男性名詞

1. 硬変化型：

不活動体 dežník「傘」；活動体 pótnik「旅人」

	単数	双数	複数
主	dežník	dežníka	dežníki
生	dežníka	dežníkov	dežníkov
与	dežníku	dežníkoma	dežníkom
対	dežník / pótnika	dežníka	dežníke
前	dežníku	dežníkih	dežníkih
造	dežníkom	dežníkoma	dežníki

a. 単数主格で後ろから2番目に -e- があると，語尾の前でこの -e- が消えることがある．語幹が無声子音＋有声子音で終わる名詞，単数主格が -ek で終わる名詞に多い．本編では単数生格形によって指示した．例：**kôvček**[1]［男］単生：kôvčka スーツケース

b. 複数主格でi と並んで je という語尾をもつ名詞がある．本編では「複主」として指示した．例：**študènt**[1]［男］複主：študêntje / študênti 学生

c. 語尾がつくとアクセントの位置が移動したり，アクセントの種類が変わる語がある．本編では単数生格形によって指示した．例：**jêzik**[1]［男］単生：jezíka 1. 舌，タン
このような指示のない語は，アクセントの位置も種類も基本的に変化しない．

d. その他，上の表以外の形態については，本編に注意すべき形態を書き入れた．

2. 軟変化型：不活動体 kljúč「鍵」；活動体 stríc「おじ」

	単数	双数	複数
主	kljúč	kljúča	kljúči
生	kljúča	kljúčev	kljúčev
与	kljúču	kljúčema	kljúčem
対	kljúč / stríca	kljúča	kljúče
前	kljúču	kljúčih	kljúčih
造	kljúčem	kljúčema	kljúči

a. 語幹の末尾が c, j, č, ž, š, dž の名詞は軟変化タイプである（dž は稀）．

b. 単数主格で後ろから2番目に -e- があると，語尾の前でこの -e- が消えることがある．語幹が無声子音+有声子音で終わる名詞，単数主格が -ec で終わる名詞に多い．本編では単数生格形によって指示した．例：**Slovénec**[2]［男］単生：Slovénca スロヴェニア人

c. 語尾がつくとアクセントの位置が移動したり，アクセントの種類が変わる語がある．本編では単数生格形によって指示した．例：**kònj**[2]［男］単生：kônja 1. 馬
このような指示のない語はアクセントの位置も種類も基本的に変化しない．

d. その他，上の表以外の形態については，本編に注意すべき形態を書き入れた．

3. -j- による語幹の拡大：

不活動体 slovár「辞書」；活動体 profésor「教授」

	単数	双数	複数
主	slovár	slovárja	slovárji
生	slovárja	slovárjev	slovárjev
与	slovárju	slovárjema	slovárjem
対	slovár / profésorja	slovárja	slovárje
前	slovárju	slovárjih	slovárjih
造	slovárjem	slovárjema	slovárji

a. 単数主格が2音節以上，かつ語幹の末尾が r の名詞の多くが，-j- による語幹の拡大を起こす．

b. r の前が弱化母音の場合，および1音節語は語幹が -j- によって拡大することがなく，1と同じ変化をする．例：véter, větra, větru...；vír, víra, víru...

4. -n- による語幹の拡大：

不活動体 nágelj「カーネーション」；活動体 Fráncelj「フランツェル」（人名）

	単数	双数	複数
主	nágelj	nágeljna	nágeljni
生	nágeljna	nágeljnov	nágeljnov
与	nágeljnu	nágeljnoma	nágeljnom
対	nágelj / Fránceljna	nágeljna	nágeljne
前	nágeljnu	nágeljnih	nágeljnih
造	nágeljnom	nágeljnoma	nágeljni

a. 数は少ないが，このタイプの変化をする語は，ドイツ語起

源のものによく見られる.

b. 表の nágelj は 2 の軟変化としても変化するが，文語的な変化として -n- による拡大もある．逆に，Fráncelj を -n- によって拡大させる変化は口語的である．

5. 双数と複数における -ôv- による語幹の拡大：
不活動体 grád「城」；活動体 sín「息子」

	単数	双数	複数
主	grád	gradôva	gradôvi
生	gradú, gráda	gradôv	gradôv
与	grádu	gradôvoma	gradôvom
対	grád / sína, sinú	gradôva	gradôve
前	grádu	gradôvih	gradôvih
造	grádom	gradôvoma	gradôvi

a. 1音節語の男性名詞のうち約80語がこのタイプの変化をする．語幹が c, j, č, š で終わる語はたとえ1音節語の男性名詞であろうと，この変化をすることがない．

b. 単数生格で語尾 -ú をもつ名詞，-a を持つ名詞，両方をもつ名詞がある．上に示した変化表にあるように，grad は両方の語尾をもつ．このタイプの名詞はすべて，本編で単数生格形を挙げた．

6. 複数主格が -jé となるタイプ：
不活動体 zób「歯」，lás「髪」；活動体 móž「夫」

	単数	双数	複数
主	zób	zobá	zobjé
生	zobá	zób	zób
与	zóbu	zobéma	zobém
対	zób / mozá	zobá	zobé
前	zóbu	zobéh	zobéh
造	zóbom / móžem	zobéma	zobmí

	単数	双数	複数
主	lás	lása	lasjé
生	lasú, lása	lás	lás
与	lásu	lásoma	lasém
対	lás	lása	lasé
前	lásu	laséh	laséh
造	lásom	lásoma	lasmí

a. 複数主格がアクセントつきの語尾 jé しかない名詞はここに挙げた3つのみ．

b. móž の単数造格形の語尾は -em．

7. 語末の母音が語尾：ávto「自動車」

	単数	双数	複数
主	ávto	ávta	ávti
生	ávta	ávtov	ávtov
与	ávtu	ávtoma	ávtom
対	ávto	ávta	ávte
前	ávtu	ávtih	ávtih
造	ávtom	ávtoma	ávti

男性名詞　　　　　　　　540

a. 単数主格以外の語尾は1の dežník と同じ．o や e で終わる外来語に多い．

8. 語末の母音が語幹・-t- による語幹の拡大：ôče「父」

	単数	双数	複数
主	ôče	očéta	očétje, očéti
生	očéta	očétov	očétov
与	očétu	očétoma	očétom
対	očéta	očéta	očéte
前	očétu	očétih	očétih
造	očétom	očétoma	očéti

a. 単数主格が e で終わる男性名詞のうち，外来語以外はこの変化をする．他には固有名詞の Tíne, Stáne などがある．

9. -a で終わる人を示す名詞：računovódja「会計士」

	単数	双数	複数
主	računovódja	računovódja	računovódji
生	računovódja	računovódjev	računovódjev
与	računovódju	računovódjema	računovódjem
対	računovódja	računovódja	računovódje
前	računovódju	računovódjih	računovódjih
造	račnovódjem	računovódjema	računovódji

	単数	双数	複数
主	računovódja	računovódji	računovódje
生	računovódje	račnovódij	računovódij
与	računovódji	računovódjama	računovódjam
対	računovódjo	računovódji	računovódje
前	računovódji	računovódjah	računovódjah
造	računovódjo	računovódjama	računovódjami

a. このタイプは2種類の変化パターンがあり，2あるいは14と同じ語尾をもつ．

10. 語末の母音が語幹・-j- による語幹の拡大：
    táksi「タクシー」；活動体 atašé「大使館員」

	単数	双数	複数
主	táksi	táksija	táksiji
生	táksija	táksijev	táksijev
与	táksiju	táksijema	táksijem
対	táksi / atašéja	táksija	táksije
前	táksiju	táksijih	táksijih
造	táksijem	táksijema	táksiji

a. 単数主格が母音（i/í, u/ú, á, ó, é）で終わる男性名詞は，8の ôče タイプを除く多くがこの変化をする．

男性名詞

不規則変化

11. dán「日」

	単数	双数	複数
主	dán	dnéva, dní	dnévi
生	dné, dnéva	dní, dnévov	dní, dnévov
与	dnévu	dnévoma, dnéma	dném, dnévom
対	dán	dní, dnéva	dní, dnéve
前	dnévu	dnéh, dnévih	dnéh, dnévih
造	dném, dnévom	dnéma, dnévoma	dnémi, dnévi

12. otròk「こども」

	単数	双数	複数
主	otròk	otrôka	otrôci
生	otrôka	otrók	otrók
与	otrôku	otrôkoma	otrôkom
対	otrôka	otrôka	otrôke
前	otrôku	otrôcih	otrôcih
造	otrôkom	otrôkoma	otrôki

13. člôvek「人」

	単数	双数	複数
主	člôvek	slovéka	ljudjé
生	slovéka	ljudí	ljudí
与	slovéku	slovékoma	ljudém
対	slovéka	slovéka	ljudí
前	slovéku	ljudéh	ljudéh
造	slovékom	slovékoma	ljudmí

女性名詞

14. knjíga「本」

	単数	双数	複数
主	knjíga	knjígi	knjíge
生	knjíge	knjíg	knjíg
与	knjígi	knjígama	knjígam
対	knjígo	knjígi	knjíge
前	knjígi	knjígah	knjígah
造	knjígo	knjígama	knjígami

a. dežêla の双数および複数の生格形には規則どおりの dežêl 以外にも deželá がある．このような語は若干存在する．
 例：**dežêla**[14]［女］複生：dežêl / deželá 1. 国，地方

b. 語幹の末尾が無声子音字＋有声子音字の双数および複数の生格形は，間に -e- を挿入する．例：**gospodíčna**[14]［女］複生：-čen 1. ～さん（未婚女性に）

c. 語幹の末尾が無声子音字＋無声子音字あるいは有声子音字＋有声子音字の場合は，双数および複数の生格形で間に -e- を挿入しない．しかし，2番目の子音字が r と lj のときは例外で，-e- を挿入する．例：**sáblja**[14]［女］複生：sábelj 1. サーベル，剣
 2番目の子音字が nj の場合は -e- が挿入される場合とされない場合の2通りある．

d. 単数主格が l, n 以外の子音字＋-ja で終わる語あるいは子音字＋指小語尾 ca で終わる語の双数および複数の生格形は，-i- を挿入する．例：**ládja**[14]［女］複生：ládij 船，

女性名詞　　　　　　　544

船舶

e. 双数および複数の生格形でいくつかの語には -a- が挿入される．語幹が 1 音節の語に多い．例：**deskà**[14][女] 複生：dèsk / desák 1.板

以上，双数と複数の生格で何らかの音が挿入される場合は，「複生」としてその形態を本編に指示した．

f. このタイプに属する語の大半は固定アクセントである．約 25 語がヴァリエーションとして移動アクセントをもつ．

単数主格が子音で終わる女性名詞

15. 単数生格語尾が -e となる名詞：cérkev「教会」

	単数	双数	複数
主	cérkev	cérkvi	cérkve
生	cérkve	cérkev, cerkvá	cérkev, cerkvá
与	cérkvi	cérkvama	cérkvam
対	cérkev	cérkvi	cérkve
前	cérkvi	cérkvah	cérkvah
造	cérkvijo	cérkvama	cérkvami

16. 単数生格語尾が -i となる名詞：
malénkost「些細なこと」；pésem「詩」

	単数	双数	複数
主	malénkost	malénkosti	malénkosti
生	malénkosti	malénkosti	malénkosti
与	malénkosti	malénkostma, malénkostima / pésmima	malénkostim
対	malénkost	malénkosti	malénkosti
前	malénkosti	malénkostih	malénkostih
造	malénkostjo / pésmijo	malénkostma, malénkostima / pésmima	malénkostmi / pésmimi

a. 出没母音の e をはさんで無声子音＋有声子音と並ぶ名詞は，単数・双数・複数の造格および双数与格語尾は -ijo, -ima, -imi となる．

b. アクセントの位置や種類が変化する語は単数生格形で本編に示した．例：**mìš**[16]［女］単生：míši 1. ねずみ
このような語は非常に数が少ない．

17. 単数生格語尾が -í となる名詞：stvár「物・事」

	単数	双数	複数
主	stvár	stvarí	stvarí
生	stvarí	stvarí	stvarí
与	stvári	stvaréma	stvarém
対	stvár	stvarí	stvarí
前	stvári	stvaréh	stvaréh
造	stvarjó	stvaréma	stvarmí

女性名詞　　　　　　　　546

a. 16 と比べると，双数与格・前置格・造格，複数与格・前置格が異なる．このタイプの変化をするのは 1 音節語である．

18. -er- による語幹の拡大：máti「母」

	単数	双数	複数
主	máti	máteri	mátere
生	mátere	máter	máter
与	máteri	máterama	máteram
対	máter	máteri	mátere
前	máteri	máterah	máterah
造	máterjo	máterama	máterami

a. hčí もこのタイプの変化をする．

不規則変化

19. gospá「～さん・既婚女性」

	単数	双数	複数
主	gospá	gospé	gospé
生	gospé	gospá	gospá
与	gospé	gospéma	gospém
対	gospó	gospé	gospé
前	gospé	gospéh	gospéh
造	gospó	gospéma	gospémi

中性名詞

20. 硬変化型：darílo「プレゼント」

	単数	双数	複数
主	darílo	daríli	daríla
生	daríla	daríl	daríl
与	darílu	dovíloma	darílom
対	darílo	daríli	darila
前	darílu	darílih	darilih
造	darílom	daríloma	daríli

a. 単数主格の語幹の末尾が無声子音＋有声子音の場合，双数および複数生格で出没母音のeが入る．例：**písmo**[20]［中］複生：písem 手紙

21. 軟変化型：stanovánje「住まい・住居」

	単数	双数	複数
主	stanovánje	stanovánji	stanovánja
生	stanovánja	stanovánj	stanovánj
与	stanovánju	stanovánjema	stanovánjem
対	stanovánje	stanovánji	stanovánja
前	stanovánju	stanovánjih	stanovánjih
造	stanovánjem	stanovánjema	stanovánji

a. 単数主格の語幹の末尾が rj, vj, lj の場合，双数および複数生格でjの前にiが入る．例：**mórje**[21]［中］複生：mórij 海

22. -n- による語幹の拡大：imé「名前」

	単数	双数	複数
主	imé	iméni	iména
生	iména	imén	imén
与	iménu	iménoma	iménom
対	imé	iméni	iména
前	iménu	iménih	iménih
造	iménom	iménoma	iméni

a. このタイプの変化をする名詞は 10 個ある：brême, imé, plême, ráme, séme, slême「尾根」, strême「あぶみ」, tême, víme「(牛や羊などの) 乳房」, vrême.

23. -t- による語幹の拡大：deklè「女の子」

	単数	双数	複数
主	deklè	dekléti	dekléta
生	dekléta	deklét	deklét
与	eklétu	deklétoma	deklétom
対	deklè	dekléti	dekléta
前	deklétu	deklétih	deklétih
造	deklétom	deklétoma	dekléti

中性名詞

24. -es- による語幹の拡大:koló「自転車」

	単数	双数	複数
主	koló	kolési	kolésa
生	kolésa	kolés	kolés
与	kolésu	kolésoma	kolésom
対	koló	kolési	kolésa
前	kolésu	kolésih	kolésih
造	kolésom	kolésoma	kolési

25. -es- による語幹の拡大および子音交替:uhó「耳」

	単数	複数
主	uhó	ušésa
生	ušésa	ušés
与	ušésu	ušésom
対	uhó	ušésa
前	ušésu	ušésih
造	ušésom	ušési

a. 身体名称として用いられる場合,双数は通常用いられない.

代名詞

人称代名詞
28. 1人称

	単数	双数	複数
主	jàz	mídva（男）, mídve, médve（女）	mí（男）, mé（女）
生	mêne / me	náju / naju	nàs / nas
与	mêni / mi	náma / nama	nàm / nam
対	mêne / me	náju / naju	nàs / nas
前	mêni	náju	nàs
造	menój, máno	náma	námi

a. 単数造格の menój は文語的. máno は会話でよく用いられる.

b. 双数主格女性の mídve, médve のうち, 前者は口語的.

c. 単数対格・短形 me の前が1音節の前置詞の場合, つなげて書く. 例：záme. 前置詞が v のときは váme となる.

d. 双数前置格は náju のほかに náma という形が用いられることがある.

代名詞　　　　　　　　552

29. 2人称

	単数	双数	複数
主	tí	vídva（男）, vídve, védve（女）	ví（男）, vé（女）
生	têbe / te	váju	vàs / vas
与	têbi / ti	váma	vàm / vam
対	têbe / te	váju	vàs / vas
前	têbi	váju	vàs
造	tebój, tábo	váma	vámi

a. 単数造格の tebój は文語的. tábo は会話でよく用いられる.
b. 双数主格女性の vídve, védve のうち, 前者は口語的.
c. 単数対格・短形 te の前が1音節の前置詞の場合, つなげて書く. 例：skózte. 前置詞が v のときは váte となる.
d. 双数前置格は váju のほかに váma という形が用いられることがある.

30. 3人称

	単数		
	男	中	女
主	òn,	ôno	ôna
生	njêga / ga		njé / je
与	njêmu / mu		njéj / ji
対	njêga / ga, -nj(男), -nje(中)		njó / jo
前	njêm		njéj
造	njím		njó

	双数			複数		
	男	中	女	男	中	女
主	ônadva	ônidve,ônedve		ôni	ôna	ône
生	njíju / ju, jih			njïh / jih		
与	njíma / jima			njïm / jim		
対	njíju / ju, jih, -nju			njïh, njè / jih, -nje		
前	njíju, njïh			njïh		
造	njíma			njími		

a. 双数主格女性・中性の ônidve, ônedve のうち，後者のほうが口語的．

b. あらゆる数の対格・短形の前が1音節の前置詞の場合，つなげて書く：Odšèl je pónj/pónjo/pónju/pónje.「彼は，彼／彼女／彼ら二人／彼らのあとから出て行った」

c. この1音節の前置詞が子音で終わっている場合，間に e を入れる．例：prédenj, nádenj.

d. 双数前置格は njíju, njïh のほかに njíma という形が用いられることがある．

31. 再帰代名詞

主	–
生	sêbe / se
与	sêbi / si
対	sêbe / se
前	sêbi
造	sebój, sábo

a. 対格・短形の前が1音節の前置詞の場合，つなげて書く．

例：pódse, váse,...

32. 指示代名詞：tá「この」

		男性	女性	中性
単数	主	tá	tá	tó
	生	téga	té	téga
	与	tému	téj / tì	tému
	対	tá (不活), téga (活)	tó	tó
	前	tém	téj / tì	tém
	造	tém	tó	tém
双数	主	tá	tí / té	tí / té
	生	téh	téh	téh
	与	téma	téma	téma
	対	tá	tí / té	tí / té
	前	téh	téh	téh
	造	téma	téma	téma
複数	主	tí	té	tá
	生	téh	téh	téh
	与	tém	tém	tém
	対	té	té	tá
	前	téh	téh	téh
	造	témi	témi	témi

a. tísti / tísta / tísto「その」も同様の変化をする．

b. 女性および中性の主格・対格の té は，数詞 dvé と共に用いられる．

26. -es- による語幹の拡大および子音交代：okó「目」

	単数	複数
主	okó	očí
生	očésa	očí
与	očésu	očém
対	okó	očí
前	očésu	očéh
造	očésom	očmí

a. 身体名称として用いられる場合, 双数は通常用いられない.
b. 複数形の語尾は女性名詞 17 stvár と同じ.

不規則変化
27. tlà「床」, dŕva / drvà「薪」

主	tlà	dŕva
生	tál	dŕv
与	tlóm	dŕvom
対	tlà	dŕva
前	tléh	drvéh, dŕvih
造	tlémi, tlí	drvmí, dŕvi

a. この2語は複数形名詞である.

33. 疑問代名詞:kdó「誰」,
34. káj「何」

主	kdó	káj
生	kóga	čésa
与	kómu	čému
対	kóga	káj
前	kóm	čém
造	kóm	čím

a. nékdo, nékaj や màrsikdó, màrsikáj, málokdó, málokàj などもも同様の変化をする.

35. 関係代名詞:kdór「〜という人」,
36. kàr「〜というもの」

主	kdór	kàr
生	kógar	česar
与	kómur	čémur
対	kógar	kàr
前	kómer	čémer
造	kómer	čímer

a. 任意を表す kdórkoli, kàrkóli や否定代名詞 nihčè, nìč, あるいは vsákdo も同様の変化をする.

37. vès「すべての」

		男性	女性	中性
単数	主	vès	vsà	vsè
	生	vsèga	vsè	vsèga
	与	vsèmu	vsèj	vsèmu
	対	vès (不活), vsèga (活)	vsò	vsè
	前	vsèm	vsèj	vsèm
	造	vsèm	vsò	vsèm
双数	主	vsà	vsì	vsì
	生	vsèh	vsèh	vsèh
	与	vsèma	vsèma	vsèma
	対	vsà	vsì	vsì
	前	vsèh	vsèh	vsèh
	造	vsèma	vsèma	vsèma
複数	主	vsì	vsè	vsà
	生	vsèh	vsèh	vsèh
	与	vsèm	vsèm	vsèm
	対	vsè	vsè	vsà
	前	vsèh	vsèh	vsèh
	造	vsèmi	vsèmi	vsèmi

形容詞

38. nòv「新しい」

		男性	女性	中性
単数	主	nòv / nôvi	nôva	nôvo
	生	nôvega	nôve	nôvega
	与	nôvemu	nôvi	nôvemu
	対	nòv / nôvi（不活），nôvega（活）	nôvo	nôvo
	前	nôvem	nôvi	nôvem
	造	nôvim	nôvo	nôvim
双数	主	nôva	nôvi	nôvi
	生	nôvih	nôvih	nôvih
	与	nôvima	nôvima	nôvima
	対	nôva	nôvi	nôvi
	前	nôvih	nôvih	nôvih
	造	nôvima	nôvima	nôvima
複数	主	nôvi	nôve	nôva
	生	nôvih	nôvih	nôvih
	与	nôvim	nôvim	nôvim
	対	nôve	nôve	nôva
	前	nôvih	nôvih	nôvih
	造	nôvimi	nôvimi	nôvimi

a. 語幹が j, č, ž, š (dž) で終わる場合，中性単数主格／対格の語尾は -o ではなく，-e となる．

b. 男性単数主格の形の後ろから2番目にアクセントのないe

があるとき，語尾がつくとこのeが消えることがある．

例：**míren**[38]［形］女単主：-rna 1. 落ち着いた，静かな，穏やかな

形容詞と同様の変化をする語（品詞）を挙げる．

1. 基数詞 èn / êden
2. 順序数詞 pŕvi, drúgi, trétji, četŕti, pêti...
3. 所有代名詞 mój, tvój, njegóv, njén, nájin, vájin, njún, nàš, vàš, njíhov, svój, čigáv
4. 質を問う代名詞 kákšen, kákršen, nekák(šen)，kàk(šen)，màrsikàkšen, kákršenkóli, vsákršen, nikákršen, drugáčen, enák, ták(šen)
5. 種類を問う代名詞 katéri, néki, màrsikatéri, katérikóli, vsák, nobèn, drúg, ísti, tísti, óni
6. 量を問う代名詞 kólikšen, tólikšen

数　詞

39. dvá「2」

	男	女/中
主	dvá	dvé
生	dvéh	
与	dvéma	
対	dvá	dvé
前	dvéh	
造	dvéma	

a. obá も dvá と同じ変化.

40. tríje「3」
41. štírje「4」

	男	女/中	男	女/中
主	tríje	trí	štírje	štíri
生	tréh		štírih	
与	trém		štírim	
対	trí		štíri	
前	tréh		štírih	
造	trémi		štírimi	

42. pét「5」

	男/女/中
主	pét
生	pêtih
与	pêtim
対	pét
前	pêtih
造	pêtimi

a. 6 šést〜99 devétindevédeset も pét と同じ変化.

b. pét と同じ変化をする数詞は不変化のときもある.

43. stó「100」

主	stó
生	stôtih
与	stôtim
対	stó
前	stôtih
造	stôtimi

a. この語は不変化のときもある.

44. tísoč「1000」:

原則として不変化.「何千もの」という意味のときは, 男性名詞軟変化型2の複数変化をする.

45. milijón「100万」:

単数は不変化 (pol milijona 以外). 前に2以上の数詞を伴い「○百万」とするときは, 双数・複数で男性名詞硬変化型1の変化をする.

46. 集合数詞 dvóje, tróje...:

主格もしくは対格としてのみ用いる. しかし, dvoje と troje は del, novica, primer, reč / stvar が省略されていると考えられる場合, 形容詞として変化する. 例：O dvojem se govori. 2つのケースが話題になっている.

動　詞

A. 規則変化動詞現在人称変化

47. Ⅰ型：délati「働く」

	単数	双数	複数
1	délam	délava	délamo
2	délaš	délata	délate
3	déla	délata	délajo

48. Ⅱ型：mísliti「思う」

	単数	双数	複数
1	míslim	mísliva	míslimo
2	mísliš	míslita	míslite
3	mísli	míslita	míslijo (hité)

a. Ⅱ型の変化をする動詞のうち，3人称複数形が -íjo となるもののいくつかには，別形 -é がある．

49. Ⅲ型：nêsti「運ぶ」

	単数	双数	複数
1	nêsem	nêseva	nêsemo
2	nêseš	nêseta	nêsete
3	nêse	nêseta	nêsejo, nesó

50. Ⅳ型：potrebováti「必要とする」

	単数	双数	複数
1	potrebújem	potrebújeva	potrebújemo
2	potrebúješ	potrebújeta	potrebújete
3	potrebúje	potrebújeta	potrebújejo

B. 不規則動詞現在人称変化

51. bíti「～である」

	単数	双数	複数
1	sem	sva	smo
2	si	sta	ste
3	je	sta	so

52. dáti「与える」

	単数	双数	複数
1	dám	dáva	dámo
2	dáš	dásta	dáste
3	dá	dásta	dájo, dadó

53. íti「行く」

	単数	双数	複数
1	grém	gréva	grémo
2	gréš	grésta	gréste
3	gré	grésta	gréjo, gredó

54. jésti「食べる」

	単数	双数	複数
1	jém	jéva	jémo
2	jéš	jésta	jéste
3	jé	jésta	jéjo, jedó

55. védeti「知っている」

	単数	双数	複数
1	vém	véva	vémo
2	véš	vésta	véste
3	vé	vésta	véjo, vedó

C. 特殊な否定形・現在

56. bíti「～である」の否定

	単数	双数	複数
1	nísem	nísva	nísmo
2	nísi	nísta	níste
3	ní	nísta	níso

57. hotéti「欲しい」の否定

	単数	双数	複数
1	nóčem	nóčeva	nóčemo
2	nóčeš	nóčeta	nóčete
3	nóče	nóčeta	nóčejo

動　詞　　　　　　　　564

58. iméti「持っている」の否定

	単数	双数	複数
1	nímam	nímava	nímamo
2	nímaš	nímata	nímate
3	níma	nímata	nímajo

D. 過去時制

		男性	女性	中性
単数	1	sem délal	sem délala	sem délalo
	2	si délal	si délala	si délalo
	3	je délal	je délala	je délalo
双数	1	sva délala	sva délali	sva délali
	2	sta délala	sta délali	sta délali
	3	sta délala	sta délali	sta délali
複数	1	smo délali	smo délale	smo délala
	2	ste délali	ste délale	ste délala
	3	so délali	so délale	so délala

E. 未来時制

		男性	女性	中性
単数	1	bóm délal	bóm délala	bóm délalo
	2	bóš délal	bóš délala	bóš délalo
	3	bó délal	bó délala	bó délalo
双数	1	bóva délala	bóva délali	bóva délali
	2	bósta délala	bósta délali	bósta délali
	3	bósta délala	bósta délali	bósta délali

複数	1	bómo délali	bómo délale	bómo délala
	2	bóste délali	bóste délale	bóste délala
	3	bódo délali	bódo délale	bódo délala

a. bíti のみは L 分詞と組み合わせず，bóm, bóš, ... のみで未来時制を表す．

b. 特殊な形の L 分詞は本編に表示．

例：jésti → jédel, jédla, jédlo, jédli, jédle...

　　môči → mógel, môgla, môglo, môgli, môgle...

　　nêsti → nésel, nêsla, nêslo, nêsli, nêsle...

　　rêči → rékel, rêkla, rêklo, rêkli, rêkle...

　　íti → šèl, šlà, šlò, šlì, šlè...

F. 命令法

j 型 ← I 型（3人称単数：-a）・Ⅳ型（3人称単数：-je）

	単数	双数	複数
1		vprášajva	vprášajmo
2	vprášaj	vprášajta	vprášajte

i 型 ← Ⅱ型（3人称単数：-e）・Ⅲ型（3人称単数：-i）

	単数	双数	複数
1		napíšiva	napíšimo
2	napíši	napíšita	napíšite

動　詞

G. 能動分詞　現在：〜しながら／過去：〜した後で

	語尾	語　幹	例
現在	-e	現在語幹： －子音	mísliti: mílsim, mísliš,... → mislé
			nêsti: nêsem, nêseš,... → nesé
	-je	現在語幹： －母音	délati: délam, délaš,... → délaje
		不規則	íti: grém, gréš,... → gredé
過去	-ši	過去語幹： －子音	rêči: rékel, rékla,... → rékši
			sédeti: sédel, sédla,... → sédši
	-vši	過去語幹： －母音	pozabíti: pozábil, pozábila,... → pozábivši
			dvígniti: dvígnil, dvígnila,... → dvígnivši

a. 能動分詞は現在・過去とも現代のスロヴェニア語ではほとんど用いられない．

b. 能動分詞現在は必ず不完了体から作られ，能動分詞過去は必ず完了体から作られる．

c. 不定法が -ovati で終わる動詞の能動分詞現在は，現在語幹を基にした -uje よりも不定語幹を基にした -ovaje となる傾向がある．

H. 能動形動詞：〜している

語尾	3人称単数現在	例／備考
-jóč	-a	délati: déla → delajóč
	-je	kupováti: kupúje → kupujóč
-óč	-e	nêsti: nêse → nesóč ;
		bráti: bêre → beróč
-éč	-i	mísliti: mísli → misléč ;
		sédeti: sédi → sedéč

I. 受動分詞:〜された

不定形	受動分詞	子音交替／備考	例
-ati	-an		napisáti → napísan
-iti	-en	t, c>č	usmrtíti → usmrčèn
		g, z>ž	uvozíti → uvóžen
		h, s>š	okrasíti → okrašèn
		sk, st>šč	čistíti → číščen
		d>j	zgradíti → zgrajèn
		r>rj	govoríti → govorjèn
		l>lj	delíti → deljèn
		n>nj; m>mlj	zlomíti → zlómljen
		sl>šlj	premísliti → premíšljen
		p>plj; b>blj	obljubíti → obljúbljen
		f>flj; v>vlj	pozdráviti → pozdrávljen
-či			pêči → pečèn
-子 ti			plêsti → pletèn
			prevêsti → prevedèn
-iti	-t	このタイプは	razbíti → razbít
-eti		数が少ない	začéti → začét
-uti			obúti → obút

著者紹介

金指久美子 [かなざし・くみこ]
　東京外国語大学准教授（スラヴ語学・スラヴ文献学）

目録進呈　落丁本・乱丁本はお取替えいたします。

平成21年11月10日　　Ⓒ第1版発行

スロヴェニア語日本語小辞典	著　者　　金　指　久美子
	発行者　　佐　藤　政　人
	発　行　所
	株式会社　大　学　書　林
	東京都文京区小石川4丁目7番4号
	振替口座　00120-8-43740
	電話（03）3812-6281～3番
	郵便番号112-0002

ISBN978-4-475-00102-1　　クリエイトパージュ/横山印刷/牧製本

大学書林
語学参考書

著編者	書名	判型	頁数
金指久美子 著	スロヴェニア語入門	A5判	248頁
金指久美子 編	チェコ語基礎1500語	新書判	200頁
金指久美子 編	チェコ語会話練習帳	新書判	176頁
石川達夫 著	チェコ語初級	A5判	400頁
石川達夫 著	チェコ語中級	A5判	176頁
岡野裕 編	チェコ語常用6000語	B小型	640頁
小林正成・桑原文子 編	現代チェコ語日本語辞典	新書判	768頁
飯島周 訳注	K. チャペック小品集	B6判	236頁
飯島周 訳注	ハシェク風刺短篇集	B6判	234頁
長與進 著	スロヴァキア語文法	A5判	520頁
長與進 編	スロヴァキア語会話練習帳	新書判	216頁
山崎洋・田中一生 編	スロベニア語会話練習帳	新書判	168頁
山崎佳代子 編	スロベニア語基礎1500語	新書判	160頁
三谷惠子 著	クロアチア語ハンドブック	A5判	280頁
三谷惠子 編	クロアチア語常用6000語	B小型	384頁
山崎洋・田中一生 編	セルビア・クロアチア語基礎1500語	新書判	128頁
山崎洋 編	セルビア語常用6000語	B小型	344頁
山崎洋・田中一生 編	セルビア・クロアチア語会話練習帳	新書判	208頁
田中一生 訳注	ドリーナの橋（アンドリッチ）	B6判	204頁
山崎洋 訳注	『ポリティカ』を読む	B6判	212頁

―目録進呈―

大学書林
語学参考書

著編者	書名	判型	頁数
中島由美・田中一生 編	マケドニア語会話練習帳	新書判	176頁
中島由美 編	マケドニア語基礎1500語	新書判	152頁
松永緑彌 著	ブルガリア語文法	B6判	184頁
松永緑彌 著	ブルガリア語辞典	A5判	746頁
松永緑彌 編	ブルガリア語基礎1500語	新書判	134頁
松永緑彌 編	ブルガリア語常用6000語	B小型	404頁
土岐啓子 編	ブルガリア語会話練習帳	新書判	152頁
松永緑彌 訳注	イヴァン・ヴァーゾフ短編集	B6判	184頁
松永緑彌 訳注	エリン・ペリン短編集	B6判	152頁
松永緑彌 訳注	ヨフコフ短編集	B6判	144頁
小原雅俊 編	ポーランド語会話練習帳	新書判	160頁
小原雅俊 編	ポーランド語基礎1500語	新書判	192頁
中井和夫 著	ウクライナ語入門	A5判	224頁
黒田龍之介 編	ウクライナ語基礎1500語	新書判	192頁
藤井悦子 訳注	シェフチェンコ詩選	B6判	244頁
黒田龍之介 編	ベラルーシ語基礎1500語	新書判	184頁
三谷惠子 著	ソルブ語辞典	A5判	768頁
直野敦 著	アルバニア語入門	A5判	256頁
直野敦 編	アルバニア語基礎1500語	新書判	208頁
直野敦 著	ルーマニア語辞典	A5判	544頁

―目録進呈―

大学書林

語学参考書

著者	書名	判型	頁数
和久利誓一 著	ロシヤ語四週間	B6判	384頁
阿部軍治・山田恒 編	ロシア語分類語彙集	新書判	336頁
阿部軍治・ゴルボフスカヤ 編	ロシア語会話練習帳	新書判	236頁
野崎韶夫 著	英語対照ロシヤ語会話	B6判	168頁
阿部軍治 著	海外旅行ポケットロシア語会話	A6変型	208頁
和久利誓一 著	ロシヤ語変化全集	新書判	180頁
阿部・オーコニ 著	ロシア語基本文1000	新書判	216頁
阿部軍治 著	独習ロシア語	B6判	312頁
和久利誓一 編	ロシヤ語小辞典	ポケット判	530頁
野崎・橋本 編	和露小辞典	ポケット判	450頁
阿部軍治 訳注	谷間（チェーホフ）	B6判	188頁
阿部軍治 訳注	コサック（トルストイ）	B6判	200頁
小沢政雄 訳注	ベールキン物語（プーシキン）	新書判	128頁
中村融 訳注	殻に入った男（チェーホフ）	新書判	92頁
野崎韶夫 訳注	結婚申込み・熊（チェーホフ）	新書判	132頁
和久利誓一 訳注	子供の知恵（トルストイ）	新書判	88頁
吉原武安 訳注	外套（ゴーゴリ）	新書判	154頁
染谷茂 訳注	マカールの夢（コロレンコ）	新書判	154頁
岡沢秀虎 訳注	ツルゲーネフ散文詩	新書判	78頁

―目録進呈―